## Zu diesem Buch

Gegen die Puritaner sowieso, die verbissen-verbiesterten Saubermänner alter Couleur, aber viel aktueller – und genauso polemisch – gegen deren moderne Nachfahren, die Apostel der »sexuellen Befreiung«, die in Wirklichkeit nur eine keimfreie und emotionslose Sexualhygiene predigen, den puren Genuß (des Mannes) im Rahmen der »Normalität« – gegen die herrschenden Normalisierer also pochen die beiden jungen Autoren in einer fulminanten Streitschrift auf das Recht und die Zukunft der kommenden »Liebesunordnung«, als deren Vorboten sie die neuen Minoritätenbewegungen sehen, von den Feministinnen über die Homosexuellen bis zu den Transvestiten, den Sadomasochisten und, nicht zuletzt, den revoltierenden Prostituierten. Wie brüchig die Herrschaft von Law and Order auch neuester Prägung in Sachen Liebe schon ist, zeigt sich am besten, wenn man – wie die Autoren es tun – die verpönten Zonen des Liebeslebens der Massen näher betrachtet: die Welt des Pornokinos, den Mechanismus der Prostitution und den Markt der Verführung. Zum Vorschein kommen die Männchenphantasien von heute: Träume von wohliger Passivität und unkomplizierter Direktheit. Dagegen die neue Liebesunordnung mit ihrer Wiederaufwertung des emotionalen Risikos und – im Zentrum des Buches – ihrer Neubestimmung der Formel »Ich liebe dich«.

*Pascal Bruckner*, geboren 1948, hat an der Sorbonne Philosophie studiert, bereits zwei Romane geschrieben und promoviert bei Roland Barthes über »Charles Fourier und die Utopie«.

*Alain Finkielkraut*, geboren 1949, hat als Journalist zwei Jahre in den USA gearbeitet, eine Studie über die neue amerikanische Rechte verfaßt und betätigt sich derzeit als Lehrer. Beide leben in Paris.

Alain Finkielkraut
Pascal Bruckner

# Die neue Liebesunordnung

Deutsch von Hainer Kober

rororo
Rowohlt

Veröffentlicht im Rowohlt Taschenbuch Verlag GmbH,
Reinbek bei Hamburg, Juli 1989

Titel der Originalausgabe »Le nouveau désordre amoureux«

Umschlagillustration Hendrik Dorgathen
Umschlagtypographie Walter Hellmann
Gesamtherstellung Clausen & Bosse, Leck
Printed in Germany
1280-ISBN 3 499 18557 1

# Die Geschichte vom rosa Rettich und von der roten Spalte

In erster Linie zwei Körper oder vielmehr zwei Kodes, so eng mit diesen Körpern verflochten, daß sie mit ihnen verschmelzen. Ein männlicher Körper und ein weiblicher Körper, unterschiedlich regiert vom zwiefachen Gesetz, Symbolik des Phallus, Erotik des Penis: in Wirklichkeit nur *ein* Gesetz, von derselben Instanz erlassen. Zwei Körper, die in Wahrheit nur einer sind und die einzig und allein der männlichen Kodifizierung der Lust, der Liebe, des Genusses gehorchen, das heißt der religiösen Überzeugung von einem angeborenen Einverständnis des Verlangens und seines Gegenstandes.

In erster Linie der Mann, der das Privileg der absoluten Macht mit dem Privileg der Lust vertauschen will. Er nennt das »sexuelle Revolution«. Aus seinem mageren Kapital (Ejakulation, Sperma) macht er die höchste Ware, die neue Währung, in die sich jedes Lusterlebnis konvertieren lassen muß. Sie wird zum universellen Vergleichs- und Bezugspunkt. An seinem Körper gewinnt der Mann eine aufregende Vorstellung – die der Genitalität. Er »befreit« sie und gibt diese Befreiung für die der ganzen Gesellschaft aus. Sie ersetzt (oder verdoppelt) die Unterwerfung der Frau durch die proklamierte Gleichheit (das Ich-bin-besser-als-Du macht dem Wir-sind-alle-gleich Platz). Zugleich kann der Mann auf offene Unterdrückung verzichten. Statt zu verbieten, normiert er, schafft er neue »Bedürfnisse«, lehrt er die Menschen, sich in ihrer Lust an bestimmte Verfahren zu halten (an das genitale Orgasmusmodell). Der neue erotische Körper des Mannes, wie man ihn nennen wird (um ihn einerseits vom weiblichen Körper und andererseits von einem anderen denkbaren männlichen Körper zu unterscheiden), weist im wesentlichen folgende Merkmale auf: er ist begrenzt, zentralisiert, geometrisch unterteilbar, besessen vom Prinzip des Gewinns (und sei es durch den Verlust); er kennt nur Hierarchien, nur Zwecke, nur Unvereinbarkeiten; alles schreibt er fest, er ist permanent mit der Aufgabe beschäftigt, Beziehungen herzustellen, bestimmte Organe mit bestimmten Empfindungen zu verknüpfen. Er rechnet in intentionalen, nicht in intensiven Größen; stets sucht er seine

Einheit, wehrt er sich gegen Zersplitterung. Der Körper der mathematisch analysierten Affekte ist von dem des Mannes insofern nicht zu trennen, als er die ausgeprägtesten Züge männlicher Sexualität auswählt und herausstreicht. Er vergröbert diese Züge und entwickelt aus ihnen ein Modell, mit dessen Hilfe sich das hedonistische Erleben des Mannes allen Geschlechtern aufzwingen läßt. Merkwürdige Verzerrungen dieses binären Systems, in dem das Männliche sich nur deshalb zur *Eins* erklären kann, weil es das Weibliche als *Null* zählt. Kurzum, heute heißt es nicht mehr »Die Anatomie ist das Schicksal«, sondern »Die Anatomie des Mannes ist das sexuelle Schicksal der Frau«.

In erster Linie immer noch eine polyglotte Macht, die keine bevorzugte Sprache und kein bevorzugtes Ausdrucksmittel besitzt; sich heute selbst der Sprache der Befreiung nicht mehr ausschließlich bedient. Eine Macht, die die »sexuelle Unterdrükkung« teilweise aufgehoben hat, weil sie es für rentabler hält, das männliche Genital zum Maßstab erotischer und affektiver Tauschhandlungen zu machen.

Wir leben in Gesellschaften, die sich als demokratisch bezeichnen, aber wir haben immer noch monarchische Körper, Körper, die sich um den neuen Pontifex scharen und vor ihm niederfallen: vor dem Gott Penis und seinen beiden Beisitzern, den Hoden, die dem Geist und der Seele die Krone der Transzendenz gestohlen haben. In diesem Sinne sind wir alle, wir Abendländer, sexuell Besessene; wir sind besessen vom Mittelpunkt. Zudem ist diese genitale Gottheit lediglich eine Abstraktion, die beruhigt, insofern sie den Unterschied der Geschlechter verwischt (denn sonst gäbe es nichts, was weniger genital wäre als eine Frau) und die nichts Unvorhersehbares zuläßt. Autonomie verleiht sie der Sexualität nur, um sie allen Inhalts zu berauben, um aus ihr ein Trugbild zu machen, das überall und immer funktioniert.

Die Trennungslinie verläuft nicht mehr zwischen Erlaubtem und Verbotenem, sondern zwischen der Norm und den Abweichungen. Statt das Verbot der verdrängten, aber lebendigen Triebe aufrechtzuerhalten, zwingt diese Regelung alle Körper, die Organisation des männlichen Geschlechtsapparates zu somatisieren. Deswegen besitzt die Sexualität keinerlei revolutionäres Privileg (und hat es vielleicht nie besessen): sie ist ein vorgefertigter, wissenschaftlich verbürgter Mechanismus, dessen Platz von vornherein feststeht. Da nützt es nichts, die Perversionen zu politisieren, Ideen und Slogans aus ihnen zu machen, man wird doch das Verfahren des Systems kopieren und die Strömungen der Libidoenergie auf dem männlichen Körper zum ausschließlichen Modell aller Lust erklären.

In erster Linie also eine Unterdrückung durch Homologie, eine Technologie der Lust. Nach ihr sind die Organe technische Maschinen, konstruiert unter dem Gesichtspunkt der Leistung; eine Technologie der Lust, die ihre eigenen grundlegenden Erscheinungsformen systematisiert und rationalisiert und das genitale Verlangen als neuen kategorischen Imperativ einsetzt. Das erklärt, warum die Frau nicht vorhanden ist, wo sie vorgestellt wird, warum sie in den Phantasien des Mannes nur als Schauspielerin zugelassen ist, die keine Möglichkeit hat, auch nur ein Wort des Textes zu ändern. Gewiß sind die Werte, die mit dem Besitz des Phallus verknüpft waren, dem Spott und dem Haß verfallen; teilweise sagt sich der Mann selbst von ihnen los, doch nur um sie durch eine Vorherrschaft zu ersetzen, die sich an das einzige hält, was ihm bleibt: sein Geschlecht. Wenn er sich als Herr und Meister selbst stürzt (oder in dieser Eigenschaft abdankt), dann nur um sich sofort als Lustprinzip zu inthronisieren. Er läßt die Masken des Potentaten oder des Vaters fallen und erscheint nur noch unter dem Zeichen des Eros: weniger Phallokratie als Genitokratie, die moderne Demagogie des Körpers, das neueste Gesicht der Misogynie. Der Penis als Bedingung sozialer Geltung – die Situation ist heute genauso kastrierend wie einst, denn sie macht uns zu Gefangenen derselben Alternative: entweder man hat ihn oder man hat ihn nicht. Vor gar nicht so langer Zeit haben wir noch unter den übermäßigen Verpflichtungen gelitten, die sich an die Rolle des Mannes knüpften (Ehre, Mut, Gewalt, Härte usw.). Heute leiden wir unter der Pflicht zur genitalen Lust, unter dem Zwang zur hedonistischen Leistungsfähigkeit, verstanden als permanente Erektion und Ejakulation. Das Wort von der »Phallokratie« ist ganz offensichtlich schief, gibt es doch zu verstehen, daß die Männer die Frauen beherrschen; bestünde eine solche Herrschaft, wäre die Frau Sklavin eines Sklaven. Eines Sklaven, der Bildern, Götzenbildern untertan ist, der sich der Imitation des Männlichkeitskodes verschrieben hat, der der blinden Notwendigkeit ständiger Leistungsverbesserung huldigt, der dem Spiel mit der nie enden wollenden Schuld verfallen ist. Es gibt mithin eine Hysterie des Mannes, die genauso bedrängend ist wie die Hysterie der Frau. In der neuen Rationalität der sexuellen Befreiung ist der Penis zur endgültigen Bestimmung geworden, die unsere schmalzige Brunst in programmierten Geschlechtsverkehr umwandelt. Oder anders, je mehr das Geschlecht als Unterschied sich verliert, um so mehr drängt sich das Genitale als Orientierungspunkt auf, um so mehr geht uns der Körper als Überfluß verloren.

Parallel zu dieser Ordnung, unauflöslich mit ihr verknüpft, eine Vielfalt von kleinen Veränderungen, kleinen Unregelmäßigkeiten, die das Gebäude brüchig werden lassen, es unterwandern: die neue Liebesunordnung. Allerdings weniger neu – sie bereitet keine Alternative vor – als Unruhe stiftend: Sie hebt einen Zustand auf, führt eine Krise herbei, schafft Verwirrung. Eine Unordnung, die sich in einer Welt einnistet, die nicht liebt und die bereits eine frühere oder andere Unordnung kennt (den Aufstand der Frauen, der sexuellen Minderheiten, die Auflösung der überkommenen Werte, die weitgehende Anarchie des Kapitals in seiner letzten Phase). Eine Unordnung, von der sich nicht sagen läßt, welche Umwälzungen sie im gesellschaftlichen oder symbolischen Bereich bewirken wird. Eine Unordnung, die sich nicht damit begnügt, Partei gegen die Ordnung zu ergreifen, sondern aktiv Unruhe stiftet und die Ordnung aus dem Tritt bringt, sie ihres Dreh- und Angelpunktes beraubt. Sie setzt das Genitale ab, während die geltende Ordnung es zur geographisch eingegrenzten Wahrheit der Körper und der Interpretationen erhöht; sie gibt die Idee des Zweckes selbst der Lächerlichkeit preis, ohne sich von den medizinischen, hygienischen, politischen und subjektiven Lobpreisungen der Libido irremachen zu lassen; sie macht uns unverblümt klar, daß es das alleinseligmachende Reich der Lust nicht mehr gibt, während sich noch alle Theologen des Heils in den Haaren liegen, um das gelobte Land zu lokalisieren. Daher kehren die angeblich obsoleten Werte klammheimlich – wenn auch an anderer Stelle – wieder: die Liebe, die sentimentalen Grillen, die Idylle und die Seufzer.

Der Puritanismus verbot nur die regelwidrige sexuelle Betätigung, ein Monopol besaß er nur für die Verdrängung. Der »männliche« Körper will das Monopol der erotischen Vorstellung überhaupt an sich bringen, indem er sich als die hedonistische Wahrheit aller Geschlechter ausgibt. Daher bedeutet es einen ungeheuren Fortschritt, wenn man ihn in Frage stellt. Allerdings bezahlt man diesen Fortschritt mit einem Verlust an Klarheit, einem Verlust an Entschlossenheit, einem scheinbaren Rückschritt, einem Mangel an Zielen. Denn alles wird ungewiß, sobald man am eigenen Körper jene anatomische und wollüstige Instanz in Frage stellt, auf die man ausgerichtet und für die man erzogen ist. Aus diesem Grunde hat die männliche Sexualität heute eigentlich nichts anderes zu bieten als viele Fragen. Alle auf sie gemünzten traditionellen Sicherheiten lehnt sie ab. Nur schwachen Widerstands leistet sie der Eroberung der amourösen Arena durch die Frau. Und das ist gut so, denn die Wirklichkeit weiblicher Lust straft die Phantasmen Lügen und gibt uns Einblick in Drehbücher, die wir uns nicht hätten träumen lassen.

Der Mann, einst Halbkönig und heute Halbdiener, lebt in einem Interregnum, sein Körper braucht die Regentschaft oder das Fegefeuer; da seine Herrlichkeit dahin ist, lebt er in einer Zwischenwelt und entledigt sich der Bilder, die er nicht zu verkörpern vermag. Doch dieser Zustand der Ungnade ist auch eine Chance: Indem sich die Erotik des Mannes vom Männlichkeitskode lossagt, kann sie endlich ihre eigene Polymorphie entdecken, sich unbekannten Formen der Lust öffnen; Frauenbewegung wie Homosexuellenbewegung vermochten nicht sein Schuldbewußtsein, sondern nur sein Begehren zu wecken: indem sie das Spektrum der Sexualität erweitern, bringen sie seine eigene aus dem Gleichgewicht, heben sie ihre Struktur auf, bieten sie ihm eine Vielfalt unerschöpflicher und ungeahnter Versuchungen. Der Mann leidet unter der Kastration, also gerade darunter, daß ihm der Phallus zugeschrieben wird, er besitzt diesen stahlharten und unverweslichen Körper nicht mehr, den man ihm nachsagt, diesen Körper ohne Arsch, ohne Scheiße, ohne Gesicht, ohne Eingeweide, diesen Körper, der nur erektionsfähiger, samenproduzierender Schwengel ist. Auch kann er die neue Liebesunordnung einerseits als eine Gleichgewichtsstörung begreifen, die ihn ängstigt, und andererseits als verstohlene Einladung, seinen Phallozentrismus zugunsten der Flexibilität vielfältiger Erkundungen und überraschender Erfahrungen aufzugeben.

Ein Text über die Liebe ist ein Text, der auf Einzelheiten eingehen muß. Er stützt sich auf minimale Abweichungen, macht sich nicht anheischig, das Leben zu ändern (wir sind nicht einheitlich genug, um uns ein »Leben« anmaßen zu können), ruft nur zu winzigen Revolutionen auf, verlangt nicht, daß wir unsere Wünsche für Realität nehmen, sondern daß wir begreifen, inwiefern andere, uns fremde Realitäten unsere Wünsche umkehren und in andere Richtungen lenken.

Wir erleben gegenwärtig den Zerfall der drei Modelle, die traditionell das Gebiet der Erotik und Liebe beherrschten. Das eheliche Modell des Gefühls, das androgene Modell des Koitus und das genitale Modell des Geschlechts. Sexualität kennt keine metaphysischen oder religiösen Zwecke mehr, sie kann keinen Sinn mehr beanspruchen, weder als Übertretungshandlung noch als Leistung, weder als Hygiene noch als Subversion. Die Liebe hat alle Erkennungszeichen verloren, ist unkenntlich geworden: vielleicht hat die Verwirrung darin ihren Grund – Liebe kann nicht mehr persönliches Geschick sein, sie ist das Schicksal eines jeden und aller. Das zwingt unsere Darstellung zur Bescheidenheit. Das Risiko der Plattheit muß in Kauf genommen werden. Wir müssen darauf verzichten, alles sagen zu wollen. Wenn wir mancherlei Zitate beibringen, haben wir damit gleichwohl nichts Sicheres zu berichten, tragen wir kein Wissen zusammen, sondern nur Ratlosigkeit.

Ein solcher Text schließlich, der stilistisch ebenso vielgestaltig sein muß wie die Erlebnisweisen der Liebe, zeigt die beschriebene Gleichgewichtsstörung bereits in Aktion: die Ahnung der Ohnmacht und den heimlichen Jubel. Neues gerät uns ins Blickfeld, vorerst nur unscharf umrissen in einer skandalösen Behauptung: wünschenswert sei nicht etwa die Vorherrschaft, sondern der Verzicht auf Macht, die narzißtische Beschränkung auf das Eigene. Sie sei sogar – in der Liebe wie überall sonst – die einzige Chance, Intensität zu erleben.

# I. Männliche Arithmetik

## Sichtbare Lust oder Der Orgasmusvertrag

*Mann und Frau liegen nackt auf dem Bett. Sie haben sich gewaschen, abgetrocknet und gegenseitig massiert. Nun betrachten sie einander, ihre Lippern zittern. Sie beginnen, sich von Kopf bis Fuß zu liebkosen. Der Mann führt seinen Finger in die fleischige Furche seiner Partnerin ein. Sie streichelt den Sack und umspielt mit dem Zeigefinger die Hoden. Das Vorspiel dauert mindestens eine, maximal sieben Minuten. In dieser Zeit erreichen sie beide die erste Erregungsphase. Sie lachen nicht und sprechen nicht. Höchstens hört man hin und wieder von der Frau ein »Ah«, vom Mann ein »Oh«. Das liegt daran, daß er trotz des strengen Verbots des Lehrers ein Bonbon lutscht, was ihm die vorschriftsmäßige Artikulation unmöglich macht. Dann kommt der heilige und heikle Augenblick des Eindringens: Der Kalender, in dem sie vorher nachgesehen haben, nennt als Stellung des Tages die des Lotus. Der Mann setzt die Maschine in Gang, ein Gebilde aus Stangen und Kolben, das über dem Bett angebracht ist und einen Hebelarm bewegt. An dessen Ende befindet sich eine mit Leinen bespannte Schlagfläche, die dem Mann wie eine Hand auf den Hintern klopft und sein Eindringen unterstützt. Nun öffnet sich die Frau. Dabei helfen ihr die Atmungsentspannungsübungen, die sie im letzten Monat in den Sitzungen der GOR (Geschwellte ORgane) gelernt hat. Die Spannung des Paares steigt. Das zeigt ihnen ein Blick auf den Nachttisch, wo das Potenzometer steht: 11, 8, 11, 9, 12, 3, 12, 5, 13, 13, 4 . . . Sie keuchen beide. Ihre Atemzüge verschlingen sich zu einem beängstigenden Crescendo. Schon haben sie die Plateauphase erreicht. Nach so kurzer Zeit! Das werden sie dem Lehrer erzählen. Er wird stolz auf sie sein. Ihre Herzfrequenz beträgt 99 Schläge pro Minute. Langsam zählt der Mann: 2136, 2137, 2138. Er beschleunigt die Gangart der Maschine, sie schlägt ihm jetzt etwas rascher auf den Hintern, wodurch das Hin und Her seines Penis beschleunigt wird. Die Frau regelt ihre Atmung, wie die Yogatechnik es vorschreibt. Sie versucht, auch schon die sensorischen Konzentrationsübungen vorwegzunehmen, die sie erst nächsten Monat im Rahmen des BUMBS (Befeuchtung Und Massage, Befreiung von Stauungen) kennenlernen wird. Ihre Scheide ist außerordentlich feucht, Falten erscheinen auf ihrer*

*Stirn, ihre Konzentration ist vorbildlich . . . Da klingelt der Wekker. Wie das? Noch kein Abgang, obwohl sie so gut in der Zeit lagen? Es will dem Mann nicht in den Kopf. Er hat doch nichts dem Zufall überlassen! Aber er setzt seine Bemühungen unverdrossen fort wie die Frau die ihren. Sie schließt die Lenden um seine Rute, die immer rascher ein- und ausfährt. Sie hat die Augen geschlossen. Entscheidend ist, daß sie über die Plateauphase hinausgelangen. Schon ertönt das zweite Klingeln. Wenn sie den Höhepunkt planmäßig erreichen wollen, bleiben ihnen nur noch wenige Minuten. Mist, für dieses Mal müssen sie sich den KOHL (Kolossaler Orgasmus, Hyper-Lustbetont) aus dem Kopf schlagen. Zumindest aber sollte die UNZE (Unbedingt Notwendige Zuckung, mit Einschränkung) drin sein. Dazu muß die TERZ (Totalaktivierung ERogener Zonen) herhalten. Der Mann stimuliert seine Partnerin jetzt an allen nur erdenklichen Stellen, während seine Maschine auf ein schwindelerregendes Tempo eingestellt ist. Er hat ihr seinen Daumen in den After gesteckt, seinen Zeigefinger in den Bauchnabel, der Ringfinger liegt auf der Hauthülle der Klitoris, der Mittelfinger auf den Brüsten, sein kleiner Finger steckt im Mund und die Finger der anderen Hand in den Nasenlöchern, den Augenhöhlen und den Ohröffnungen. Nun, da die Frau so köstlich umfangen ist, ist die Apotheose nur noch eine Frage der Zeit. Es wird ein triumphaler Höhepunkt. Gleichzeitig erreichen beide den Paroxysmus. Unwillkürliche Reflexbewegungen ergreifen von ihnen Besitz, alle ihre Muskeln ziehen sich rhythmisch zusammen. Jede Kontraktion dauert acht Sekunden. Bei der Frau sind es fünf, beim Mann dreieinhalb. Dabei stößt er 10 $cm^3$ weiße Samenflüssigkeit aus, die Spermatozoiden. Hurra! Das Werk ist vollbracht, sie sind in der Zeit geblieben. Das Gespenst der Geisteskrankheit ist gebannt. Sie atmen tief, strahlen und beglückwünschen sich. Die Begierde ist gestillt, sie können sich wieder anziehen . . .*

*Was das war? Das war der Geschlechtsakt, wie ihn Dr. Wilhelm Reich verordnet. Die beiden haben das heilige Werk des Orgasmus vollbracht. Sie sind damit gerade noch und in dieser Reihenfolge entgangen: 1. der Neurose, 2. der Charakterpanzerung, 3. der Stauung oder Verklemmung, 4. dem Faschismus, 5. dem Stalinis-*

*mus und 6. dem Krebs. Fortan werden sie freie und stolze Menschen sein. Sie haben 2000 Jahre jüdisch-christlicher Sexualrepression überwunden.*

## Der stolze Besitzer des Obelisken und seine Abenteuer

> Da die individuelle Freiheit heute nicht mehr in erster Linie von der religiösen, sondern von der medizinischen Ideologie bedroht wird, muß das Individuum vor den Ärzten und nicht vor den Priestern geschützt werden.
>
> Thomas Szasz, *Die Fabrikation des Wahnsinns*

Merkwürdigerweise erscheint die Lust in allen modernen Überlegungen geschlechtslos. Man macht in dieser Hinsicht keinerlei Unterschied zwischen Mann und Frau. Das Wort ist neutral. Es gilt für beide Spielarten der menschlichen Art, als ob es sich von selbst verstünde, daß all das, was auf den Mann zutrifft, auch für die Menschheit insgesamt gelte.

Freud hat den Anfang gemacht, Reich hat sein Werk vollendet. Seither wird uns immer wieder dasselbe eingehämmert: Orgasmus ist alles. Richtet sich deine Unruhe, deine Phantasie, dein Triebleben nicht auf ein genitales Ziel und erreichst du dieses nicht konkret, so ist alles Pathologie, Perversion, Kinderei. Und sind deine Kindereien nicht Teil eines Lustprogramms, so sprechen sie nur die Kranken und Verrückten an. Lust gibt es nur in zielgerichteter, erwachsener, genitaler Form. »Die Orgasmus-Formel ist die Formel alles Lebenden« (Reich). Hältst du armseliges Menschengeschöpf dich nicht sklavisch an den Orgasmusprozeß in dir selbst, so verspielst du dein Leben. Dann bist du schon ein Opfer der »emotionalen Pest«.

Auf dem Gebiet der Erotik haben alle »Befreiungsideologien« nur einen Vorschlag zu unterbreiten: den orgastischen Realismus, die Besitzergreifung des Körpers durch das Genital, wie der sozialistische Realismus die totalitäre Perversion der Kunst ist. Denn das weibliche und das männliche Triebleben gleichermaßen Lust zu nennen heißt, die Unterdrückung der Frau durch den Mann festzuschreiben. Der männliche Orgasmus (die Ejakulation) bleibt damit der Dreh- und Angelpunkt aller Liebesrituale. Die Frau soll den Mann imitieren, während er all seine Ausdrucksmöglichkeiten auf die armseligen spermatischen Zuckungen reduzieren muß. Immer wenn die Sprache auf die Libido kommt, wird unvermeidlich aus dem Jägerlatein, das die Sexualpraxis des Mannes aufbauscht, ein historisches Programm. Mit Wilhelm Reich wird die unterdrückte Sexualität zur zwanghaften, allgegenwärtigen Genitalität. Er pflanzt dem abendländischen Menschen die moderne Orgasmussehnsucht ein und begründet den magisch-medizinischen Kult, der mit der Lustakme getrieben wird. In allen Bereichen ist der Orgasmus heute zum Schlagwort geworden. Er ist das zentrale Thema und der Berührungspunkt aller Strömungen. Er bringt die Erlösung durch den Körper, ist die »Seele« unserer Sexualität. Wenn Reich sexuelle Befreiung fordert, meint er die Befreiung der männlichen Genitalität. Zu ihr möchte er uns überreden, das heißt er redet der eintönigen Sexualität des Mannes und nur ihr allein das Wort. Sicherlich beschränkt sich nicht sein ganzes Werk auf die – zweischneidige – Apologie der orgastischen Fähigkeit. Doch beeinträchtigt dieses Anliegen auch seine scharfsinnigsten Analysen. Die Reichsche Sexologie verwechselt Behandlung und Befreiung. Sie wiederholt die klassische ideologische Gebärde und versucht als naturwüchsig hinzustellen, was tatsächlich historische Gegebenheit ist. In einem Atemzuge erledigt sie die Homosexualität des Mannes und der Frau. Beide fügen sich nicht in ihre Theorie. Sie sind Abweichungen von einer Doktrin, die ein Detail zur Norm erhoben hat und es dem Leben zur verbindlichen Vorschrift macht.

In seinen sexuellen Beziehungen erlebt der Mann immer wieder dieselbe dramatische Geschichte. Er möchte den Körper einer Frau genießen und zieht seine Lust schließlich nur aus den eigenen Organen (womit er sich zugleich der Möglichkeit begibt, die Frau abermals zu genießen). Und von der männlichen Lust läßt sich allenfalls behaupten, daß sie kurz und kläglich ist. Die Ejakulation hält nicht, was sie verspricht: der Mann hat das Gefühl, er hebt ab, er explodiert – und dann zerschellt er. Er sinkt in sich zusammen, ihm geht die Luft aus. Er stirbt, ohne sich auch nur aufzulösen. Was er für die totale Vernichtung gehalten hat, entpuppt sich als bloßer Selbstmord. Das ist alles, denkt er.

Kaum hat er angefangen, den Kopf zu verlieren, ist es auch schon vorbei.

Auf die Ejakulation folgt immer ein Gefühl von »das war es nicht«. Gemessen an dem, was der Mann erwartet hat, »war es das nicht«. Eine zugleich äußerst intensive und äußerst nichtssagende Krise: leicht läßt sie sich herbeiführen, rasch ist sie vorbei, kläglich sind die Empfindungen, die sie heraufbeschwört.

Die Ejakulation ist nicht nur armselig, sie ist auch stets präcox, vorzeitig, verfrüht. Sie erfolgt nicht zu ihrer Zeit, reift nicht, sondern ist plötzlich und unvorhersehbar da. In jeder Hinsicht ist ihr Erscheinungsbild katastrophisch. Mit einem Schlage ist alles vorbei: sobald der Mann dem Samenfluß freien Lauf gelassen hat, bleibt ihm nichts mehr. Alles ist gesagt, er ist »befriedigt« – das heißt: er ist tot, völlig fertig, steht nicht mehr zur Verfügung, an Fortsetzung ist nicht zu denken. Sein Körper ist aller Lustmöglichkeiten beraubt und auf die tierischen Funktionen reduziert: er ist kaltes Fleisch, durchsichtig, gehorcht nur noch dem Gesetz der Selbsterhaltung, ist ein Mechanismus bar aller Empfindungen, dem Nützlichkeitsprinzip unterworfen. Sein Geschlecht ist bedeutungslos geworden. Er kann es berühren, manipulieren, daran ziehen, es bringt ihm weder Lust noch Unlust. Sein Leben ist wieder sinn- und bedeutungslos. Wer dem schwindelerregenden Aufschwung vertraut und sein Dasein in der kurzen Explosion eines intensiven Erlebens verströmen will, muß vom Absturz zutiefst enttäuscht sein. Nach Reich ist die orgastische Potenz die Fähigkeit, sich ohne Hemmung dem Fließen der biologischen Energie zu überlassen, die Fähigkeit, durch die lustvollen unwillkürlichen Zuckungen des Körpers alle sexuelle Erregung vollständig abzuführen. Was Reich »Potenz« nennt, hieße besser Verhängnis; denn man überläßt sich diesem Fließen der biologischen Energie nicht, man verliert sie, man verströmt sie, man verschwendet sie. Orgasmusangst ist nicht so sehr die Furcht davor, durch die genitale Akme vernichtet zu werden, als die Furcht, entsetzlich enttäuscht zu werden: so viel Aufwand für so wenig! Der koitierende Mann ist besessen von der Furcht, auszulaufen (und damit in sich zusammenzufallen), von der Angst, es könne jeden Moment vorbei sein, sein Same könnte ihm hinterlistig entschlüpfen. Panik erfaßt ihn bei dem Gedanken an das, was folgt, an das Debakel, das Abschwellen, das Ende des

Koitus. Das höchste Entzücken bedeutet für den Mann zugleich eine derartige Unordnung, einen solchen Energieverlust, daß das Glück, dessen er sich erfreuen könnte, zum unlösbaren Widerspruch wird. Nicht Glück also, sondern eher Leid. Nach dem Orgasmus fehlt dem Mann nicht das Herz, sondern der Körper. Eine große Verwüstung ist über ihn hingegangen und hat ihn seiner Potenz beraubt.

Die Ejakulation ist wie eine Hoffnung ohne Hoffnung: beim Geschlechtsakt hofft der Mann auf eine intensive, überwältigende Lust. Entsprechend heftige Anzeichen empfängt er von seinem Körper. Trotzdem mißtraut er seiner Hoffnung, da er sich an die vorangegangenen Male erinnert. Er kennt seine Schranken, seine biologische Grenze (die drei oder vier Kontraktionen, mittels derer die Samenflüssigkeit aus ihrem Behältnis ausgestoßen wird, dauern nicht länger als 30 Sekunden). Trotzdem macht er sich immer noch zuviel Hoffnung. Verzweifelt klammert er sich an den Gedanken, plötzlich werde sich alles ändern, in ihm würden ähnliche Kräfte frei wie die, die im selben Augenblick seine Partnerin erschüttern. So ist er hin und her gerissen zwischen Hoffnung und Verzweiflung, er weiß nicht, wie es ausgeht, bis die Sache schließlich ihr Ende findet – und natürlich mit einer Enttäuschung. Damit sind wir vielleicht beim zentralen Problem unserer Erotik angelangt, nämlich der vorzeitigen Lust des Mannes (so ist ja auch das erste, was den Jüngling gelehrt wird, die Kunst, sich nicht gehenzulassen, mit allen, selbst den aberwitzigsten Mitteln seine Lust hinauszuzögern[1]). Die Ejakulation

[1] Von solchen Verfahren wird in den verschiedensten Kulturen berichtet. Hier seien nur einige angeführt: unerfreuliche Gedanken – der Mann stellt sich vor, seine Bettgenossin sei äußerst häßlich oder ihm werde ein Unglück zustoßen –, der Druck der linken Hand zwischen Skrotum und Anus, die Unterbrechung der Penisbewegung in der Scheide, das Besprühen der Eichel mit Anästhetika, die als Sprays oder Aärosole erhältlich sind (die Anwendung muß ungefähr 20 Minuten vor dem Verkehr erfolgen), Atmungskontrolle, Kontraktion des Afterschließmuskels. Dem Leser seien auch die von uns bevorzugten Kontrollmethoden nicht vorenthalten: an dem Tag, da man mit dem geliebten Geschöpf Verkehr haben möchte, bade man seinen Penis ein oder zwei Stunden in einer Stärkelösung; die nächsten 24 Stunden wird er garantiert steif bleiben. Man kann auch eine Form vom erigierten Penis gießen und diese Form bei jedem Verkehr anlegen (allerdings sollte man alle Unebenheiten beseitigen, um die Partnerin zu schonen). Man kann auch durch den Mund ejakulieren: der hinters Licht geführte Penis wird weiterhin stehenbleiben und auf die Samenflüssigkeit warten, die nicht mehr kommt (allerdings setzt dieses Verfahren äußerste Konzentration und eine hochgradige Beherrschung der eigenen Organfunktionen voraus). Schließlich kann man den Harnleiter mit einem Pfropfen verschließen, der durch ein Band mit der Hand verbunden ist. Will man ejakulieren, zieht man am Band, der

kommt heftig und plötzlich. Der Mann schickt sich in das Scheitern seiner Hoffnungen. Es wohnt dem Koitus eine Art von apokalyptischer Überstürzung inne. Der Rausch ist spürbar nahe; die Lust steht unmittelbar bevor. Ein Nichts ruft sie auf den Plan, sie kündigt sich bereits an. Der Mann beherrscht sich, aber nur mit Mühe.

Zu seinem kläglichen Orgasmus verurteilt, wird der Mann die Angst nie los. In der Lust muß er über seine Verhältnisse leben. Dazu muß er seine Unzulänglichkeit durch jede nur erdenkliche Technik bemänteln. Unter diesen Bedingungen ist der Penis zwangsläufig ambivalent besetzt: er ist zugleich das gute Objekt und das schlechte, der Feind und der Verbündete, ein Mittel der Befriedigung und der Frustration, der Sitz der vielfältigsten Empfindungen und das Organ, das den Körper all seiner Empfindungsfähigkeit beraubt. Es geht nicht darum, daß der Mann die Einsicht nicht loswerden kann, die ihn bedrückt, sondern daß er sie nur auf lächerliche Vorgänge richten kann, die sein Bewußtsein weder ausfüllen noch erweitern. Bataille hat der Erotik das Ziel gesetzt, alle Schranken aufzuheben. Doch das besondere Merkmal des Mannes ist die Tatsache, daß es keine Schranken aufzuheben gilt. Er kann nur seiner Natur folgen, und tut er das, so gelangt er rasch an eine Grenze. Er selbst ist die Grenze. Er möchte hinüber, doch dieser Schritt ist ihm unmöglich. Er muß sich damit zufriedengeben, auf dieser Seite zu bleiben (daher erklären sich bei Bataille auch die Angst, die Sehnsucht und der Ekel angesichts der Genußfähigkeit der Frau, deshalb nennt er sie »Hündin«, »Sau« und »Miststück«: es ist die Eifersucht des Mannes, der in Acht und Bann tut, was er sich insgeheim sehnlichst wünscht).

Jenseits des Orgasmus beginnt das Unbegreifliche, mit dem wir nicht fertig werden. Dieses Unbegreifliche – in dessen Besitz wir die Frau wähnen – ist zugleich Gegenstand unseres Neids und Ausdruck unserer Impotenz. Wir verfluchen den Samenerguß, der unsere Grenzen nicht erweitert, sondern sie festschreibt, der

Pfropfen löst sich und gibt dem Sperma den Weg frei (diese Pfropfen sind noch nicht im Handel erhältlich. Man muß sie also selbst herstellen). Wir sollten uns allerdings klarmachen, daß von all diesen Verfahren das wirksamste immer noch das ist, auf den Verkehr zu verzichten – womit ja das Risiko einer ejaculatio präcox hundertprozentig vermieden wird. Diese Tatsache verschweigen die Sexologen ihren männlichen Patienten mit einer beängstigenden Einmütigkeit.

einen Ausweg ankündigt und auf einen Rückzug hinausläuft. Wir meinen, durch die Ejakulation wüchsen wir über uns selbst hinaus, wir sind am Ende, die Bewegung, die uns erfaßt, scheint uns zerbrechen zu wollen. Doch die Realität dieses Ausstoßes hält keinen Vergleich aus mit dem Wunsch, das eigene Leben zu überschreiten. Wir haben die geliebte Frau so begehrt, daß die Erregung ins Unerträgliche stieg. Doch es kommt ganz anders. Wir müssen uns mittels eines Mechanismus befriedigen, der den Tod nachäfft und uns in unseren Grenzen hält. Die Lust der Frau weist uns unverzüglich in unsere Schranken. Nicht nur, daß wir einer solchen Ohnmacht nicht fähig sind, sondern der Ausbruch der Ejakulation läßt uns auch ohne Stimme zurück, all unserer Möglichkeiten beraubt. In ohnmächtigem Zorn stellen wir fest, daß jede Investition von uns anschließend Wiederherstellung, Warten, Geduld, Ruhe und stärkende Nahrungsaufnahme verlangt. Wer darüber hinaus dem Dr. Reich Glauben schenkt und alles von dieser Ejakulation erwartet (sie soll ihm nichts Geringeres als die Vereinigung mit dem Kosmos bescheren!), wird vom Koitus als dem Inbegriff fleischlicher Lust zutiefst enttäuscht sein.

Das Ärgerlichste an der Ejakulation ist die Tatsache, daß sie ohne Schwierigkeiten eintritt. Sie ist leicht, überaus einfach »und vor allem dem Nützlichkeitsprinzip der Fortpflanzung unterworfen (. . .), die persönliche Lust ordnet sich der Erhaltung der Art unter«[1]. Der Orgasmus des Mannes ist nicht wie die Ekstase der Frau eine Verwandlung des profanen Körpers, eine unerhörte Erfahrung, das langsame und genußreiche Erwachen der ungeahnten Möglichkeiten des Fleisches. Er ist Entleerung, Erleichterung, plötzlicher Abbau einer Spannung. All dies rückt ihn in die Nähe der Defäkation: der Mann zerbricht nicht, er entleert sich, er führt den Samenüberfluß ab, der sich in ihm aufgestaut hat. Darf man dieses kurze Zucken – und es spielt keine Rolle, ob es sich zwei-, drei-, vier- oder fünfmal wiederholt – wirklich wie Wilhelm Reich zum Wahrzeichen der Lust machen?

Im Augenblick des Ergusses ist der Mann gespalten und uneins. Widersprüchliche Einflüsse wirken auf ihn ein. Einerseits empfindet er das tiefe Glücksgefühl, das sich immer einstellt, wenn man seine Kraft spürt (er erklimmt den Gipfel seiner

[1] Zwang, *Le Sexe de la femme*, Edition J.-J. Pauvert, S. 212.

Potenz), andererseits arbeitet er an der Zerstörung dieser Kraft: er ist sich seines Körpers so sicher wie nie (all seine Energie ist angespannt), und zugleich weiß er um seine Unzuverlässigkeit, um den nahen Verlust (brutal wird er von seinem Gipfel heruntergeholt, der Augenblick höchster Kraftentfaltung fällt zusammen mit äußerster Schwäche). Die Ejakulation beweist die absurde Tatsache, daß der Teil die Lust anstelle des Ganzen genießen kann. Der Organismus hat die Lust an den Penis delegiert. Der vertritt nun das Ganze. Als ob die mehr oder weniger sensibilisierten erogenen Zonen die Kälte und Apathie des übrigen Körpers wert wären. Allen Orgasmusanhängern ist die Sehnsucht nach jener allesbelebenden Kraft gemeinsam, deren Ausfluß und Triumph nun das Glied sein muß. Alle hängen sie an der Vorstellung eines »orgastischen Bedürfnisses«, jener organizistischen Metapher, in der die irreversible und hierarchische Abhängigkeit eines Teils von einem Zentrum zum Ausdruck kommt.

Die Ejakulation ist, in Abwandlung Batailles, die Billigung des Todes im Moment seines Eintretens. Die Lust des Mannes bedeutet zugleich das Ende dieser Lust. Seine Wollust ist seine Guillotine. Wenn das Verlangen seinen Höhepunkt erreicht, ist es bereits in sich zusammengefallen. Der totale Rückgang der Liebesfähigkeit nach dem Koitus kann – wenn es ihn überhaupt gibt – nur bei jenen Männern und Frauen vorkommen, die sich die Lust des Mannes zum Vorbild gewählt haben. Die Liebe des Mannes erleidet Schiffbruch dadurch, daß sie sich selbst zu realisieren strebt: der Schatten senkt sich auf den Mann, ohne daß die Lichtexplosion stattgefunden hätte. Er ist zu Asche geworden, ohne in Flammen gestanden zu haben. Seine Energie ist dahin, ohne daß er den Aufschwung erlebt hätte. Eine flammende Vernichtung hatte er erwartet, und entdeckt hat er nur einen Knallfrosch. Wenn das männliche Tier nach dem Koitus trübsinnig ist, dann deshalb, weil es soviel Energie für so wenig verschwendet hat.

In der Frau sieht das Verlangen des Mannes nicht die künftige Ejakulation. Etwas ganz anderes, etwas radikal Fremdes, nämlich der Orgasmus, der nur zufällig erfolgt (und so etwas wie der Preis der Lust ist), bestätigt diesen Besitz. Denn wäre die spermatische Entleerung wirklich der Zweck, die Daseinsberechtigung, das höchste Ziel der männlichen Libido, so hieße das, daß der Mann in der Vagina, den Schamlippen, den Brüsten, der Klitoris, dem Hintern, den Hüften, dem Gesicht, dem Haar der Frau nur seine eigene biologische Organisation begehrt. Es hieße, daß der Mann in der Frau nur sich selbst begehrt, daß der Mann nur den Mann begehrt. Doch die Landschaft des weiblichen Körpers übt nur deshalb eine so starke Anziehungskraft auf den Mann aus, weil er dort eine ganz andere erotische Verfassung als die seine ahnt. Was er begehrt, ist die totale Asymmetrie, nicht die Gleichartigkeit mit anderen Vorzeichen.[1] Der Mann wünscht sich nicht die Ejakulation, sondern die Auflösung, den heiligen Aufschwung, das unaussprechliche Aufbranden der verschiedensten Empfindungen. Er hat nicht etwa Angst vor diesem Chaos, sondern es ist sein einziger Wunsch.

Statt dessen muß er sich jedoch mit einem lächerlichen Orgasmus zufriedengeben. Unablässig wird seine Lust durch das Gefühl, an eine Grenze zu stoßen, die sich nicht hinausschieben läßt, beeinträchtigt, erniedrigt, gedemütigt. Sie beraubt ihn nicht nur der Erektion, sondern vermittelt ihm auch den – unerträglichen – Eindruck, von aller Lust grundsätzlich ausgeschlossen zu sein. Die Apologie des Orgasmus scheint also den beiden Partnern der sexuellen Beziehung eine willkürliche Beschränkung aufzuerlegen (unter welcher der Mann sicherlich genauso zu leiden hat wie die Frau). Die Ejakulation – als obligate Regieanweisung – ist schließlich nur die äußerste aller sexuellen Einschränkungen (diejenige, die die Beziehung zugleich zu begründen und zu beenden scheint). Die Ejakulation ist der überzogene Mythos, in dessen Namen die beiden Partner so tun, als kehrten sie zur Natur zurück, das heißt zu einer Sexualität, die zur Natur überhöht worden ist. »Die Einmütigkeit beweist lediglich, daß die Organe zueinander passen, nichts aber hinsichtlich der geliebten Sache« (Sade).

Reichs Kraftakt besteht also darin, daß er die unbeschränkten Möglichkeiten der Triebwelt auf die erzwungenermaßen beschränkten Möglichkeiten des männlichen Glieds und seiner bescheidenen Mechanismen reduziert. Diese Simplifizierung

[1] Vgl. den schönen Text von Hélène Cixous in *La Jeune Née* (Sammlung 10/18, 1975). Dort wird in der Lust der Frau eine Ökonomie der Erneuerung und des Überflusses festgestellt, die nicht das geringste mit dem Orgasmus im Sinne Reichs zu tun hat.

erreicht er vor allem dank einer äußerst gewaltsamen Einschränkung, einer wahrhaft »homosexuellen« Reduktion, die unbedenklich jede andere Lustmöglichkeit ausklammert. Zu seinem Unglück ist der Mann »Träger des Samens« und deshalb an die Quantität gebunden. So versucht er, die Frau diesem Gesetz zu unterwerfen und ihr einzureden, daß sie gemeinsam die gleiche Last zu tragen hätten. Die männliche Sexualität setzt auf die Verschwendung und macht sie deshalb zu ihrem Thema. Der Mann erhebt sie zum Privileg und betont *a contrario* die aufopfernde Mühe seines Beitrags. Ihm geht es weniger um die Lust als um die Ziffer, die magische Zahl, weniger um den Genuß als um das Vermögen (kann er seine Sexualität doch nur um den Preis eines gigantischen Betrugs zur »Norm« machen). Er verfällt auf die ausgefallensten Perversionen, um der Monotonie seiner Funktionen zu entgehen. Er träumt davon, verschwenderisch geben zu können, während er sich tatsächlich äußerster Sparsamkeit befleißigen muß. Er sucht den Tod und gerät lediglich außer Atem. Der vom Mann ausgeheckte Orgasmusmythos gereicht vor allem ihm selbst zum Nachteil.

Wovon träumt der Mann, wenn er kopuliert? Er träumt davon, sich gehenzulassen, ohne daß dies das Ende seiner Erregung bedeutet, er träumt davon, eine Lust zu erleben, die der der Frau gleicht, die grenzenlos ist und in der er sich bedingungslos verlieren kann. So wird die Ekstase der Frau zu seiner Utopie. Sie beschäftigt seine Phantasie und ist ihm versagt, sie ist aber auch die beängstigende Drohung, die ihm zeigt, wie kläglich seine Beziehungen zu den Artgenossen, zur Geschichte und zum Leben sind. Nicht nur, daß er sich mit Mühe zurückhält, die Ejakulation als Bedrohung empfindet, die ihm die Erektion nimmt, sondern er weiß auch, daß ihm diese Drohung in dem Moment, da sie sich bewahrheitet, nur eine lächerliche Lust verschafft (oder zumindest eine Lust von betrüblicher Kurzlebigkeit). Der Tod der Erektion, dieser rasche Tod ist mithin das Grundübel, das die ganze Nichtigkeit der kurzen Lust des Mannes unter Beweis stellt.

Leicht lassen sich zehn Nachteile des Penis zusammenstellen: er baumelt, schlägt zwischen den Beinen wie der Pendel einer Uhr, ist verletzlich, passiv, starrsinnig, richtet sich auf, wenn kein Anlaß vorliegt, bleibt im entscheidenden Augenblick schlaff, angeschwollen hindert er den Mann am Gehen, im Ruhezustand schlägt er gegen die Eier, sein Erguß ist äußerst bescheiden usw.: »diese Organe wirken zugleich scheußlich, finster, wütend, ständig enttäuschend und dumm.«[1] All das ist aber noch nichts im Vergleich zu der Tatsache, daß er nur Stoß um Stoß in Erscheinung tritt und nach dem Erguß wieder in den Kulissen verschwindet.

Die anmaßende Weise, wie im Abendland der Liebesakt vollzogen wird, verrät die tiefsitzende Angst der männlichen Art. In erster Linie trägt der Sexualprotz seine eigene Schwäche zur Schau. Wenn er den Phallus zu seinem Wappentier macht, wenn er seine Heldentaten anhand märchenhafter Zahlen benennt und sich über all die Schwächlinge, Pimmelasthmatiker und Schlappschwänze erhebt, bestätigt er damit nur, wie unsicher er sich seiner Sexualität ist: »Alles was recht ist, der hab ich es vielleicht besorgt!« Das Triumphgeschrei des Eroberers ist zugleich ein Geständnis: der schamlose Herkules, der so stolz auf sein Werkzeug blickt, ist in Wahrheit ein Kind, das über seine Einfalt weint.

## Streng kontrollierte Erregung

In dem Buch, in dem sich Roger Dadoun mit Wilhelm Reich beschäftigt, zitiert er wiederholt den Wahlspruch von Big Brother in George Orwells *1984:* »Wir schaffen den Orgasmus ab.« Darin sieht er den schlagenden Beweis *a contrario* für das Genie Wilhelm Reichs. Dabei darf man jede Wette darauf eingehen, daß eine Diktatur, die ihre Gesetzgebung auch auf diesen Bereich ausdehnen würde, den Orgasmus viel eher zur Pflicht erklären würde. In seinem Bemühen, aus Reich um jeden Preis einen »subversiven« Denker zu machen, versteigt sich Dadoun zu der folgenden völlig abwegigen Behauptung: der Orgasmus »bleibt das Monumental-Unausgesprochene eines jeden Diskurses – der unsichtbare Punkt, auf den sich alle Perspektiven der Darstellung, alle Fluchtlinien richten, um seine Erwähnung zu vermeiden (. . .), der erste Akt, um den sich endloses Gerede rankt, der aber selbst – welch überwältigendes Einverständnis! – im Dunkeln zu bleiben hat« (S. 341). Wie läßt sich übersehen,

[1] Claude Simon, *Histoire,* Ed. de Minuit, S. 251.

daß der Orgasmus ganz im Gegenteil immer die Sprache der Macht spricht, daß er nicht unsichtbar ist, sondern die Sicht raubt, und daß er – wird das Verlangen von außen in den ruhigen Innenraum der Gesetze eingebracht – zur Stimme der Institution selbst wird?

Die männliche Sexualität – so haben wir gesagt – ist im wesentlichen dem Gesetz der Seltenheit unterworfen: sie funktioniert von Mal zu Mal, hat keine Möglichkeit zur sofortigen Wiederholung und läßt sich noch in ihrem höchsten Überfluß auf simple Zählbarkeit reduzieren. Vergleicht man die Ejakulation mit der Lust, die die Frau im günstigsten Falle aus dem Penis zu ziehen vermag, so ist es offensichtlich ein ungleicher Handel: fast nichts steht gegen fast alles. Die Proportionen bleiben höchstens innerhalb des männlichen Genitalsystems gewahrt – vergleicht man etwa die Entladung mit der Spannung, die ihr vorausgeht. Die wesentliche Funktion des vollkommenen genitalen Orgasmus besteht darin, das ganze Fieber, die ganze Leidenschaft abzuführen, die der Körper vor dem Höhepunkt beherbergt: »Die Intensität der Lust im Orgasmus ist (. . .) abhängig von der Größe der (. . .) Sexualspannung.«[1] Die Ejakulation ist die Fiktion eines gerechten Austauschs zwischen zwei Gebenden; die Erregung scheint der Entleerung zu sagen: Ich gebe dir, um von dir zu bekommen; hier heben sich zwei äquivalente Größen auf, indem sie einander annullieren. Im Grunde scheint die sexologische Ideologie nur eines zu befürchten: daß das Fleisch dem Rausch verfalle, daß es der Vielgestalt unterschiedlichster Emotionen ausgeliefert werden könnte. Daher die universelle Vorschrift: die völlige Entladung, die Befreiung von aller Brunst, der brutale Widerruf der Leidenschaft (das Kriterium des »guten« Orgasmus sei, so erklärt Reich wiederholt, der Wunsch zu schlafen, sobald man ihn erlebt habe: der Orgasmus als Valiumersatz, man sollte es erwägen . . .). In diesen Empfehlungen findet eine doppelte Tötung statt: die Tötung des Verlangens (dem man ein Ende bereitet hat) und die Tötung der Lust (die man vergessen hat). Deshalb sind wir ständig von der Neurose, von der Krankheit bedroht, deshalb müssen wir uns stets – und sofort – von der sexuellen Energie befreien: als ob sich in dem Wunsch eines

[1] Wilhelm Reich, *Die Entdeckung des Orgons, Die Funktion des Orgasmus,* Frankfurt 1977, S. 81.

Wesens nach einem anderen alle Verbrechen, alle Schrecken regten, derer die Menschheit sich jemals schuldig gemacht hat, als sei die Begierde an sich schon eine so entsetzliche Gefahr, daß es dringend erforderlich ist, den Liebenden ein möglichst erfolgreiches Kopulationsverfahren beizubringen, damit sie anschließend um so leichter von einander ablassen können. Der Orgasmus Reichscher Prägung ist also die Apotheose des Funktionalismus, der utilitaristischste aller Körpermechanismen: weniger der Höhepunkt der Lust als die Befreiung der geknechteten Kreatur von einer übermäßigen Bürde und Spannung, die er unverzüglich loswerden muß. Das ist keine Lust mehr, sondern Erlösung, nicht mehr Dionysos, sondern Jesus!

Und wenn nun die Ejakulation die Fortsetzung des Primats der Reproduktion mit anderen Mitteln wäre? Wenn der Aufruf zur Lust »aus hygienischen Gründen« heute den alten christlichen Imperativ der Zeugung ersetzte, der auf den Werken des Fleisches lastete? Der Samenausstoß ist der Bezugskreis, der große Mittelpunkt, das Rechnungsbuch, die durchschnittliche Genitalität, die auf den Körpern kleine Territorien, kleine Safes anlegt, die man von Zeit zu Zeit öffnet, um ihnen zu entnehmen, was sie an Überfluß enthalten. Die zur einzigen und höchsten sexuellen Technik hochstilisierte Ejakulation sorgt zugleich dafür, vor Bedrohungen zu schützen, möglichen Überraschungen vorzubeugen und den Energiekreislauf zu kanalisieren. In der Ejakulation versucht sich der Traum vom großen phallischen Zentrum zu verwirklichen, das sich alle peripheren Vorgänge zunutze zu machen weiß. In ihm kommt der ganze Körper zur Ruhe; dort findet er seine Einheit wieder (nach dieser Auffassung richtet sich alle nicht-zentrale Erregung, alle prägenitale Erotik nur auf die Stärkung der zentralen Befriedigung). Die Propaganda, die für den Orgasmus gemacht wird, wiederholt im Grunde nur immer das eine: Jede Anziehungskraft, die ein Mensch auf einen anderen ausübt, wird der Norm vom vernünftigen Leben zur Gefahr. Folglich wird in der richtigen sexuellen Beziehung lediglich eine Fremdheit aufgehoben, eine ungezähmte Kraft unter genitaler Vormundschaft domestiziert und durch die völlige Entladung vernichtet. Die Liebe ist eine Arbeit, die man geduldig auf sich nehmen muß und die das Ziel hat, alle Spannungen zu beseitigen. Jede sexuelle Beziehung, die in den Körpern Libidoherde oder Reste von Begierde am Leben erhielte, wäre als unseliger Unruhestifter zu verdammen. Die Erotik ist eine Unordnung, die es zu stabilisieren gilt. Mittels des Orgasmus als der endgültigen Lust wird der Ausnahmezustand beseitigt und die etablierte Ordnung wiederhergestellt. Nur ein toter Trieb ist ein guter Trieb.

Wenn man die vorbereitenden Handlungen, die Liebkosungen, die verschiedenen Spiele bei der Annäherung an einen Orgasmus einschränkt, stellt man die Sexualität in den Dienst der Heilung, sieht man die Fleischeslust ausschließlich aus medizinischem Blickwinkel. Man stellt dann in Abrede, daß der Umweg, die Verzögerung, »die Energiestauung« (Reich) ihren Sinn haben können, daß man auch an ihnen selbst seine Lust haben kann (und nicht nur, indem man sie einer zentralen Konvulsion unterordnet); man stellt in Abrede, daß eine aufgeschobene Lust auch eine Lust ganz anderer Art sein kann, man subsumiert sie als Vorspiel unter die etablierte Ordnung des pflichtgemäßen Ergusses. Die Ejakulation dient also zur Disziplinierung dessen, was sie durch Umgehung aufheben oder besser mißachten könnte. So verstanden sind die Genitalien des Mannes und der Frau Territorien unter fremder Herrschaft, denen die Unabhängigkeit zurückgegeben werden muß, das heißt die befreit werden müssen von der sie heimsuchenden Erregung. Unter solchem Blickwinkel setzt der Orgasmus die sexuelle Reife voraus, mithin den Entwicklungsstillstand des Individuums, das unter das Joch der Gesetze genommen wird: »Orgastisch potente Menschen lachen und sprechen während des Geschlechtsakts – zärtliche Worte ausgenommen – nie. Beides, Sprechen und Lachen, deutet auf schwere Störungen des Vermögens zur Hingabe . . .«[1] Mögliche Schwätzer seien gewarnt, die Lustpolizei ist wachsam . . .

Ist es politisch zulässig, einen Orgasmus zu haben? – fragt ein besonders bescheuerter Amerikaner (Jim Haynes in *Hello, je t'aime*). Aber klar doch, Freund, aus politischer Sicht ist nur der Orgasmus zulässig, die Lösung der Spannungen! Denn der Traum einer jeden »sexuellen Revolution« ist das unmögliche Gleichgewicht zwischen Macht und Begierde, zwischen der Unberechenbarkeit der Triebe und den gesellschaftlichen Zwängen der Arbeit. Insofern erfüllt der Orgasmus eine ökonomische

[1] Reich, a. a. O., S. 83.

Aufgabe von allergrößter Bedeutung: er führt den Überschuß ab, er absorbiert den Mehrwert der Erregung, er sorgt für Lustumsatz und Lustgewinn. Gleichzeitig gebietet er dem Müßiggang Einhalt: er bannt die Gefahr der Zeitverschwendung und der erotischen Unbeständigkeit, die von der Warte der Pflicht aus lauter moralische Verfehlungen sind. Indirekt erklärt er das Genitale zur neuen theatralischen Darstellungsform. Er faßt alle Strömungen in einer Region zusammen, er ist ein Filter, das alle störenden Einwirkungen und Ströme im Bauch sammeln soll, alle Kräfte, die in den Kreislauf eindringen und die es zu entladen gilt. So erhält er die Isothermie und Isonomie des Körpers durch ständige Unterschlagung. Die Lust wird buchstäblich ausgeschwitzt, um das Gleichgewicht des Organismus zu bewahren. Man muß einen Streik beenden können, sagte der große Thorez; das gleiche Lied singen die Sexologen: man muß einen Koitus beenden können. Unter keinen Umständen darf er ohne Abschluß bleiben! Deshalb muß jeder Trieb, Ursprung aller unvorhersehbaren Geschehnisse, bei Strafe der Exkommunikation den Richtspruch des Orgasmus über sich ergehen lassen.

Ganz natürlich bemißt sich die männliche Lust nach dem Gesichtspunkt primitiver Akkumulation, nach dem Spermaausstoß. Der Genuß scheint der Menge des Spermas proportional zu sein, die der Penis aussondert: je mehr Samen, um so anhaltender (im Prinzip) das Vergnügen. Das hat jener Mann bezeugt, der seinen Penis, statt zu masturbieren, an eine Melkmaschine anschloß und wenige Minuten später in einem Meer von Blut an Erschöpfung starb . . . (oder jener Lüstling bei de Sade in *Justine,* der sich aufhängte, um mehrmals hintereinander zu ejakulieren, und das Seil dann durchschnitt, kurz bevor er sich endgültig strangulierte). Und umgekehrt jene Geste sehr vieler perverser Männer: der Verzicht auf die Ejakulation, die einzige Form heterosexueller, normaler, kodierter, regulärer, autorisierter Lust. Nehmen wir als Beispiel jenen außerordentlichen Fall, von dem in der *Revue médicale* Nr. 17 die Rede ist und den Michel de M'Uzan in seinem Buch *La Sexualité perverse* zitiert. Der Patient wies Tätowierungen und Verstümmelungen auf, die er sich bei früheren masochistischen Praktiken beigebracht hatte. Selbst sein Geschlechtsapparat war davon nicht verschont geblieben: »Wie die Röntgenaufnahmen zeigen, sind ihm zahlreiche Grammophonstifte sogar ins Innere der Hoden gedrungen. Der Penis war völlig blau, vielleicht infolge einer intravenösen Injektion mit Chinatusche. Mit einer Rasierklinge war die Glans am äußersten Ende aufgeschlitzt worden, um ihre Öffnung zu erweitern. Um den vorderen Teil des Penis lag ein Stahlring von mehreren Zentimetern Durchmesser, der nicht abgenommen werden konnte, weil die Vorhaut in eine Art paraffingefülltes Kissen verwandelt worden war. In den Schaft des Penis hatte er eine Magnetnadel eingeführt. Darin äußerte sich, wenn ich so sagen darf, ein Anflug von schwarzem Humor. Denn der Penis zeigte auf diese Art seine Kraft, vermochte er doch die Kompaßnadel aus der Richtung zu bringen. Ein zweiter Ring – dieser abnehmbar – preßte den Ansatz des Skrotums und die Basis des Penis zusammen (. . .) den endgültigen Verzicht auf den Koitus hielt M. für ein unabdingbares Kernstück seiner masochistischen Ansprüche.«[1]

Die Frau, das »Tier der Lust«? »Beute und Dienerin kollektiver sexueller Bedürfnisse«? Und wenn diese Gemeinplätze lediglich Illusionen wären, die der Mann zur Befriedigung seiner Lust schürt? Dann hätte er sich aus rein sinnlichen Gründen die Hälfte der Menschheit unterjocht? Dann wäre seine Genußsucht so groß, daß es einer ganzen Sklavenklasse bedürfte, die sich hingebungsvoll und unermüdlich seiner Befriedigung widmet? Wenn man die Grenzen bedenkt, die die Physiologie der Lust des Mannes setzt, kann man sich des Verdachts nicht erwehren, daß eher umgekehrt ein Schuh daraus wird: wohl weniger zum Zwecke einer durch nichts in die Schranken zu weisenden Lust unterwirft der Mann die Frau als vielmehr, um in ihr ein Verlangen zu ersticken, von dem er fürchtet, es könnte so stark, so heftig sein, daß es das seine auf immer entwertet und relativiert. Mithin würde sich also die Hypothese bewahrheiten, die eine amerikanische Psychoanalytikerin kürzlich aufgestellt hat, als sie sagte: »Einer der Grundpfeiler, auf denen alle modernen Kulturen beruhen, ist die gewaltsame Unterdrückung der maßlosen Sexualität der Frau . . .«[2]

»Ich steck einen weg«, »ich protz ab«, »ich rotz in die Muschel«, »ich putz die Sichel« sind Ausdrücke, die bei all ihrer

[1] Michel de M'Uzan, *La Sexualité perverse,* Paris 1972, S. 16–20.
[2] Mary Jane Sherffey, *Nature et Evolution de la sexualité féminine,* PUF 1976.

Grobheit nicht häßlicher sind als das groteske Wort »Ejakulation«, das auf lächerliche Weise Verzerrung, Verrenkung, Verschleiß impliziert. Da ist keine Verzückung, die erschüttert und auf den Gipfel des Rausches trägt, sondern der klägliche Trip, das kurze Rütteln, das kaum einen Schauer hervorruft. Aus dem Wort »Ejakulation« höre ich vor allem das »Jakjak« heraus, einen exotischen Vogelschrei, das Kreischen des Papageis; und beim Papagei muß ich an die groteske Wiederholung denken, an die Sprachkarikatur – ist doch die Ejakulation nichts anderes als die männliche Karikatur der weiblichen Lust.[1]

Reich setzt seine Befragung dann damit fort, daß er einen Schiedsspruch über rivalisierende Tendenzen des Menschen fällt. Dabei hebt er die wahre Liebe von ihren verkappten Widersachern ab, der Neurose, dem Sadismus, der Homosexualität, der Pornographie. Die Gattung wird nicht in Arten aufgeteilt, sondern es werden Erbgänge ausgewählt, Abweichungen eliminiert, Anwärter ausgelesen, das Wahre vom Falschen unterschieden, die Menschen zum Konformismus abgerichtet. Wenn die Körper einander begegnen, schaffen sie nicht eine einzige neue Sinneserfahrung. Vielmehr sind sie von längst festgelegten Wahrheiten bewohnt, denen sie zu gehorchen haben, wollen sie nicht dem Wahnsinn oder der Abnormität verfallen. Nach dieser virilmedizinischen Darstellungsweise dürfen wir vom Koitus keinen

[1] Man kann sich in diesem Zusammenhang fragen, welche Vorstellung vom Körper der Begriff der Entladung impliziert, auf dem heute die Orgasmustheorie aufbaut. Aus der Geschichte weiß man, daß die Ideologie des Samenergusses, von gleichen Voraussetzungen ausgehend, zwei verschiedene Formen angenommen hat: die eine mißbilligt den zu häufigen Ausstoß der Lebensflüssigkeit (»Was dazu dient, das Leben zu geben, dient zugleich dazu, es zu erhalten«, Buffon); die andere feiert den Erguß als Befreiung. (»Der französische Arzt Arnaud de Villeneuve [1235–1312] empfahl aus hygienischen Gründen, den alten Samen, der durch zu lange Enthaltsamkeit giftig werden könne, durch Masturbation aus dem Körper zu treiben; das gilt auch für andere Mediziner: beispielsweise für Johans von Wesel [15. Jahrhundert], Paul Zacchias [16. Jahrhundert] und Ch.-H. Marc [1771–1841]. Selbst Tissot, der die Unterdrückung der Masturbation befürwortete, sprach 1766 von therapeutischer Masturbation. Er bezweifelte, daß absolute Keuschheit allen guttäte, und schloß sich der Auffassung Galliens an, der behauptete, die Zurückhaltung des Spermas könne manchmal Krankheiten verursachen.« Jos van Ussel, *Histoire de la répression sexuelle,* Paris, Laffont 1966, S. 196.) Da die Lust des Mannes transitiv ist (insofern sie Samen produziert), zieht man daraus den unzulässigen Schluß, jede orgiastische Empfindung müsse notwendigerweise von einer Entladung begleitet sein. Es sei angemerkt, daß die gleiche Vorstellung vom Erguß der Körpersäfte im exorzistischen Ritual, dem die Hexen unterworfen wurden, eine Rolle gespielt hat. Der ganze Wilhelm Reich steckt im Keim schon in Gallien und in Hippokrates. Die »archäologische« Geschichte des Entladungsbegriffs bleibt noch zu schreiben.

Gewinn erhoffen, sondern nur Liquidation. Das Verlangen verarmt und legt uns fest auf die simple Alternative von Funktionieren oder Nicht-Funktionieren. Die Suche nach neuen Sinneserfahrungen, die Erkundung verborgener oder abgelegener Regionen verkommt zur bloßen Möglichkeit, auf die die Liebenden verzichten oder die sie nur widerwillig in Angriff nehmen (»Wozu soll das gut sein?«). Der Preis solcher Abweichungen wäre im Vergleich zum einfachen Weg der genitalen Lust zu hoch: wer weiß, ob die neuen Formen der Umarmungen, die man erfinden würde, auch nur für die Mühe und den Aufwand der daraus entstehenden Unbequemlichkeit entschädigen? In den von der Sexologie heute einmütig verordneten Beischlafpraktiken drückt sich eine unwiderrufliche Tendenz zum Verzicht auf Innovation, Überraschung, Improvisation aus.

Wir erfahren, daß der orgastische Realismus hin und wieder von zwei einander entgegengesetzten Exzessen aufgehoben wird: vom Exzeß der Kraft, der Größe, des Heldentums, wenn sich das Glied gemäß seiner gesellschaftlichen Bestimmung ungeheuer zusammenreißt und seine gewaltige Tat sechs-, sieben- oder gar zehnmal wiederholt; welch lächerliche Männerkonkurrenz, was für ein Pimmelkult! Die Eichel unterm Slip stolz geschwellt, stets auf dem Sprung, Staunen und Bewunderung zu erregen. Oder der andere Exzeß, der unbewußte Fehltritt, das Versagen des Penis als Impotenz oder Ejaculatio praecox, die heimliche Auflehnung des Organs gegen die ihm zugedachte Aufgabe, gegen die geforderte Leistung – eine implizite Orgasmusverweigerung durch den Streik.

In allen sexologischen Handbüchern stößt man immer wieder auf dieselbe arbeitsame Metaphorik. Der Orgasmus ist eine Arbeit, die Liebenden sind die eifrigen Arbeiter des Sex (gibt es also auch schlechte Arbeiter auf diesem Gebiet?); sie müssen ganz nackt und sehr fleißig sein. Am Vorbild der industriellen Rationalisierung gewonnen, ist die Orgasmusideologie utilitaristisch. Sie ordnet die Mittel einem Zweck unter, schreibt auch noch die kleinsten Gesten vor, und alles kulminiert im kostbaren Ergebnis. Die orgastische Apotheose ist der chemische Niederschlag, dessen Erscheinen die Gelehrten ängstlich erwarten und den die Laborlehrlinge sorgfältig dosieren müssen. Die Sexologie Reichscher Provenienz träumt nämlich von der idealen sexuellen Beziehung, die sich ohne Hindernisse und Störungen vollzieht, die von der stillen Perfektion der Organe bestimmt wird, die sich in einem makellosen Koitus erfüllt, in dem alle Erregungsmechanismen zum reinen »Naturzustand« beitragen, ohne von irgendeiner perversen Geste, einer seelischen Störung oder der »sozialen Pest« beeinträchtigt zu werden; dort ist alles Ordnung und Funktionalität, vorbildliches Maß der Empfindungen, kalkulierte Steigerung der Liebkosungen und Stimulationen, subtiles Crescendo, das die beiden Partner zur gleichzeitigen und gemeinsamen Ekstase führt: die beste aller denkbaren Lustwelten. Und diese rationalisierten, idealen Geschlechtsakte, die ganz und gar am Vorbild der »vegetativen Strömung des Lebens« (Reich) gewonnen wurden, sind – so meint dieser Traum – absolut: abgeschlossen gegen die Außenwelt (oder vielmehr gegen die – schlechte – soziale Welt und offen für die – ewige – kosmische Welt), selbstgenügsam, allein aus den Kraftquellen der Genitalität schöpfend, aufgehoben in einer einfachen Erotik, die Ausschweifungen ausschließt und Neurosen fortwischt. Sie entwerfen in ihrem unabhängigen Mikrokosmos ein verbessertes, dynamischeres Bild vom Leben in der Gesellschaft: Expansion, Entladung, Entspannung; wie in einem Spiegel läutern sie sozusagen die ungeregelten Rhythmen der Arbeit, der Mühsal und der Befriedigung, die das tägliche Brot des Menschen sind. Orgasmus als Belohnung: die Liebenden waren gewissenhaft, ihre Lust ist wohlverdient, die erotische Tugend ist die Erfüllung einer Aufgabe, die man einem bestimmten Ziel unterstellt hat: nur die Begierde ist begehrenswert, oder vielmehr die Begierde ist ein Ziel, das es aufzuheben gilt. (Doch die Annahme einer »natürlichen sexuellen Selbststeuerung«, die dann später von der Gesellschaft pervertiert worden wäre, dieser Reichsche Rousseauismus, den Lewinter bereits in einem sehr schlüssigen kleinen Buch widerlegt hat, erweist sich von Anfang an als reine Utopie. Denn entweder ist der Kapitalismus eine Perversion der Sexualität, der zeitlos guten erotischen Natur des Menschen – dann müßte man die bürgerliche Gesellschaft, dieses Produkt der Geschichte, vernichten, um die geschichtslose Zeit des Glücks, der freien Genitalität wiederzufinden; oder das Kapital ist selbst ein besonderer Lustmechanismus, ein soziales Gebilde, das spezifische Lust verheißt, die Welt eines bestimmten Genusses – dann fällt die ganze politisch-sexuelle Auffassung Reichs wie ein Kartenhaus in sich zusammen.)

Insofern die Penisse zu Lustwerkzeugen (und Zeugungswerkzeugen) abgestempelt werden, sind sie alle miteinander vergleichbar, weil sie auf einen gemeinsamen, funktional-rationellen Nenner gebracht werden: die Ejakulation als das allgemeine Äquivalent eines jeden Penis. So fungiert der Mann im Beischlaf niemals als Begierde oder Lust, sondern steht immer im Dienst eines abstrakten sozialen Bedürfnisses. Der Orgasmus bringt eine ganze Metaphysik der Nützlichkeit in die Sexualität ein. Dieses moralische Gesetz, das tief im Penis (und damit auch tief in der Vagina) verwurzelt ist, prägt das Wesen des Mannes positivistisch und setzt ihn in eine Zweckbeziehung zu seiner Lust: Lust ist, was an ein Ziel gelangt, oder vielmehr, was das Ende des Geschlechtsaktes bezeichnet (wann immer sie sich auch zeigen mag). Der rationale Kode der Ejakulation gründet sich auf die Aufhebung aller Ambivalenz zugunsten der Gleichung Erregung = Entladung.

Für Reich ist die Begierde selbst eine Krankheit. Deshalb muß das erigierte Geschlechtsorgan des Mannes bereits das ejakulationswillige Geschlecht, das aufgerichtete Rohr sein. Ein gleiches Strukturmodell – darstellbar, meßbar – regelt mit fast unmerklichen Abweichungen die Orgasmen. Die Entladung läßt sich durch eine Art Geometrie erfassen, die sich eines Koordinationssystems bedient, um die Erregungskurven und die Stimulationen während des Geschlechtsaktes exakt anzugeben: mit der Rede vom Orgasmus kündigt sich der gemessene Orgasmus an und damit auch der kontrollierbare. In der Ungeordnetheit der Umarmung steht die abschließende Befriedigung für das Realitätsprinzip, dem keiner entgehen kann. Dies also die Apologie des Orgasmus: man schreibt der unfaßlich mühelosen Befriedigung des Mannes höchsten sozialen Wert zu und erklärt sie zum gemeinnützigen und wohltätigen Verhalten.

Indem man den Mann auf seine Ejakulationsfunktion festlegt, verwandelt man die sexuelle Beziehung in etwas Primitives, Wirkliches, Buchstäbliches, im Vergleich zu dem alles andere nur Hirngespinst oder Sittenverrohung ist. Alles, was sich unerlaubt in diese einfache Lust einnistet, alles, was sich ahnungsvoll an der

Schwelle einer anderen Lust aufhält, ist nichts als Krebsgeschwür und gräßliche Ausschweifung. Das Funktionale steht für die Synthese der reinen und der praktischen Vernunft, es ist das Schöne plus das Nützliche; das Nützliche seinerseits ist das, was zugleich moralisch und wahr ist. Die sexologische Phantasie träumt davon, die Sexualität ihrer wahrhaften Bestimmung zuzuführen und sie auf immer dem überspitzten Raffinement der Lüstlinge und Perversen zu entziehen, das die natürliche Ausdrucksweise des Koitus trübt und verdirbt. Unter diesem Blickwinkel ist die vollkommene sexuelle Beziehung ein reibungslos funktionierender Mechanismus, bei dem nichts das Ineinandergreifen der Elemente und die Transparenz des Prozesses stört: dank letzterer kann der Blick der Gesellschaft bis auf den Grund der Körper und der Organe dringen, ihre Gemütsbewegungen voraussehen, ihre Abweichungen kontrollieren, ihre Verstöße ahnden. Schließlich verschmilzt die totale Lesbarkeit des Geschlechtsaktes mit der totalen Überwachung durch die Spezialisten.

Die Ejakulation ist so etwas wie die Wahrheit der sexuellen Beziehung, ihre Golddeckung, ihre Konvertierbarkeit, ihr Wechselkurs (wodurch das freie Spiel eines Lustfloatings verhindert wird). Der Samenerguß ist also die Leitwährung der Natur; er zeigt an, daß der Koitus ordnungsgemäß durchgeführt wurde und abgeschlossen ist. Das Sperma ist das Signum des Koitus, die Umwandlung eines Naturproduktes in ein Transaktionsmittel: gäbe es diese kleinen, in die Vulva abgesonderten Zusammenballungen körniger, weißlicher Flocken nicht, so würde dem Mann etwas fehlen. Der Samen fungiert im Geschlechtsvertrag als Tauschmittel, als erotisches Geld: er und nur er gibt der Beziehung einen Sinn. Von ihm auch hängt mehr oder minder die Dauer des sexuellen Handelns ab: solange das Sperma noch nicht ausgestoßen worden ist, bleibt der Beischlaf noch zu vollziehen, will man sich nicht nach einer absurden und unabgeschlossenen Handlung trennen. (Doch lehnt man diesen Tauschhandel ab, so lehnt man damit zugleich das männliche Stereotyp des Samenergusses ab. Will der Mann nicht mehr ejakulieren – oder zumindest diesen Orgasmus nicht mehr zum einzigen Ziel seines Begehrens machen –, so lösen sich damit alle Motive, die ihn bewegen, in Luft auf: jenseits der transparenten Sphäre des

Samenergusses, in der alles klar ist, weil es genügt, etwas für sein Sperma zu verlangen, weiß der Mann einfach nicht mehr, was er will. Daher die Hypothese: der Orgasmuszwang – der auf dem Mann wie auf der Frau lastet – soll von genau dieser Angst erlösen: nicht zu wissen, was man will. Die Frage, was man während der Liebe tun muß und was man nicht tun darf, werfen Psychoanalytiker und Sexologen einfach dadurch auf, daß sie bereit sind, auf sie zu antworten.)

Der Orgasmus des Mannes gehört zur Ordnung der empirischen Tatsachen: er ist wirklich, sichtbar, wägbar, evident, vermittelt durch die gesellschaftliche Institution des Wettbewerbs.[1] Der Wert des Samens erklärt sich aus der Tatsache, daß man ihn sehen, berühren kann: daher die Vorherrschaft des männlichen Lustmodells: wäre das Sperma mikroskopisch, namenlos, nicht zu fühlen, würde auf den Samenausstoß nicht das Abschwellen des Glieds erfolgen, so hätte der Same überhaupt keinen Wert, so wäre seine Bedeutung gleich Null (dieses Schicksal erleidet tatsächlich die Lust der Frau, die, da sie sich unmerklich ereignet, niemals gewiß ist). Als wissenschaftliche Disziplin beweist die Sexologie heute durch ihre Simplizität, daß sie nicht in der Lage ist, die Elemente der weiblichen Sexualität in ihrer radikalen Fremdheit zu erfassen. Insbesondere leidet die Sexologie Reichscher Provenienz seit je unter der Furcht vor der Frau als dem anderen, das unter allen Umständen ein anderes bleibt; das ist eine unüberwindliche Allergie. Reich toleriert die Frau nur in der Pose der Unterwerfung, als Abziehbild der männlichen Erotik, als Negativ oder Hohlform des männlichen Phallus. Deshalb unterstellt er ihr dieselben Begierden wie dem Mann, oder er erstickt vielmehr ihre divergenten Wünsche unter ein und derselben Bezeichnung, der des Orgasmus. Ebenfalls im Namen des Orgasmus – und damit wird das Ganze auf die Spitze getrieben – erfolgt auch das Verdammungsurteil der Homosexualität: »Es läßt sich feststellen, daß die durchschnittliche sexuelle Befriedigung beim gesunden heterosexuellen Individuum intensiver ist als die Befriedigung beim gesunden Homosexuellen.« Für die Anhänger Reichs ist das Entscheidende, den Geschlechtsakt in

[1] In »harten« Pornofilmen und auf den Bühnen entsprechender Live-Shows ist der Mann oft gehalten, sichtbar fürs Publikum, also außerhalb seiner Partnerin zu ejakulieren, wobei das hervorspritzende Ejakulat als Echtheitssiegel fungiert.

dem Sinne zu erledigen, in dem man im Deutschen davon spricht, daß man »einen Widersacher erledigt«. Der Orgasmus muß der letzte Augenblick sein, der düstere Höhepunkt eines Todesstoßes, einer Hinrichtung. Wenn die Liebenden begehren, müssen sie auf das Schweigen hinauswollen, wenn sie sich der Lust hingeben, müssen sie damit ihr Begehren mundtot machen, wenn sie beginnen, müssen sie das Ende im Auge haben – und wenn sie daran kaputtgehen. Als ob die »Orgasmusformel« – der Rhythmus von Expansion (Spannung, Ladung) und Kontraktion (Entladung, Entspannung) – nicht eine maskuline Formel wäre, die nur auf die eine Hälfte der Menschheit zutrifft!

Die Orgasmusdisziplin ist so unerbittlich, daß sie die übrigen erogenen Untersysteme des Körpers (Anus, Brustwarzen, Hinterbacken usw.) zu einem fast vollständigen Schweigen zwingt, um sie an ihren Platz und auf ihre spezielle Aufgabe zu verweisen: all das macht aus dem Beischlaf ein System »niedrigen Komplexitätsgrades«, dessen Merkmal immer krampfhafte Ungeduld, immer die Besessenheit vom Aufrechterhalten der Ordnung ist, einer Ordnung, die für den Mann die Zweckbestimmtheit seiner Lust und für die Lust die Aufgabe ist, ein für allemal mit der Lüsternheit des Mannes Schluß zu machen; einer Ordnung, die den Dingen ihren Platz zuweist und Befehl ist, so daß der Geschlechtsakt, der unter dieser Perspektive ausgeführt wird, beide Geschlechter in eine Herrschaftsbeziehung verstrickt, unter der sie offensichtlich beide leiden. Da der Mann in der Liebe etwas »zu tun« hat (er muß »ankommen«), untersagt er es seiner Lust, sich in dieser oder jener Gegend einzurichten, und unterwirft sie einer Hierarchie. Da er dem abschließenden Resultat den höchsten Wert zuschreibt, entzieht er die Lust dem gegenwärtigen Augenblick (in diesem Sinne ist die Erotik des Mannes religiös, eschatologisch, auf ein Ziel ausgerichtet). Da jeder Ansatz einer Ablenkung oder Perversion die Lust des letzten Augenblicks vergessen machen würde, verteufelt und verdammt er die Lust des gegenwärtigen Augenblicks (sofern sie nicht zur Vorbereitung der abschließenden Kontraktion beiträgt). Mit ein und derselben Gebärde erstickt der Mann die Lust der Frau (oder verstümmelt sie zu dem einzigen Orgasmus, den er kennt) und unterdrückt in sich selbst die Vielgestalt seiner eigenen Lust. Durch die Unterteilung des Geschlechtsaktes in

Höhepunkt und Vorspiel entwertet er automatisch letzteres. Er nötigt alle Handlungen, die sich im Laufe des Vorspiels ergeben, in die Rolle mehr oder minder untergeordneter Wegbegleiter einer Zentrallust, die unmittelbare Befriedigung verheißt. Kurzum, mitten im erotischen Hedonismus vollzieht er die traurige Trennung zwischen Arbeit und Fest, Mühsal und Belohnung, Sühne und Strafe; die »guten« Liebenden widmen sich ihrer Aufgabe mit enormer Gewissenhaftigkeit, sie strengen sich an, sie mühen sich ab, sie sind unermüdlich am Schaffen. So wird der Beischlaf zu jener geduldigen Arbeit, deren Lohn der Orgasmus ist, der sofortige Konsum.

## Die erbauliche Geschichte des Orgasmus

> Die Dummheit besteht darin, zu einem Ende kommen zu wollen.
>
> Gustave Flaubert

Im Grunde genommen ist der Orgasmus des Mannes langweilig, da voraussehbar (das Abenteuer des Koitus ist immer auf seiten der Frau, zumindest auf der weiblichen Seite): er beseitigt die Ungewißheit, die Überraschung, er ist unumstößliche Gewißheit, er kommt ganz bestimmt. Für den Mann ist das Ende von Anfang an gegeben; insofern gibt es kaum einen Anfang. Die Erektion ist schon fast die Ejakulation, das Ende unterscheidet sich kaum vom Beginn. In den allerersten Augenblicken sind schon die allerletzten enthalten. Prekär ist der Zustand der Erektion, trägt er doch die Erschlaffung als unausweichliches Schicksal in sich. Und die Episoden, die den Geschlechtsakt interpunktieren, sind nichts anderes als ebendieser fehlende Abstand zwischen einem Pseudoeintritt in die Materie, der bereits eine Dämmerung ist, und dem vom ersten Moment an gegenwärtigen Erlöschen. Die klassische Liebesverbindung ist eine Beziehung der Trauer und des Todes: am Klagelied der ehelichen Liebe läßt sich kein Wort verändern. Die Ejakulation ist eine bequeme Einrichtung, trotzdem wird sie zur Qual. In der normalen, kodifizierten Liebe stellen die Lebenden sich tot; das unvermeidliche Beischlafstereotyp des Mannes lautet: »Ich sorge dafür, das meine Frau ankommt, dann komm ich selbst an.« Aber wer fragt danach, ob es auch andere Möglichkeiten gibt?

Nach Auskunft des Mannes ist der Beischlaf eine Beziehung, die (wie der Satz) immer die gleiche Struktur annehmen und sich unendlich erneuern lassen muß. Der Mann setzt sich also beim Beischlaf ein doppeltes Ziel: einerseits den Akt nicht zu kurz ausfallen zu lassen (sozusagen aus Angst vor zu kurzen Sätzen), andererseits aber auch, den Koitus zu einem Ende zu bringen, da die Beziehung erst gut ist, wenn sie abgeschlossen ist, wenn sie beide Partner befriedigt hat. Mithin besteht sexuelle Meisterschaft darin, den Geschlechtsakt so zu verlängern, daß er zum bestmöglichen Abschluß geführt werden kann (daher die beiden Schreckgespenster der Hetero-Sexologen: die Ejaculatio praecox – die den Hunger der beiden Partner ungestillt läßt – und das Ausbleiben der Ejakulation, die unendliche Reservatio – die der Natur gegen den Strich geht und den Beischlaf zu einem absurden Unterfangen macht).

Insofern erzählt uns der Samenerguß eine Geschichte: die fleischliche Beziehung besäße keinerlei Realität, sie ließe sich nicht vollenden und nicht beschreiben, wenn sie sich nicht auf den Kulminationspunkt bezöge, der dem Ereignis ein für allemal seine eigentliche Bedeutung verleiht, der dem Koitus einen Anfang und ein Ende setzt und aus bloßer Gegenwart eine Vergangenheit für die Zukunft macht. Die »klassische« Sexualbeziehung ist eine Geschichte, die der Mann auswendig weiß; trotzdem gibt er vor, den Schluß nicht zu kennen, trotzdem tut er so, als wüßte er nicht, daß sie immer das gleiche Ende nimmt.

Gegen allen Augenschein läßt sich also die Behauptung aufrechterhalten: die Enttäuschung ist das eigentlich bewegende Element der genitalen Lust des Mannes: er empfindet Lust, um enttäuscht zu werden, inmitten der Lust weiß er, daß er enttäuscht wird, und er macht diese Enttäuschung schließlich zum einzigen Beweggrund seiner Lust (in Wirklichkeit ist die ganze Erotik des Mannes eine Folge von Listen, von Strategien, um diese unausweichliche Erkenntnis zu umgehen). Mitten im Sturm der Wollust behält der Mann einen kühlen Kopf. Würde er versuchen, wie die Frau außer sich zu geraten, verrückt zu werden, so fiele er unverzüglich der plattesten Banalität anheim. Gewiß kann er irrsinnig werden, aber nur irrsinnig angesichts des

Irrsinns seiner Partnerin. Sicherlich kann er alle Zeichen eines erotischen Trancezustandes erkennen lassen, doch eben nur die Zeichen. Der Mann kann nur die Lust der Frau begehren, diesen Gott, der in ihr schläft und sich nie in *seinen* Körper begibt. Der Mann kann ihn nur mit Staunen, Angst und Schrecken betrachten und sich dann seiner eigenen Lust, eben der Enttäuschung, überlassen, als sei sie etwas, zu dem er sich freiwillig entschlossen habe (auch diese niederschmetternden Feststellungen treffen nur für strikte Heterosexuelle zu – darunter verstehen wir diejenigen, die sich während des Liebesaktes mit der Lust zufriedengeben, die ihrem Geschlecht vorgeschrieben ist; man könnte die Kraft eines Beischlafs auch umgekehrt an seiner Fähigkeit messen, sich jedem Abschluß zu verweigern). Der Penis ist ein Flugzeug, die Spermatozoiden sind – wie in einem Film von Woody Allen – Fallschirmspringer, die darauf warten, im Augenblick der Ejakulation aus der Luke zu springen. Mann und Frau würden demnach die Liebe in zwei sehr verschiedenen, einander entgegengesetzten Weisen erleben: während die Frau im wahrsten Sinne des Wortes in die Luft geht, fällt der Mann zur Erde, erlebt die Lust des Absprungs und freien Falls, genießt die kurze und niederschmetternde Erfahrung einer Leere.

Der kodifizierte Geschlechtsakt ist ein Diskurs, der sich einer einzigen Wahrheit versichert, um zu verhindern, daß andere, unvorhersehbare und unwiderrufliche Wahrheiten in Erscheinung treten. Angesichts der Erregung kann die letzte Lust nur als Abziehbild einer tödlichen Antwort erscheinen, einer Antwort, die der Mann am Ende unweigerlich gibt. Denn auf diesem Feuerrost, auf dieser Guillotine endet jeder Geschlechtsakt sowohl als Beziehung wie als Lustvernichtung. Doch zugleich handelt es sich dabei offenkundig um eine falsche Antwort, um eine Fiktion: denn welche Erlösung könnte jemals alle Begierden, alle Spannungen auslöschen, die im Manne und *a fortiori* in der Frau vorhanden sind (die Frau kennt keinen Orgasmus im eigentlichen Sinne des Wortes, ihr sexuelles Verlangen ist grenzenlos; keine Lustempfindung – und sei sie noch so stark – ist für sie die letzte und das Ende ihrer Gier; der große Vaginalorgasmus ist eine Erfindung der Männer, an die die Frauen glauben sollen).[1]

[1] »Die Frau hat nicht nur *ein* Geschlechtsorgan (was meist so gedeutet wird, daß sie

Der Mann, der koitiert, sagt: Ich weiß zwar Bescheid, aber trotzdem. Ich vollziehe den Liebesakt, als würde er ewig dauern und keine besondere Richtung nehmen, aber ich weiß wohl, daß er immer wieder ein Ende finden wird. Dem Mann gefällt es, in seinem Körper eine Geschichte zu schreiben, deren Ausgang er kennt; er weiß und weiß nicht, er handelt sich selbst gegenüber, als könne er niemals wissen; er hat keinerlei Zweifel, daß er den Geschlechtsakt unweigerlich durch den Orgasmus beenden wird – aber wenn es nun trotzdem anders käme? Nur die Lust der Frau, nur wer ganz entschieden »in weiblicher Weise« genießen will, kann den Beischlaf auf andere Wege führen; doch auch solch erotisches Vagantentum muß in der höheren Ordnung des Orgasmus, der Apotheose und des Abschlusses ein Ende finden und sich aufheben. Stück um Stück wird die Wahrheit entschleiert, und das Ereignis, das die Auflösung bringt, ist zugleich der Preis der Erwartung, der Vertrag, der das ganze koitale Abenteuer besiegelt und abschließt. Für den Mann hat sich die Erwartung und nur diese gelohnt.

Der Orgasmus macht alles, was ihm vorausgegangen ist, zu Beiwerk, Formlosigkeit, Marginalität; der Orgasmus sublimiert und verherrlicht alle Obszönität, die für den Beischlaf möglicherweise konstitutiv ist; der Orgasmus ist die Reinheit, die inmitten der Verworfenheit entsteht, die zarte Melodie, die unzarten Instrumenten entlockt wird, das Gold im Schmutz des gelähmten Fleisches. Daher der Rat der guten Ärzte: ejakuliert, absolviert eueren Orgasmus, damit die Schwere eurer Leiber von euch genommen wird, ejakuliert, damit ihr so rasch wie möglich die schmutzige Materialität der Liebesvereinigung loswerdet. Der Orgasmus ist die Freikaufung des Leibes, die Verwandlung der Materie in Geist. Der Orgasmus ist eine Idee.

Er ist zugleich die Quelle jenes Lichtes, das alle Dinge erleuchtet und ihnen Sinn gibt, der Zielpunkt aller Liebkosungen, Küsse

überhaupt keins hat), und sie kann ihre Organe weder unter einer allgemeinen noch einer besonderen Bezeichnung subsumieren. Körper, Brüste, Venusberg, Klitoris, Schamlippen, Vulva, Vagina, Gebärmutterhals, Gebärmutter – der nichtigste Anlaß erregt bereits die Lust dieser Organe in und durch ihre Vereinzelung, und das schließt die Möglichkeit aus, sie auf einen gemeinsamen Nenner, auf eine gemeinsame Bedeutung, auf einen einzigen Begriff zurückzuführen. Deshalb läßt sich die Sexualität der Frau in keine Theorie bringen, es sei denn, man tut ihr Gewalt an und mißt sie an den Parametern des Mannes.« Luce Irigaray, *Spéculum de l'autre femme,* Ed. de Minuit, S. 289.

und Liebesbeweise. Der Orgasmus befriedigt den Doppelwunsch nach Kontrolle und Verständlichkeit. Daher die Wichtigkeit des Zeitgebrauchs, der dichten Schraffur der Dauer. Durch Beseitigung aller denkbaren Störungen wird eine durch und durch nützliche Zeit konstituiert. Die gemessene Zeit muß – soll sie sich auszahlen – eine fleckenlos reine und fehlerlose Zeit sein, eine Zeit von bester Art und wachsender Spannung, in deren Verlauf die für die Außenwelt verlorenen Leiber ganz in ihrer Aufgabe aufgehen. So wird eine Art anatomisch-chronologisches Schema des sexuellen Verhaltens erkennbar: der Geschlechtsakt zerfällt in seine Elemente, die Position der Körper, der Glieder, der Gelenke ist vorgeschrieben, jede Bewegung, jedes Gleiten, jede Position hat eine bestimmte Richtung und ein bestimmtes Ausmaß, dank derer der Leib der Lust auch immer zugleich der Körper ist, der in vorbildlicher Disziplin nach dieser Lust strebt. Der sexologischen Macht wird es dadurch möglich, einerseits absolut indiskret zu sein, da sie immer und überall den Koitus von Anfang bis Ende überwacht (und auch in der Zwischenzeit stets gegenwärtig ist, insofern sie permanent die »Sinnlichkeit« des Körpers nährt), und andererseits absolut diskret, da sie ihre Wirkung nur über die Liebenden ausübt, die die Normen der diensthabenden Emanzipation verinnerlicht haben. So wird die Orgasmussorge zu einem stets einsatzbereiten Sondierungsinstrument, das eine doppelte Möglichkeit zur Observierung der Lust bietet.

Doch der Orgasmus ist noch mehr: er übt seine Wirkung als disziplinierende Lust nur aus, wenn er, wie der Gott der jüdischen Religion, zugleich allgegenwärtig und undefinierbar ist. Ein vieldeutiges Geheimnis, in dessen Besitz man sich niemals wähnen kann. Stets hat man danach zu streben, sich ihm so weit wie möglich zu nähern. Ein Phänomen, das den Kulminationspunkt nicht in ein Jenseits verlegt, sondern eine Unterwerfung verlangt, die niemals vollständig genug ist. So gilt für die Orgasmustheologie, was für alle Theologen gilt: das Purgatorium der Lustkrise bleibt ebenso unerreichbar wie das Absolutum. Trotzdem müssen wir sie uns als Ziel setzen, als ein Ziel, das wir unablässig verfehlen. Diese Norm ist die unbestimmteste aller Normen. Niemand kennt sie genau, und das Streben nach ihr findet kein Ende. Wesentlich ist, daß die Leiber stets besessen sind von der Vorstellung eines möglichen Mangels, von der bedrückenden Ungewißheit, ob sie nicht etwas verpaßt haben – irgendetwas,[1] den überwältigenden Schauer, das Große O . . .

## Der Vorhautkönig

Jorge Luis Borges entwirft in seiner Erzählung »Die Theologen« eine Häresie sogenannter Histrionen, von denen er schreibt: »(Sie) vertraten die Anschauung, daß die Welt untergehen werde, wenn sich die Zahl ihrer Möglichkeiten erschöpft habe; da es Wiederholungen nicht geben kann, muß der Gerechte die schändlichsten Taten ausschalten (indem er sie begeht), damit diese nicht als Möglichkeit die Zukunft beflecken und um die Heraufkunft des Reiches Christi zu beschleunigen« (*Das Aleph,* in: *Sämtliche Erzählungen,* München 1970, S. 33-34). Vielleicht bedeutet die gegenwärtige Übersexualisierung unserer Gesellschaft ein ähnliches Paradoxon, den gleichen Wunsch, den Sex durch den Sex zu neutralisieren, die gleiche Ungeduld, die gleiche Hoffnung auf eine umgekehrte Rechnung, auf ein bereits festgesetztes Ende, das endlich die Angst vor der Geschlechtlichkeit aufhebt.

So entpuppt sich die Orgasmusverherrlichung (die Reich ins Leben gerufen hat und die von allen Medikastern des Zipferls im Chor nachgebetet wird) als ein Phänomen, das man als genitale Tyrannei bezeichnen könnte, das heißt als dreifache Einschränkung: als Festlegung der Sexualität auf die Geschlechtsorgane und auf die Geschlechtslust, als Projektion des männlichen Geschlechtsapparats auf die weibliche Sexualität und schließlich als ausschließliche Eingrenzung der männlichen Sexualität auf den Penis, wobei die anale Erogenität völlig außer acht bleibt. Gewiß sieht Reich das Begehren als anonyme Libido, doch bezieht er diese Anonymität wieder auf den Unterleib als höchste Wirklichkeit, als das letzte Refugium der Privatsphäre des abendländischen Menschen. Es hat ganz den Anschein, als wolle er für sein Plädoyer zugunsten der Sexualität dadurch Verzeihung

[1] »Den Orgasmus zu definieren ist gewiß die schwierigste Aufgabe, die sich einem Sexologen stellt«, schreibt Dr. Meignant (*Union,* März 1973). Ein Eingeständnis, das sich auf mancherlei Weise verstehen läßt.

erbitten, daß er uns sagt: wenigstens lassen wir sie nicht aus der kleinen Genitalzone, aus dem Wäldchen der Schamhaare heraus (insofern gleicht er Freud, der das Unbewußte in die Familie des Ödipus verbannt). In Ermangelung einer großen Weite der ewige Phallus. Und da dieser nicht zur Welt kommt, kommt alle Welt zu ihm, gewinnt dort Gestalt und konzentriert sich in jener einzigartigen Erfahrung, die zum Vorbild aller Erfahrung wird: im Orgasmus. Das Genitale, in dessen Namen der Kampf um die Sittenbefreiung meistens geführt wird, steht für den Willen, die freie Energie zu binden, sie einzuschließen, sie aufzuheben, sie autoritär auf irgendeinen leicht kontrollierbaren Ort festzulegen. Für die Liebe gilt mithin dasselbe wie für die Politik: wir ersetzen die Ketten nicht durch die Freiheit, sondern tauschen bloß eine Orthodoxie gegen eine andere aus.

Vom Genital läßt sich dieses sagen: es ist heute der Ort, wo der Anhauch des Geistes spürbar wird, wo die heilige Dreieinigkeit zu Hause ist, wo das Menschentum unserer Körper lebendiges Zeugnis ablegt. Wir haben nicht Schluß gemacht mit der alten Zweiteilung Kopf/Geschlecht, Gesicht/Arsch, wir haben sie umgedreht, wir haben das Göttliche aus unserer Seele in den Bauch verlegt. Aber wir haben das Göttliche bewahrt, wir beziehen unsere Körper auch weiterhin auf einen Mittelpunkt. Das Privileg, das dem Genital eingeräumt wird, ist leicht zu begreifen: beim Mann zumindest ist es eine lokalisierte, punktuelle Lust, die besser als irgend etwas sonst gestattet, Verträge zu schließen, Abkommen zu besiegeln. Er stellt eine zuverlässige Garantie dar: Bringt man sein Geschlechtsorgan ein, so bietet man ein Pfand, begründet und erschöpft man eine Beziehung. Damit gliedert man den galanten Handel in die hypothekarische Ordnung ein, macht das Geschlecht zum einzigen gültigen Tauschwert; unter alle aufgeteilt, begründet es auf Anhieb den wahren Kommunismus. So ist der Koitus immer auch die Einführung in das egalitäre Leben, der paradiesische Akt *par excellence,* das heidnische Gegenstück zur christlichen Kommunion: revolutionärer als der materielle Egalitarismus, tiefgreifender als die einfache Brüderlichkeit, sorgt er ständig für Annäherung, Osmose und Harmonie. Damit hat sich das revolutionäre Begehren vom leninistischen Verbalismus zum sexuellen Aktivismus fortentwickelt. Doch wieviel Unwissen hinsichtlich der Geschlechtsorgane verbirgt sich allein in diesem feierlichen Bekenntnis! Gibt es doch keine zwei Penisse, die sich wirklich gleichen, deren Lust identisch wäre, hingerissen von denselben Phantasmen; keine zwei Mösen, die die gleichen Freudentränen weinen, keine zwei Hoden, die zur Deckung zu bringen sind, keine zwei Ärsche, deren Härchen auf gleiche Weise gekräuselt und keine zwei Harnstrahlen, die von gleicher Fröhlichkeit beseelt wären; nichts ist vielfältiger als die Rundungen der Hinterteile, der tiefe Saum zweier Schamlippen, die Typographie eines Penis, die Ankunft einer Lust. Wie will man in all diese Verschiedenheiten Gleichheit, Gleichmaß, Prototypisches bringen, wenn nicht durch Terrorismus?

Das Genitale ist – so sagten wir – ein Instrument zur Einschließung, das heißt zur Begrenzung. Es hebt die intensiven Bereiche (die erogenen Zonen) von ihrem Gegenteil ab (den kalten, reizunempfindlichen Zonen). Es setzt also ein immer heißes Innen und ein immer neutrales Außen voraus, eine Gewißheit der Lust dort und der Nicht-Lust hier. Als wäre die Intensität von dem Augenblick an, da das Genitale auf den Plan gerufen wird, eine ausgemachte Sache, als wären nicht auch eine Kälte von Glied und Vagina und eine Hitze der Hände, des Leibes, der Lippen oder des Nackens möglich. Als könnten sich Kälte und Hitze, Über- und Unempfindlichkeit nicht ununterscheidbar verbinden, zugleich das eine sein und das andere. Wir müssen dazu kommen, das Begriffspaar Genital/Nicht-Genital als trügerische, falsche, ungewisse Zweiheit zu begreifen. Wir müssen lernen, uns einen Körper vorzustellen, der nicht zweigeteilt, sondern doppelt ist; und wir müssen lernen, uns von dieser Doppelung im Interesse unseres Glücks zum Narren halten zu lassen. Wir müssen die Glut des Gesichts, der Handflächen, der Hüften ebenso wie die des Geschlechts und des Anus wollen. Und von einem zum anderen reisen. Über alle Teile hingleiten und auch dieses Gleiten genießen. Es gibt keine Organe, die das Privileg einer besonderen Sinnesintensität genießen, keine zuverlässigen Zonen, die uns in den Himmel heben, und keine unsicheren Regionen, die es zu meiden gilt. Alles ist Sinnesnahrung, und deshalb gibt es auch keine Körperteile, die – zum Gemeinbesitz erklärt – den Zusammenhalt, das Verständnis, die Harmonie einer Gruppe garantieren könnten. Der Kopf ist eine Hautpartie wie die anderen, das Geschlecht nur ein Teil des Kopfes. Der ganze Körper ist dazu geschaffen, uns verrückt zu machen: auch die Ellenbogen, die Nägel, die Zähne, das Zäpfchen, das Trommelfell, das Rückgrat, der Nabel, die Haarwurzeln, die Kopfhaut, die Achselhöhlen, die Schenkel, die Achillesferse, der Ringfinger und der ganze übrige Kleinkram, darunter auch Möse und Penis. Pewas, wie bitte? Wassissndas?

Nehmen wir beispielsweise das Geschlechtsorgan des Mannes, um von einem Gegenstand zu reden, der die Geister lange Zeit vernebelt hat: wie dumm ist es, ihn lediglich als Symbol der Macht oder als Lustapparat zu sehen und dann alles »phallisch« zu taufen, was spitz, aufgerichtet, drüsenhaft oder vorhautähnlich ist (in dieser Hinsicht ist die Metaphorik Freuds sehr dürftig)! Denn wenn die Jungs sich so häufig über diesen Wurmfortsatz vor Lachen ausschütten können, so liegt das daran, daß er sie neben dem ihm zugedachten Gebrauch an tausend andere Dinge denken läßt. Im Normalzustand kann man ihn anmalen, in Korkenzieherwindungen legen, in Marmelade tauchen, an einem Flaschenzug befestigen, über der Eichel zusammennähen, zum Benässen der Nachbarn verwenden, ihn zwischen den Schenkeln verstecken; in erigiertem Zustand kann man ihn zu einer Marionette machen, zu einem Serviettenhalter, zu einem Trommelstock, zu einem kleinen Pferd und zum Resonanzkörper einer Gitarre. Und dann die Hoden mit ihrer phantastischen Vegetation und dem Aussehen eines Glockenspiels, der Anus mit seinen musikalischen Fähigkeiten und seinem Vorrat an Parfümen, das Schamhaar, das man kämmen, färben, rasieren, zu Zöpfen flechten und zu einem Bärtchen stutzen kann, das Haar am Arsch, in dem man kleine Scheißebrocken anwachsen lassen kann, nur um des bescheidenen Vergnügens willen, sie hinterher abzureißen ... Wie viele Anlässe zu lachen, die Erfindungsgabe und Phantasie spielen zu lassen, die genitalen Regionen mit tausend Ereignissen und Möglichkeiten zu besiedeln, unter denen der Beischlaf nur einen Aspekt darstellt. Auch Gesicht und Hüften können Anlaß zu großen Gefühlen sein – und nicht nur in Stellvertretung (als Erinnerung oder Ersatz) der genitalen Metropolen. Es gibt Intensitäten des Blicks, des Abstands, der Vertikalität, wie es Intensitäten der Entladung und des Eindringens gibt. Ordnen wir nichts einem anderen unter, nicht das Lächeln dem Orgasmus, nicht die Bewegung der Passivität, nicht die Keuschheit der Obszönität, nicht die Kleidung der Nacktheit.

Es muß uns gelingen, die klassische Zweiteilung in Hohes und Niederes, Edles und Rohes durch ein verschlungenes Wirrwarr zu ersetzen, in dem das Geschlecht, der Kopf und die Arme immer wieder verschieden sind. Machen wir aus jeder anatomischen Gegebenheit, aus jedem morphologischen Zug eine Gelegenheit zur Lust, einen Anlaß zu völlig neuen Erfahrungen; machen wir uns vom Glauben ans Funktionale, ans Natürliche frei (der Mund kann ein Geschlechtsorgan sein, das Geschlechtsorgan ein Mund, der Arsch eine Einrichtung zum Schlucken, wie z. B. beim Klistier usw.). Keine verstohlene Zentralisierung mehr, sondern eine unendliche Aufteilung. Schneiden wir doch hinein in die schöne Totalität des Organismus; die Strömung kann uns gar nicht an genug Inseln, Archipelen, Lagunen, Ländern und Kontinenten vorbeiführen.

Alles über das Geschlecht zu sagen, ist das nicht der geheime Traum der Sexologie, die, um ihrer therapeutischen Aufgabe gerecht zu werden, um Funktionsstörungen zu beseitigen, mehr und mehr danach strebt, zur Enzyklopädie der Sexualität zu werden, die den unersättlichen Wunsch zeigt, alle Aspekte der Liebe in einen einzigen Wissensbestand einzugliedern? Die Sexologie ist das Verlangen, die Wahrheit über das Verlangen zu sagen – und das Eingeständnis, daß diese Wahrheit sich schwerlich finden läßt. Aus diesem Grunde fehlt es der Sexologie – zumindest der ernst zu nehmenden, und zu ihr zählen wir Wilhelm Reich, man möge uns hier nicht mißverstehen – aus diesem Grunde fehlt es der Sexologie nicht an einer gewissen Maßlosigkeit (stets irritiert von übereilten Vereinfachungen und allzu platten Gedankengängen). Diese Maßlosigkeit kennzeichnet vielleicht überhaupt alles Schrifttum, das versucht, die Sexualität als *separaten Bereich* einzurichten. Denn will man alle Verhaltensweisen, Mythen, Phantasmen der Liebe lückenlos zusammentragen, so ist das nur möglich, wenn man zuvor die Liebe auf ein fest abgestecktes Gebiet eingegrenzt hat: auf das Genitale. Anschließend bezieht man dann alle Wesen und Dinge darauf, indem man das Genitale zur geheimen Triebfeder jeder Bewegung erklärt. Ein Trick (der übrigens in solchen Büchern den

Eindruck erweckt, daß man unter verschiedenen Namen immer wieder von der gleichen Sache liest), denn damit wird das Gesuchte bereits als gegeben vorausgesetzt; eine falsche Unendlichkeit, die eine Reise ins Ungewisse vortäuscht, während sie sich damit zufriedengibt, auf der Stelle zu treten. Nichts kann in dieser Hinsicht mehr Zensur ausüben als Ausdrücke wie: alles ist sexuell. Unterderhand wird damit gesagt, daß alles immer auf dasselbe hinausläuft, daß es nichts Neues unter der Sonne gibt, daß ein unerbittliches genitales Geschick uns unsere Handlungen von der Geburt bis zum Tode vorschreibt. Von diesem allgegenwärtigen Bollwerk aus lassen Psychoanalytiker, Psychiater und Sexologen ihr Geschwätz von Ordnung, Phallus, Kastration und Orgasmus vom Stapel. Die ganze sexuelle Revolution der letzten Jahre hat eigentlich nur darin bestanden, einige Formen von Liebe zu propagieren (und folglich zu oktroyieren), die allgemein dem hetero-genitalen Modell verwandt sind. Diese Formen werden dabei als so vollkommen und universell hingestellt, daß der Eindruck entsteht, mit ihrer Durchsetzung müsse die Sexualität zu ihrer wahren Bestimmung gelangen und aller Probleme ledig werden. Aber das ist nichts anderes als der Wunsch, die Wünsche zu harmonisieren, sie auf einen allgemeinen Konsens zu gründen, die Geschichte anzuhalten. Wenn unsere Epoche die Erotik und den Leib »befreit«, so nur, weil sie beides zuvor erfunden, Stück um Stück zusammengebastelt hat – oder um es anders zu sagen: die Unterdrückung des Sex ist zunächst einmal Unterdrückung durch den Sex. Daher der zwangsläufig terroristische Aspekt aller sexuellen »Befreiung«: Da sie einem egalitären Traum nachhängt, ist sie allergisch gegen alles, was der Universalität ihres Modells widerspricht. Wenn sie die harmlose Abartigkeit des Dorfkretins ebenso verurteilt wie den Päderasten, den Nekrophilen oder den Koprophagen, so tut sie das nicht im Widerspruch zu ihrem frommen Wunsch nach Gleichheit, sondern gerade im Namen jener Gleichmacherei, die ihr innerstes Wesen ausmacht. Würde sie den Homosexuellen und den Masochisten akzeptieren und integrieren, so entstünde erneut eine Hierarchie unter freien Bürgern – ein Widerspruch in sich selbst, da doch die Liebe unteilbar ist! Solche Emanzipation kennt keine Unterschiede, sie kennt nur Abweichungen.

Die Genitalität sucht nach einem neuen Körpervertrag, in dem wieder einmal das Maskuline in Gestalt des Penis den Ton angeben soll. Was von dieser Regel abweicht, wird als neurotisch, archaisch oder konservativ aufgespießt. Insofern ist die Sexualität unserer Tage weniger ein Bündnis, das verschiedene Individuen schließen, als ein Pakt zwischen zwei Parteien gleichen Geschlechts. Sie ist eine ausschließlich maskuline Transaktion, die Männer, Frauen und Kinder betrifft: die Begegnung der Körper muß unter bestimmten, von den Partnern gebilligten Zeichen erfolgen, und diese Zeichen werden *vom Mann* diktiert. Auch die Frauen sollen fortan ihren Tauschhandel unter dem Zeichen jener männlichen Homosexualität abwickeln, die jeder sexuellen Kategorisierung vorangeht. Die Genitalität ist eine bestimmte Form der Triebökonomie, die sich zur Repräsentantin und Herrin aller Libidomöglichkeiten aufschwingt. Reich hat eine Unordnung ordnen wollen. Tatsächlich hat er nur einer sehr alten Versklavung ein neues Gesicht gegeben. Er hat lediglich das Recht der Norm begründet, Norm zu sein; er hat tausend und einen Grund dafür genannt, daß dieses Gesetz legaler und legitimer als alle anderen Gesetze ist. Die Theorie Wilhelm Reichs ist ein Phalluskult, dessen Simplizität fast schon wieder besänftigt. Sie ist eine maßlose und manchmal bewundernswerte homosexuelle Utopie, die alle kosmischen und klimatischen, politischen und ozeanischen Erscheinungen des Universums anhand des Mechanismus der Penislust erklärt, also auf das rasche und sichtbare Eintreten des männlichen Orgasmus bezieht. Nun muß aber diese Auffassung, die die ganze Menschheit am Penis aufhängt, unerträglich werden, weil sie autoritär ist, weil sie ihren Anspruch daraus gewinnt, daß sie tausend andere Formen menschlicher Bindungen ausklammert. Kurz, weil sie nicht fähig ist, sich die Liebe als Vielgestalt vorzustellen. Wir wollen kein neues – kein anderes – Währungssystem in der Liebe, sondern die Vernichtung, die Auflösung aller noch gültigen Maßstäbe. Die Geschäftsbücher des galanten Handels müssen in Vergessenheit geraten. Sie müssen unauffindbar bleiben. Aus diesem Grunde ist die augenblickliche Entwertung des männlichen Genitals eine gute Sache. Der Orgasmusanspruch ist – wie wir gesehen haben – ein Ordnungsanspruch, der den inneren Frieden zwischen den Organen garantieren soll. Der Orgasmus ist also ein Lustvertrag, den der entwaffnete Mann der Frau vorschlägt: alle

Werte zerfallen, über die ich verfügt habe; so bleibt mir nur noch mein Geschlecht und seine infantile Gebrauchsanweisung; richte gefälligst deine Sexualität darauf ein; stell von mir aus alles in Frage, nur nicht meinen Bauch! (Wie soll nun aber der Orgasmus zur Besessenheit der Frau werden, wenn es zutrifft, daß, abgesehen von jungen Mädchen, die in der Liebe debütieren, jede Frau während der Umarmung eine unendliche Zahl und eine bemerkenswerte Vielgestalt von Orgasmen erleben kann? Die Rekurrenz der weiblichen Lust läßt die gewichtigen metaphysischen Spekulationen der Lustpropheten lächerlich erscheinen.)

**Die Ausnahme: das einzig mögliche Gesetz in der Liebe**

Keine sexuelle Unterdrückung könnte von Dauer sein, wäre sie nicht zugleich eine anders gelagerte Erotisierung oder Sexualisierung des Körpers. Denn der Körper verzichtet nicht auf die Lust, wenn er dadurch nicht in den Genuß irgendwelcher Vorteile kommt, die diesen Verzicht aufwiegen. Die Gründe, in deren Namen wir zum Verzicht bereit sind, sind Gründe der Lust. Wenn wir von sexueller Unterdrückung sprechen, sagen wir nicht die ganze Wahrheit. Wir müssen hinzufügen, daß diese Unterdrückung Zustimmung findet, und sei's auch nur wegen der Sicherheit, die sie bietet. Diese liegt heute weniger darin, daß man die Triebe abwürgt, als im Zwang zu einer gewissen erotischen Ausschweifung. Deshalb kann die sexuelle Unterdrückung nicht *a priori* als Beweis für den subversiven Charakter der genitalen Sexualität herhalten. Sie beweist nicht, daß das System prinzipiell gegen die Realität der Lust allergisch ist. Denn das Gesetz entstellt, was es ächtet, und der Verstoß gegen dieses Gesetz heißt beileibe nicht, daß es in unerhörter Weise verletzt oder vergessen worden wäre, sondern daß es höchst lächerlich auf ebendas angewandt worden ist, was es eigentlich verbietet. Unterdrückung ist nicht nur das Verbot sinnlicher Betätigung, sondern auch die Schaffung eines Lustleibs, der das Genitale zum Mittelpunkt hat. Das Gesetz normiert, indem es uns zeigt, was wir wollen; das Gesetz will die Intensität unseres Empfindens zu bestimmten Absichten degradieren: ich verbiete es dir, also ist es das, was du willst; du mußt genau das wollen, was ich dir verbiete.

Wer weiß, ob »Sexualität« nicht jene Gesamtheit von programmierten Verhaltensweisen ist – vom Zwang bis hin zur Befreiung –, die Stück um Stück von einer Ordnung geschaffen wurde, der es vor allem darum ging, das Verlangen an einen kontrollierbaren Ort zu fixieren?[1]

Der erste Normierungsschritt ist nicht negativ, sondern schöpferisch. Er grenzt ein Gebiet ein, bezeichnet im einzelnen, was er mit Verboten belegt. Damit entwirft er bereits die Grundzüge der künftigen Emanzipation, zeichnet ihr den Rahmen vor, steckt ihre Grenzen ab. Und wer sich damit zufriedengibt, das Gesetz bloß umzukehren, führt es immer nur auf seine ursprüngliche Form zurück. Wilhelm Reich hätte uns nur dann wirklich verblüffen können, wenn er sich vom Stereotyp der männlichen Sexualität (des braven weißen Männchens, das in sein feuchtes Weibchen eindringt) losgesagt hätte, wenn er darauf verzichtet hätte, den repressiven Hegemonieanspruch des Phallozentrismus zu vertreten und zu beweihräuchern. Wir brauchen keine neuen Verhaltenstherapien. Unseren Liebesbeziehungen fehlt es nicht an Freiheit oder an »orgastischer Potenz«, sondern an Komplexität: sie sind zu simpel und befriedigen bestenfalls ein oder zwei Leidenschaften.

Der Sexualökonomie, die eine Erweiterung der Politik und der Sexualität durch deren gegenseitige Befruchtungen wollte, ist es – zumindest bislang – lediglich gelungen, die Aporien beider Seiten zu reproduzieren und zu mehren. So hat dieser neue Freud-Marxismus alle Schuldgefühle verdoppelt. Aus dem Blickwinkel zweier einander ergänzender Orthodoxien setzt er uns immer wieder ins Unrecht: entweder ist unsere Lust unmäßig, dann vergessen wir den Klassenkampf und das unendliche Elend der Menschheit, oder die Lust ist zu kläglich, dann legen wir den reaktionären Panzer an. Zuviel ist falsch, zuwenig ist falsch: die Sexualökonomie erlegt uns die Schuld für einen Fehler auf, der sich von Natur aus jeder Erkenntnis entzieht, und stößt uns so in die Ausweglosigkeit der Erbsünde.[2]

[1] »Wahrscheinlich entstand der Begriff der Sexualität im 19. Jahrhundert, als man die genitalen Elemente zahlreicher Verhaltensweisen zusammenfaßte. Voraussetzung dafür war, daß man sich vorab für diese Verhaltensweisen entschieden hatte. Denn der genitale Charakter ist nur ein Teilaspekt des Verhaltens.« Jos Van Ussel, a. a. O., S. 15.

[2] Darin unterscheidet sich die Reichsche Sexualökonomie kaum von der sogenannten bürgerlichen Sexologie (wenn wir die Rhetorik einmal außer acht lassen), da sie mit ihr den

Statt endlose Ursachenforschungen zu betreiben und zu jammern, das Ganze sei »die Schuld der Gesellschaft« (und die Gesellschaft, wessen Schuld ist die?), sollte man endlich begreifen, daß das Auftreten von sexuellen Minderheiten (Feministinnen, Päderasten, Transvestiten, Fetischisten – des Gummis, des Stahls, des Porzellans –, Sadomasochisten, Daumenlutscher usw.) den Bankrott der repräsentativen Politik bedeutet und die Bankrotterklärung einer Sexualität ist, die man zum schmutzigen kleinen Geheimnis der Genitalität hat verkommen lassen. Denn offensichtlich gibt es genausowenig sexuelle Revolution wie politische Revolution – oder, um es anders zu sagen, die sexuelle Revolution ist niemals zu Ende, denn die wahre Intensität der Gefühle wird sich uns nie ein für allemal erschließen, der »Feind« wird niemals für immer besiegt sein, weil die Aufhebung der Tabus unablässig neue Tabus schafft, weil jede Grenze den Wunsch weckt, sie hinauszuschieben, weil jeder Kampf stets nur eine Etappe ist und jede gewonnene Schlacht nur wieder neue Fronten schafft. Es handelt sich also weniger um Emanzipation als um Exploration, wir stoßen auf neue Welten, geraten in nie geschaute Räume. Auch der Begriff der »sexuellen Not« ist rätselhaft, insofern er sein Gegenteil voraussetzt: einen Überfluß, einen Reichtum, eine ein für allemal überwundene Armut. Was heißt aber Reichtum auf diesem Gebiet, nach welcher Elle soll man ihn messen? Gibt es in der Liebe so etwas wie ein Existenzminimum, die Bürgertugend der Sparsamkeit? Hat hier nicht jeder zwangsläufig den Hang zur Verschwendung, zur Ausweitung seiner Erotik, zum Aufwand über das zugebilligte Maß hinaus, wobei er die eigenen »Bedürfnisse« an einem stets wandelbaren, fließenden Luxusbegriff bemißt? Auf dem Gebiet der Sexualität gibt es weder Pioniergeist noch Rückständigkeit, keine

heiligen Respekt vor denselben Werten teilt. Im übrigen wäre es interessant, einmal zu untersuchen, wie ein Diskurs über das Geschlecht möglich ist. Unter welchen Bedingungen wird er legitim und sagt uns die Wahrheit über die Erscheinungsformen unserer Lust, wenn er eingesteht, daß er sich unseres Körpers bemächtigt hat? Inwiefern ist er, insofern er das Genitale zum Unterrichtsgegenstand macht, die Fortsetzung der Schule mit anderen Mitteln? Die Sexualkunde ist zugleich die Ursache von Symptomen und das Allheilmittel, das diese Symptome beseitigen soll. (Gab es im Mittelalter schon Orgasmusstörungen? Und konnte man sich darunter überhaupt etwas vorstellen? Denn in seiner heutigen Bedeutung gibt es das Wort erst seit einem Jahrhundert.) Die »Sexualerziehung« lehrt weniger einen bestimmten Gegenstand, als daß sie pädagogisches Verhalten auf sexuellem Gebiet heimisch macht. Vielleicht ist sie die letzte Erscheinungsform der Aufklärung: von Reich bis Meignant die Lehre der Lust in einer rein pädagogischen Ordnung und Rationalität.

Minderheit kann sich hier besondere Kompetenz anmaßen, jeder Diskurs über die Liebe hat notgedrungen Minderheitscharakter. Hier sind keine Eroberungen möglich. Die Lust ist vielgestalt und unsagbar. Jeder ist sich selbst sowohl das liebliche, umfriedete Land, das er bestellt, wie das Auf- und Untergehen der Sonne über diesem Planeten, der Fluß, der dieses Land verwüstet, wie der Deich, der diesen Fluß bändigt, der Terrorist, der den Deich in die Luft jagt, wie der Ingenieur, der die Breschen auffüllt, der Barbar, der die wieder aufblühende Oase aufs neue verwüstet, wie der Gärtner, der sie wieder bestellt – und das alles gleichzeitig und noch vieles mehr. Niemand wird befreit, niemand wird eingeengt, alles verändert sich, ohne sich zu verändern, kommt niemals zum Stillstand und bleibt unbewegt; Paul VI. ist der größte Hurenbock nach Breschnjew und Mao, wir bumsen alle wie strenggläubige Katholiken; die Soutane eines Seminaristen birgt ebensoviel Pornographie wie die ausgefahrenste Möse, Sylvia Bourdon ist genauso empanzipiert wie Madame Soleil; all das ist offensichtlich falsch, aber man verstehe uns richtig: genug der Unterweisungen in der richtigen Lust, genug der steifen Schwänze auf anmaßenden Denkmalssockeln, hören wir auf, uns abzustrampeln, nur wegen des Vergnügens, Vorbild zu sein, verurteilen zu können, das Sagen zu haben; keine Hierarchie der Erregung mehr, wir müssen lernen, den Kopf über winzige Anwandlungen, unwesentliche Verlagerungen, kleinste Einzelheiten zu verlieren.[1]

Denn vielleicht gibt es keine sexuelle Revolution ohne eine Revolution der Ernährung, des Gehörs, des Tastsinns, der Wahrnehmung, der Kleidung, des Geruchssinns, der Sentimentalität, der Nägel, der Haut, der Hände, des Anus, des Geistes, des Gehirns, der Zehen, der Bläschen, der Leber, des Magendarmtrakts, des widerspenstigen Rückenmarks, der Vagina, der Klitoris, des Venusbergs, der Zunge, der Lippen, der Zellen – kurz, ohne eine Revolution der Anatomie, der Physik, der Atome, der

[1] Vor allem haben wir die Nase voll von Sätzen wie: »Die sexuelle Verdrängung ist mit der Religion zusammen die wichtigste ideologische Barriere, die die Massen daran hindert, sich ihrer Ausbeutung und Unterdrückung bewußt zu werden.« Haltet Ihr die Massen wirklich für so dumm? Wohl weil man die Liebe in der Arbeiterklasse nicht so praktiziert, wie die großen Besserwisser es vorschreiben? Wieviel Orgasmen muß der proletarische Schüler erlebt haben, bis er die Worte der Partei, seines Lehrmeisters in Sachen totale Revolution, richtig versteht?

Chemie und ihrer Beziehungen. Soll heißen, die sexuelle Revolution als Erlösung des ganzen Körpers allein durch die Geschlechtsorgane ist eine Verirrung, eine Dummheit, ebenso maßlos wie der verlogene Puritanismus früherer Generationen.

Ist die Ejakulation (also das einseitige Eindringen) für den koitierenden Mann die einzig legale, orthodoxe Kopulationsweise, ist die Lustakme das beruhigende Indiz dafür, daß die Liebenden der vorgeschriebenen Lehre treu geblieben sind und keine Verirrung begangen haben, so darf man sich gleichwohl in seinen Träumen dem Irrglauben hingeben und in all diesen Fragen Sekten lokaler Ketzerei gründen. So steigert man die Vollendung der Lust durch die Vollkommenheit abweichender Erlebnisse. Der Penisorgasmus ist dann nur noch Beiwerk, ein unerhörter Luxus unserer Lusterlebnisse, aber nicht mehr ihr einziges Ziel, nicht mehr der strenge Imperativ, der sie herumkommandiert und in eine Hierarchie zwingt. Die Liebe vom orgastischen Paroxysmus zu befreien heißt in erster Linie, den Zwang eines Programms abzuschütteln, und in zweiter, sie von einem neuen Selektionsmechanismus zu befreien. Wenn der Mann die Samenabsonderung zum Hauptnenner der Liebesbeziehung macht, straft er sich damit ebenso selbst, wie er der Frau Fesseln auferlegt. Andere Freuden, tausend Freuden neben der einfachen und begrenzten des Samenergusses sind ihm verheißen. Vor allem die Freude, das immer gleiche Gesicht der genito-phallischen Sexualität durch den Januskopf von Pimmel und Arsch zu ersetzen. »Werden wir weiblich, schaffen wir uns Körper, in die man auch eindringen kann, sperren wir all unsere Löcher weit auf.«

Für die einen ist der Orgasmus der für die Triebe zuständige Volkskommissar, für die anderen der Abgeordnete der Sinne. Trotzdem beruht die Bedeutung, die man ihm zuschreibt, auf derselben Vorstellung: für jeden muß sein Geschlechtsorgan, sein Körper, seine Seele (drei fortan umkehrbare und austauschbare Bezeichnungen) wie das Vermögen sein, das man arbeiten läßt, wie der Boden, der Früchte trägt. Denn die Lust, als Quintessenz des genitalen Zentrums, muß eine gute Beziehung sein, ein Endzweck, der sich zugleich als Besessenheit und als Rechtfertigung offenbart. Im Grunde hat der Orgasmuskult vielleicht überhaupt nur eine Funktion: alle Gefühle im Sex zusammenzufassen und die Körper von ihrem Verlangen zu befreien, um sie für die Arbeit verfügbar zu machen (und vielleicht wollte Reich verwirklichen, wovon kein Puritanismus zu träumen wagt: die Versöhnung der Gegensätze, die Vereinigung von Geilheit und Lohnabhängigkeit).[1]

Das Wesen der (»bürgerlichen« wie »politischen«) Sexologie liegt darin, sich der Körper zu bemächtigen und dafür zu sorgen, daß sie ihre Kräfte in einer bestimmten Weise verbrauchen. Denn einen Körper programmieren (ihm sagen, welches Ziel er zu verfolgen hat, wie er es anzustellen hat, es zu erreichen usw.) heißt immer ihn gängeln, ihn besetzen, in ihn eindringen, ihn beseelen, wie man eine Festung einnimmt. Wenn an diesen neuen Liebesmedizinen etwas Unerträgliches ist, dann ihre unbeirrbare Manie, alle Welt heilen und bessern zu wollen. Warum soll man die Frigidität nicht als eine Lust verstehen, die sich verweigert und Widerspruch einlegt, die Impotenz als eine Männlichkeit, die ihre Rolle nicht mehr spielen mag und sich der Prüfung entzieht, die Ejaculatio praecox als eine sexuelle Apparatur, die sich über sich selber lustig macht? Es gibt keine Kulminationspunkte in der Liebe, folglich auch keine weniger intensiven Augenblicke, keine lächerlichen Momente, nur einzelne Elemente, die die gleiche Lust, den gleichen Aufruhr versprechen. Gegen Reich und die heutige Sexologie (seine würdige Erbin) bringen wir vor: Wir alle bumsen schlecht, haben klägliche Orgasmen, werden schlecht gebumst, wir alle haben schlappe Schwänze und trockene Mösen, wir alle sind sexuelle Minderheiten. Euer Orgasmus, eure Organrezepturen, euer Sturm von Zuckungen kümmert uns einen Dreck. Darauf bauen wir keine neue Religion, denn sie wäre nur eine neue Schreckensherrschaft mit neuen Hohepriestern, neuen Ungläubigen und neuen Parias. Laßt uns unsere Lust. Es gibt keine Logarithmentabelle der intelligenten Erotik, keine gute Perversion (es gibt überhaupt keine Perversion), es

[1] Gewiß ist jedenfalls, daß der Orgasmus als Antistreßmittel eines Tages seinen Platz in jenen Therapieformen finden wird, denen um es gesellschaftliche Wiedereingliederung geht. So schreibt Dr. Meignant: »Nach meiner Überzeugung liegt der eigentliche Vorteil des Orgasmus in seiner Fähigkeit, das Gleichgewicht wiederherzustellen. Ich sage immer: ein Orgasmus wiegt eine gehörige Dosis Beruhigungsmittel auf . . .« (*Union*, Oktober 1975, S. 82). Nehmen wir noch jenen Satz von Betty Dodson hinzu: »Die Fünfjahrespläne müssen die Orgasmen berücksichtigen«, so haben wir eine ungefähre Vorstellung von der neuen sexuellen Ordnung, die eines nicht allzufernen Tages entstehen könnte – und das alles noch immer im Namen von Freiheit und Revolution.

gibt keine gute Sexualität (also auch keine verbotene Sexualität), keine endgültige, beruhigende, revolutionäre Lösung in der Liebe. Heute träumt der durchschnittliche Mann in Europa davon, daß alle Frauen zu ihm sagen: »Dein Sperma interessiert mich. Deine Lust versetzt mich in höchstes Entzücken!« Vielleicht ist das Vorhaben einer sexuellen Revolution, deren zentrales Anliegen der genitale Gemeinbesitz wäre, nur ein Mittel, die Herrschaft des Mannes durch beschleunigten Austausch der Frauen zu festigen. Das zielt nicht auf die Befreiung der Frau, sondern da sollen die Frauen im Namen der männlichen Sexualität für die Männer frei verfügbar und austauschbar werden. Heterosexualität gibt es gar nicht.[1] Unsere Gesellschaftssysteme bestärken nur einen bestimmten Typus von männlicher Homosexualität (den der phallo-genitalen), dessen erste Sorge paradoxerweise darin besteht, den männlichen Homosexuellen den Garaus zu machen (weil sie sich ihrerseits wie »Frauen« aufführen, sich anbieten, statt das Angebot in Augenschein zu nehmen, weil sie die Unversehrtheit des männlichen Körpers verletzen, indem sie ihren Arsch hinhalten, und weil sie an zwei Tabus rühren, das des Analverkehrs und das der Exkretion). Jede Ähnlichkeit, auch nur als Forderung, ist der Wunsch nach Abschaffung eines Unterschieds. Das sexuelle Jakobinertum will heute die Stelle eines hinsterbenden politischen Zentralismus einnehmen. Mit anderen Worten: den Unterschied zwischen den Geschlechtern gibt es nicht oder vielmehr nur in seiner hierarchischen Erscheinungsform der Unterordnung; bevor man ihn aufheben oder verwischen kann, gilt es, ihn erst einmal herzustellen.

[1] Bei der Lektüre sexueller Aufklärungsschriften gewinnt man den Eindruck, daß ihre Autoren, die überwiegend Psychoanalytiker sind, das Geheimnis des erotischen Verlangens entdeckt haben oder es entdeckt zu haben glauben. Und worin dieses Geheimnis besteht, ist über jeden Zweifel erhaben: Es gibt keinen Unterschied zwischen den Geschlechtern, das einzig Verschiedene ist der männliche Körper.

**Über die Vaginitis oder die Impotenz**
**Fünf Redeweisen, fünf mögliche Methoden**

1. Der Sexologe, *sehr praktisch:* Verschiedene Probleme kommen in Ihrem Fall zusammen. Reiben Sie zuerst einmal die Eichel ihres Partners mit Butter oder Vaseline ein, denken Sie an Dinge, die Sie erregen, reaktivieren Sie Ihre Phantasie im Augenblick des Geschlechtsverkehrs. Erweisen sich die Symptome als hartnäckig, dann nehmen Sie an orgasmotherapeutischen Kursen teil, schließen Sie sich einer Gruppe der Humanistischen Sexologie an, lesen Sie Bücher wie *Freiheit, Gleichheit, Sexualität*, *Das Paar und seine Liebkosungen* oder *Eichelmassage*; gehen Sie in erotische Filme – das Ergebnis stellt sich spätestens nach einem Monat ein ...
2. Der Psychoanalytiker, *außerordentlich gelehrt:* Das hat offensichtlich sehr tiefe Wurzeln. Gemeinsam werden wir Ihren früheren Leib erkunden. Legen Sie sich auf die Couch, ich verspreche Ihnen eine Erektion in sechs Jahren ...
3. Der Klassenkämpfer, *eminent historisch:* Das Kapital verwikkelt sich in seine unüberwindlichen Widersprüche und trifft uns heute sogar schon im Kern unseres allerintimsten Lebens. Wenn du wieder in den Vollbesitz deiner Liebesfähigkeit gelangen willst, Genosse, dann schließ dich unserem Kampfe an und bring gemeinsam mit uns das gräßliche Ungeheuer zur Strecke, das uns alle kastriert ...
4. Der Zyniker, *immer in Eile:* Ihre Vagina, sagen Sie, schließt sich? Ihr Penis will sich nicht aufrichten? Dann taugen sie nichts mehr. Verstopfen Sie erstere, schneiden Sie letzteren ab. Sie sind doch reich, wozu brauchen Sie da so viele Organe?
5. Wir, *völlig inkompetent:* Ihr seid krank am Geschlecht? Nutzt die Gelegenheit, an andere Dinge zu denken. Befreit euch von der Zwangsvorstellung, daß eure Sexualität in dem Augenblick endet, da ihr zum Liebesakt nicht mehr fähig seid (da die Möglichkeit schwindet, den Genitalvertrag zu erfüllen). Versucht es doch mal mit der Sodomie, sensibilisiert andere Teile eures Körpers, hört auf damit, der Sexualität irgendeinen

besonderen Sitz anweisen zu wollen. Streift eure Patientenmentalität ab, erwartet nichts von den Spezialisten. Denen nämlich verdankt ihr eure Gesundheitsbesessenheit. Haltet eure momentane Unzulänglichkeit nicht für Schwäche, entdeckt in ihr andere Kräfte, andere Perspektiven, die der Orgasmus bisher unter seinen lärmenden Erfolgen verbarg. Tretet vor allem nicht in den unwürdigen Kreis der Schuld, sucht keine Hilfe, denn wer ein Heilmittel verlangt, anerkennt sich bereits als Kranker, als Unterlegener. Laßt euch nicht einfangen von den Vorstellungen, die die Gesetze unserer Sexualität aufzwingen. Im übrigen braucht ihr keine Angst zu haben (dies sagen wir vor allem den Jungs): Wenn ihr mehr als sechs Monate lang impotent bleibt, fällt euch der Schwanz von alleine ab.

## Pornogral oder Die Hodenrepublik

Mit ihrem Auftauchen aus dem Untergrund scheint die Pornographie alle Schichten in ihren Bann geschlagen und allgemein Protest erregt zu haben; dieser fällt um so heftiger und ängstlicher aus, je deutlicher die Einnahmen des neuen Wirtschaftszweiges zeigen, daß alle Empörung und Gegenwehr umsonst sind. Die Palme in dieser Hinsicht gebührt ohne Zweifel dem Puritaner. Er ist auch am schmerzlichsten betroffen. Aus diesem Grunde prägen sich in seinen Reaktionen Haß und Widerwillen am deutlichsten aus. Wahrt er den Anstand, so lautet sein Bannfluch: »Die Pornographie macht aus den abscheulichsten Triebverirrungen ein Geschäft« (Etienne Borne). Doch soviel Zurückhaltung in der Wortwahl ist die Ausnahme. Normalerweise vereint der dichterische Schwung dieses Protests das Vokabular des Tierreichs mit dem des Schlachterhandwerks: die Pornographie wird kurzerhand der Tierwelt zugeschlagen, der lebendigen wie der toten, worin sich eine beispiellose Verachtung sowohl für die Anmut des Tiers wie für die Freuden des Sex äußert. Die wutschnaubende Mehrheit erblickt in den Zurschaustellungen von Kopulationen nur das seltsame Bild vom Tier mit den zwei Rücken. Und die entblößte Haut wird unter den Begriff der »Fleischbeschau« subsumiert. In den Reihen der Politiker fanden sich auch bald genügend Inquisitoren der Körper, die nach Zensur verlangten. Als sie dann in Frankreich eine Steuer durchsetzten, die einträglicher und entmutigender ist als die alten Verbote, ließen sie die Regierung immer noch durch einen Abgeordneten der Mehrheit auffordern, *»à durcir son sexe«* (statt *»durcir son texte«*).[1]

Offensichtlich wissen sie nicht, zu welchen Fehlleistungen sie sich noch versteigen müssen, um der Entfesselung ihrer Obszönität Einhalt zu gebieten. So zeigen sie, daß all die männlichen Glieder, die dort in ihrer ganzen Trivialität auf der Leinwand zu betrachten sind, jene männlichen Werte zum Einsturz zu bringen drohen, als deren Vertreter und Wächter sie sich verstehen.

[1] Statt also die Regierung aufzufordern, ihre Vorschriften zu verschärfen, hat dieser Abgeordnete ihr durch einen Lapsus linguae nahegelegt, ihr Geschlechtsorgan zu härten (*A.d.Ü.*).

Zahlreich sind jene Ästheten, die sich gegen alle Zensur verwahren. Aber auch sie beklagen bitterlich, daß die Pornographie so häßlich und so aufdringlich vulgär ist. Sie träumen von erlesenen Phantasien, von großen visionären Schöpfungen, unzüchtigen Räuschen oder – zuallermindest – von technischen Wundertaten, die den Beischlaf aus seiner traurigen Banalität erlösen.

Seltener, aber genau so traurig, sind jene, die einst gegen die Verbote verstießen und ihnen heute nachtrauern. Sie fühlen sich gelangweilt von den mühelos gewordenen Lastern. Sie sehnen sich nach dem Heroismus verbotener Perversionen. Ihr Credo: ohne Plage keine Lust. Warum zum Beispiel noch die Sodomie praktizieren, wenn sie weder Risiko noch Blasphemie mehr ist? Die pornographische »Aufklärung« hat die Idee der Sünde zur Strecke gebracht und die Unzucht von aller Angst befreit: ein erlaubtes Vergnügen aber ist nur ein halbes Vernügen. Deshalb ist der Straftäter traurig, wenn man ihm das Gesetz nimmt.

Die Klassenkämpfer alter Schule, für die bestimmte politische Praktiken noch ihre Gültigkeit haben, machen der Pornoschau ihre verwerfliche Mystifikation zum Vorwurf. Ein alter Hut? Macht nichts. Stets werden doch in den scharfen Filmen mit offensichtlichem Wohlgefallen reiche Personen ohne Beschäftigung gezeigt, die ihr ganzes Dasein der Lust widmen können. Anstatt die Vielschichtigkeit der Gesellschaft und das ganze reale Ausmaß ihrer Ausbeutung darzustellen, zeigen sie eine künstliche Welt in scheinbarer Harmonie. Kurz, sie machen uns ein X für ein U vor, sie verkaufen uns das Dasein einiger Privilegierter als Abbild des Lebens. Was Wunder, daß sich unter der Stammkundschaft der Pornos eine Mehrheit von Ausgebeuteten und Unterdrückten aller Art findet: für sie hat das Kapital diese Filme gemacht, ihres Verlangens will es sich bemächtigen. Ohne sie befriedigen zu können, bringt es sie doch davon ab, ihre Forderungen zu artikulieren. Oft genug ist es gesagt worden: Das System funktioniert dank seiner Ideologie. Würden die Menschen ihr Elend begreifen, statt auf den Schein hereinzufallen, so würde die Herrschaft der Bourgeoisie auf der Stelle verlöschen. Wie eine Kerze, die man auspustet. Das Kapital fürchtet das Bewußtsein der Massen. Deshalb macht es die Phantasie besoffen, stopft sie voll mit Mösen und amerikanischen Wagen, mit Sex und Moneten, den beiden Ingredienzen des neuen Opiums fürs Volk. Wenn die Zuschauer dann den dunklen Saal verlassen, erschlagen und bestens konditioniert, träumen sie nicht von der großen Revolution, sondern von sexuellen Ausschweifungen. Sie sind völlig aus dem Tritt. Statt sich mit dem Elend des Alltags und mit dem Klassenkampf zu beschäftigen, sind sie womöglich sogar bereit, ihre Parteiausweise gegen die Einlaßkarte zu einer Sexparty einzutauschen! »Kommt, die werden wir immer noch nicht bereit finden, die Revolution zu machen« (André Breton).

Demgegenüber die totale und zynische Gleichgültigkeit der Pornographen angesichts all der Vorstellungen, die sie verletzt, empört oder enttäuscht haben. Die unbeirrbare Fröhlichkeit der Pornomacher, wenn sie feststellen, daß alles Gift, das die Kritik verspritzt, sich auf die Zahl ihrer Kundschaft nicht im mindesten auswirkt. Wenn wir einen Grund brauchten, um den Pornofilm zu lieben, würden wir ihn in dieser Gleichgültigkeit und Fröhlichkeit finden. Die vielstimmige Verachtung, auf die der Porno in wohlmeinenden, kultivierten, katholischen oder klassenkämpferischen Kreisen stößt, flößt uns einen derartigen Widerwillen ein, daß dagegen die Vorbehalte, die wir selbst ihm gegenüber haben, kaum zählen. Wir ziehen die hard-core-Filme immer noch den lächerlichen Kreuzzügen vor, die um ihretwillen unternommen werden. Das nämliche stumme Gebet durchläuft die Reihen dieser bunt zusammengewürfelten Kreuzfahrer: habt Gnade und überlaßt (bei Strafandrohung der Zensur oder des Boykotts) die Sexualität nicht sich selbst, haucht ihr Liebe ein, Sünde, Blasphemie, Schönheit, Geschichtssinn, stattet sie mit emotionalen, politischen, ja auch religiösen Werten aus, dämonisiert sie, transzendiert sie durch höheres Raffinement, damit ihre Zurschaustellung gerechtfertigt und – zugleich – unsere Lust geadelt sei. So hättet ihr eine gute Tat getan, indem ihr der Darstellung sexueller Begierde eine Daseinsberechtigung verliehen, sie reingewaschen und von ihrer Hauptschuld befreit hättet: von der Schuld, das Fleisch darzubieten, wie es ist, eine Lust zu zeigen, die aller Geistigkeit entbehrt. Eine Schuld ist auch ihre Weigerung, das Licht zu dämpfen, das die Häßlichkeit dieser verknäulten Körper beleuchtet; eine Schuld (welch ein Paradox!), daß für die Sünde kein Platz mehr bleibt in der Banalität dieser Kopulationen; eine Schuld schließlich, daß in den tiefen Sofas dieser Landhäuser, deren Luxus ins Auge springt, jede politische Reflexion erstickt.

Die Verachtung, mit der die Kirche den Körper strafte, hat die klassische Literatur veranlaßt, zwei streng getrennte Gattungen einzuführen: das Universum des Erhabenen, das einer hermetischen Sphäre glich, war eine Welt, aus der man alle fleischliche Realität verbannt hatte. Heute würde es niemand mehr wagen, diese uralte Trennung in hoch und niedrig, vulgär und erhaben zu verteidigen oder gar selbst vorzunehmen. Seit geraumer Zeit meinen die Vermischer der Gattungen, dieser hierarchischen Zweiteilung des Daseins ein Ende gesetzt zu haben. Doch damit schufen sie zwischen Körper und Seele nur eine subtilere Ungleichheit. Fleischliches Tun bleibt weiter entwürdigend oder zumindest von untergeordneter Bedeutung. Aber statt seine Niedrigkeit in der Hölle der Verbannung abbüßen zu müssen, kann es nun freigekauft werden: die neue Erhabenheit mag in ihren Bildern und Worten nicht auf alle körperlichen Anspielungen verzichten. Sie will die Unanständigkeit nicht ausschließen, aber sie sich unterordnen, aus ihr den materiellen Signifikanten eines höheren Signifikats machen, das auf sie wirkt wie das Weihwasser auf den Sünder oder den Getauften. Selbst unter den Puritanern gibt es kaum noch Leute, die so radikal sind, die Sexualität wieder wegschließen und die Körper auf der Leinwand bekleiden zu wollen. Sie sagen: wir akzeptieren die Ärsche, aber sie müssen uns erlösen; wir dürfen alles sehen, vorausgesetzt, es ist dafür gesorgt, daß der Sinn die Bilder im Zaume hält. Diese semantische Befrachtung garantiert, daß der Film nicht das Tier in uns weckt. In der alten Religion hieß es unverblümt: »Bedecke deine Brust, ich kann sie nicht anschauen.« Die buntgewürfelte Schar jener Frommen aus dem Laienstand, die heute das Erbe untereinander aufteilen, haßt solche Verstellung. »Zeig mir deine Brust, ich bin nur zu bereit, sie anzuschauen, aber nicht so, wie sie ist, oder um der Erregung willen, die sie hervorzurufen vermag. Behandle sie, ästhetisiere sie. Sie soll unter meinen Augen erbeben – gleichgültig, ob aus wahnwitziger Liebe oder im Vorgefühl der kommenden Revolution.« – Also nicht die Körper sind heute obszön, sondern das Umsonst ihrer Zurschaustellung. Nicht mehr die Entblößung selbst wird beklagt, sondern die Tatsache, daß sie nicht im Dienst irgendeiner Bedeutung steht. Um als Schwein beschimpft zu werden, muß man doppelt entblößt sein: von den Kleidern und von der Transzendenz.

Die braven Bürger, die Nutte und der Zuschauer: ein Pornofilm wird immer um so erfolgreicher sein, je mehr er seine Kritiker (die braven Bürger) enttäuscht, sie gegen den Strich bürstet. Denn für den Zuschauer würde der tiefere Sinn, mit dem der Geschlechtsakt herausgeputzt werden soll, zum störenden Schnörkel, zum unerträglichen Alibi. Die Eindeutigkeit seiner sexuellen Bilder ist der einzige Wert, für den der Porno steht und den der Kunde sucht. Die einzige Jury, deren Zuständigkeit dieses Kino anerkennt, verurteilt einen Film auf Grund so unwürdiger Argumente wie: da regt sich einem nichts, der Film ist sein Geld nicht wert.

Um ihr Seelenheil macht sich die Pornographie wenig Sorgen, und was uns anbetrifft, wir fühlen uns nicht zu Erlösern berufen. Denn die Lust daran, erregt zu werden, ist eine Freude, die ihr Haupt nicht mit Asche bestreuen muß. Wenn es einst empörend war, die Darstellung sexueller Handlungen der Zensur zu unterwerfen, so ist es heute lächerlich, sie unter Vormundschaft zu stellen. Als könne man etwas nur erlauben, wenn man es gleich wieder bestimmten Vorschriften unterwirft: als sei die einzige Alternative zum Verbot die Gängelung. Wir wollen deshalb der Pornographie nicht den entwürdigenden oder mystifizierenden Charakter der Erregung vorwerfen, die sie weckt – unter dem Vorwand, sie sei ja bloß sexuell. Wir wollen ihr auch nicht ankreiden, daß ihre Versprechen so vulgär sind; übel nehmen wir ihr vielmehr, daß sie diese Versprechen nicht hält. Dort, wo man uns Triumph, Entrüstung und Bestürzung, die Entfesselung unzüchtiger Naturgewalten und den Sturz aller Beschränkungen ankündigt, werden in Wahrheit nur Vergnügungen geboten, die unter einem dreifachen Handikap leiden: sie bleiben als Bilder auf den Blick beschränkt, durch ihren Inhalt auf die Geschlechtsorgane und dadurch, daß sie sich der männlichen Phantasie bedingungslos unterwerfen, auf die Männer.

Großtuerisch macht sich der Porno anheischig, alle Geheimnisse zu entschleiern, denn – so sagt er – nichts Sexuelles sei ihm fremd. Und genau das werfen ihm seine Gegner so heftig vor. Darin Feinde, doch in der Anmaßung Brüder. Es ist der nämliche Anspruch auf Vollständigkeit, in dem die Pornographen sich sonnen und der die Puritaner auf die Palme bringt.

Doch wie sieht es damit in Wirklichkeit aus? Für einen alles in allem bescheidenen Preis bietet der Schweinefilm allen das Recht, alles zu sehen: es zu *sehen* und mehr nicht. Die einzige Freizügigkeit, die heute noch geboten wird, ist die Freizügigkeit des Films. Wenn der Zuschauer auf seine Kosten kommen will, ist er gehalten, sich seine Lust über die Augen zu verschaffen. Ein klägliche Befreiung, die auf der Leinwand alle Perversionen entfaltet und dadurch im Grunde nur einer einzigen Vorschub leistet: dem Voyeurismus.

Alles sehen: mag das Sehen auch ein trauriger Notbehelf sein, so kann man der Pornographie doch nicht absprechen, daß sie bemüht ist, die letzten Schleier der Scham zu zerreißen. Sie lädt das Auge zu einer schwindelerregenden Reise ins Innere der Frau ein. Lange Zeit hatte die Kamera am Haarbüschel des Venusbergs haltgemacht, als sei hier die äußerste Grenze dessen erreicht, was enthüllt werden darf. Dann haben die Schenkel sich geöffnet, und nun dürfen wir die Vulva betrachten, die Schamlippen und den Eingang der Vagina. Was kann man noch mehr zeigen? Vielleicht nichts. Und doch bleibt dieser Gipfelpunkt der Schamlosigkeit Stückwerk und unvollständig, solange er die Sexualität in den Geschlechtsorganen einsperrt. In Wirklichkeit demaskiert diese Rückhaltlosigkeit nur den totalitären Charakter der männlichen Lust. Die Zensur ist aufgehoben: neben dem Geschlechtsorgan der Frau sieht man Kopulationen, strotzende Schwänze und Samenergüsse, das heißt letztlich jenen winzigen Garten Eden, mit dem der Mann sein Elend zudeckt. Winzig und despotisch: denn wenn wir das Kino nach einem Pornofilm verlassen, wissen wir nicht, wovon junge Mädchen träumen; wir wissen nur, welchen Inhalt die Männer den Träumen dieser Mädchen vorschreiben: ihre Pimmel. Zahlreiche Frauen bevölkern die Leinwand, und alle sind maßgerecht: haargenau, wie sie die männliche Phantasie verlangt. Keine außerhalb der Sexualität stehende Instanz segnet mehr die Umarmungen ab. Die Träume des Zuschauers werden so, wie sie sind, ins Bild gesetzt, ohne daß man sich um einen anderweitigen Beleg ihrer (moralischen, regelüberschreitenden, ästhetischen oder klassenkämpferischen) Echtheit bemüht. Sie sind mündige Phantasien, der Zuchtrute entwachsen. Doch alles, was sie heute durchgesetzt haben gegen die Kräfte, unter deren Vormundschaft sie einst standen, ist nur die Feststellung, daß die Lust nicht über das Bild hinausreicht, daß sie ihren einzigen Aufenthaltsort im Genital hat und daß sie keinen Unterschied der Geschlechter kennt.

## Das Spiel mit den enttäuschten Erwartungen

»Der schärfste von allen«, verspricht das Plakat eines Pornofilms namens »Sprechender Sex«. Ist das wahr? Ist das gelogen? Halb ungläubig, halb voller Neugier, zögert man. Wer hineingeht, tut es in der vagen Hoffnung, daß das Versprechen gehalten werde und daß dieser Film noch schärfer sei als der letzte. Die Werbung lebt davon, daß sie sich ständig selbst überbietet: jeder neue Film ist die totale Entschleierung. Das letzte Machwerk ist damit überholt, es hatte noch etwas verborgen. Die Pornographie ködert ihren möglichen Kunden mit dem immer gleichen Rezept: sie setzt dem, was er bereits gesehen hat, eine Grenze – mag diese auch nur fiktiv sein – und weckt in ihm die unwiderstehliche Lust, diese Grenze zu überschreiten, um zu sehen, was dahinter ist. Kein Wunder also, daß die Zensur dem Pornofilm immer die wirksamsten und aufregendsten Werbeslogans liefert. Dieses Kino ist auf Verbote viel zu sehr angewiesen, als daß es sie bekämpfen könnte; nicht seine Feinde sind sie, sondern seine Köder. Ein merkwürdiges und schmerzliches Schicksal, das der Puritanismus da erleidet. Wird er doch zum Bürgen dessen, was er unterdrücken will, übertrifft als Anreiz zur Ausschweifung noch die unzüchtigsten Plakate. Wenn ein Pornofilm »endlich« freigegeben ist, bewahrt der diskrete Nachdruck jenes Adverbs die Spuren hartnäckigen Widerstands, die noch ganz frische Nähe eines Tabus. Bestimmte Passagen sind offenbar so gewagt, daß sie nur einem sehr reifen Publikum zugemutet werden können; der Aushang von Fotos ist strengstens untersagt – die Zensur als Slogan, als Versprechen und Werbetrommel. Denn über den Rest, über die Szenen, von denen die Zensoren so schockiert waren und die dazu geführt haben, daß der Film verspätet in die Kinos gekommen ist, wird der Mantel des Schweigens gebreitet. Wir wissen lediglich, daß ein Skandal stattgefunden hat, aber wir wissen nicht, welcher. Wir erfahren nur, daß in dem Film etwas Unerhörtes geschieht, doch wir erfahren nicht, was. Mit anderen Worten: die Versuchung liegt weniger darin, daß etwas gezeigt wird, als darin, daß der Film mit dem Prestige eines unsichtbaren und ungenannten Skandalons ausgestattet wird. Beredter als jeder Aushang will diese Wortkargheit den Vorübergehenden zugleich durch das Rätsel und die Übertretung ködern. Er wird Lust haben, den Film zu sehen, wenn dieses Sehen sich für ihn untrennbar mit dem Versprechen verbindet, in ein Geheimnis einzudringen und ein Tabu zu verletzen. Zu diesem metonymischen Drängen (ich zeige dir die Wirkung, damit dich danach verlangt, die Ursache kennenzulernen; sieh her, hier ist der Rauch: komm und zünde das Feuer an, dessen Gegenwart er verrät) kommt der vielversprechende Zauber jener Prädikate, gegen deren Eindeutschung sich der Sprachgebrauch der Pornoindustrie wehrt: *hard-core* und *blue-movie.* Neben ihrer wörtlichen Bedeutung, »tatsächlich vollzogene Geschlechtsakte«, verleihen diese Bezeichnungen den betreffenden Filmen auch einen amerikanischen Touch und versprechen nie geschaute Bilder. In der Ehrenliste des Obszönen haben die Vereinigten Staaten den skandinavischen Gewagtheiten den Rang abgelaufen: wird ein deutscher Film als »hard-core« angekündigt oder preist ein Kino ein Importerzeugnis als »blue-movie« an, so ist das mehr als eine Definition, es ist eine Gütemarke, ein marktschreierisches Angebot, das soviel besagt wie: »Treten Sie näher, treten Sie ein, meine Damen und Herren! Kommen Sie und sehen Sie, was Sie noch nie gesehen haben: erleben Sie das Eldorado im Kinosessel! Die Avantgarde der Schweinerei! Das Paradies der Obszönität! Und das für ganze zehn Mark!«

Wozu werden all diese Werbeanstrengungen veranstaltet, warum wird die Zensur zu Reklamezwecken vereinnahmt? Um das *Zuwenig an Lust,* das ein unausweichliches Schicksal des Films ist, in ein bloß zufälliges und ephemeres *Zuwenig an Bildern* zu verwandeln. In Wahrheit ist es nämlich gerade der Film als Medium, der den Zuschauer dazu zwingt, seine Triebe zu disziplinieren, indem er sie allein auf den Gesichtssinn beschränkt. Doch eben darum verspricht die maßlose Sprache, derer sich seine Werbung bedient, immer intensivere Genüsse: neue Gefühle, ungeahnte Reisen und Bilder, die nicht nur alle Phantasie einholen, sondern sie durch ihre Kühnheit weit überholen. Nicht davon ist die Rede, daß die Sexualität zur bloßen Augenübung verkümmert, sondern davon, daß das Schauspiel immer gigantischere Ausmaße annimmt: Sehen ist kein Surrogat mehr fürs eigene Tun, sondern das positive und sieghafte Vordringen des Eroberers. Um den Kunden hinterm Ofen hervorzulocken, muß jeder neue Film also stets das Versprechen geben, weiterzugehen als alle bisherigen: der Gier des Blicks Neuland zu bieten, das noch niemand zu betreten gewagt hat, das Kameraobjektiv auf Stellungen und Verhaltensweisen zu richten, die noch auf keiner Leinwand zu sehen waren. Was, Sie haben die lange Masturbationsszene von Claudine Beccarie in »Exhibition« als Verletzung letzter Tabus genossen? Dann müssen Sie unbedingt den Film »Heimliche Prostitution« sehen, wo Sylvia Bourdon in das verzückte Gesicht ihres Sklaven pißt!

Nur der blinde Glaube an diese Werbeversprechungen hält die Fiktion am Leben, die Grenze werde nicht vom Medium Film diktiert, sondern vom Inhalt der Bilder, und es gäbe folglich nichts, was der Pornographie unmöglich wäre. Das Ungenügen des Schauspiels läge nicht in seiner Natur, sondern in seiner Unzulänglichkeit als Schauspiel: Wenn ich nach dem neuesten hard-core doch ein bißchen enttäuscht bin, obwohl er so hoch gerühmt worden ist, weiß ich im Grunde sehr wohl, daß das an der unüberbrückbaren Kluft zwischen aktiver Sexualität und ihrer passiven Betrachtung liegt. Trotzdem hält sich in einem Winkel meines Innersten die – auch bei größter Klarsicht – unumstößliche Überzeugung, daß die Lust nur um ein Haar verfehlt worden sei – eben um jenes Haar, das man meinem Blick noch vorenthalten hat. Genau dieser Übergang von der frustrierenden zur frustrierten Wahrnehmung kennzeichnet die pornographische Illusion: endlich werde ich einen Film sehen, in dem diese beiden Königskinder, die zueinander nicht kommen können – Lust und Sehen –, sich in der Apotheose eines panoptischen Totalorgasmus vereinen. Ich werde alles sehen und unter dem Ansturm dieses Paroxysmus erbeben . . .

## Organe ohne Körper

Das pornographische Kino entstand aus einer Kamerabewegung. Es wollte enthüllen, was die Erotik nur evoziert; es wollte die Anspielung durch die Derbheit einer ungeschminkten Bildsprache ersetzen. Man brauchte die Großaufnahme nur von den metonymischen Artefakten des traditionellen Kinos zu befreien. Von Stund an führt das Objektiv an die Organe heran, statt unseren Blick von ihnen abzulenken und ihn lange auf dem ruhigen Meer und der Morgenröte hinter dem Bullauge der Kabine ruhen zu lassen, auf einer vergessenen Zigarette, die im Aschenbecher verglüht, oder einer zusammengeballten Hand, die sich unter dem Schock des unsichtbaren Orgasmus entspannt und beruhigt (die Beispiele belegen zugleich die Tendenz zunehmender Kühnheit). Der pornographische Diskurs hat sich in den Kopf gesetzt, den Geschlechtsakt *darzustellen* und nicht zu *symbolisieren:* statt andeutende Zeichen zu nehmen, anhand deren der Zuschauer das ausgesperrte Geschehen verstehen und sich vorstellen konnte, wählt man die Krudität unverblümtesten Zeigens. Kein Kode, der entschlüsselt, keine Auslassung, die ergänzt werden muß: der Kunde ist König, das heißt passiv. Er läßt sich vom Film bedienen, wie der Stammkunde im Puff von der Prostituierten.

Da jedes Zurückbleiben hinter den einmal gesetzten Maßstäben die Phantasie des Publikums ins Spiel bringen und es damit aus seiner süßen Trägheit aufwecken könnte, muß der Pornofilm aus größter Nähe (und in der Reihenfolge zunehmender Perversion) das Eindringen in die Vagina, den Cunnilingus, die Fellatio und den Analverkehr zeigen. Der pornographische Kampf um die Wortwörtlichkeit ist insofern heilsam, als er die überlebte Schamhaftigkeit der alten sexuellen Rhetorik endlich der Lächerlichkeit preisgegeben hat.

Wir haben heute das Recht, all das zu sehen, was man uns so eifrig hinter allem möglichen Ersatz zu verbergen suchte. Diese noch gar nicht so alte Errungenschaft hat offensichtlich Anstoß erregt. Doch die Kraft einer Gewagtheit hängt ganz von dem Prinzip ab, gegen das sie sich wendet. Die Übertretung eines kraftlosen Gesetzes bleibt selber kraftlos. Im Grunde ist nichts lächerlicher als die Gewalt, die dem archaischen Verbot der Zurschaustellung des Geschlechtes angetan worden ist. Ein Vorwurf ist der Pornographie nicht aus der Tatsache zu machen, daß sie schockiert, sondern daß sie *nur das* tut – denn wie konservativ ist sie ansonsten! Man halte ihre optischen Kühnheiten ja nicht für einen Bruch mit der Tradition: die Erotik war ein Diskurs voller verschleierter Anspielungen, der die Geschlechtsorgane mit Hilfe körperlicher Entsprechungen bezeichnete; die Pornographie ist die entschlossene Weigerung, sich irgendwelcher Entsprechungen zu bedienen. Doch abgesehen von diesem Gegensatz herrscht der gleiche verkrampfte *Genitozentrismus,* der in beiden Sprachen zu Hause ist. Keine Lust ohne die Geschlechtsorgane; sie sind der Regierungssitz des Körpers. So lautet die Doktrin der Leidenschaften, an welche sich die erotische Dichtkunst ebenso hält wie die brutale Prosa des Pornos. Erstere macht den nackten Körper, auf dem sie genüßlich verweilt, zum letzten Kleidungsstück, in das die wahre Nacktheit sich hüllt: kein Exzeß in ihren Lobpreisungen, kein Fetischismus in ihren Ausschnitten, nur das unablässige Bestreben, den Körper in Zeichen zu verwandeln, das Sichtbare dem Unsichtbaren zu unterwerfen und der Haut nur Zitate des Genitals zu entnehmen. Mit dem Porno dagegen erstrahlt das verborgene Geschlecht in seiner ganzen Herrlichkeit, und wir erleben es buchstäblich bei der Arbeit. Man hält das Gelöbnis, das man auf das Genitale geleistet hat. Nur die alte Liturgie geht unter. Die Religion bekennt sich zu ihren Abgöttern und läßt das verschlissene Dogma fallen, das von ihr verlangte, sie zu verbergen. Emphatische Bejahung folgt auf zwanghafte Leugnung. Es ist, als seien die Körper von ihrem Geschlecht besessen gewesen; jetzt sind sie nur noch Geschlecht.

Erotik und Pornographie meinen also dasselbe: nur daß sie es unterschiedlich zum Ausdruck bringen und daß diesen beiden Stilen zwei unterschiedliche Vorstellungen von genitaler Souveränität entsprechen und – wenn man so sagen darf – zwei unterschiedliche sexuelle *Ernährungspläne.* Sicher ist es aber kein Zufall, daß das traditionelle Kino den Orgasmus durch einen langen sehnsüchtigen Kuß oder durch eine sinnliche Liebkosung andeutet. Was damit gemeint ist, wird dem Publikum nur deshalb klar, weil es sich an die Sexualität der Mehrheit hält. Die Sprache des Films gewinnt ihre Überzeugungskraft aus den Sitten und Zwängen, die das sexuelle Dasein seiner Besucher regeln. Die allgegenwärtige genitale Macht bestimmt die Zurschaustellung der Körper, die sexuelle Präferenz für diese oder jene Körperteile und den alleinseligmachenden Weg, den die Lust einzuschlagen hat. Der Behandlung des Körpers im Bilde entspricht im

Leben eine disziplinarische Erotik. Der Kuß kann im Film nur deshalb den Orgasmus vertreten, weil er im Schlafzimmer diese Bedeutung gewinnt. Er fingiert den Beischlaf. Von Rechts wegen ist die Liebkosung bloß eine Einleitung: nur von daher hat sie Bedeutung. Was die Zonen des Körpers, seine Flächen, seine Umfänge, seine Ausschnitte angeht, so besitzen sie kein wirklich autonomes Dasein, kein Recht auf eigene Wege: die Triebnormalität belegt sie nur insofern mit Beschlag, als sie die Geschlechtsorgane zu evozieren vermögen. Dabei folgen sie den beiden großen Sprachachsen: der *Metonymie* (z. B. der flüchtige Anblick eines Oberschenkels auf der Treppe; oder der Ansatz der Schamhaare, wie er am Strande manchmal zu sehen ist) und der *Metapher* (z. B. die auffällige sexuelle Besetzung großer Münder). Die Sexualität läßt sich also nur deshalb in ein Zeichensystem umsetzen, weil sie einer strengen Ordnung angehört. Der rhetorische Körper ist ein zentralisierter Körper. Ein gleicher Lustmechanismus, der den erotischen Film und die disziplinierte Umarmung hervorbringt. Wenn also die Pornographie die Leinwand mit Geschlechtsorganen bedeckt, die eindringen, in die eingedrungen wird, die ejakulieren, die geleckt werden, die geöffnet sind oder die anschwellen, dann geschieht das, um den Mechanismus auf Touren zu bringen. Man zeigt unmittelbar, statt den Umweg über das Zeichen zu wählen; man befreit das Verlangen von seinen Präliminarien und Paraphrasen.

Die hierarchische Organisation des Körpers erfüllt sich in der pornographischen Phantasie und hebt sich in ihr auf: ihre Protagonisten werden nicht nur von den Vorurteilen befreit, die eine Vielfalt sexueller Verhaltensweisen als Verirrung oder Anomalie verbieten, sie sind vor allem *der Zeichen ledig*. Ihre Verzückung ist nicht der Jubel des Gesetzesbrechers, sondern die auf der Stelle verfügbare Lust: die Gesetze sind nicht mehr unantastbar genug, der Unterschied zwischen dem Akzeptierten und dem Verwerflichen ist nicht mehr schroff genug, um die Übertretung zum Rausch werden zu lassen. Es geht also weniger darum, die Normen zu verletzen, die die Ausübung der Lust verbieten, als darum, die Disziplin, die diese Ausübung reglementiert, zu *erledigen* (und das im doppelten Sinne des Wortes, nämlich sie abzuschaffen und an ihr Ziel zu führen). Ist die Fellatio eine Abscheulichkeit? Eine Frage, die den Wüstling interessiert, nicht den Pornographen. Der genießt einzig und allein, daß er sich ohne alle Umstände einen blasen lassen kann. Die Verzögerung des genitalen Höhepunktes konnte durchaus ein Zeichen von Delikatesse sein (man wartete auf den anderen, man wollte sich vorbereiten lassen) oder ein Lustkalkül (man wartete, bis das Verlangen unerträglich wurde, um ihm erst dann nachzugeben, man ertrug die Ungeduld um der größeren Intensität des Orgasmus willen). Dieses Prinzip schafft die Pornographie ab. Sie verwirft das Kalkül. So erfüllt sie den heimlichen Traum der disziplinarischen Sexualität: die Lust ist nicht mehr der Lohn der Geduld, sondern die Geschlechtsorgane sind unmittelbar verfügbar, von Anfang an im Spiel. Wir beginnen mit dem Ende der Reise, im Zentrum des Körpers. Die Liebesarchitektur begnügt sich damit, das Allerheiligste zu erbauen und sich darauf zu stürzen. Warum sollen wir uns damit abgeben, Disziplin zu üben, uns unterzuordnen, Abstriche zu machen? Leben wir unsere Lust aus: was nicht Geschlechtsorgan ist, wird abgeschafft! Von einer semiotischen Besetzung des Körpers (»O ihr Lippen, Achselhöhlen, Nacken, Lenden usw., ich liebe euch als Zeichen; durch euch, ihr subalternen Körperteile, nähere ich mich dem Ort der Lust, bekomme ich einen Vorgeschmack von ihr; eure Ähnlichkeit erregt mich . . .«) gelangt man unvermeidlich zum Verzicht auf jede Besetzung: Die Erotik sicherte noch die Herrschaft des Genitalen; die Pornographie offenbart die merkwürdige und grausige Utopie eines Königreichs ohne Untertanen. Eine Sexualität, die den Körper unterwirft, muß Phantasien der Abschaffung des Körpers heraufbeschwören. Die disziplinarische Erotik mündet in eine pangenitale Pornographie, die den organischen Körper durch *Organe ohne Körper* ersetzt.

### Anti-Erzählung

»Viel zu sehr damit beschäftigt, seine Busen und Hintern an den Mann zu bringen, als daß er sie in eine Geschichte verpacken könnte« – oft wird dem Pornofilm dieses Versäumnis zum Vorwurf gemacht. Mit unverzeihlicher Schludrigkeit, bei der man nicht wisse, ob sie eher künstlerischer Unfähigkeit oder zynischer Verachtung fürs Publikum zuzuschreiben sei, verzichte das

Pornokino auf jeden Ansatz zu einer Erzählstruktur. Träge setze es seine Bilder nebeneinander, ohne zwischen ihnen auch nur halbwegs überzeugende Verbindungen herzustellen. So kassiert der Porno im Deutschaufsatz eine Sechs mit dem bissigen Zusatz: »Thema völlig verfehlt! Aufgabenstellung überhaupt nicht verstanden!«

Und wenn nun die Aufgabenstellung selber das Thema völlig verfehlte? Wenn das Thema des Pornos lautete: »Das Geschlecht ohne Umschweife«? Wenn er sich weigerte, der Plausibilität auch nur das geringste Zugeständnis zu machen? Der Pornofilm pfeift auf Wahrscheinlichkeit, weil er, wenn er sich ihr unterwürfe, auf seine Kunden pfeifen müßte. Denn diese kommen, um zu *sehen.* Ihr Voyeurismus verlangt den unverzüglichen Konsum unmotivierter Geschlechtsakte. Vergeblich werdet ihr, Adepten der Pornographie, die Wahrscheinlichkeit zwischen das Verlangen und seinen Gegenstand schalten: sie bleibt immer nur Beiwerk. Verwendet ihr zuviel Mühe auf sie, kann sie sogar störend werden. Denn die anfänglich stille Erwartung des Zuschauers kann leicht in Gereiztheit und Wut umschlagen. Weit davon entfernt, es gebührend zu würdigen, wie ihr euch abmüht, eine Geschichte zu entwickeln und die Geilheit zu *motivieren,* wird der Undankbare sich eher verschaukelt fühlen und seinen unbarmherzigen Singsang anstimmen: »Ausziehen! Ausziehen!«

Doch vielleicht hat die Nachlässigkeit, die die Pornographie in ihren Erzählungen an den Tag legt, noch einen tieferen Grund. Vielleicht ist sie bestrebt, ihre Helden vor den Fährnissen eines romanhaften Geschehens zu bewahren. Dort müssen die Protagonisten aus dem Paradies vertrieben werden, bevor sie eine Geschichte erleben können. Im Paradies ist alles vorhanden, das Verlangen kennt keine Abenteuer, weil ihm ein allgegenwärtiger Überfluß jeden Rückschlag und jede Mühsal des Alltags erspart. Roman und Erzählung versprechen Erfüllung *am Ende;* sie sind recht eigentlich Ausdruck des Widerstrebens, auf die Anrufe des Verlangens sofort zu antworten. So wird die Beziehung der Pornographie zur Geschichte nicht durch Gleichgültigkeit, sondern durch Feindschaft bestimmt. Nicht aus Zeitnot oder Faulheit verzichtet sie darauf, sich an die Regeln der Erzählung zu halten, sondern sie will die Triebe vom Zwang dieser Regeln befreien. Pornographie ist *Fiktion* eines Verlangens, das sich von der Bürde der Erzählung befreit hat. Was hätte sie auch zu erzählen? Ihre Personen haben keine Geschichte. Vielmehr leben sie einer Lust ohne dramatische Kontur: alles fällt ihnen in den Schoß, nie verdienen sie ihre Lust, und keine auf Zeit verhängte Gerechtigkeit läßt sie diese Lust büßen. Die Kunstfertigkeit dieser Gattung besteht nicht darin, Befriedigung oder Eroberung aufzuschieben – also eine Fabel zu spinnen –, sondern eine Folge stets erregender und manchmal unerwarteter Ausschweifungen abzuwickeln, die sich nicht wie eine Geschichte betrachten lassen (in leidenschaftlicher Erwartung der Auflösung), sondern die man wie einen Katalog durchblättert (wobei man jedem Bild die gleiche Neugier entgegenbringt). Die Pornographie entfaltet das märchenhafte Schauspiel eines Universums, in dem man nicht mehr verführen muß, um erhört zu werden, in dem die Begierde nie Gefahr läuft, unterdrückt oder abgeblitzt zu werden, in dem der Augenblick des Verlangens mit dem der Befriedigung zusammenfällt, in dem man sich hochmütig über alle häßlichen Widerstände hinwegsetzt (in ihren verschiedenen Formen: als Hindernis der Familie, als Gesellschaftsordnung, als private Blockade, als das Risiko schließlich, vom Adressaten abgelehnt zu werden). Die Pornographie will Schluß machen mit der despotischen Herrschaft des Narrativen über die sexuellen Beziehungen. Statt aus dem Sex eine Erzählung zu machen, entwickelt sich diese Gattung ihre eigenen Regeln, womit sie einer spezifischen Erwartung entspricht: dem Wunsch nach einer von allen Erzählstrukturen befreiten Libido.

Das Publikum des Pornofilms kommt ja nicht nur, um *ein Auge zu riskieren* (wollte man dem voyeuristischen Ideal wirklich gerecht werden, so müßte man sagen: *um sich das Auge zu befeuchten;* denn das Organ des Gesichtsinns müßte eigentlich mit allen Attributen des Orgasmus ausgestattet sein, es müßte beim Anblick der Lust feucht werden und ejakulieren können), sondern es sucht auch die Flucht. Zu dem Wunsch, obszöne Bildfolgen zu konsumieren, gesellt sich ein anderes Begehren: die Welt soll anders sein; solange der Film dauert, möchte man die Illusion haben, daß der sexuelle Überfluß die Mangelsituation ersetzt hat, daß die Unmittelbarkeit zur Regel geworden ist und daß nicht mehr die Einsamkeit regiert, sondern die überall sich anbietende Bereitwilligkeit.

»Um zu erreichen, daß sie sich auszieht, muß ich sie erst ins Café, ins Restaurant, ins Kino einladen und endlos auf sie einreden. Schließlich habe ich dann eine gewisse Chance, daß sie sich nackt vor mir zeigt. Das Pornokino bietet mir die Illusion, daß all die Hindernisse, die die Frau zwischen sich und mir aufbaut, nicht vorhanden sind. Auf der Leinwand hat sie Spaß an der Liebe, zieht sich ohne Umstände aus . . .«[1]

Doppelfunktion des pornographischen Bildes: es enthüllt nicht nur, es entführt auch, es wendet sich zugleich an den Voyeurismus und an die Traumwelt seiner Kundschaft, es bietet neben der *Unverblümtheit* eines wortwörtlichen Schauspiels das *Trugbild* einer Welt ohne all jene Zwänge, die unsere Sexualität rationieren und verunsichern.

## Armseliges Wunder

Phantasma der Unmittelbarkeit: daß alles sofort auf den Gipfel der Lust getragen werde. Daß die sexuelle Beziehung nicht als ein Reifungsprozeß, als Erwartung, als Arbeit, als Strategie gefaßt werde. Daß sie Geschenk sei, nicht Lohn. Daß zwischen dem Verlangen und der Erfüllung nicht genügend Raum bleibe, um eine Geschichte einschmuggeln zu können. Daß von all den Momenten einer erotischen Beziehung nur ein einziger zum Tragen komme, der Moment der Ekstase, und daß dieser Gipfel gleich zu Beginn des Spiels erreicht werde, unter Mißachtung der elementarsten Regeln der Wahrscheinlichkeit, der Scham, der Höflichkeit und der Erzählkunst. Daß man mit dem Ende beginne, damit es weder Anfang noch Ende mehr gibt, sondern nur die unendliche Wiederholung genitaler Vergnügungen. Das Bemühen zu gefallen birgt Risiken, und Liebkosungen ermüden: die pornographischen Helden sind deshalb auf wunderbare Weise der Pflicht entbunden, Frauen aufzureißen und sich mit Liebesvorspielen aufzuhalten. Kaum erblickt, sind die Frauen auch schon nackt und disponibel. Nicht nötig, sich erst bekannt zu machen, guten Tag zu sagen. Ohne Umstände steckt man ihn rein, leckt man die Muschi oder läßt sich einen blasen.

[1] Aussage eines Stammkunden des Pornokinos in einem Interview, *Le Nouvel Observateur* vom 18. August 1975.

Allerdings ist der Katalog der Genitalität dürftig. In ebendem Maße, in dem die Pornographie sich weigert, die Lust zu vertagen, und in dem sie sie gegen alle Spannungen abschirmen will, verurteilt sie sich dazu, immer wieder dasselbe herzubeten. Fünf oder sechs Stellungen, zwei oder drei Perversitäten: damit hat sich der ganze Reichtum, über den sie verfügt und mit dem sie uns sättigen will. Wir treten in ihr Paradies, diesen Ort ohne Beschwerlichkeit, wo die Fiktionen, von denen wir besessen sind, Wirklichkeit werden – und alles, was dieses Schlaraffenland des Sex ausbrütet, hat mehr Ähnlichkeit mit Langerweile als mit Wollust. Wenn wir zwei Stunden lang immer wieder dasselbe über uns haben ergehen lassen, sind wir beim Verlassen des Kinos mit Bildern so bis zum Überdruß vollgestopft, daß wir zwangsläufig dazu neigen, in unseren Ekel auch die sexuellen Praktiken einzubeziehen, auf die diese Bilder Bezug nehmen. Die Mischung aus Überdruß und schalem Geschmack, die diese Signifikanten ohne jeden Überraschungseffekt hervorgerufen haben, macht auch vor ihren Signifikaten nicht halt. »Schon wieder Französisch! Das hat man dicke! Immer Blasen! Immer dasselbe!« Als Ausnahme ist die Fellatio, diese kanonische Pervertiertheit, das Ziel der Wünsche; sie läßt sich als Ersatz konsumieren, als Versprechen eines libidinösen Paradieses erträumen. Als Stereotyp wünscht man sie rasch dorthin, wo der Pfeffer wächst.

Sieht man sie ständig wiederholt, nützt sich ihr Geheimnis ab, büßt sie ihre Wirkung auf die Phantasie ein. Die Wiederholung macht den messianischen Anspruch zunichte.

Denn wenn der pornographische Film keine Geschichte kennt, so erlebt sein Zuschauer doch eine – nämlich den Weg vom Trübsinn zum Ekel. Trat der Zuschauer als unglücklicher Cherub ein, vom Zeichen betört, vom Wunsch getrieben, den tiefen Graben zwischen seinem Vermögen und seinen Trieben mit Bildern zuzuschütten, so verläßt er das Kino als Siecher – mit abgestumpften Sinnen und in einem Zustand der Appetitlosigkeit. Er ist gesättigt und übersättigt wie ein apathischer alter Wüstling, der im Laufe seines ereignisreichen Liebeslebens so anspruchsvoll geworden ist, daß ihn nun fast nichts mehr erregen kann. Man möchte meinen, der Film hätte ihn mit jedem Moment der sexuellen Beziehung vertraut gemacht, nur nicht mit dem der Lust. Die Pornofilme vollbringen das im Grunde sehr erbauliche Kunststück, uns einen Überdruß gegenüber all den Verhaltensweisen einzupflanzen, die sie uns zeigen: wir erleben das Nebeneinander der Gegensätze, wir verspüren zugleich den *Mangel* (weil wir sehen, ohne mitzutun) und die *Sattheit* (weil all diese Stellungen und Anomalien uns – ohne daß wir sie selber erproben dürften – mit ihrer unerträglichen Monotonie ermüden). Abgesehen von allen Werturteilen lassen sich die Porno-Zuschauer gerade anhand der spezifischen Dosierung dieser beiden Empfindungen unterscheiden. Aufgrund des Gebrauchs, der vom Porno gemacht wird, läßt sich eine grobe Typologie entwikkeln. Sage mir, was du siehst, und ich sage dir, was für ein Pornograph du bist. Wenn es dir gelingt, unter dem Stereotyp noch die Obszönität wahrzunehmen, dann behauptet sich bei dir der Mangel gegenüber der Sattheit. Du kannst sagen: noch mehr! Die Pornographie erfüllt ihr Versprechen, indem sie dein Verlangen anstachelt und deine Phantasie besänftigt. Du leidest, weil du außen vor bleiben mußt, weil du an den Orgien nur stellvertretend teilnimmst; gleichzeitig aber genießt du, daß du den Film, den du konsumierst, nicht selbst zu veranstalten brauchst, daß du erregt wirst, ohne zu ermüden, daß du die Arbeit der Phantasie gegen den Sybaritismus des Schaupiels eintauschst.

Wenn hingegen die Wiederholung den Inhalt der Darstellung totschlägt, wenn du, statt die Bilder zu genießen, nur noch die ständige Wiederkehr des Immergleichen siehst, dann hat die Sattheit bei dir über das Mangelgefühl gesiegt, dann bittest du nur noch um Gnade, dann kommt zu deiner Einsamkeit und Enttäuschung als Zugabe noch ein Gefühl von Ekel. Du bist enttäuscht und sarkastisch, wenn die Lichter angehen. Du nimmst dem Film übel, daß er dich verschaukelt hat. Doch du beklagst dich zu Unrecht, denn indem er dich enttäuschte, hat er sein Versprechen erfüllt. Was du dort unbewußt gesucht hast, war ja gerade Befreiung von einem Verlangen, das zu befriedigen nicht statthaft ist. Dir war es lieber, daß der Film dich vor den Kopf stieß, als daß er dich ungestillt ließ. Du hast von ihm erwartet, daß er deinen Appetit abwürgte, nicht daß er ihn anheizte. Es gibt also zwei Möglichkeiten, sich seiner Phantasien zu entledigen: entweder man ersetzt sie durch ein Schauspiel, oder man schläfert sie ein durch ein Stereotyp. Im zweiten Fall nimmt man die Pornographie wie ein Schlafmittel ein, wie einen Zaubertrank, der Wunsch und Vermögen in Einklang zu bringen vermag, nicht weil er unsere Fähigkeiten steigert, sondern weil er unsere Begierden einschläfert.

## Reglementierung der Frau

Die Pornographie hat nichts zu schaffen mit Realismus. Statt an der realen Welt zu kleben, sie nachzubilden, sie zu enthüllen, entführt sie den Zuschauer in jene glückselige Trugwelt, wo das Geschlecht immer zur Hand ist. Sicher ist dieser Garten Eden recht trist, und die Freude, in ihm zu weilen, zählt kaum angesichts der Langeweile seiner Wiederholungen. Trotzdem scheint die Wirlichkeitsferne des Pornokinos keine Gefährdung, kein ästhetischer Fehltritt zu sein, sondern eine unvermeidliche Bedingung. Andererseits liegt die Besonderheit des hard-core weniger in der Gewagtheit der Bilder als im Einsatz der Schauspieler. Vor dem Akt und danach spielen sie. Während des Aktes selbst machen sie Ernst. Da hat das Komödiespielen ein Ende. Wir haben es hier weder mit einem Realismus zu tun, der Nachahmung voraussetzt, noch mit einer Utopie, die sich von der Realität entfernt. Wir sehen *Wirklichkeit*. Dieses Sperma wird in authentischen Stößen hervorgespritzt, die Steife der erigierten Penisse ist kein Theater, das Eindringen findet tatsächlich vor unseren Augen statt – kein Zweifel, wir sind Zeugen realer Akte. Die Pornographie vereint Illusion und Reportage. Dieses Märchen für Erwachsene ist zugleich ein Dokumentarfilm über Sexualität. Und im Rahmen dieser libidinösen Wahrhaftigkeit offenbart die Pornographie ihr widerwärtigstes und verlogenstes Gesicht: die gewagten Szenen begnügen sich nicht damit, die Phantasie der Männer ins Bild zu setzen: Dadurch, daß sie sich als bloße Feststellung ausgeben, objektivieren sie diese Phantasie. So nimmt das Kino der Männer die Wirklichkeit in Beschlag wie eine siegreiche Armee Feindesland. In dem Augenblick, da der Schwindel und die Fälschungen mit dem prallen Leben gemeinsame Sache machen, wird das Weibliche aus der Welt gejagt.

Wir befinden uns in einem sehr modernen Büro. Eine schlicht

gekleidete Frau mit Brille bittet einen ihrer Mitarbeiter, ihr das Marketingprogramm vorzulegen, das er vorbereiten sollte. Sehr geschäftsmäßig wendet sie sich in ihrem Sessel dem Mann zu, den sie gerufen hat, und vertieft sich in den Bericht, den er ihr vorlegt. Plötzlich pulverisiert ein deplaziertes Verlangen die Ordnung dieses funktionellen Universums. Wie hypnotisiert, mit fliegenden Fingern, knöpft die Frau den Schlitz des versteinerten jungen Mannes auf. Wortlos holt sie sein Geschlechtsorgan heraus, das den Kopf hängen läßt und dadurch nicht gerade begehrenswerter wird. Ohne einen Augenblick zu zögern, stillt sie die Lust, von der sie heimgesucht wird: diesen unbekannten Penis in ihrem Mund zu fühlen.

Fügen wir dieser Szene aus dem Film »Sprechender Sex« den Archetypus des Pornokinos hinzu, die Bildfolge, die sein Fetisch ist, das eigentliche Lieblingskind des zeitgenössischen Voyeurismus: die lesbische Liebe. Paradoxerweise beherrscht der Mann die weibliche Lust am entschiedensten dann, wenn er keinen Anteil mehr an ihr hat. Zwar zieht er sich aus dem Spiel zurück, ist nicht mehr der alleinseligmachende Lustlieferant, doch gibt er dieses Vorrecht nur auf, um die Frauen eine Lust erleben zu sehen, die der seinen gleicht und die sie um seinetwillen haben. So ist seine Abwesenheit Tyrannei, die zweifach versklavt: durch Ähnlichkeit und durch Inszenierung. Der Pornograph liebt die Schülerinnen der Sappho nur als Spiegelbild und gefügig. Ohne eigenes Leben werden sie, um seines Vergnügens willen, zu Männern mit Vaginas und zu programmierten Robotern: sie sind sofort nackt, nehmen unvermeidlich laszive Stellungen ein, fassen sich gegenseitig zwischen die Beine und tun dem Zuschauer den Gefallen, ihre Hinterbacken zu spreizen, während sie sich auf den Mund küssen. Wenn sie dann vor Lust zu zittern scheinen, geschieht auch dies in Übereinstimmung mit den schweigenden, aber unmißverständlichen Vorschriften männlicher Betrachtungsweise. Denn der Voyeur ist nicht neugierig: nichts haßt er so sehr, wie überrascht zu werden. Er will gefügige, fungible Kreaturen, die sich seinem Willen beugen und ihn in dem Glauben lassen, sie handelten nach dem Gesetz ihres eigenen Verlangens.

Was ist aus diesen Bildern zu schließen? Was zeigen die beschriebene Szene aus »Sprechender Sex« und die pornographische Behandlung der weiblichen Homosexualität? Frauenkörper, die der herrschenden (männlichen) Phantasie gehorchen, die sich ihrem Diktat fügen, die die Liebe so erleben, wie die Rhythmen und Bedürfnisse der männlichen Sexualität es verlangen, die schließlich fähig sind, dem Verlangen des Mannes zuvorzukommen: denen nach ihm gelüstet, bevor sich überhaupt irgendein Wunsch in ihm regt. Und genau diese *Gefügigkeit*, dieser *Konformismus*, diese *Verwandlung der Beute zum Jäger* bekommt nun von der Pornographie den Stempel der Wirklichkeit aufgedrückt. Statt sich als unmöglicher (märchenhafter oder schrecklicher) Traum von der Gleichheit der Triebe auszuweisen, tritt sie als realer Ausdruck des Verlangens auf. Das nämlich ist der eigentliche Sinn des Nicht-Gestellten: es soll nicht nur alles zeigen, um den Zuschauer zu erregen, sondern auch Wirklichkeit produzieren, auf daß der Totalitarismus des Mannes Norm werde. »An den Mädchen in den Pornofilmen mag ich vor allem, daß sie wie Männer sind: immer haben sie Lust zur Liebe«.[1]

Aus dieser Ähnlichkeit zieht die Pornographie die Kraft einer Tatsachenfeststellung. Da das Trugbild kein bloßes Spiel ist, wird es zum Kriterium, an dem die Frauen ihre eigenen erotischen Taten gefälligst zu messen haben. Erkennen sie sich darin wieder, so finden sie Gnade vor unseren Augen; andernfalls haben wir es mit dem Symptom einer Triebstörung zu tun. Der pornographische Dokumentarfilm stellt durch die beigebrachten Fakten in Abrede, daß die Sexualität der Frau zwangsläufig anders als die des Mannes ist. Wo dennoch Andersartigkeit zu verzeichnen ist, handelt es sich nur um einen Rückstand, eine Anomalie, die sicher bald von der permissiven Gesellschaft aufgezehrt wird. Der hard-core erfindet eine Pathologie der Langsamkeit: Wenn Frauen ein Verlangen ohne Ungeduld auskosten, wenn sie sich Zeit lassen aus Geschmack am Liebeszeremoniell, wenn sie aus jedem Augenblick der Umarmung ein Abenteuer machen wollen, statt ihre Lust den immer gleichen Regieanweisungen zu unterwerfen, wenn sie ein unerwartetes Lachen oder eine flüchtige Berührung der Körper mit der gleichen Intensität wie die große Wagnerapotheose des Orgasmus erleben können, wenn es also Frauen gibt, die sich nicht vom Kino des Mannes *reglementieren* lassen – so sollen wir nicht daran zweifeln, daß diese Weigerung ein Symptom ihrer Libidoverspätung ist.

[1] Aus dem zitierten Interview im *Nouvel Observateur*.

Doppelfinte der Pornographie: erst gibt sie die Vermännlichung der Frau als natürlich aus, dann münzt sie die Ressentiments (die Impotenz und das Unbehagen), die durch die erotische Autonomie der Frau ausgelöst werden, in eine Forderung nach Befreiung um. Erst wird die Frau reglementiert, dann wird diese Reglementierung zur Norm erklärt und als Emanzipation verkauft.

Sobald die Frauen von allen Fesseln befreit seien, sobald sie das ganze System der Verbote abgeschüttelt hätten, das ihr Verlangen einschüchtert, sobald man sie sich selbst überlasse, könnten sie die Ziele ihrer sexuellen Wünsche ohne Verstellung, ohne Zögern und ohne Aufschub wählen. Zwischen Verlangen und Erfüllung gebe es Aufschub nur, weil es Unterdrückung gibt: Hebt die Unterdrückung auf, und die Gründe der Verzögerung werden verschwinden! Dann gibt es keinen Gegensatz mehr zwischen pornographischer und alltäglicher Welt: wird Wirklichkeit. Die Pornographie ist ein Zukunftsroman, eine Sex-Fiction, die mit den Worten beginnt: Eines Tages werden die Frauen sich aus unwiderstehlichem Drang – und nicht aus Gefügigkeit – auf unsere Schwänze stürzen.

Der Unterschied wird also in einer Ungleichheit aufgehoben: die Entfremdung der Frauen beruhe darauf, daß ihre Lust nicht männlich genug sei. Doch überließen sie sich den Eingebungen ihrer Triebe und würde sie nichts mehr daran hindern, ihrer unersättlichen Gier Ausdruck zu verleihen, so würden sie das Lustmittelalter verlassen, in das die bürgerliche Moral sie eingepfercht habe. Eine Ungleichheit also, aber chronologischer Art: Männer und Frauen lebten in unterschiedlichen Lustzeitaltern, und daher komme all ihre sexuelle Not. Die Pornographie antizipiert und malt den Augenblick aus, da sie in die gleiche Zeit eintreten. Mehr noch: sie verspricht die Ankunft einer Überfrau oder, genauer, eines weiblichen Übermannes, der sich nicht damit zufriedengibt, den Gleichstand zu wollen, sondern der seinem Befreier die Ehre erweist, ihn zu überholen.

Seit Sade, dem Gründervater, gefällt es der Pornographie, den Frauen das Wort zu erteilen. Sie halten das Heft in der Hand. Sie bräuchten in der Tat nur *unersättlich* zu werden, und sie würden die Vorurteile einer rückschrittlichen Gesellschaft mit Füßen treten. Doch was ist Unersättlichkeit, wenn nicht die Projektion der weiblichen Sexualität auf ein Koordinatenkreuz, das vom Manne bestimmt worden ist? Als hätte die ausschweifende Phantasie des Mannes die unendlichen Möglichkeiten der weiblichen Sexualität geahnt, ohne sie jedoch in etwas anderes als eine bloß quantitative Überlegenheit umsetzen zu können. Die Vagina: ein vervollkommneter Phallus. Auch können die Frauen, die emanzipiert genug sind, um sich seiner bestmöglich zu bedienen, über ihre männlichen Partner nur lachen. Sind diese doch empfindlich wie Klosterschüler und beim ersten Orgasmus schon völlig erschöpft. Wie Gäule lassen sie sich zuschanden reiten und bitten bereits um Gnade, wenn die Frauen sich erst an der Schwelle zur Lust befinden. Ironie der Pornographie: die Virilität ist eine Täuschung. Sexuelle Potenz ist in Wirklichkeit Sache der Frauen. Denn der wahre Phallus ist nicht der schwächliche Penis, der sich nur dann zu seiner stolzen Größe aufrichtet, wenn man ihm um den Bart geht, den man wie einen Schoßhund hätscheln muß, damit er endlich bereit ist, seinen kleinen weißlichen Schatz herauszurücken – der wahre, der unermüdliche, immer bereite Phallus ist das Organ der Frau.

Alles in allem bewertet der pornographische Blick die Lust nach Maßgabe der Potenz und die Unendlichkeit nach Maßgabe des Ertrags: auf diesem Gebiet muß sich der Mann geschlagen geben, er erlebt den köstlichen Schauder seiner Absetzung. Die Pornoszene führt einen Machtwechsel vor: die Frau tritt die Nachfolge des Mannes an, aber sie tritt an die gleiche Stelle und verkörpert die gleichen Werte. Das weibliche Prinzip entthront das männliche, aber im Namen des Phallus.

Wie kann eine Frau heute Sade lesen? Er muß sie zum Lachen bringen. Die Heldinnen, die ihr dort beispielhaft vor Augen geführt werden und deren unzählige Tiraden sie dazu drängen, sich ohne Gewissensbisse ihren unzüchtigen Neigungen zu überlassen – diese zügellosen und perversen Geschöpfe wissen, sobald sie auf dem Gipfelpunkt ihrer Lust angelangt sind, nichts Besseres zu tun, als zu ejakulieren. Wenn Juliette von der sexuellen Freiheit gepackt wird oder Eugénie von unsittlichen Lehrern, vollenden sie ihren männlichen Orgasmus mit jenem Lustgestöhn, das der Samenausstoß hervorruft. »Erst im 19. Jahrhundert hat man bewiesen, daß die Frau kein Sperma absondert.«[1]

[1] Zitiert bei Jos van Ussel, a. a. O.

Nun hat aber die Richtigstellung dieses gewaltigen und hartnäckigen physiologischen Schnitzers den sexuellen Hegemonieanspruch des Mannes kaum ins Wanken gebracht. Wenn Emanuelle und Miss Jones auch keinen Samen mehr absondern, entladen sie sich doch weiterhin mit unermüdlicher Beharrlichkeit. Sade lebt noch. Es hat ganz den Anschein, als kämen die Pornographen über den Tatbestand der Ejakulation nicht hinweg. Geschlagen von einem Schicksal, das die Männer dazu verdammt, sich von ihrem Verlangen zu befreien, rächen sie sich dafür, indem sie dieses Schicksal für universell erklären. Die Empörung über den Tod wird nur durch die Gewißheit gemildert, daß er keine Ausnahme duldet. Ebenso mußte der männliche Körper, wollte er sich mit dem »kleinen Tod« des Orgasmus abfinden, diesen zur Gesamtheit jener Schicksalsfügungen schlagen, die die Tragik menschlicher Existenz ausmachen. Die ontologische Würde des Verlustes (oder der unglückseligen Lust) ist vielleicht nur eine verzweifelte List und eine Folge des Ressentiments: man versucht, sich dem deprimierenden Antagonismus von Lust und Entladung dadurch zu entziehen, daß man letztere zum unvermeidlichen Desaster jeder Lust erklärt.

Wem gebührt also die Siegespalme der Zensur? Den Puritanern, die die Vergnügungen des Körpers unterdrücken, oder den Hedonisten, die stets nur den männlichen Körper befreien? Wo ist das Vorurteil am Werk? In der Verfluchung des Geschlechts oder in dem Bild, das die verfluchte Sexualität vom libidinösen Leben entwirft? Im Grunde geht es um die Frage, welche körperliche Unterwerfung die Frau vollzieht: die Fesselung durch die Tugend oder die Reglementierung durch das Laster. So ist die Pornographie zutiefst egalitär. Sie sagt nicht: Nur die Männer haben den Phallus, er ist ihr Privileg, das Zeichen ihrer Überlegenheit und also der sichtbare, organische Grund der Vorherrschaft, die ihnen die Gesellschaft zubilligt. Die Pornographie will die gesellschaftliche Hierarchie der Geschlechter nicht aus dem anatomischen Unterschied erklären; vielmehr sagt sie: Es gibt keinen Unterschied, alle Lust ist phallischer Natur: unsere kleinen Maschinen funktionieren ungeachtet ihrer Verschiedenheit in gleicher Weise und mit dem gleichen Treibstoff. Laßt euch nicht durch die unterschiedliche Bauart täuschen. Grotte und Obelisk, Höhle und Säule, Schwert und Scheide, Regenschirm und Flasche, Schlange und Schnecke, Hammer und Kapsel, Dose und Federhalter, Vase und Wasserhahn, Tasche und Hut, Zigarre und Aschenbecher, Garage und Auto, Kerze und schnurrbärtige Muschel – sie haben gewiß nicht dieselbe Gestalt und gehören auch nicht in die gleiche symbolische Schublade. Doch auf die Frage: »Wie funktioniert das?« lautet die Antwort stets: das entlädt sich und bringt Orgasmen hervor.

Solange die Frauen nicht selbst die Besonderheit ihrer Lust artikulieren, müssen sie sich weiterhin von den beiden Darstellungen bevormunden lassen, die behaupten, die Wahrheit zu kennen: Freud oder Sade. Eine berückende Alternative, läßt sie ihnen doch nur die Wahl zwischen zwei männlichen Lustsystemen. Das eine sieht in der Frau einen nicht zu behebenden Mangel und daher eine unersättliche Gier (das »vom Penisneid umsäumte Loch«, von dem Hélène Cixous spricht), das andere sieht ebenfalls Unersättlichkeit, aber keinen Mangel, denn es proklamiert die Analogie der Geschlechter. Hat man das Stadium des Augenscheins überwunden, in dem man meint, wo nichts zu sehen ist, sei auch nichts da, stellt man erschüttert fest, daß das Geschlechtsorgan der Frau eine herrliche kleine Phallusmaschine ist, dem gebrechlichen Penis dank ihrer Robustheit und raschen Regenerationsfähigkeit weit überlegen.

Ihm *überlegen* sein oder *nicht* sein: das ist die zweifache Sackgasse, in welche die weibliche Sexualität von der Herablassung des Analytikers und von der Proselytenmacherei des Lüstlings geführt wird. Und aus diesen beiden Quellen speist sich auch die pornographische Phantasie: auf der einen Seite die Verneigung vor dem männlichen Geschlechtsorgan, die dem Ritus der Fellatio zugrunde liegt, auf der anderen die Faszination, die der Mann angesichts des Bildes der raschen, unmäßigen, unersättlichen Lust der Frau empfindet.

## Erkenne mich in dir!

Heutzutage werden unsittliche Filme nicht mehr verboten, sondern als solche *gekennzeichnet.* Die Politik des *»Ixing«* oder *»Ixage«* schlägt zwei Fliegen mit einer Klappe: sie ermöglicht es der Regierung, die Filme, die sie mißbilligt, mit einer einträglichen Steuer zu belegen und zugleich ihre Verbreitung zu kontrollieren.[1] Die fortschrittliche liberale Gesellschaft ist die heimliche Ehe zwischen der Kupplerin und Herrn Saubermann. Man verbietet weniger und toleriert mehr – doch nur, weil die moralische Ordnung besser auf ihre Kosten kommt, wenn sie das Laster eingrenzt und Profit aus ihm schlägt. Es gibt keinen Widerspruch zwischen Zensur und Permissivität: Permissivität ist die moderne Form der Zensur, die Abweichungen durchgehen läßt, wenn sie sich an die Abmachungen halten. Der Besuch von Pornofilmen ist zu mißbilligen – also soll sie der Kunde nur in bestimmten Kinos sehen, um wenigstens etwas von dieser Mißbilligung mitzubekommen. Den Voyeurismus des Publikums anzustacheln, indem man ihm solche Filme anbietet, ist schändlich – also soll man die Schandtat in klingender Münze abbüßen. Die Praxis des »Ixing« erinnert daran, daß Toleranz teuer ist und daß man dafür besondere Häuser hat.

Doch diese Repression in neuer Gestalt bewirkt keinen Umsturz. Sie ist sowohl dem Herrschaftsanspruch des puritanischen Staates wie dem Steueranspruch des zuhälterischen Staates unterworfen. Sie ist die Inszenierung einer anderen Form der Macht. Von ihr träumt der männliche Körper, sie möchte er über das weibliche Geschlecht ausüben, indem er die Wirklichkeit seinen Phantasien unterwirft und die Pluralität der Körper leugnet.

Unter diesem Gesichtspunkt sind nicht nur die Stammkunden der Sexbars und einschlägigen Kinos Pornokonsumenten. Viele meinen, sie würden sich erniedrigen, wenn sie sich einen hardcore-Film antäten (»Das ist etwas für die Zukurzgekommenen und Frustrierten«; anders ausgedrückt: »Ich meide diese Filme, um meine Sexualität nicht mit dem Makel zu belasten, den man nicht eingestehen darf: mit dem Mangel«), und doch haben sie in ihrem Leben eine pornographische Beziehung zum anderen Geschlecht. Nicht daß sie Gewalttäter wären. Die »Geschichte der O« hat viel legitime Empörung über eine unwichtige und anachronistische Form von männlicher Herrschaft ausgelöst. Doch diese lächerliche Nostalgie nach einer Zustimmung der

[1] *Ixing/Ixage:* In Amerika und Frankreich wird auf einen Film, der mit einem oder mehreren X versehen ist, eine beträchtliche Zusatzsteuer erhoben; außerdem darf er nur in speziellen Kinos gezeigt werden.

Frau zu ihrem Sklavendasein entwirft ein völlig falsches Bild von der männlichen Gewalt. Die zeitgenössische Herrschaft unterwirft und unterdrückt nicht, sondern behauptet die Gleichheit. Der Mann befiehlt der Frau nicht mehr barsch: »Gehorche!«, sondern er flüstert sanft: »Erkenne dich selbst. Gewiß mußt du gehorchen, aber nur den Befehlen deiner Triebe; und da diese unter Tausenden von Vorurteilen verschüttet sind, laß mich dein Führer sein. Fern sei mir der schändliche Gedanke, dir Befehle geben zu wollen. Ich möchte dir die Dinge nur enthüllen: und wenn ich dich bitte, meinem Verlangen nachzugeben, dann nur deshalb, weil es im Grunde das deine ist; und wenn ich dich dazu veranlasse, meine Lust nachzuahmen, dann deshalb, weil du in ihr deine wahre Freiheit finden wirst.«

Es gilt weniger, sich das Verlangen der Frau mit der Bösartigkeit des Despoten oder dem Raffinement des Lüstlings zu unterwerfen, als ihm mit der unermeßlichen Geduld des Pädagogen *Hebammendienste* zu leisten. Der dickfällige Egoismus des Besitzers, der sich Erleichterung verschafft, weicht der sehr viel aufmerksameren Fürsorge eines Menschen, bei dem sich der klassische Wunsch, um seiner selbst willen geliebt zu werden, mit der Sehnsucht verbindet, um seines Geschlechtes willen begehrt zu sein. Dazu ist erforderlich, daß man auf die Sexualität der Frau hört, daß man ihr Auftauchen überwacht, daß man ihre Entfesselung kanalisiert und daß man weniger ihr Gewalttäter als ihr Nutznießer ist. Man kann also die Pornographie als den Versuch des männlichen Körpers beschreiben, den weiblichen Körper für seine Phantasie zu anektieren, um diese Phantasie zur allgemeinverbindlichen Norm der Sexualität zu machen. Das neue Gesetz der Lust verfügt, daß jede Frau sinnlich ist, die den Eindruck erweckt, sie empfinde ihre Lust wie ein Mann, sie gleiche den Bildern, die ihn verzücken. Werden diese Bedingungen nicht erfüllt, so ist die Frau unten durch. Sie kommt entweder auf den Müll, weil sie häßlich ist (weil sie die Phantasie nicht zu entzünden vermag), oder ins Fegefeuer, weil sie frigid ist (weil sie sich nicht rasch genug erregt, weil sie ihr Verlangen nicht genitalisiert, weil der Orgasmus nicht kommt); im zweiten Fall ist das Urteil nicht unwiderruflich, geeignete Ärzte können das Symptom beseitigen, die Frau von ihrem Trauma befreien und ihr wieder ein Leben in Normalität ermöglichen.

Sich dem Gesetz zu beugen heißt nicht nur, seinem Buchstaben zu genügen, sondern auch seine Einschränkungen zu akzeptieren, seine Definition des von ihm beanspruchten Gebietes für bare Münze zu nehmen. Die hartnäckige Dummheit des Zensors projiziert auf die Pornographie das zutiefst archaische Bild der Schändung: er sieht nur Bestialität des Geschlechts, wo sich in Wirklichkeit das Bemühen entfaltet, es zu maskulinisieren, er sieht nur das blinde Knäuel der Körper und nicht ihre Gleichschaltung. Dabei liegen die Dinge viel komplexer. Zugleich Agentur und Opfer der Zensur, wird die Pornographie zum widersprüchlichen Raum, in dem zwei gegenläufige Gesetzmäßigkeiten sich überschneiden. Die erste bekämpft die Darstellung des Obszönen und will die Familie vor diesem schädlichen Einfluß bewahren; die zweite ist ebenfalls eine Vorsichtsmaßregel: sie nistet sich in die Pornographie ein, um den männlichen Körper vor der zerstörerischen Kraft weiblicher Lust zu beschützen; sie artikuliert sich in drei Geboten: dein Körper muß dem Auge etwas zu bieten haben, dein Verlangen muß im Geschlecht seinen Mittelpunkt haben, und deine Lust muß die schöne Klarheit des Orgasmus besitzen.

*1. Der Körper als Schauobjekt*

Ich sehe mir einen Pornofilm an, blättere fieberhaft ein erotisches Magazin durch, errege mich einsam an erfundenen oder von der Phantasie heraufbeschworenen Geschöpfen, richte auf die Darstellung der Lust ein Verlangen, dem die Wirklichkeit sich versagt. Ich hebe mittels der Phantasie oder eines Films jenes »Mißverhältnis zwischen unseren Wünschen und unseren Möglichkeiten« auf, von dem Rousseau spricht. Weil der andere fehlt, nehme ich also meine Zuflucht zum Bild? Wäre mein Geschlechtsleben wirklich befriedigend, so könnte ich mein Verlangen an realen Körpern stillen, statt meine von der Enthaltsamkeit angeheizten Wünsche auf ungreifbare Schemen loslassen zu müssen. Vielleicht. Doch will man ganz erfassen, welchen Weg die Triebe nehmen, so muß man diesen Ablauf auch umkehren: Nichts am Körper des Anderen bringt mein Blut so in Wallung wie seine plötzliche Deckungsgleichheit mit dem erotischen Modell, das meine Phantasie beflügelt; er muß zum Schauobjekt werden, damit ich ihn konsumieren kann. Die Bilder nehmen den

Platz der abwesenden Geschöpfe ein. Wenn aber ein anwesendes Geschöpf *das Verlangen wecken* will, muß es erst unter Beweis stellen, daß es fähig ist, sich in ein Bild zu verflüchtigen. Dieser neue Körper in seiner befremdenden Stofflichkeit, mit seinem unvorhergesehenen Geruch, der Körnung seiner Haut, mit seinem unerwarteten Gelächter, seinen Bewegungen, deren Spontaneität meine Phantasie aus dem Tritt bringen – anfangs begehre ich ihn nicht. Diese ganze fleischliche Gegenwart überwältigt, überschwemmt, fasziniert mich oder geht mir gegen den Strich – sie läßt mir nicht genügend Sicherheit und Heiterkeit, um mich zu erregen. Das Begehren erwacht erst, wenn diese Frau sich bereit findet, in die Haut meines Typs zu schlüpfen, wenn sich die Wildheit, mit der mich ihre Nähe anfällt, domestizieren läßt. Sie muß sich also erst unter das Joch des Bildes beugen. Ihre Sinnlichkeit, ihre Natürlichkeit oder Schminke, ihre Eleganz oder ländliche Derbheit, ihr Auftreten als Femme fatale oder Kindfrau, ihre kleinen Launen oder großen Seufzer attestieren ihre Zugehörigkeit *zu dem Kode, den ich liebe.* Erst wenn ich unsere Begegnung dieserart in den Griff bekomme, meldet sich das Verlangen.

Folglich ist das Bild zugleich Abbild und Vorbild: Der Film zeigt die Körper, vor allem jedoch unterwirft er sie. Am schönsten demonstriert dies eine im *Playboy* veröffentlichte Karikatur: ein Mann hat seine Frau, während er sie vögelt, mit dem Foto einer nackten Frau bedeckt. Worin sich eine doppelte Dominanz ausdrückt: die des Auges über die anderen Sinnesorgane und die der Phantasie über die Wirklichkeit.

### 2. *Geschlechts-Objekt: das Geschlecht als Objekt*

Manche bedauern es, andere wollen sich nicht damit abfinden, doch die meisten Männer verschließen die Augen heute nicht mehr vor dem offensichtlichen Tatbestand: Die Frauen sind auf ihren Penis nicht mehr eifersüchtig. Was gäbe es da auch groß zu beneiden? Es spricht sich herum (selbst wenn es eine Erkenntnis ist, die Sprache und Mythen vom Mann bezieht), der Geschlechtsapparat der Frau ist vollständig, es fehlt ihr an nichts, die Klitoris ist kein verkümmerter Rüssel, kein bei der Wäsche eingelaufener Penis, der im kleinen Mädchen mit der Sexualität auch das Neidgefühl wachruft. Gewiß, das männliche Glied kann man sehen. Doch trotz des »jahrhundertealten Okulozentrismus« (Luce Irigaray), dessen Erben wir sind und dem wir auch weiterhin Tribut zollen, trotz einer Überbesetzung des Auges, unter deren verheerenden Folgen wir immer noch leiden, reicht das Privileg der Sichtbarkeit nicht mehr aus, die Legitimität der Penismonarchie zu begründen: das Zipferl ist ins Zeitalter des Zweifels eingetreten. Man nimmt ihm weder seinen sexuellen Primat mehr ab noch seinen Wert als Zeichen. Das Geschlecht des Mannes steckt in einer doppelten Krise: als Funktion und als Symbol.

Denn die Tugenden der Kraft und des Eroberungsdrangs lösen heute das Band, durch das sie traditionell mit dem männlichen Glied verknüpft worden waren. Wenn unsere »Gesellschaft« eine so auffällige Vorliebe für Ministerinnen, Stuntwomen, Busfahrerinnen oder Polizeibeamtinnen beweist, dann nicht nur, um die Ungleichheit hinter ein paar Aushängeschildern zu verbergen, sondern auch um die alte Gleichung Penis = Herrschaft aufzuheben und das neue republikanische Ideal zu verkünden: den unbeschränkten Zugang zu den männlichen Werten. Zu Recht haben die Feministinnen diesen Demokratismus unter Beschuß genommen, schreibt er doch allen den Phallus als Programm und Glaubensbekenntnis vor. Doch was für die Frau eine falsche Befreiung ist (denn in den Trümmern der alten Hierarchie richtet sich der Kode der obligatorischen Männlichkeit ein), mag für den Penis eine echte sein.

In seinem Anspruch widerlegt, die phallischen Werte zu verkörpern, kann das Geschlecht des Mannes wegtreten, wie man bei den Soldaten sagt. Es ist von seinen Repräsentationspflichten entbunden. Und wieviel Haltung mußte der Penis zeigen, als er noch ganz allein die Verantwortung trug, der Phallus zu sein! Damals hatte er keinerlei Recht auf Schwäche. Damals war es ihm auch nicht erlaubt, sich dem süßen Begehren zu überlassen, begehrt zu werden. In Ruhestellung gab es die Rute nicht. Strotzend zeugte sie davon, daß es in diesem Mikrokosmos der Virilität immer galt, sich mit all dem herauszuputzen, was den Charme und die Härte des Helden ausmacht. Wie man weiß, kann nur ein sexueller Wortschatz – oder genauer: ein genitaler – einen Eindruck von der Größe des Helden vermitteln, von seiner *Festigkeit* angesichts der Gefahr, von seiner schweigenden *Stand-*

*haftigkeit,* seinem beeindruckenden *Wuchs,* seinem *steinharten* Profil schließlich. Glücklicherweise fällt all dieser Eifer, einem steifen Geschlechtsorgan zu gleichen, heute der Lächerlichkeit anheim. Doch wer beweint all die Penisse, die sich im Dunkel der Schlafzimmer abmühten, den Westernhelden zu gleichen? Wer kann sagen, wieviel Mache, wieviel Theater im Spiel war bei diesen Geschlechtsorganen in Angriffspositur, bei diesen Schwänzen, die sich anschickten, »Mauern einzurennen und sich zu den Sternen zu recken« (Aragon)? Sicherlich ist Charles Bronson die ideale Verkörperung des Bildes, das sich bestimmte Männer noch immer gern von ihrem Geschlecht machen. Umgekehrt kann man sich vorstellen, welche verzweifelten Anstrengungen sie unternehmen, damit ihr Wurmfortsatz ein wenig von der mühelosen Kraft, dem sieghaften Lächeln und dem berühmten Augenzwinkern des unbesiegbaren Rächers aus »Spiel mir das Lied vom Tod« bekommt.

Allerdings lockert dieses Gebot, die Männlichkeit unter Beweis zu stellen und sich des Supremats wert zu erweisen, allmählich seinen Griff. Fortan kann der Penis sich einer anderen Vorstellung überlassen. Immer häufiger erlebt der Schwanz unserer Tage die Freuden des Urlaubers. Er legt seine viriloide Uniform ab (die ebenso wie der militärische Putz zugleich Kleidung, Symbol und Zwang ist), um eine neue Form der Nacktheit zu entdecken. Er wird begehrenswert. Wollüstig läßt er sich betrachten, reizen, streicheln, liebkosen, lecken, verstecken, erkunden. Der brave Soldat hat Schlachten, Siege und Ruhm erlebt – der neue Penis träumt davon, begehrt zu werden. Er will mit seiner Erektion keinen Eindruck mehr schinden. Sie soll gefallen, nicht mehr Neid, sondern Begierde wecken.

Warum schenkt die Pornographie so beharrlich der Fellatio ihre Aufmerksamkeit? Wie soll man sich erklären, daß ausgerechnet diese Perversion am häufigsten vorkommt und am höchsten geschätzt wird? Vielleicht möchte man das Bild vom phallischen Geschlechtsorgan verewigen. Manche Pornostars beweisen ein so erstaunliches Fassungvermögen, wenn sie die Schwänze in ihrer Mundhöhle verschwinden lassen, daß man meint, an die Stelle der Lust sei der Wunsch getreten, sich das Geschlechtsorgan einzuverleiben, das ihnen fehlt. Doch dieses Bild wird von einem anderen überlagert, das von einer wichtigen Mutation zeugt: kraft solcher Verhätschelung entfremdet sich der Pillermann dem Phallus; fröhlich schlüpft er in die neue Rolle des Objekts und genießt ohne Gewissensbisse die ungeahnten Freuden der Passivität. Damit kommen wir zu einer Lieblingsphantasie der Pornofilme: zur Onanie zu zweit; der Mann, in köstlicher Trägheit hingestreckt, überläßt sich den geschickten Bemühungen einer Frau, die zugleich sachverständig und pervers, zuständig und zufrieden ist. Die Masturbation steht wahrscheinlich zu Recht in einem traurigen Ruf: Fräulein Mauerblümchen hat nichts zu lachen – sie ist von einer unstillbaren Sehnsucht nach sexueller Beziehung erfüllt. Die Pornographie hingegen rehabilitiert diese so verrufene manuelle Betätigung. Sie macht sie sogar zum Ideal des Geschlechtsverkehrs. Vom Phalluskomplex befreit, wagt der Mann endlich, den weiblichen Körper zu bitten: Masturbiere mich! Bring meinem Geschlecht ebensoviel Aufmerksamkeit wie Verlangen entgegen, verschaff mir wieder die unvergleichlichen Freuden der Onanie, aber erspar mir dabei die schändliche Bitternis der Einsamkeit; dank deiner wird mein mit sich selbst ausgesöhnter Penis zugleich das »rüde Zipferl« des strammen Erwachsenen sein und das »müde Zipferl« des verwöhnten Kindes.

Seit unvordenklichen Zeiten weiß man, daß der Mann, der sich selbst befriedigt, von der Umarmung enttäuscht ist. Aber – Männlichkeit verpflichtet – man hat sich lange der Erkenntnis verschlossen, daß der Mann, der mit einer Frau ins Bett geht, von der Masturbation enttäuscht ist. Das Pornokino plaudert nun aus dem Nähkästchen. Auf seine Weise, d. h. in dem es auch hier systematisch fortfährt, die Phantasie des Mannes in das Verlangen der Frau zu verwandeln. Ihr wird unterstellt, sie habe das unwiderstehliche Bedürfnis, den Mann, den sie umarmt, zu masturbieren. Wenn also die Onanie von Sehnsucht bestimmt ist, dann weniger von der Sehnsucht nach dem Anderen als von der Sehnsucht nach Passivität. Wenn etwas ersetzt wird, dann nicht die Wirklichkeit durch die Phantasie, sondern der Mund der Frau durch die Hand des Mannes. Wenn ein Gebet ausgestoßen wird, dann lautet es nicht: »Wäre doch eine Frau da, daß ich mich vergäße«, sondern: »Wäre doch eine Frau da, mein Geschlecht zu begehren und ihm die Lust zu bereiten, die ihm meine allzu vertrauten Finger nur halb zu geben vermögen.«

So sieht sich die Frau mit neuen Aufgaben betraut, denn die Norm hat sich geändert: Sie macht es dem anderen Geschlecht zwar nicht mehr zur Pflicht, sich unterlegen zu fühlen, verschont es aber deshalb noch lange nicht mit dem Geschlecht des Mannes. Die Fellatio ist nämlich mehr als nur eine Perversion oder Stellung – sie ist ein Kriterium der Sinnlichkeit. Der Körper des Mannes nimmt diese Huldigung nur entgegen, wenn sie einem echten und tiefen Verlangen entspringt. Ergebnis: Das Lustexamen bestehen nur jene Frauen, die vom Penis in Bann geschlagen sind. Ihre Sexualität darf sich erst als voll erblüht betrachten, wenn sie ausschließlich um die Schwänze kreist.

Andererseits besteht aber auch weiterhin der Eindruck, daß der männliche Körper nur Geschlecht sein darf. Schreckliches Monopol: auf dem engen Raum des Genitals vollzieht sich die Umwandlung des erobernden in den begehrenswerten Körper. Gewiß bedeutet diese neue Vorstellung vom Penis für den Mann das Glück des Überflusses und der Passivität. Nun, da sein Schwanz zum Libidopaß geworden ist, braucht er keine Körbe mehr zu fürchten, schlägt ihm keine Ablehnung mehr eine Wunde. Auch dieses Phantasma inszeniert die Pornographie: Es ist eine große Erleichterung, um seines Geschlechtes willen begehrt zu werden, weil es ein Schatz ist, den man weder verdient noch entdeckt hat, eine unverdiente Gnade, die ihren Besitzer der Zwänge des Marktes enthebt und von der Notwendigkeit entbindet, sich abzumühen, um zu besitzen. Um das Joch des Tauschwertes abzuschütteln, nährt die Pornographie ein universell und unmittelbar genitales Verlangen. Sie entwirft eine Utopie: Schluß mit der Arbeit der Verführung, Schluß mit dem Abtaxieren der Körper und mit dem Austausch der Begierden – hier wird gratis geblasen! Aber welchen Preis kostet diese wundervolle Fürsorglichkeit, dieser hedonistische Ersatz des Tausches durch das Geschenk? Die Vernichtung der Körper. Wenn wir von den Frauen verlangen, ihre Lust einzig und allein aus unserem Geschlecht zu beziehen, so begeben wir uns ins Gefängnis unserer eigenen Herrschaft. Um die Andersartigkeit unter Kontrolle zu halten, um nicht von der Forderung eines heterogenen Verlangens überwältigt zu werden, sind die Pornographen gezwungen, sich ebender Tyrannei zu unterwerfen, die sie errichten: der Tyrannei des Genitals.

*3. Die Lust des Samenergusses*

Alles zeigen: das setzt voraus, daß alles zu zeigen ist. In dem Augenblick, da das Geschlecht für den Blick freigegeben wird, ergreift die Ordnung des Schauspiels Besitz vom Geschlechtsleben. Unter diesem Gesichtspunkt erfüllt die offizielle Zensur eine Doppelrolle: Wenn sie die Darstellung verbietet oder zumindest reglementiert, um sie in den Grenzen einer noch zu duldenden Sexualität zu halten, verharmlost und verschleiert sie die verstohlene Wirkung einer anderen Zensur. Diese verkleidet sich um der besseren Wirkung willen als Evidenz – Darstellung als conditio sine qua non. Nicht daß es erforderlich wäre, Obszönitäten darzubieten, um ein pervertiertes Publikum hinterm Ofen hervorzulocken, wie die Moralprediger behaupten, sondern weil die Sexualität auf den Bereich des Sichtbaren festgelegt werden muß. Zumindest in einem Punkt sind sich die Pornographen und die Puritaner einig: in dem, daß die Lust panoptisch sei. Ob man das Schauspiel der Lust untersagt oder freigibt; ob man die Grenzen festlegt oder aufhebt – diesem Kampf um die Zensur ist sein Schauplatz immer schon vorgegeben: das von jener *primären Zensur* abgesteckte Feld, die die Lust in die Darstellung einsperrt. Wenn das Gesetz uns zu sehen verbietet, ist es repressiv, wenn es uns zu sehen erlaubt, wird es restriktiv. Die Darstellung hat nicht die Transparenz des Spiegelbildes. Sie ist kein neutrales Vehikel, keine Vermittlungsinstanz ohne Bedeutung zwischen Blick und Sexualität – sie ist ein arglistiger Selektionsmechanismus, der aus der Lust die langsamen Gesten und die unscharfen Entzückungen ausschließt, der jede nicht zu belegende und dem Blick entzogene Erfahrung mit Strafe belegt.

Nun paßt aber die Frau ihre Lust niemals ganz dieser Norm der Sichtbarkeit an. Ihre Orgasmen ergießen sich nicht, sie sind hoffnungslos unproduktiv, und selbst wenn man sie mit aller Gewalt unter die Rubrik der Entladung einordnen will, bleibt diese Entladung unsichtbar, metaphorisch. So schwebt über dem Akt die schlimme Gefahr der Ungewißheit. Das irreparable Manko weiblicher Lust: Wann genau erlebt sie einen Höhepunkt? An welchen Indizien ist ihre Apotheose zu erkennen? Manchmal lüften die Frauen mit ihrem Schrei den Schleier des Geheimnisses. In der Tat kann der Schrei manchmal bedeuten, daß sie den Kopf verlieren, daß sie ein die Grenzen der Worte überschreitendes Gefühl erleben, ein Gefühl, das das Schweigen nicht einzusperren vermag. Schreien kann *darüber hinaus* in der Wechselrede der Atemzüge auch die beruhigende Antwort des weiblichen Körpers auf die fragende Angst des Mannes sein.

Im Schrei einer Frau, die außer sich ist, stecken die Heftigkeit des Wahnsinns und die Klarheit der Botschaft. Die weibliche Lust sprengt die Regeln artikulierter Sprache, doch mit dem Ziel, Kontakt herzustellen. Sie setzt sich über das Wort hinweg, um sich mitzuteilen. Diese Opfergabe kann alle Abstufungen vom Ausdruck der Liebesseligkeit bis zur Gefälligkeitslüge annehmen. Sie kann ebenso Zärtlichkeit wie Unterwerfung bedeuten. Doch ob sie nun Schein oder Geständnis ist, ihre semiotische Mission liegt immer darin, dem Ungewissen seinen bedrohlichen Charakter zu nehmen – hörbar zu machen, was man nicht sieht. Also den weiblichen Orgasmus auf andere Weise erkennbar zu machen. Der Laut ersetzt das Bild. Statt Samen auszustoßen, gibt die Frau ein Zeichen. Als hörbares Äquivalent des Samenausstoßes gestattet der Schrei der weiblichen Lust die Rückkehr in den Schoß der Darstellung.

Die Pornofilme gehen nun noch einen Schritt weiter. Sie unterwerfen die Frau nicht nur dem Zwang des Zeichens, sondern auch den männlichen Rhythmen der Lust. Auf die Äquivalenz von Entladung und Schrei folgt die Allmacht des Samenergusses. Denn das Sperma wird mit dem ungeheuren Privileg ausgestattet, *beide* Lustformen darzustellen. Auch weiterhin bleibt der weibliche Orgasmus erkennbar, doch fortan verfügt er nicht mehr über eigene Zeichen: er ist unmittelbar an der männlichen Befriedigung abzulesen. Warum zieht sich der Mann, während er ejakuliert, flink zurück und zeigt der Kamera seine tröpfelnde Lust? Dieser neuartige Interruptus ist keine Verhütungstechnik – er ist eine Darstellungsform, dank derer nichts dem Blick entgeht, nicht einmal der Augenblick der Ekstase. Und da die Frau nun nichts Entsprechendes vorzuweisen hat, da sie keinen Beweis beibringen kann, springt das Sperma für sie mit ein. So wird der Mangel ihrer Lust – eben zeichenlos, nicht sichtbar zu sein – gutgemacht, und zugleich wird klargestellt, daß die Übereinstimmung zwischen männlichem und weiblichem Körper so vollkommen ist, daß der Samenausstoß des einen als Beweis oder Garantie der Lustgefühle des anderen dienen kann.

Du bist auf dem Gipfel der Lust, weil ich ejakuliere. Eine schreckliche Logik, die die Abschaffung des Unterschieds besiegelt. Mit der Pornographie feiert die Ordnung des Blicks einen triumphalen Sieg, und in der Ordnung des Blicks gibt es keinen Unterschied der Geschlechter.

Die Auseinandersetzung mit dem Gesetz hat den pornographischen Diskurs lange Zeit mit einem Heiligenschein ausgestattet. Als subversiv eingestuft, wurde er für alle, die gegen die Repression kämpften, unantastbar. Konnte man dem großen Altmeister Sade seine Ehrerbietung versagen, ohne sich damit sogleich auf die Seite der Kerkermeister, der Zensoren, der Pädagogen, der Irrenärzte, kurz, aller repressiven Kräfte zu schlagen? Als die Frauen sich dann zu Wort meldeten, zerstob dieser Heiligenschein. Die Zensoren und die Subversiven wurden aus ihrer zänkischen Kollision durch einen dritten Diskurs aufgeschreckt. Ohne sie unbedingt über einen Leisten zu schlagen, stellte er fest, daß dem Verdummungseifer des einen und dem scheinbar progressiven Gebaren des anderen die nämliche Unterdrückungsgewalt innewohnt. Wenn die Frauen sich weigern, ihr Liebesleben den männlichen Geschlechtsorganen und Orgasmen zu unterwerfen, wenn sich ihr Verlangen neue Kriterien sucht und bislang verachtete Details auf den Namen der Lust tauft, so liegt die Anmaßung der von ihren Phantasien besessenen Männern darin, daß sie nun genau jenes Geschlechtsleben, das dadurch in Zweifel gezogen wird, mit Gesetzeskraft ausstatten. Das Prestige, das der Bannfluch des Puritaners der Pornographie verliehen hat, kann nicht länger verbergen, daß sie – ein regelrechter Comic-Strip der herrschenden Sexualität – den Imperialismus des Mannes hinsichtlich der sexuellen Beziehungen vollendet.

Doch es geht nicht darum, in einem verzweifelten Pendelausschlag eine Norm durch eine andere zu ersetzen und die gute weibliche Natur auf den Thron zu setzen, den die phantasiebesessene männliche zweifellos räumen muß. Den Kode zugunsten der Frauen umschreiben ist nicht Revolution, sondern Reform. Im übrigen gibt es keine gute weibliche Natur, da der Diskurs der Frauen von der Einheit Abschied genommen hat, sich der Kohärenz verweigert, es angelegentlich vermeidet, neue Kriterien einer guten Sexualität aufzustellen.

An die Stelle der alten Gleichheit tritt der Unterschied der Sexualitäten in die Klarheit der Sprache; hier artikulieren sich weibliche Weisen des Verlangens, eine Lebensform und spezifisch weibliche Lustempfindungen. Zum Leidwesen der Sexologen lassen sich die einzigartigen Abenteuer, die die Frauen einander erzählen und nun auch öffentlich zu verbreiten wagen, nicht auf die Einheitlichkeit eines kodifizierbaren Orgasmus zurückführen. Trägt man diese je besonderen Erlebnisse zusammen, so liefern sie nicht die handfeste Wahrheit eines Modells, das seinerseits als Norm funktionieren könnte, um alle auszuschließen, denen die große Erschütterung nicht zuteil wird, und um den Rest der Glücklichen zu klassifieren, ihn nach einer Skala zu bewerten, die von der Minimalforderung – gemessen in Kontraktionen der Vaginamuskulatur – bis zur hundertprozentigen Trance reicht. Die Aussagen der Frauen, die peinlich darauf bedacht sind, sich im Plural auszudrücken, entkräften die Norm. Sie schaffen kein neues Auswahlkriterium, sondern einen Orientierungspunkt, der die Frauen rechtfertigen und zur Lustautonomie ermutigen soll, ganz gleich welche besondere Form ihre Erfahrungen auch haben mögen.

Die Zeit des sieghaften Solipsismus ist damit für die Männer vorbei. Eine vorübergehende Schlappe? Oder sind dieser Begriff und sein steter Komplice, der Triumph, damit endgültig besiegt? Kann die Einstellung zum anderen auch durch andere Empfindungen bestimmt sein als durch die, hilflos beherrscht oder unwiderruflich verurteilt zu sein? Fällt, wer die Herrschaft verliert, auf jeden Fall in die Schande?

Wenn wir unsere männlichen Interessen verraten, unseren sexuellen Status aufgeben können, dann nicht deshalb, weil wir uns vor der neuen Inquisition, den Frauen, schuldig fühlen. Angesichts der weiblichen Lust sind unsere Befriedigungen weniger schuldhaft als unzulänglich. Wenn der Einbruch der Andersartigkeit uns aus unserem Traum von der Gleichheit aufschreckt, erscheint uns unser eigenes Begehren plötzlich nicht mehr sehr begehrenswert, wir träumen davon, unserer Sexualität abtrünnig zu werden. Schließlich vertieft die Pornographie nur das Elend. Wenn sie dem Mangel mit Überfluß begegnet, wenn sie uns das Bild eines Garten Eden vorgaukelt, wo alle Wünsche befriedigt werden, enthüllt sie unter der zufälligen Not, die den männlichen

Körper treffen kann (Mangel an Partnerinnen, Bürde der Hemmungen, eheliche Langeweile, Einsamkeit der Großstadt), ein weniger augenfälliges Elend, das dessenungeachtet aber die wahre Ursache ist: den allzu schlichten Zuschnitt seiner Befriedigung. Wenn die Frauen es also ablehnen, sich von den Bildern reglementieren zu lassen, die wir in uns tragen, richtet sich ihre Revolte paradoxerweise an unser Verlangen: Es ist ohne Zweifel eine Freude, *überwältigt* zu sein, doch die Lust kommt nur zu dem, der *durcheinander* ist. Die Andersartigkeit der Frau köpft den Liebesleib, eröffnet die Möglichkeit einer Umarmung ohne Schwanz und Kopf, ohne Glaube und Gesetz, läßt uns endlich – im Ansatz zumindest – eine reale Beziehung zur Außenwelt erleben. Sie errettet uns aus unserer eigenen Herrschaft und befreit uns von unseren Spiegeln. Unsere Absetzung ist genau diese Befreiung.

An die Stelle der Gleichheit ist der Unterschied getreten. Er wird heute von der Versuchung bedroht, die vom Paradigma der Eindeutigkeit der semiotischen Opposition ausgeht. Davon, daß man den Körper des Mannes und den der Frau als unaufhebbare Gegensätze behandelt, daß man zwischen ihnen, auf den Ruinen des alten Solipsismus, die Wege der Koexistenz anlegt. Daß man bestrebt ist, diesem Widerspruch in einer Mischung aus moralischem Liberalismus und Sexologie eine dialektische Form zu geben; daß gegenseitiges Wohlwollen, unterstützt durch ein paar technische Rezepte, zu köstlichen Kompromissen führt und daß in schönster Modernität die Erkenntlichkeit nun der Gleichheit folgt. Angesichts der Lust der Frau wollen wir überhaupt keine Ansprüche mehr erheben: Wir haben keine Sexualität zu verteidigen, kein erotisches Erbteil zu bewahren. Wir wollen nicht die Sachwalter unseres Verlangens sein, mag es auch erneuert, selbstkritisch und von allem Imperialismus bereinigt sein. Was uns die Andersartigkeit der Frau anbietet, ist weit mehr als eine Synthese. Es ist ein Aufbruch, ein Abschied von unseren allzu bekannten Befriedigungen, ein Nomadenleben ohne Angst, der seltsame Vorgang einer Frauwerdung, die unaufhaltsam voranschreitet. Den Unterschied für einen männlichen Körper zu wünschen heißt in erster Linie, die Grundsätze der Pornographie auf den Kopf zu stellen: die eigene Identität aufzuheben, statt sie auszuweiten und für universell zu erklären; die eigenen Programme außer Kraft zu setzen, statt sie zur Vorschrift zu machen; es heißt weiter, über eine bloß gastliche Haltung hinauszugehen und der Anziehungskraft der Außenwelt zu *erliegen,* statt dieses Außen nur zu empfangen; sich zu befreien, gewiß, aber zuerst einmal von sich selbst; statt (endlich!) die weibliche Sexualität zu respektieren und ihre Gleichberechtigung einzuräumen heißt es, den Graben einzugestehen, der sich zwischen ihr und der männlichen auftut: dem weiblichen Körper nichts anderes entgegenzusetzen als den Wunsch nach Weiblichkeit; ihre Andersartigkeit als eine auflösende, befreiende Kraft zu erleben, statt mit ihr einen gerechten Tauschhandel, eine profitable Geschäftsbeziehung aufzunehmen. Und es heißt schließlich, sich nicht zu begnügen mit sich selbst, sondern aufzubrechen ins Ungewisse, den Spatz in der Hand für die Taube auch auf dem Dach fliegen zu lassen; sein pornographisches Vaterland aufzugeben für ein Gelobtes Land, das man nie betreten wird.

**Exklusivmeldung**

Es gibt keinen Unterschied der Geschlechter:
Auch Frauen furzen.

## Prostitution I: Ein Gleichgewicht durch Unterschlagung

*Mein erstes Teekesselchen bedient mit dem Mund, bedient mit der Hand, peitscht, geißelt, läßt sich bumsen, bewaffnet sich mit einem künstlichen Penis, aber genießt keine Lust. Die Hälfte seiner Zeit verbringt es auf der Straße, die andere Hälfte im Bett. Es läßt sich teuer bezahlen, wenn es die eine mit dem anderen vertauscht. Mein erstes Teekesselchen ist eine Frau und heißt Prostituierte.*

*Mein zweites Teekesselchen ist männlichen Geschlechts. Es bezahlt eine bestimmte Summe, um eine weißliche Flüssigkeit abzusondern, seinen Penis raus- und sich wieder anzuziehen. Mein zweites Teekesselchen ist vor der Liebe sehr freundlich und hinterher sehr böse: Es heißt Freier und nennt mein erstes Teekesselchen Hure.*

*Mein drittes Teekesselchen ist ein eher häßliches Zimmer mit niedriger Decke, einem Doppelbett, einem Bidet und einem Spiegel. Es riecht meist nach Schweißfüßen; die Tapeten hängen in Fetzen von den Wänden; das Bett wird nicht abgedeckt; es ist sehr heiß; die Vorhänge sind zu, das Licht ist gedämpft; man hört Stimmen im Flur; man muß aufpassen, weil das Wasser immer kochendheiß aus dem Hahn kommt. Mein drittes Teekesselchen ist ein Hotelzimmer.*

*Mein viertes Teekesselchen ist eine ungreifbare Gestalt, mal Privatperson, mal Polizeikommissar, mal Repräsentant des Staates oder internationaler Händler. Er nimmt Geld von meinem ersten Teekesselchen und verfolgt es. Mein viertes Teekesselchen heißt Zuhälter.*

*Mein fünftes Teekesselchen dauert mindestens fünf Minuten, höchstens eine Viertelstunde. Und für die, die sich's leisten können, eine halbe oder auch eine ganze Stunde. Mein fünftes Teekesselchen heißt »Nummer«.*

*Mein sechstes Teekesselchen ist eine Vielzahl kleiner Mikroben, die man sich holt, indem man seine Schleimhäute an anderen, befallenen Schleimhäuten reibt. Mein sechstes Teekesselchen wird wirksam von der medizinischen Prophylaxe bekämpft. Mein sechstes Teekesselchen schwindet allmählich aus meinem Bannkreis.*

*Alle meine Teekesselchen zusammengenommen sind ein lukrati-*

*ves Geschäft, das sich ausweitet und die komplizierte Bezeichnung »Prostitution« trägt (die man wie folgt zerlegen kann: Prostata–Stimulanz–Institution).*

Das kleine Problem der Männer: Wie kann ich meine Lust haben, ohne Schulden zu machen? Wie kann ich die Frau aus meinem Leben streichen und doch Lust aus ihrem Körper ziehen? Wie kann ich über das übliche Streben des Mannes nach einer Gleichschaltung von Penis und Vagina (durch den Orgasmus, die Pornographie oder irgendeinen Handel) hinausgehen? Wie kann ich den idealen, seltenen, beseligenden Zustand erreichen, in dem das Geschlecht der Frau schlicht und einfach ausgelöscht ist? Ganz einfach: indem ich sie prostituiere. Ich zwinge ihr den dürftigen Rhythmus meiner Befriedigung auf; ich grenze auf ihrer Haut die Regionen ein (die Hohlräume von Vagina und Anus), die mir nützlich sind; kurzum, ich miete gegen klingende Münze ihren Bauch[1] (insofern – das sei gleich gesagt – ist die Situation der Prostitutierten weit befriedigender als die der meisten verheirateten Frauen, die immer noch ohne Gegenleistung der Sexualität ihrer Männer unterworfen sind; statt ihre Frauen zu befriedigen, lassen diese nur ihren bleichen Sirup ab). Die durch nichts zu ersetzende Anziehungskraft, die die »Hure« auf den Freier ausübt, rührt daher, daß er sie für das bezahlt, was er unter Lust versteht – und das ist, da er ein Mann ist, kläglich und schnell geschehen (daher die Kürze der Nummer und die ungeheure Einträglichkeit der Viertelstunden, die da zusammenkommen). Seine Lust haben, ohne an den anderen zu denken, ohne sich um eine wie auch immer geartete Gegenseitigkeit zu scheren, sich seinen Traum von der absoluten Passivität erfüllen: das ist das Verlangen, das der Mann bei der käuflichen Frau befriedigt, wofür er manchmal astronomische Summen bezahlt, als sei das Geld die fiktive Entschädigung dafür, daß dem anderen die Lust vorenthalten wird, als enthebe die Zahlung aller Verantwortung und bringe in der anonymen Umarmung die sorglose Unschuld zurück.

[1] Wir berücksichtigen hier nur die verbreitetste Form weiblicher Prostitution – Strich und Puff. Was es sonst noch an Formen der Käuflichkeit gibt, haben wir außer acht gelassen; wir haben unsere Perspektiven also absichtlich eingegrenzt.

Die absolute Vergleichbarkeit der Freier, ihre Ununterscheidbarkeit, die Tatsache, daß sie ungeachtet ihres Sozialstatus und ihrer Altersgruppe (wie die Leserschaft von »Tim und Struppi« findet man sie in der Gruppe der Sieben- bis Siebenundsiebzigjährigen) alle männlichen Geschlechts und bei Kasse sind, daß jeder sich in dieser leeren Enklave verlustieren und entleeren darf, die trotzdem niemand besetzen und auf Dauer in Besitz nehmen kann, die Tatsache, daß die Nummer eine Trieb-Algebra voraussetzt, eine Gleichsetz- und Austauschbarkeit unter der Ägide der männlichen Ejakulation – all diese Merkmale machen aus der Prostitution ein besonderes Werkzeug zur Annullierung der Unterschiede: ein homosexuelles Werkzeug (man träumt von einem Frauenkörper, der eine Zeitlang mit seiner männlichen Entsprechung in Einklang gebracht wird, von der Möglichkeit, alles auszuschalten, was die absolute Harmonie der beiden Körper stört). Doch diese Art Homosexualität ist selbst eingeschränkt. Nicht zufrieden damit, der Partnerin Zwang aufzuerlegen, begrenzt sie die Sexualität des Kunden auf das Phänomen der Entladung. Das Zauberkunststück des käuflichen Geschlechtsaktes (die Frau wird zur Agentin der raschen Befriedigung des Mannes) setzt voraus, daß der Körper – das Handelsobjekt – völlig unbeteiligt bleibt: Die Lustfrau ist Frau für die Lust des Mannes. Das Gleichgewicht, das die bezahlte Nummer zwischen ihnen herstellt, ist reiner Mythos. Die Frau bezahlt die Befriedigung des Mannes mit völligem Lustverzicht. Statt also eine auch nur fiktive Symmetrie zwischen der Lust des Mannes und der der Frau herzustellen, annulliert die Prostitution die Frau als geschlechtlichen Körper. Mit anderen Worten, sie ist nur eine weitere Negation des Unterschieds der Geschlechter; die brutalste, vielleicht aber auch – wie noch zu sehen sein wird – die vieldeutigste.

### Der Freierkörper

»Wenn ich am Straßenrand stehe, bin ich Jäger. Ich jage den Mann, er ist das Wild, ich lauere ihm auf, ich gucke, ob er guckt, wenn er sich mir nähert. Er ist kein Mann mehr, er ist ein

Kunde.«[1] Der Kundenfang der Prostituierten stellt die traditionelle Rollenverteilung des Aufreißens auf den Kopf und offenbart ihre Kruditat. Angesichts der Prostituierten, die uns anmachen, werden wir auf der Stelle, was die Frau sonst für den Mann ist – bloßes Sexualobjekt, allerdings mit dem entscheidenden Unterschied, daß wir in diesem Falle unseren Status als »Objektmänner« kaufen und den Preis stehenden Fußes in klingender und gewichtiger Münze bezahlen müssen. Die Prostituierte, die den Passanten anmacht, sagt im wesentlichen: »Ich begehre dich nicht, an dir interessiert mich nur, was sich zu Geld machen läßt, also dein Geschlecht; du bist nichts für mich, weder ein Körper noch ein Kopf noch ein Lächeln, nicht einmal Haß; du bist nur ein Gattungsexemplar, ein Geschlechtsapparat, der bereit ist, für seine Befriedigung zu bezahlen. Ich will von dir weder dein Gedächtnis noch deine Dankbarkeit, sondern ganz allein die Anonymität deines Geldes; dafür verpflichte ich mich, den blinden Mechanismus deiner Organe zur Ruhe zu bringen.« Frage des Freiers: Werde ich wegen meines Geldes oder meiner körperlichen Vorzüge begehrt (wegen meines Auftretens, meines Schnurrbarts, meines männlichen Äußeren, meiner Segelohren, meines Anzugs, meines dicken Schwanzes, meines Goldzahns, meiner Arierstirn)? Diese Frage läßt sich nicht entscheiden, es ergibt sich gar keine Gelegenheit mehr, sie zu stellen: »Der Vertrag der Prostitution befreit nämlich von dem, was man die vorstellungsbedingten Schwierigkeiten des Tauschhandels nennen könnte: Woran soll ich messen, wie es mit dem Verlangen des anderen bestellt ist, was ich ihm bedeute? Der Vertrag macht der Verwirrung ein Ende: Im Grunde ist er die einzige Haltung, die das Subjekt einnehmen kann, ohne einem der beiden gegensätzlichen, aber gleichermaßen verabscheuten Bilder zu gleichen: dem des Egoisten (der fordert, ohne sich Gedanken darüber zu machen, daß er nichts zu geben hat) und dem des Heiligen (der gibt und sich versagt, jemals etwas zu verlangen . . .)« (Roland Barthes).

Das Objekt »Freier« bedeutet also nicht nur eine bestimmte Kaufkraft, es ist vor allem die unauflösliche Verbindung eines Penis mit einer Geldsumme, es ist ein Geschlecht, dem ein

[1] Aussage einer Prostituierten, *Une vie de putain* (»Ein Leben als Hure«), Sammlung »France Sauvage«, S. 49.

ausschließlich finanzielles Dasein beschieden ist, ein Zahlungsmittel, das nur ein Stück Fleisch ist, kurz: eine Art kleines Libidokapitel, eine lebende Bank. Die Prostitution macht die Unauflöslichkeit der Ehe von Sexualität und Geld zum Sakrament. Die eine kann nicht stattfinden ohne das andere. Die Währung ist das Genital, das Genital gehört zur Währung, jede Ejakulation ist 50 Mark wert, 50 Mark sind der Preis für eine Nummer. Zwischen den Beinen der Prostituierten kann der Freier seine Libido nur loswerden, indem er sein Geld loswird (und umgekehrt kann die Dirne nicht koitieren, ohne den Eindruck zu haben, sie »arbeite«).

Gegen den Freier richtet die Prostituierte den männlichen Mechanismus der Jagd, sie lauert dem Fallensteller auf, sie spricht ihn an, sie macht ihn an, sie läßt nicht locker, sie ködert ihn mit märchenhaften Versprechen. Doch diese Umkehrung erträgt der Mann nur, weil er bezahlt, weil er ein zahlungskräftiger Schuldner ist: Würde er nicht vor jeder anderen Frau, die ihm in dieser Weise nachstellte, Reißaus nehmen, weil ihn das Abbild der männlichen Attitüde, das sie ihm vor Augen hält, erschreckte und verängstigte? Nun ist aber der Mann beim Kundenfang der Prostituierten noch nicht einmal Lustobjekt, noch nicht einmal eine Beute, deren Besitz mit Stolz erfüllt – er ist bloß ein Mittel zur Bereicherung, einer in einer langen Reihe; mit anderen Worten: ein Kunde.

Der Freier betrachtet die Dirne nur als sein Geschlecht, und sie ihrerseits betrachtet ihn nur als ein bißchen zahlendes Sperma. Doch was ist das für ein Organ, auf das der Freier die Nutte reduziert? Ist es ein Geschlecht, dem man »Lust« verschaffen will (um aus ihm beispielsweise einen Mehrwert an Prestige zu ziehen), ein sinnlicher Reiz, der uns gefangennimmt? Oder ist es vielmehr so, daß die Prostituierte kein eigenes Geschlecht hat, abgesehen von dem, das ihr der Freier leiht? Befindet sich der Unterleib dieser Frau also gar nicht mehr in ihrem Slip, sondern ist er bereits überall und immateriell in der Hose jedes möglichen Freiers, als das Modell, der Blickwinkel, die Ausrichtung, unter der sie sich anbieten muß? Der Freierkörper gibt sich nicht damit zufrieden, die Frau auf ihre erogenen Zonen einzuschränken. Noch diese Zonen zwingt er unter das Gesetz seines eigenen Geschlechtsapparates und bringt beide auf einen Hauptnenner:

die Sexualausstattung des Männchens. Eine Metamorphose als Rätsel für Psychoanalytiker: Wie kann die Frau einen Penis haben?- Antwort: Indem sie sich prostituiert. Es ist noch nicht einmal so, daß der Freier die »sexuelle Reaktion des anderen« nach Belieben manipulieren würde (um mit Hamster und Ronthon zu sprechen); vielmehr unterdrückt er jede Antwort, stellt auch nie eine Frage. Die Andersartigkeit der Frau kommt ihm nie in den Blick. Der Freier radiert alle Passagen aus, die sie betreffen könnten, er löscht sie aus wie jemand, der die Telefondrähte durchschneidet, wenn die Nachrichten schlecht sind. Die Prostituierte hat kein Geschlecht, kann gar keins haben. Sie ist nur ein Loch – und dazu ein Loch, das nicht die beängstigende Leere der Löcher anderer Frauen hat. Der Mann kennt diese Spalte, diesen Schlitz; er hat nichts zu befürchten; das ist die Negativform seiner eigenen Rute, eine stets gefüllte Öffnung, besetzt (wie ein Zuschauerraum), also komplett, komplementär. Tief in der Gebärmutter, die Wände der Vagina entlang, wird er immer nur wieder sich selber finden – spiegelverkehrt. Die üppige Architektur des weiblichen Geschlechts kann er nicht sehen, er hat keine Augen für diese Details, da ihnen nichts Greifbares am eigenen Körper entspricht. Vom weiblichen Körper bleiben nur Löcher übrig (Anus, Mund, Vagina). Nur als Leib, in den man eindringt, bietet ihm die Frau eine Bleibe; sie ist nur Unterleib, ein Unterleib als Zwitterbildung, Mischform und – obgleich zweigeschlechtlich – eigentlich ohne Geschlecht.

An der Prostituierten stößt den Freier nach beendeter Nummer weniger der geschäftsmäßige Charakter ihrer Beziehung ab als das Bild seiner eigenen kurzen Lust, das sie ihm vor Augen hält. Die Frau verkauft ihm nur für eine Viertelstunde ihren Körper, weil seine Lust kaum mehr als eine Viertelstunde braucht, um befriedigt zu werden, weil die Prostitution dem Mann jene Illusion nimmt, die er in einem »normalen« Geschlechtsakt nährt. Sie zeigt ihm das ungeschminkte Bild seiner anatomischen Situation. So ist der Haß, den der Freier für die Nutte empfindet, immer nur der Haß auf das eigene Geschlecht (und man weiß, daß dieser Haß bis zum Mord gehen kann). Sich selbst, die Einförmigkeit und Kümmerlichkeit seiner Sinneslust verurteilt der Mann, wenn er die Gleichgültigkeit der Hure, das anonyme und rationelle Arrangement der Prostitution verflucht. Wenn er die Frau hinterher verachtet, dann deshalb, weil er sie bereits vorher verachtet hat, weil er sich selbst in ihr gehaßt hat; die Andersartigkeit der Frau war nur vorläufiger Natur, ihre Schönheit, ihr Charme stammten nur aus einer inneren Spannung des Freierkörpers, hingen nur an einigen Tropfen Sperma, derer es sich zu entledigen galt. Was soll man mit der Prostituierten anfangen, wenn man seine Lust gehabt hat? Dieser vermarktete Körper ist undurchdringlich, unbrauchbar, gibt nichts mehr her, es sei denn, man knüpfte andere Beziehungen zu ihm (nur ist das Hotelzimmer kein Café). Dieser Körper ist tot (weil auch der Körper des Kunden tot ist, das heißt genital zur Ruhe gekommen). Wenn der Prostituiertenkörper überlebt, sich wäscht, sich wieder anzieht, sich anschickt, andere Penisse zu empfangen, die voller Ungeduld danach verlangen, sich in ihr zu entleeren – dann ist das ein Ärgernis, das den Mann in Harnisch bringt. Es bringt ihn aus der Fassung, verschlägt ihm die Sprache, treibt ihn dazu, dem weiblichen Geschlecht die Schwäche und Schlaffheit des eigenen Geschlechtsapparates zum Vorwurf zu machen.

Ihren Liebhaber bittet die Frau im allgemeinen, sich zurückzuhalten, damit sie ankommen kann. Die Prostituierte stellt das umgekehrte Ansinnen: »Komm, Liebling, mach schnell!« Immer wird der Freier aufgefordert, sich gehenzulassen, dem stets bereiten Mechanismus seiner Organe freien Lauf zu lassen. Oh, wenn er doch schon auf der Schwelle ejakulieren könnte, wie viel Zeit wäre damit gewonnen! Der Mann, haben wir gesagt, bezahlt dafür, sich ganz seinem Egoismus überlassen, sich in völliger Gleichgültigkeit gegenüber dem anderen gehenlassen zu können – doch heißt es nicht viel, wenn er sich gehenläßt. Er wird nicht erschüttert, nicht umgeworfen, schon gar nicht fortgerissen; seine großen Gefühle folgen einem dürftigen Protokoll; er zahlt also für sehr wenig, für die winzige Befriedigung der Lust des Ejakulierens. Und wenn die Nummer kurz und flüchtig ist, dann nicht, weil der Freier »wieder zu sich kommen, zu sich zurückfinden« müßte, wie Lyotard meint[1], oder weil sie enden muß, »damit der Zyklus wieder beginnen, damit ein neuer Anfang gemacht werden kann« (ebenda), sondern weil dem Manne zwischen den Beinen der Frau nur ein kurzer Aufenthalt beschieden ist, weil

[1] Jean-François Lyotard, *Economie libidinale,* Paris, Minuit 1969.

er, wenn er sich zu ihr legt, nicht zu vergehen sich anschickt, sondern nur kurz zu verweilen, und weil er sich schließlich nicht von einer »Weißglut oder Vernichtung« erholen muß – die Nummer wird ihm niemals zum Kataklysmus. In den Armen des Freudenmädchens verweilt er nur flüchtig, ohne sich auch nur die Illusion zu machen, er könne sich selbst entfliehen.

Wie kann man da bloß behaupten, die Prostitution nehme »den Fluch der genitalen Sterilität auf sich« (Lyotard, ebenda) und der Perverse wolle sich in ihren Armen vor dem Kind, vor der Fruchtbarkeit drücken? So gesehen wäre jede Frau, die Verhütungsmittel benutzt, ebenso »verflucht«. So gesehen macht die Tatsache, daß die Pille sich heute generell durchgesetzt hat, aus jeder sexuellen Beziehung einen perversen Akt, einen geradezu »sodomitischen« (das heißt einen, der unnütz und vergeblich ist wie die Sodomie), womit der Gegensatz zwischen nutzbringendem und vergeblichem Aufwand auf dem Gebiet der Sexualität endgültig hinfällig, komisch und lächerlich wird. Denn nicht vor dem Kind, sondern *vor der Frau* will der Freier sich in der Bauchhöhle der Prostituierten drücken. In diesem Frauenkörper, der sich dem kurzen Imperativ seiner Lust fügt, möchte er das geheimnisvolle Erwachen der weiblichen Sexualität unterdrücken. Die Faszination und Beruhigung der Prostitution liegt für ihn in der Tatsache, daß sie eine kodifizierte sexuelle Beziehung ist, eine Ordnung, die sich berechnen läßt, weil sie mit endlichen Größen umgeht, ein Nichtangriffspakt, der vor dem Schrecklichen schützt. Denn schrecklich ist für den Mann das Verlangen der Frau und alles, was sich in ihr dem Zugriff seiner kümmerlichen Lust entzieht. Wenn der Freier schließlich bezahlt, so tut er das nicht nur, um den zur Handelsware gewordenen Körper in seinen geheimsten Phantasien agieren zu lassen (in Phantasien, die er im Alltag wohl kaum befriedigen kann), sondern vor allem, um nach Gesetzen, die er selbst aufgestellt hat, eine rasche Lust zu genießen, ohne erst die Bereitschaft der Frau abwarten zu müssen.

So ist die Prostituierte für den Mann zugleich Traum und Alptraum: er schätzt sie, weil sie ihm (noch in ihrer extrem rüden Sprache) das beruhigende Bild eine virilisierten Frau bietet; doch aus dem gleichen Grund verabscheut er sie, führt sie ihm doch seine sexuelle Unzulänglichkeit, seine Unfähigkeit zu jeder andauernden sinnlichen Beziehung unbarmherzig vor Augen. Der Mann will eine Frau, die wie er ist, halb frigid (oder rasch zu befriedigen); aber er will auch eine Frau, deren Frigidität ihn von der seinen befreit. Er möchte seine Grenzen hinausschieben, aber nur so weit, daß er sie nicht aus dem Blick verliert. Er möchte ein Geschöpf, mit dem er frei schalten und walten kann, das ihm dabei aber doch soviel Widerstand entgegensetzt, wie er zu seiner Befriedigung braucht (der Stolz, das Hindernis überwunden, die fremde Kraft gebrochen zu haben). Nun setzt ihm die Prostituierte aber gar nichts entgegen; sie ist die Gefügigkeit selbst, ist zugänglich wie eine öffentliche Straße und wie diese gleichgültig gegenüber denen, die sie passieren. Der Freier verlangt einen Heiland, eine charismatische Gestalt, die ihn von seinen Gebrechen erlöst; außerdem verlangt er einen Sündenbock, ein Opfer, das er für sein Elend verantwortlich machen kann. Einen Christus, einen neuen Messias braucht er, der sich für ihn opfert und ihn für immer vom Unterschied der Geschlechter befreit. Aus dieser hoffnungslosen Forderung speist sich seine ganze Bitternis, wenn er aus dem Hotel kommt: »Für alle Männer ist das Geschlecht der Frau zutiefst schlecht. Sie tun so, als sei das Geschlecht der Frau schmutzig, aber im Grund können sie ihr eigenes nicht ertragen. Wenn sie die Frauen akzeptieren – als Ehefrau und als Mutter wollen sie sie achten –, dann suchen sie sich Sündenböcke, Pappkameraden: die Prostituierten. Wir müssen für alle Frauen herhalten, für all die andern.«[1]

*A priori* ist keine Verführung zwischen dem Freier und der Prostituierten möglich, weil sie ihm so ähnlich ist (sie ist seine Umkehrung). Er kann sie nicht in seine Welt hineinziehen: Sie ist schon dort. Immer steht der Mann vor seiner Doppelung. Sein Spiegelbild verführt man aber nicht, es sei denn, man verlöre sich in einer schwindelerregenden Verwirrung. Wenn der Mann es der käuflichen Frau besorgt, besorgt er es sich selbst, er bumst *per procura,* ist in sein Abbild versunken, vereint Vorder- und Rückseite, macht aus zweien eins. Die Prostitution: eine Maschine, um mit dem *Anderen dasselbe* zu machen, um aus allen anderen Menschen dasselbe wie sich selbst zu machen – eine ungeheure funktionelle Tautologie (und das wissen die Prostituierten sehr wohl, klassifizieren sie sich doch in ihrem

[1] *Une vie de putain,* a. a. O., S. 89.

Metier nach den Anforderungen ihrer Freier: nach den Kategorien der Sadisten, der Masochisten, der Spanner, der Skatophilen usw. – die Phantasien, die der Markt anzubieten hat, sind immer nur Varianten ein und derselben Entität: des männlichen Körpers). Zwischen dem Mann und der Prostituierten herrscht eine Reziprozität, die so total ist, daß sie die Verführung aufhebt. Um das zu ändern, müßte die Frau dem Freier – oder er ihr – unter einem anderen Blickwinkel als nur dem der Genitalregionen erscheinen. Sie müßten alle beide aus dem Blick verlieren, was sie für einige Minuten vereinigt hat (wenn so etwas passiert, werden sie durch ganz andere Dinge als die Nummer zusammengebracht; man verführt keine Prostituierte, um »umsonst zu bumsen«, weil das Bumsen – wie wir unten sehen werden – genau das ist, worauf die Nutten am ehesten pfeifen).

Der Freierkörper ist also einer, den es zwar nach einer Überraschung verlangt, aber nach einer Überraschung, die ihn sozusagen nicht überrascht, die nur Wiederholung eines sattsam bekannten Geschehens ist. Der einzige Luxus, den sich der Mann leisten kann, ist es denn auch, die Wahl seiner Partnerin solange wie möglich hinauszuzögern. Daher das endlose Hin und Her dieser Herren vor den Stundenhotels (das mehr ist als nur die Suche nach dem geeigneten Objekt), daher ihr ausgeprägter Voyeurismus (»Man müßte die Spanner zur Kasse bitten: 100 F, wenn du einen Blick riskieren willst . . .«, aufgeschnappt in der Rue Saint-Denis), ihre ängstliche Zusammenballung vor den Hoteleingängen, ihre verkrampften Gesichter, die die Nähe der Panik verraten (Freier lächeln selten), ihre gehetzten, scheuen, unsteten, verkniffenen Blicke, in denen vielleicht in erster Linie der Schrecken des Mannes zu lesen ist, der sich einer gewissen (und gewiß nur relativen) Freiheit der Frau ausgesetzt sieht. Das dauert an bis zu dem Augenblick, da sich der fleißige Fußsoldat, nachdem er mehr als zwanzigmal den Gehsteig abgeschritten hat, endlich entschließt, die Frau anzusprechen – und damit ist auch schon alles vorbei. Sobald der Freier die Schwelle des Stundenhotels überschritten hat und die Treppe wie ein eingeschüchtertes Hündchen erklimmt, das seinem Frauchen folgt, ist aller Ungewißheit ein Ende gesetzt. Er befindet sich im unbarmherzigen Räderwerk eines Geschicks, das keinerlei Abweichungen duldet (unter Umständen weckt deshalb der Moment, wenn die Frau angesprochen wird, die heftigste Gefühlserregung im Verlauf der Nummer überhaupt; ist er doch zugleich Höhepunkt und Ende der Suche, ihr Paroxysmus und ihr Flammentod; also ein antizipierter Orgasmus, eine Begegnung, die das Herz aufschlagen läßt, in die Eingeweide fährt, die Handflächen feucht werden läßt; die Vorstellung, einen Korb zu bekommen, reißt einen schwindelerregenden Abgrund auf, obschon man weiß, daß die Möglichkeit kaum gegeben ist; die Zustimmung scheint mehr zu sein als kommerzielle Gleichgültigkeit, und die Andersartigkeit wird nicht sofort aufgezehrt sein; in diesem Augenblick finden die verschiedensten Antriebe sich zusammen und schnüren dem Freier die Kehle zu. Sobald er jedoch das Hotel betreten hat, gerät er in den unaufhaltsamen Mechanismus von Ausziehen, Erektion, Eindringen und unvermeidlicher Entleerung. Das Hotelzimmer ist ein Raum, in dem man keine Zeit mehr verlieren darf, weil man etwas anderes verlieren und von sich geben muß, nämlich sein Sperma. Befindet man sich erst einmal auf dem käuflichen Körper, gibt es keinen Aufschub mehr. Die Organe erledigen ihre bescheidene Arbeit und verschaffen sich in den Empfindungsreizen eine Entschädigung für das ausgegebene Geld.

Der Freier möchte also weniger seine Spannungen abführen als vielmehr das Gesicht, die Arme, die Hüften, die Schenkel, die Reize dieses unbekannten Körpers für seine Sexualität annektieren (und sei es auch nur für eine Minute); er möchte sich diese Frau aneignen, die seine Erektion mit Körper umgibt. »Freier« bedeutet eine bestimmte körperliche Organisation, die ihre Triebrhythmen einem anderen Körper aufzwingt, die ihre Lust inszenieren und nach Belieben modulieren möchte, um sicherzugehen, daß ihre besondere sexuelle und narzißtische Identität keinen Abbruch erleidet und nicht bedroht wird. Der andere Körper muß in seiner konkreten Präsenz herbeizitiert werden, damit man ihn dann in der Phantasie entlassen kann. Es muß eine Frau da sein, »innen hohl«; es müssen Vulva, Hintern, Spalte und Brustwarze da sein, damit die Substitution Vagina–Penis, Lust–Sperma, Orgasmus–Ejakulation möglich wird. Damit die dem Prostitutionsritual zugrunde liegende Homosexualität auf dem Umweg über die Pseudo-Fremdheit des weiblichen Körpers zu sich zurückfindet, zur maskulinen Ordnung.

Das sichtbare Eichmaß der Nummer ist die Samenabsonderung, das Abschwellen des Glieds. Damit ist der Vertrag erfüllt, die Lust begleicht die Schuld der Frau, man ist quitt. Das Geld kompensiert nicht nur die Rücksichtslosigkeit des Mannes gegenüber den Wünschen der Frau, sondern es reguliert auch seine Lust; viel Geld bedeutet das Recht auf viel Lust. Je mehr ich bezahle – sagt sich der Kunde –, um so mehr Aufmerksamkeit, Zärtlichkeit, Erregung bekomme ich. Und die Prostituierte nährt diese Illusion noch, indem sie ihm gegen Aufpreis raffiniertere Dienste anbietet. All diese Aufmerksamkeiten haben letztlich stets nur das Ziel, den Samenausstoß zu beschleunigen. Sie täuschen eine virtuelle Vielgestalt des Freierkörpers vor und führen seine Affekte doch nur über die Ejakulation ab. Sanftheit, selbst Zärtlichkeit, aberwitzige Reizung der Schleimhäute durch das Spiel von Hand und Zunge – all diese Anstrengungen scheinen die kommerzielle Basis aufzuheben, während sie sie in Wahrheit zementieren. Der Mann hat sich was gönnen wollen und dabei nicht auf den Pfennig gesehen, doch welche Vergünstigungen er auch als Dreingabe erhält, enden tut es stets auf die gleiche Art und immer in der Zeit.

Doch gewiß kann der Kunde sich nicht beklagen. Denn während der kurzen Minuten der Nummer versinkt sein Körper in einen denkbar kindlichen und passiven Zustand. Keine Frau kann mütterlicher sein als die Prostituierte, keine kann sich mit mehr Aufmerksamkeit um die Lust, die Bequemlichkeit, die kleinen Freuden des Freiers kümmern: sie wäscht ihn (und mit welcher Sorgfalt!), sie trocknet ihn ab, sie äußert ihre Sorge über das Erscheinungsbild des kleinen Kriegers in liebevollen Fragen (»Bist du auch nicht zu erschöpft? Hast du auch nicht zuviel getrunken?«), sie sagt ihm Schmeichelhaftes über seine Vorzüge (»Du bist so dick wie mein kleiner Finger«), sie schimpft liebevoll mit ihm, wenn Anlaß dazu besteht (»Laß deinen Schwanz nicht herumliegen, Süßer, man könnte sonst drauftreten«), sie saugt an seinem Glied, gibt ihm Form, indem sie die Vorhaut bearbeitet, sie hätschelt seine Erektion – kurz, sie überschüttet seine Geschlechtsteile, seine Schenkel, seinen Bauch mit einer Aufmerksamkeit, die er sonst nur bei wenigen Frauen finden dürfte. Dann bringt sie den Mann in sich unter und bittet ihn, seinen Samen abzusondern, sein kleines Geschäft zu erledigen, wie eine aufmerksame Mutter, die den Stuhlgang ihres Sprößlings überwacht, seinen Duft erfreut oder besorgt zur Kenntnis nimmt und angesichts seines stolzen Häufchens in Entzücken gerät. Mütterlich also umsorgt sie den Penis – und dies ohne Frage aus einleuchtendem kommerziellem Interesse, da Zartgefühl und liebevolle Zuwendung im allgemeinen besser als Nachlässigkeit geeignet sind, den krampflösenden Augenblick zu beschleunigen, den Saft rascher in die phallische Säule schießen zu lassen und so auch den Penisbesitzer früher fortschicken zu können, um sich so rasch wie möglich den nächsten auf der Straße aufzugabeln. Die Prostituierte widmet sich diesen kleinen Objekten um so hingegebener, je gleichgültiger ihr die Person ist; sie ist geschickt, weil ihre Arbeit es verlangt; sie ist aufmerksam, weil sie der Sache ein Ende bereiten und eine möglichst große Zahl von Nummern absolvieren möchte. Der Freier selbst ist nur ein kleiner Junge, dem der Schwanz steht und dessen Erektion, statt Männlichkeitsattribut zu sein, vielmehr Hinweis seiner Hilfsbedürftigkeit ist – je erregter, je steifer er ist, um so klarer seine Entscheidung für die Passivität, für die Regression in die Kindlichkeit. Also keine Antinomie zwischen Mama und Hure (das abgestandene Freudsche Geschwätz); die angebliche Verwerflichkeit oder Gewöhnlichkeit vermag die Anziehungskraft der Prostituierten nicht im mindesten zu beeinträchtigen (wo beginnt die Würde, wenn es wahr ist, daß die Zeugung eine ebenso käufliche, ebensowenig unentgeltliche Betätigung ist wie das Vermieten der Geschlechtsteile?). Wenn der Mann bezahlt, dann tut er das auch, um seiner Männlichkeit zu entsagen, um seine Geschlechtslust vom Vorwurf ihrer angeblichen Aktivität reinzuwaschen. Lust zu empfinden, ohne selbst etwas zu tun, in einer Art Katatonie, einzutauchen in ein Nirwana, den süßen Stillstand aller Bewegung genießen – vielleicht sind es auch diese paradiesischen Möglichkeiten, derentwegen der Mann sich vom Arrangement der Prostitution angezogen fühlt.

### Der prostituierte Körper

Für den Freier, der sie bezahlt und ihre Gefügigkeit kauft, ist die Prostituierte also derjenige Körper, der für die kurze Zeit einer

Nummer mobil gemacht, von einer äußeren Macht requiriert, neuen Kräften unterworfen, in den Dienst anderer Ziele gestellt wird. Ihre Gegenleistung besteht im wesentlichen darin, sich den Phantasien eines Mannes zu unterwerfen, sie anstandslos auszuführen (gleich ob es sich um eine rasche Nummer handelt, um ein masochistisches oder skatophiles Ritual, einen voyeuristischen Wunsch, um Gruppensex, um eine Kopulation mit Tieren usw.), sich seinen unerbittlichen Regieanweisungen zu fügen, da der Freier sie dafür entlohnt, daß sie seine erotischen Vorstellungen mit Wesen aus Fleisch und Blut bevölkert, daß sie ohne Widerwillen die Rolle spielt, die ihr zugewiesen wird. Die Prostituierte ist kein Körper, der Lust empfindet, in Wallung gerät, der lacht, aufgewühlt und in Ekstase versetzt wird, der leidet – sie ist ein Körper, der arbeitet, der eine bestimmte Person in einem privaten Theaterstück darstellt, das der Freier geschrieben hat, sie ist ein Körper, der am intimen Theater eines Fremden engagiert worden ist und der aus diesem Grunde die eigenen Eingebungen und Bedürfnisse zum Schweigen zu bringen hat (es sei denn, sie würden verlangt). Sie ist ein Körper, der die völlige Unvereinbarkeit von Lohnabhängigkeit und Perversion belegt, eben weil er einen Beruf ausübt und sich dadurch in Beschlag genommen, in die Phantasiebereiche anderer Körper entführt sieht, die ihn unter Zwang nehmen. Die Prostitution ist eine Beschäftigung unter anderen, und die bürgerliche Gesellschaft bleibt hinter ihren eigenen Axiomen zurück, wenn sie sie im Namen der guten Sitten oder des Jugendschutzes verdammt. Bestätigt doch die käufliche Liebe die Abstraktion der Arbeit als »reine wertschaffende Tätigkeit« (Marx); sie ist nicht unmoralischer als die Tätigkeit des ungelernten Arbeiters, des Bergmanns, des leitenden Angestellten, des Künstlers, des Schriftstellers, der Schreibkraft; sie ist nicht verächtlicher, das heißt nicht weniger abstrakt, richtet sich genauso zynisch am Ergebnis (dem Geld) aus und ist in ihrem Bestreben, es zu erreichen, und in der Wahl ihrer Mittel nicht unbedenklicher. Die Behauptung, daß die Prostituierte arbeitet (und nicht etwa aus »Lasterhaftigkeit« oder »Lust« ihrer Tätigkeit nachgeht – ein alter Hut der jüdisch-christlichen Moral, dem man merkwürdigerweise auch in den Auslassungen manches »Atheisten« wiederbegegnet), läuft auf die Behauptung hinaus, daß sie mehrere Körper hat – oder vielmehr, daß die käufliche

Frau sich vom Mythos des eigenen Körpers lossagt, macht sie ihn doch zu einem Mittel ihres Lebensunterhalts (daher gibt es bei ihr auch alle Erscheinungsformen der Arbeitsunlust: Krankfeiern, Sabotage, Frigidität, Verlotterung, rüde Sprache – lauter Anzeichen einer latenten Auflehnung und manchmal auch eines ausgesprochenen Hasses auf das männliche Geschlecht überhaupt).

Wenn die Nummer nur ein Mittel ist, um Geld zu verdienen, muß dieses Arbeitsleben den prostituierten Körper anästhesieren, muß dieser als Arbeitskraft und totes Kapital, in dem fremde Geschlechtsorgane ihren Samen lassen, allmählich zur gefühllosen, von mechanischer Wiederholung bestimmten Maschine werden. Einer Maschine von wandelbarer Gestalt, die sich bemüht, sich soweit als möglich dem Begehren der Kundschaft anzupassen, um ihm in Muskeln, Lymphe, Schleimhäuten, seidiger Haut und Knochengerüst den Gegenwert der aufgewendeten Summe zu liefern. Das Ritual der Prostitution ist die Verbindung zweier entgegengesetzter Wünsche, des Verlangens nach Lust und des Verlangens nach Bereicherung. Der eine Wunsch macht dem anderen nur gegen Bezahlung Platz, oder vielmehr das Geld als die Verbrüderung von Unverträglichkeiten schreibt den Einklang dieser beiden Mißklänge fest, es besiegelt ihren Vertrag, es tilgt ihre Schulden und sorgt dafür, daß sie quitt sind. Das Versprechen auf Lust genügt allerdings nicht. Die Lohnempfängerin der Liebe muß Schauspielerin sein; nicht weil sie Verzükkung zu simulieren hätte, sondern weil ihr ganzer Wert in Wahrheit in jenem Schein beschlossen liegt, den sie erweckt und um dessentwillen sie sich zu einer pausenlosen Metamorphose gezwungen sieht. Den Blicken auf der Straße bietet sie nur eine Reihe von sichtbaren und übereinander gelagerten Flächen dar – Hintern und Busen werden im allgemeinen hervorgehoben und durch einen fetischistischen Zuschnitt des Körpers unterstrichen. Sie sollen die Wahl der Passanten nachdrücklich beeinflussen. Jeder enthüllte oder hervorgehobene Reiz spielt die Rolle eines »sozialen Indikators«, einer Entscheidungshilfe. Die Prostituierte ist Schauspielerin, insofern ihr Körper, der sich prostituiert, ein anderer Körper ist, eine andere Haut, eine andere Zunge, ein anderer Mund, der andere Worte formt: »Die Vulgarität ist wie Schminke, sie ist eine Möglichkeit, sich zu verteidigen, eine zweite Haut, die schützt (...). Tagsüber bin ich ich selbst, ich mache meine Besorgungen, lebe wie jede andere Frau, und abends bin ich durch und durch Prostituierte – mit ihrem Geld, ihrer Vulgarität, ihrer Haltung, ihrer Gewalt und Auflehnung, ihrer Unfreundlichkeit.«[1]

Doch das Harlekinskleid ist nur ein Mittel, sich gegen die eventuelle Brutalität des Freiers zu verteidigen (und ist diese Vulgarität selber nicht auch ein Spiel, das den Mann erregt?); es gehört ganz und gar zur Theaterkunst der Prostitution, die aus den kümmerlichsten Realitäten die stärksten Phantasmagorien machen, mit minimalen Ursachen maximale Wirkungen erzielen muß. Hier ist die Investition die Wirklichkeit und der Profit der Schein. Das Straßenmädchen setzt keine Maske auf, sie verbirgt nichts, sie bietet dem Freier genau die Nacktheit dar, die er sehen möchte, und fertigt sich daraus die Schale, das Erscheinungsbild, mit dem er sie bekleiden möchte. Daher die äußerste Kalkuliertheit dessen, was gezeigt und was verborgen wird (und was sich niemals ganz mit dem genitalen Körper deckt), daher auch der Archaismus oder barocke Aufwand des Aufzugs: hohe Stiefel, Strumpfhalter oder Strumpfhosen, hautenge Hotpants, Spitzenhöschen mit Klappe vorne und hinten, Mini-BH, übertriebenes Make-up, extravagante Frisur, aber manchmal auch orthopädische Schuhe[2] usw. Alles an der Kleidung der käuflichen Damen hat seinen Sinn, nichts darf dem Zufall oder der Improvisation überlassen bleiben. Daher schließlich auch die enorme Wirklichkeitsferne und Vielgestalt des prostituierten Körpers; es gibt – wenn man so sagen darf – für jede Spezialität, für jede Phantasiegattung einen: Geschöpfe, die aus einem Film von Fellini stammen könnten, mit schweren Brüsten, scharlachrotem Mund, exzessiv gepudert, neben weiblichen Clochards, die zusammengesunken auf einem Mülleimer hocken und ihre Reize für ein paar Pfennige anbieten, grausame Göttinnen mit hartem, verächtlich dreinschauenden Gesicht neben friedlichen Hippiemädchen im gehäkelten Umhang und nach Weihrauch duftend, Amazonen in schwarzem Leder, mit Peitschen und Ketten bewaffnet,

[1] *Une vie de putain,* a. a. O., S. 145.

[2] Sie werden gewählt, weil alle Schlichtheit oder Nachlässigkeit der Kleidung angesichts der Staffage der anderen Frauen eine intensivere Konnotation erhält und nun ihrerseits phantastisch wirkt.

neben großen Damen im langen Abendkleid mit verschleiertem Blick und Mona-Lisa-Lächeln, sorgfältig gekleidete, zarte Bürgerdamen neben Studentinnen mit Brille und halblangem Haar, Sommerfrischlerinnen, halbnackt oder in Shorts, mit einem Dekolleté bis zu den Spitzen der Brüste, neben Arbeiterinnen mit schlichtem Mantel, bescheidenem Make-up und flachen Schuhen, Rock 'n' Roll-Mädchen mit hautengen Jeans, spitzen Stiefeln, schwarzen Lederjacken und kurzen Haaren neben Lolitas mit Zöpfchen, Röckchen, Söckchen und Dauerlutscher – die ganze Schar derer also, die von einer gewissen Ideologie als »anrüchtig« klassifiziert werden, einschließlich der innerhalb dieses Rahmens »guten« Gattung und aller neuen Gattungen, die ständig im Zuge der wechselnden Moden entstehen und denen die Freudenmädchen in Übereinstimmung mit der Geschmacksentwicklung ihrer Kundschaft sich anpassen. Kann also die Prostituierte jede denkbare Frau überhaupt sein, von der schönsten bis zur häßlichsten, so kann kraft einer wunderbaren Umkehrung jede Frau ihrerseits als Prostituierte erscheinen, selbst und vor allem die feinsinnigste, zarteste und körperloseste. Die Grenzen zwischen der Welt der Arbeit und der Welt der Lust, zwischen Wohlanständigkeit und Käuflichkeit, Eleganz und Vulgarität, altmodisch und modisch halten der Vielfalt möglich gewordener Modelle nicht mehr stand. Wenn die Sexbeamtin Mutter, Schwester, Verlobte, Geliebte, Ehefrau und Heilige ebenso sein kann wie Muse, Hexe, Prinzessin, Hausmädchen, große Dame oder Anarchistin, dann deshalb, weil eben die Prostitution durch ihre zunehmende Verallgemeinerung den Verfall aller sozialen Rollen, Leitbilder und klar umrissenen Verhaltensmuster bezeugt.[1]

Die Transmutation des käuflichen Körpers wird daher kein Ende finden, solange er alle Perversionen der Kundschaft hersa-

[1] Will man den Historikern Glauben schenken, so hat sich gleiches bereits im Rom und Venedig des 16. Jahrhunderts zugetragen, vgl. den folgenden Abschnitt aus einem Bericht des venezianischen Senats, der im Jahre 1543 veröffentlicht worden ist: »In unserer Stadt hat sich die Zahl der Prostituierten in so ungwöhnlichem Maße erhöht, und sie zeigen sich unter Verzicht auf allen Anstand und alle Scham öffentlich auf den Straßen, in Kirchen und anderen Orten so wohlgekleidet, daß sich die Patrizierinnen und anderen Frauen unserer Stadt häufig in ihrer Kleidung nicht mehr von ihnen unterscheiden. Nicht nur die Fremden, sondern sogar die Einwohner von Venedig vermögen die Guten nicht mehr von den Schlechten zu unterscheiden, (. . .) was nicht ohne Murren und Ärgernis abgeht« (zitiert bei P. Larivalle, *Vie quotidienne des courtisanes en Italie au temps de la Renaissance,* Paris, Hachette 1975).

gen muß und solange diese Perversionen sich ständig wandeln und modifizieren. Dieser Körper wird stets Derivat sein, weil er *a priori* keinen natürlichen Gebrauch und keine natürliche Bestimmung kennt, ist er doch ganz und gar Produkt der männlichen Phantasie. Mithin kommt er zugleich in Haufen vor und vereinzelt, oder ist vielmehr einzigartig in seiner Allgemeinheit, fügt sich den Wünschen der großen Menge der Kunden (Sterotyp der »Nutte«) wie dem einzigartigen Gefühl einer Besonderheit; ein Körper, der alle Rollen, alle Personen spielt, die der Freier einbringen kann[1], der gleichermaßen von einer Semiotik, einer Kollektivpsychologie und einer wahrhaften Mikrophysik des Details determiniert wird, in denen sich zu gleichen Teilen kodierte, archaische, einer überaus strengen Norm unterworfene Bedürfnisse und durch nichts zu ersetzende Gefühlserlebnisse mischen. Du würdest mich nicht suchen, wenn du mich nicht schon gefunden hättest, aber du findest nicht genau das, was du gesucht hast; im prostituierten Körper gewinnt das Phantasma des Freiers so vollkommene Gestalt, daß es unerreichbar für ihn wird; je mehr der Körper sich den Träumen des Freiers angleicht, um so weniger genügt er dessen Verlangen – als würde das Abbild in seinem Übereifer am Vorbild vorbeischießen oder zumindest dem »Schöpfer« jede Möglichkeit entgleiten, sein »Geschöpf« zu kontrollieren. Und niemals ist die Prostituierte vor ihrem Freier sicherer als in dem Augenblick, da sie sich seinen erotischen Phantasien fügt. Sie gehört ganz ihm – also niemandem.

Aus demselben Grunde ist das Paar, das sie mit dem Freier zusammen bildet, niemals deutlich und klar umrissen, immer ist es mehr oder weniger als ein bloßer Gegensatz, unablässig verändert es die ursprüngliche Dichotomie mittels einer Reihe von kleinen Abweichungen, durch die das Unerwartete einsickert. Jeder Akt, selbst wenn er noch so banal und rasch absolviert wird, bringt Augenblicke mit sich, wo die Rollen verschwimmen, wo die Personen aufhören, »ihren Text herzusagen« (ich hole dir einen runter, du bezahlst und haust ab), wo sie in den unscharfen Bereich der Improvisation geraten. Nicht daß das Selbstgespräch der beiden Parteien dann zum »Dialog« würde, aber es wird

[1] In dieser Hinsicht sind die Psychoanalytiker den Prostituierten sehr ähnlich, wie J.-F. Lyotard mit Recht hervorgehoben hat *(Economie libidinale,* a. a. O., S. 222).

vielleicht unterbrochen. Ein bißchen Unerwartetes fließt (in welcher Form auch immer) in das so überaus festgelegte Zeremoniell ein.

Die Maxime aller Prostitution heißt: »Leih mir den Teil deines Körpers, der mir ein Bedürfnis befriedigen kann, und genieße, wenn es dir gefällt, den Teil des meinen, der dir Annehmlichkeiten bereiten kann« (Sade). Doch Sade erklärt auch ganz deutlich (und wir tun so, als hörten wir es nicht), daß die Lust des einen niemals mit der des anderen zusammenfällt und daß die Frau, wenn der Mann sich seine Lust verschafft, wie er es möchte, kalten Sinnes bleibt (oder höchstens einige Krümel abbekommt), solange kein Wunder geschieht. In der Prostitution setzt der Mann folglich zweierlei durch: die Vorherrschaft seines Geschlechtsapparates und die Frigidität der Frau; was sich auch umgekehrt ausdrücken läßt: die Frau ist immer dann zur Frigidität verurteilt, wenn der Mann in ihr nur das umgekehrte Abbild seiner eigenen Sexualökonomie sehen will und wenn er an die Vorstellung glauben kann, er sei der einzige Besitzer dessen, was es an Geschlechtlichkeit im Menschen gibt. Der Körper der Prostituierten wird nicht nur in Geld einbalsamiert, sondern auch als weiblich nur erkannt, um besser geleugnet werden zu können (der Frau einen Penisneid zu unterstellen, bedeutet immer nur, diese Situation ökonomischer Abgeltung zu rationalisieren). Als Söldnerin der Liebe ist das Straßenmädchen für die Dauer einer Viertelstunde gezwungen, ihrem Freier zu gleichen; doch diese Gleichheit gründet sich auf Unterschlagung; die Frau bezahlt sie mit einer Unterdrückung ihres eigenen sexuellen Rhythmus. Das Geld ist mithin die Entschädigung, die Wiedergutmachung für das, was der Frau verweigert wird. Auf Grund einer Art Homosexualität oder eroberungslüsterner Eingeschlechtlichkeit wird der Unterschied der Geschlechter in dem Geschlecht geleugnet, das vom eigenen verschieden ist – das ist der Freierakt in Reinkultur (doch vergessen wir nicht, daß der Freier dafür bezahlt und daß er durch diese Geste seine Leugnung lächerlich macht und aufhebt; insofern ist die Prostituierte – zumindest wenn sie »frei« ist – immer noch besser dran als die klassische Ehefrau). Sobald eine Frau bloßes »Lustobjekt« für einen Dritten wird, rückt sie in die Position der Prostituierten – wenn es wahr ist, daß Prostitution tatsächlich dieses Szenarium fehlender

Reziprozität, dieses Theater ist, bei dem der eine der beiden seine Lust nicht haben kann und nicht haben will, damit der andere seinen Abgang um so rascher hat (im doppelten Sinne des Wortes: damit er um so rascher ejakuliert und so schnell wie möglich verschwindet).

Der Prostitutionsvertrag: Er schließt die immer möglichen bösen Überraschungen aus (eine unvorhergesehene Preiserhöhung in dem Augenblick, da man sich zum Akt anschickt, ein nicht abgesprochenes Manöver, eine überhöhte Forderung) und zugleich die unbegrenzte Fortdauer des sogenannten normalen Verkehrs (das Abkommen gilt nur für eine genau festgelegte Zeit, nach deren Ablauf die Körper sich wieder trennen – es sei denn, eine neue Zahlung verlängert den Vertrag). Doch der Grundvertrag ist vor allem die Basis einer weit wichtigeren Verhandlung: Wenn er gleich zu Beginn eine Äquivalenz zwischen einer kleinen Summe und einem kleinen Bereich des Körpers festsetzt (es spielt keine Rolle, um welchen es sich dabei handelt), eine Art offiziellen Festpreis, der nach den Indexziffern von Konjunktur, Inflation, Arbeitslosigkeit und Krisenerwartung bestimmt wird und je nach sozialer Schicht, Alter, Rasse und Wohnviertel anders ausfällt, dann deshalb, weil durch ihn die Ableitung einer Vielfalt von Unterverträgen erleichtert wird, die weitergehende Leistungen regeln und den Kern der Behandlung konstituieren. Das Geld teilt den Körper der Frau auf: sie ist von Kopf bis Fuß eine einzige Liegenschaft, die der Freier Stück um Stück erwerben muß und die Gegenstand eines hartnäckigen und verbissenen Handels ist. Das macht für den Kenner der Straßenmädchen den eigentlichen Reiz aus: die Gewißheit einer Vielfalt von Zusatzverträgen, die die Einzelheiten festlegen (beispielsweise vollständige Nacktheit, Fellatio, Cunnilingus, Analverkehr, Sodomie usw.). Das kühle Geschäft mit der Sinnlichkeit stellt die originäre Rangordnung der Ziele auf den Kopf: von Anfang an gibt die »Arbeiterin« der Kernforderung nach (wozu andere Frauen gewöhnlich erst nach einem gewissen Zeitraum bereit sind); für den Freier geht es nun darum, zusätzliche Leistungen, überflüssiges Beiwerk durchzusetzen, dieses oder jenes Privileg zu ergattern, ohne daß der anfangs vereinbarte Preis sich erhöht (oder sich zumindest nicht verdoppelt). An diesem Handel beteiligt sich die Prostituierte mit verlockenden Vorschlägen, die dem

Wunsch entspringen, jedes Detail rentabel zu machen, wobei nicht nur jedes Glied, sondern auch die kleinste Bewegung, die winzigste Anstrengung, die sie ihrer Ruhe entreißt, einen Tauschwert darstellt, also sich in klingende Münze verwandelt. Höchstes Verbot bleibt selbstverständlich der Kuß auf den Mund (wobei jene Freier einen Grenzfall darstellen, die die Prostituierte nicht zum normalen Geschlechtsverkehr, sondern zu all jenen sekundären Investitionen benutzen, die ihnen ihre finanzielle Situation erlaubt).

In alledem offenbart sich die Umkehrung der geläufigen sexuellen Situation: das Geschlecht ist das trivialste, das wertloseste, der Mund das erregendste, das verbotenste Organ. Die »Huren« sind also nicht diejenigen Frauen, die sich mit jedem abgeben. Umgekehrt wird ein Schuh daraus: die Straßenmädchen geben sich niemandem hin, sie sind die reserviertesten Menschen, die man sich vorstellen kann, so bereitwillig sie sich dem ersten besten öffnen, so unzugänglich sind sie. Das Phantasma des Kunden ist der ganze Körper, versammelt ums Allerheiligste des Genitals, er möchte soviel Körper wie möglich, einschließlich des Kopfes, des Herzens, der Eingeweide; doch er »bekommt« diese Totalität nur stückweise, um jede neue Zone muß er hartnäckig feilschen. Die Prostitution ist das Trugbild einer Schenkung, ein Angebot, das sich verflüchtigt, die Verfügbarkeit eines Nichts. Ihren besonderen Zauber macht aus, daß sie den Körper mit anderen Akzenten versieht, daß sie all seine nicht-genitalen Teile mit Verboten belegt und gerade damit die unzähmbare Lust des Freiers auf sie zieht. Die Nutte kann, *darf* sich im Bett nicht wie andere Frauen verhalten, wenn sie nicht die Faszination, die sie auf die Männer ausübt, in sich zusammenfallen sehen will; sie entfernt sich soweit wie möglich, um das Verlangen nach ihrer (unmöglichen) Nähe anzustacheln (und zu verkaufen). Man weiß, was der Freier von ihr erwartet: eine erhabene Gefühllosigkeit, eine Kälte, die selbst dem Geld widersteht, und sich sogar durch raffinierteste Techniken nicht vertreiben läßt. Doch diese Forderung verkehrt sich sofort in ihr Gegenteil: denn während der Mann eine anästhesierte, keiner Empfindung zugängliche Vagina verlangt, träumt er verzweifelt davon, die Prostituierte in Wallung zu bringen, sie die Lust zu lehren, von ihr schließlich als Partner anerkannt zu werden (ein Traum, auf den sie manchmal eingeht, indem sie simuliert). Dieser Wunsch des Mannes verträgt sich durchaus mit dem, was er im Stundenhotel sucht, nämlich mit einem seiner Geschlechtlichkeit entkleideten Körper, da die Lust der Prostituierten, sofern diese eine empfände, selbst nur ein Abbild der Ejakulationslust des Mannes wäre. Wenn der Freier gleichermaßen als beliebiger Teil des männlichen Geschlechts und als dessen Repräsentant auf der Bühne der Prostituion zur Nutte geht, dann tut er das, wie wir sagten, um die weibliche Lust zu bannen. Aus diesem Grunde steht der Wunsch nach dem Orgasmus der Prostituierten nie im Vordergrund; er ist höchstens als zusätzliche Vergünstigung gefragt. Der Freier nimmt die Lust der Frau gern mit, aber sie muß umsonst sein, darf keine Anstrengung und keine besonderen Rücksichten erfordern; entweder fungiert sie dann als Schrittmacher seiner eigenen Erregung (er kann sich dann sagen, daß nur er diesen Körper in Wallung zu bringen vermochte, an dem sich Legionen von Pimmeln vergebens versucht haben); oder er hat von Nutten die lächerliche Vorstellung, sie seien so lasziv, erfahren und durchtrieben, daß ihre Lust fast von allein käme, ohne daß man sich um sie zu bemühen bräuchte. Der Freier geht mit der Frau nicht aufs Zimmer, um sie in eine erotische Ekstase zu versetzen (wenn er sie durch oral-genitale Kontakte erregen will, muß er das extra bezahlen), sondern damit das vergnügte Hürchen ihn die weibliche Arglist im allgeinen vergessen macht.[1] Und wenn der Zufall es will, daß die Frau sich gehenläßt, beschränkt sich ihre Verzückung auf die paar Minuten der Vertragsdauer, stellt also nichts in Frage.

Der Arbeitskörper der Prostituierten (wobei sich versteht, daß es keinen Naturzustand des Körpers gibt) ist ein nach männlichen Mustern zurechtgestutzter, geformter und aufgeteilter Körper; in seiner Gesamtheit ist er nicht mehr als ein bloßes Anhängsel des Gefäßes, in dem die Schwänze der Freier ihr hastiges Werk verrichten, aufgeblasen und sabbernd. Auch das Geschlecht der Prostituierten ist lediglich Öffnung: ein Hohlraum ohne Geruch (die Geschlechtsteile einer Nutte riechen nur nach Seife oder Deodorant), weder trocken noch feucht (um den Penis einzufüh-

[1] In diesem Zusammenhang sei angemerkt, daß in allen Ländern, in denen die Selbständigkeit der Frauen wächst, das Geschäft der Prostitution blüht. Als ob jeder Schritt zu mehr Unabhängigkeit der Frau sich auf der Stelle in einer Regression des Mannes äußern müsse.

ren, befeuchtet sie ihre Vulva mit Speichel), weder geschlossen noch offen, weder innen noch außen, zugänglich und doch undurchdringlich. Körper ohne Fleisch, ohne Überraschungen, ohne Wallungen, ohne Makel und ohne einen anderen Duft als den einer peinlich genauen Berufshygiene, die Unpersönlichkeit einer Maschine, von der es allenfalls heißt: das funktioniert, das klappt, das läuft, das rentiert sich.

Zwar begibt sich die Prostituierte auch auf die Reise, doch ist dies eine Reise auf der Stelle, eine Reise im Kreis, in nichts gleicht sie der des Odysseus. Ihre Metamorphosen richten sich nach den Forderungen jedes einzelnen Freiers, aber sie ist keine dieser Inkarnationen, sie interpretiert sie bloß, spielt sie und überfliegt sie alle. Sie ist wie die Null beim Roulette: sie gewinnt immer, weil sie bloße Verfügbarkeit ist, die alles darstellen kann. Es wäre naiv, wollte man in der Prostituierten ein kollektivistisches Prinzip, die Vereinigung großer Massen, den Zusammenfluß weiter Bereiche sehen. In ihr vereinigt sich nichts, begegnet sich nichts, mündet nichts. Sie dekliniert immer denselben Körper, hat nie mit etwas anderem zu tun als mit der ewigen, endlosen Liturgie der Pimmelentleerung. Tausend Männer zwischen ihren Beinen sind wie einer, alle, die zu ihr kommen, haben das gleiche Gesicht oder vielmehr das gleiche Nicht-Gesicht, die anonyme Unschärfe des männlichen Teils der Gattung. Indem der Freier die Frau auf ihren Unterleib festschreibt, schreibt er sich selbst auf diese Zonen fest, verurteilt er sich dazu, lediglich als Penisträger und sonst nichts wahrgenommen zu werden. Statt eine »vollständige« Frau zu sein, ist die Nutte nur ein kleines Stückchen Haut, Ergebnis einer Zerstückelung, die ihr Sein auf ein paar Organe, einige Öffnungen eingegrenzt und all jene Teile ausgeschlossen hat, die das Verlangen des Freiers, der selbst nur beseelter, nach dem Verströmen sich sehnender Schwanz ist, nicht befriedigen und interessieren können. Ohne Zweifel könnte die Arbeiterin der Liebe sich wie manche Masochisten auf ihrem Bauch die Worte eintätowieren lassen: »Zum Stelldichein der schönen Schwänze«. Sie könnte sich auch mit einem Pfeil, der nach oben zeigt, auf die Innenseite der Schenkel schreiben: »Eingang für schöne Schwengel«. Mag ihr die Schönheit oder Armseligkeit des Objekts auch völlig schnuppe sein, so bleibt doch eines: ihr Uterus ist Treffpunkt aller möglichen Penisse, die sich dort suchen, als Negativform begehren und sich entladen. Ein Haus der Begegnung, das heißt im eigentlichen Sinne des Wortes ein Ort, der unempfindlich für das ist, was sich in seinen Mauern zuträgt, den die kleinen Zwischenfälle, Schauer, Freuden, Dramen, die in dem von ihm abgegrenzten Bereich stattfinden, unberührt lassen, vorausgesetzt der Mietvertrag wird eingehalten. Die Gleichgültigkeit der Prostituierten gegenüber der genitalen Sexualität läßt sich gar nicht erschöpfend darstellen: das kleine organische Theaterspiel, das Aufflammen und rasche Abschwellen der erogenen Zonen bedeutet für sie lediglich Arbeit (daher das schreckliche Bekenntnis, das bei fast allen wiederkehrt: wenn sie mit ihrem »Liebhaber« ins Bett gehen, haben sie das Gefühl, umsonst zu arbeiten). Wie man von der Verkäuferin nicht verlangen kann, die Schuhe zu lieben, die sie verkauft, ebensowenig wie vom angelernten Arbeiter, die Muttern zu lieben, die er den ganzen Tag lang festschraubt, so kann man auch von diesen Orgasmusproletarierinnen nicht verlangen, etwas für die sexuelle Ware übrig zu haben, die ihnen vor allem dann ihren Lebensunterhalt sichert, wenn sie ihnen persönlich nichts bedeutet: »Und dann die Freier, meistens finde ich sie zum Lachen. Wenn ich nicht Schiß hätte, würde ich eher vor Lachen explodieren.«[1] Vollkommen von etwas in Anspruch genommen, das sich außerhalb ihrer vollzieht, ist die Nutte ganz Kopf im doppelten Sinne des Wortes: Nicht nur weil sie, während sie einen bläst oder einen herunterholt, ständig rechnet, die Uhr im Auge behält, zusammenzählt, auf die Quantität hofft (mehr Geld, mehr Pimmel pro Stunde, mehr rasche Ejakulationen, immer mehr), sondern auch weil die ständige Beschlagnahmung ihrer Vagina dazu führt, daß ihre Empfindungen sich verlagern, daß die oberen Regionen ihres Körpers sensibilisiert werden: »Etwas behalte ich mir vor: alles, was oberhalb der Schultern ist. Darüber gibt es keine Diskussion, da darf keiner ran.«[2] Die Prostituierte verlegt die Intimsphäre ihres Körpers vom Geschlecht zum Herzen (daraus erklärt sich vielleicht ihre Neigung zur Sentimentalität . . .), vom Unterleib zum Gesicht und zum Mund – so behält sie sich immer ein Stück ihres Körpers vor, einen Teil, der nicht Gegenstand des Tauschhandels, nicht Ware

[1] *Une vie de putain,* a. a. O., S. 74.

[2] a. a. O., S. 139.

werden kann, weil er unbezahlbar ist. Doch auch die Preisgabe des Geschlechts bleibt – wenn man so sagen darf – Lippenbekenntnis. Wenn der flüchtige Koitus des Freiers für sie nicht mehr Bedeutung gewinnt als der anonyme Händedruck eines Unbekannten, dann vor allem deshalb, weil sie die Höhlung ihrer Vagina oder ihres Anus zum Loch hat werden lassen, zu einem unempfindlichen Durchgangsort, dem alle eigenen Funktionen und Eigenschaften aberkannt worden sind. Ihre »Genital« gibt sie kaum, nur widerwillig preis. Denn die Nummer ist nicht nur flüchtig, ephemere Verbindung eines Mannes ohne Kopf mit einer geköpften Frau, sondern in gewissem Sinne fehlt dort auch alles, das Gesicht, die Eingeweide, die Arme ebenso wie das Geschlecht; zwar findet das alles sich zusammen, verschränkt sich, doch alles auf denkbar sparsame Weise, gewissermaßen entkörperlicht, oder besser: sich auf ein Minimum an Körperlichkeit beschränkend. Kontakt zweier Häute ohne weitere Metamorphose als die dürftige und mechanische Freisetzung von Sperma; eher ein Reiben der Körper aneinander als eine Vereinigung oder Auflösung, nichts ereignet sich, abgesehen von dem, was man »Intimverkehr« nennt (die juristische Übersetzung sexuellen Tuns). Auch ist die Frau niemals nackt[1], im Hotelzimmer so wenig entkleidet wie auf der Straße bekleidet, immer befinden sich ihre Kleider in einem nicht näher zu bestimmenden Zustand der Unordnung, der die Grenzen der Schicklichkeit so weit wahrt, daß sie sich auf die Straße wagen kann, der sie andererseits aber auch so weit entblößt, um alle Beischlafpositionen zu ermöglichen. Die Prostituierte hat dem Freier gegenüber nie das Empfinden, nackt zu sein, weil die Nacktheit, die von ihr verlangt wird (eine negative Nacktheit, die einfach Befreiung von Kleidung ist), lediglich eine Arbeitsbekleidung darstellt wie der Overall des Fabrikarbeiters oder die Uniform des Feuerwehrmannes. Noch preisgegeben, ohne Höschen und Büstenhalter, in die obszönsten Stellungen gebracht, bleibt dieser Körper völlig bekleidet, in eine undurchdringliche Haut gehüllt, vermittelt. Stets sondert der Freier seinen Samen in Stoffe, in Gewebe ab

[1] Wenn man unter Nacktheit einen Zustand versteht, der eine sinnliche Aufwallung verursacht, so ist das ein historisch relativ junges Phänomen. Noch vor zwei Jahrhunderten war die Nacktheit sehr viel häufiger und durchaus nicht Synonym für sexuellen Reiz (vgl. Jos van Ussel, a. a. O.).

(und nicht in Fleisch); für ihn ist die wahre Haut anderswo, er erlebt seine Lust in einem Körperersatz, in einem maskierten Körper (doch woher wissen wir, ob ihn nicht gerade diese Imitation in Verzückung setzt?). Denn unter den fünf möglichen Formen der Nacktheit – der anatomischen (der des Leichnams), der narzißtischen (der des Striptease), der fotografischen (der des Mannequins), der glühenden (der des liebenden Körpers), der professionellen (der der Kurtisane) – ist die der Prostituierten zugleich die traurigste (die zum Unterhalt unumgängliche) und die unbestimmbarste: zu bereitwillig, um Aufruhr zu verursachen, aber doch nahe genug, um zu beunruhigen, lebendig und tot zugleich. Zweifellos ambivalent, aber nie genug, um gemeinsame Verzückung zu ermöglichen; ein unsichtbarer Film beschützt die Prostituierte vor der Ansteckung durch das Verlangen des Freiers; die Gefühle springen nicht über von einem Körper auf den anderen.

**Die Nummer**

Die Orte der käuflichen Liebe sind von ihrem sozialen Umfeld heute durch eine doppelte Distanz geschieden. Zunächst von der Welt der Außenstehenden durch die Distanz der Straße (die Abgrenzung eines »schlimmen« Viertels in der Stadt); und in der Straße selbst durch den Standort jeder Frau auf einem bestimmten Abschnitt des Gehsteigs, die Festlegung kleiner Privatterritorien, wo der Prostituiertenkörper sich einerseits schützt und einigelt und andererweits wie eine Lustparkuhr dem Freierbegehren auflauert. Dann gegenüber den anderen Freiern durch die Distanz des Hotels, das seinerseits Verbindungen zur Straße hat (als ob sie in jedem seiner Zimmer ihre Fortsetzung fände, als ob innen und außen austauschbar wären, auf daß der öffentliche Charakter der besoldeten Liebe deutlicher zum Vorschein komme). Es folgt der Aufstieg über die Treppe in die oberen Stockwerke (nicht zu vergessen das Handtuch, das einem ausgehändigt wird und das an Krankenhaus und Duschbäder erinnert – wer sich besudelt, muß sich anschließend reinigen, stets gegenwärtig ist die Drohung der Gonokokken und der blaßblauen Treponemen), das Einschließen ins Zimmer und die Zelebration des Opfers – nun, da die Außenwelt nicht mehr vorhanden ist und die Priester der kultischen Handlung (im Prinzip) indiskreten Blicken entzogen sind. So erscheint die Nummer als der pseudoparadiesische Augenblick eines von der Geschichte befreiten Zustandes, das heißt nicht nur befreit vom Unterschied der Geschlechter, sondern auch von allen Gesetzen, allen gesellschaftlichen Kontrollen, einschließlich jener inneren, die Verantwortung heißt. Deshalb ist diesen makellosen Liebeserlebnissen nur eine gewisse Zeit beschieden. Die Erregung nur eines der Partner läßt sich nämlich nicht unendlich am Leben erhalten, diese Onanie zu zweit (wo man den anderen bezahlt, damit er einen mastubiert, damit man der tristen Einsamkeit der Masturbation entkommt) hat keine Dauer und findet unmittelbar nach dem Genuß ein Ende. Die Prostitutionsszene ist der Ort, wo jene Partialtriebe ihren Ausdruck finden, die ansonsten – die einen mehr, die anderen weniger – gesellschaftlich geächtet werden. Doch bringt die Prostitution diese »anomal« genannten Triebmanifestationen nur zum Vorschein, um sie besser neutralisieren zu können. Sie beschwört sie im doppelten Sinne, sie ruft sie an und vertreibt sie, sie weckt sie, ohne sie wachzuhalten, sie stachelt sie an, um sie hinter den Steinmauern in der Privatsphäre des Einzelzimmers zu kanalisieren. Die Liebe wird dort konkret vollzogen, aber »allein« und unter dem Diktat einer Uhr, unter dem unbarmherzigen Gesetz der für diese Arbeit festgesetzten Zeit. Entspricht die Prostitution nicht vor allem diesem Bedürfnis nach Abgeschiedenheit, dieser Lust am Versteck?

Eine Vagina, die dem Penis lediglich Hülle ist, eine Frau, die nur der autoerotischen Ökonomie des Mannes dient, ein Geschlechtsakt, der nur Onanie zu zweit ist – auf diese dreifache Gleichung läuft die durch die Prostitution geschaffene Beziehung hinaus. Sie stellt eine einzigartige Übereinstimmung zwischen den monetären Mechanismen und der männlichen Sexualität her. Einerseits eine arithmetische Erotik mit der Ejakulation als Grundeinheit, andererseits eine Rechenordnung mit abstrakten Größen, beider Vereinigung in vollkommenster Symmetrie, als sei die eine für die andere erfunden (und der Orgasmus des Mannes übernimmt seinerseits in der »normal« genannten Kopulation die Rolle des Wechselgeldes – deine Lust gegen die meine –, woraus sich der Umstand erklärt, daß die Sexologen seiner

»wissenschaftlichen« Definition so viel Bedeutung beimessen: der Orgasmus ist der Maßstab der fleischlichen Vereinigung, ihre Zentrierung, die Orientierungskarte, die sie daran hindert, auf Abwege zu geraten). Die Prostitution lädt also nicht zu obszönen Abenteuern ein, sondern zum tristen Eintopf männlicher Lust. Ständig hindert sie den Mann daran, jenes Übermaß zu empfinden, das sich für ihn in der fabelhaften Fortdauer weiblicher Lust ausdrückt. Merkmal der Nummer ist der Umstand, daß nichts passiert, daß nichts geschehen kann, was angesichts der Körper, die sich dort ergießen, und angesichts der Triebe, die dort zu Geld gemacht werden, nicht zu erwarten wäre. Sehen wir uns die Prostituierte an! Aufrecht geht sie die Straße entlang, spricht die Passanten an, umgarnt sie mit dem Versprechen unerhörter Lüste. Doch sobald sich die Zimmertür geschlossen hat, sehen wir sie vornübergebeugt, zurückgelehnt, in den abenteuerlichsten Verrenkungen, in der Hocke, auf den Knien, auf allen vieren, mit nichts anderem beschäftigt, als den Freier zu bedienen oder sich von ihm bedienen zu lassen; sie schlägt oder wird geschlagen, bläst, wird geblasen, leckt, wird geleckt, spießt auf, läßt sich aufspießen; sie entleert ihren Darminhalt auf das beseligte Gesicht eines Freiers, fängt das »Geschäft« eines anderen mit ihren Händen auf . . . Kurzum, an allen Enden macht man sich an ihr zu schaffen, in alle Richtungen zerrt man an ihr, jede ihrer Körperöffnungen wird in Anspruch genommen. Und doch darf man in diese »abstoßenden« Stellungen, in diese Funktionsvielfalt der Organe, dank derer der Anus ebenso an die Stelle der Vagina treten kann wie die Hand, die Zunge oder der Mund, keine Pornographie, keine Raserei oder Schamlosigkeit hineinlesen. Es handelt sich einfach um Arbeitshaltungen wie beim Arbeiter, der sich über seine Drehbank beugt, wie beim Priester, der die Gläubigen segnet, wie beim Minister, der seine Rede hält, wie beim Polizisten, der eine Demonstration zerstreut, wie bei der Sekretärin, die auf der Maschine tippt. Denn während der Freier sich erhitzt, seine kleine Lust verzögert oder verschönt, zu plappern beginnt und spürt, wie ihm das Blut in den Schläfen zu schlagen beginnt, erwartet die Frau das Ende des Vertrags, denkt nicht im entferntesten an Liebe, sondern an Arbeit, und garantiert so im Interesse des Mannes, daß die bezahlte Beziehung nicht auf Gegenseitigkeit beruht. Sie bemüht sich, zugleich offen und der mindesten Berührung unzugänglich zu sein, zur Hand und unabhängig, lasziv und keusch, liebevoll und frigid zu sein. So macht sie sich ihre besondere Situation zunutze, die ihr gestattet, jeder wirklichen Verpflichtung aus dem Wege zu gehen, eben weil sie nur dadurch in der Lage ist, alle Rollen zu übernehmen, alle denkbaren Gefälligkeiten zu erweisen, die ihr vom Hauptdarsteller des Stücks abverlangt werden. Sie ist eine Pimmelproletarierin, Hennecke-Arbeiterin des Spermas (wieviel Milliarden von Spermatozoiden lockt sie Tag für Tag aus den Klüten dieser Herren hervor), doch in einem sehr eigenen Rahmen, der die Einförmigkeit der Handreichungen mit den vielfältigsten Funktionen verbindet, die Gefühllosigkeit mit der Entfesselung, die Unberechenbarkeit der Triebe mit der Kommensurabilität des Geldes.

Der typische Ideologe der Prostitution ist nicht Sade oder Fourier, sondern Bentham, nicht der Wortführer der Leidenschaften, sondern der aufmerksame Wächter des Utilitarismus (statt Bentham könnte man ebensogut irgendeinen beliebigen Wirtschaftsberater der Regierung nehmen). Die weibliche Prostituierte hat den Vorteil, ein einfaches, gut sichtbares Material zu bearbeiten – die männliche Sexualität.[1] Eine rationelle und überschaubare Sexualität, in jeder Hinsicht äußerlich und zweckgebunden, die auf dem vorgezeichneten Weg zum Samenausstoß keinen Schatten und keinen Schlupfwinkel bietet (gewiß wäre die Prostitution nicht so rentabel, gäbe es nicht diese vorgeordnete Reduktion der männlichen Erotik auf das Phänomen der Ejakulation, das den doppelten Vorteil bietet, einerseits den Zufall auszuschließen und andererseits raumzeitliche Normen aufzustellen). Woraus das erste Axiom käuflicher Liebe folgt: alles muß im Dienste eines sichtbaren Ergebnisses stehen, in diesem zusammenlaufen, nichts darf umsonst sein, die Freundlichkeit so wenig wie die Gefälligkeit, die Geschicklichkeit, die Schönheit (wenn sie vorhanden ist), die Bräune, die Erregbarkeit, die Kleidung, die Frisur oder die Schminke des käuflichen Körpers. Jedes Wort, jedes Lächeln, jede Bewegung, die mindeste Zuk-

[1] Wäre eine Prostitution für Frauen (bei der die Frauen die Kundschaft abgeben würden) anders als äußerst aufwendig denkbar? Wie soll man die weibliche Lust berechnen, wie sie in kleine Teilbeträge zerlegen, um sie messen zu können? Kein Zufall, daß die Prostitution heute ihre einzige nennenswerte Kundschaft unter Männern findet – das gilt für männliche Prostituierte wie für weibliche und Transvestiten.

kung, Emotion, Biegung, die Lust sogar bedeuten eine Ausgabe. Und jede Ausgabe muß produktiv sein. Die Prostituierte verschenkt in der Liebe keine Zeit (und keine Mühe). Deswegen muß sie pausenlos auf Kundenfang gehen, immer neue Freier aufreißen. Das Grundprinzip der Prostitution besagt: Alles muß mehrfach benutzt werden, jede Vagina zahlreiche Funktionen auf sich vereinigen, jeder Körper zum Multiplikator werden. Die Wiederholung schafft die Voraussetzung für ihr eigenes Zustandekommen. Beachtlich das Vervielfältigungsvermögen, das die Maschinerie Prostitution unter Beweis stellt: auf ein Minimum an Straßenmädchen kommt ein Maximum an Freiern, ein erdrükkender Schein verhüllt eine kümmerliche Wirklichkeit.

Zuallererst ist das Hotelzimmer eine Bühne, auf der die Prostituierte alle Viertelstunde vor einem jeweils anderen Schauspieler-Zuschauer immer die gleiche Rolle spielt, wobei sie zu allen Hilfsmitteln der Theaterkunst ihre Zuflucht nimmt. Ihre Wirklichkeit heißt: durch möglichst wenig Umstände zu höchstem Profit zu kommen. Der Mann muß sich den Imperativen ihrer Arbeit fügen, muß in sie eindringen, ohne ihr die Frisur, ohne das Bettzeug durcheinanderzubringen, ohne ihr ein Mittun abzuverlangen, das sie ihm nicht bieten kann; kaum hat er entladen, oder noch während er entlädt, muß er sich schon zurückziehen, wobei er darauf zu achten hat, daß er mit seinem tropfenden Schwanz keine Flecken auf die Bezüge macht, muß er aufstehen und sich anziehen, und wenn er kaum bei der Unterhose angelangt ist, hat die Frau das Zimmer schon verlassen (ist er besonders langsam, dann ist sie mit dem nächsten Freier schon zur Stelle, während er sich noch die Socken anzieht). Denn das Liebeslokal ist nicht nur Zuschauerraum, sondern auch Werkstatt, wo die Frau die drei Rollen von Vorarbeiter, Arbeiter und Maschine gleichzeitig spielt, während der Freier das Werkstück ist. Dabei wird die Straße zum Planungsbüro, zur Marketingabteilung. Das Straßenmädchen bemüht sich, die Ungewißheit, die durch ihren eigenen Körper ins Spiel gebracht wird, dadurch auszugleichen, daß sie die Kunden entsprechend kühner und überzeugender anwirbt (beispielsweise kann sie sich im Moment des Ansprechens zu einem leichten Preisnachlaß bereit erklären, um dann in dem Moment, wenn der Geschlechtsakt in Angriff genommen werden soll, wieder den normalen Preis zu verlangen). Der Gehsteig ist also das einzige Risiko des Metiers, ihm fällt die Rolle zu, wie in der Industrie die Unwägbarkeiten der Absatzzahlen, der Nachfrage und des Marktes spielen. Die Prostituierte muß aus dem Freierkörper soviel wie möglich herausholen: soviel Geld wie möglich aus seinem Portemonnaie, soviel Samen wie möglich aus seinen Eiern. Damit befaßt, aus dem Liebesabfall Kapital zu schlagen (man weiß um die Bedeutung der Verschwendung für die kapitalistische Wirtschaftsordnung), besteuert sie den unproduktiven Verlust, den die Absonderung des Spermas darstellt. Und weil dort jede Sache im Dienst einer anderen steht, erlegt sich die Prostituierte Enthaltsamkeit auf, während sie den schüchternen Ausschweifungen des Freiers Vorschub leistet, geht sparsam mit ihren Gesten um, berechnet sie sorgfältig, wacht darüber, daß keine Störung und keine Schwäche die Erfüllung des Vertrags bedrohen. Die Nummer ist im Grunde die kommerzielle Erscheinungsform des Schicksals.

Das Hotelzimmer ist der Ort aberwitzigster Koexistenzen: die Schöne erscheint dort neben dem Buckligen und dem Krüppel, neben dem Fettsack und Säufer. Sobald er bezahlt hat, ist jeder kompatibel mit dem Körper, der sich ihm anbietet (es sei denn, daß dieser Körper selbst häßlich, fett oder unförmig ist und das unschätzbare Erlebnis seines verstohlenen Besitzes den Freier deshalb nicht bewegen kann, viel dafür auszugeben). Jeder Mangel des ästhetischen Erscheinungsbildes oder gesellschaftlichen Anstands wird hier korrigiert und ausgelöscht. Kein Unterschied bleibt bestehen. Nur die nivellierende Beziehung zwischen einer Nachfrage und einem Angebot. So ist das Nuttenzimmer die beste aller möglichen Welten, der utopische Ort, wo alle Diskriminierung aufgehoben ist und wo die Getrenntheit der Lüste und die Rivalität der Einzelwesen durch monetäre Gleichschaltung ersetzt wird. Das Geld läßt Greise jung, Junge alt, Gebrechliche wieder elastisch werden, es behebt Schönheitsfehler, glättet Runzeln – kurzum: es demokratisiert die menschlichen Beziehungen, schafft die individuellen Unterschiede ab, ist der überall gültige Paß. Unter den Auspizien der Lust sorgt es dafür, daß jeder vergleichbar wird mit dem Geschöpf, das sich verkauft. Dank seiner gibt es keinen Freier, der nicht für eine Viertelstunde zum ästhetischen, erotischen, ökologischen Äquivalent der Frau würde, die er kauft. Zwischen der Prostituierten und ihrem

Komplizen besteht nur die Analogie jener Banknoten, die auf der Tischkante deponiert werden. Die öde Wertgleichheit des Geldes hat alle Ungewißheit verbannt, hat die fröhlichen Umtriebe sexueller Verführungskünste erstickt, hat jedes Abenteuer der Anziehung zwischen Körpern (das ja auch nicht unbedingt Freiheit bedeutet . . .) zunichte gemacht. Die Prostituierte ist ein polyvalenter Organismus, dem kein Verlangen fremd ist (das heißt: der keinerlei eigenes Verlangen kennt). Von Berufs wegen gehindert, eigene Wünsche zu äußern, sieht sie in dem Mann, mit dem sie es jeweils zu tun bekommt, kein Individuum; der Freier, der sie auf der Straße anspricht, ist für sie keine neue Person, sondern der gleiche wie der, den sie soeben erleichtert hat. Man vereinnahmt sie für eine rein instrumentale Funktion – also erblickt sie im Freier nichts als ein Mittel zur Bereicherung. Bei der Nummer stellt sich die Frage nach der persönlichen Identität der Partner nicht: Personen und Klassen verschwimmen, der Junge ist wie der Alte, der Fette ist wie der Dünne, der Verbrauchte ist wie der Leidenschaftliche. Nebeneinandergestellt sind alle Männer lediglich Duplikate ihrer selbst, die unter ein und dieselbe Gattungsbezeichnung subsumiert werden: unter die des Freiers. Letztlich ist immer nur eins von Bedeutung: daß Sperma abgeht und Geld dableibt, daß die Banknoten als Erinnerung an all die kleinen Lusterlebnisse fungieren, die den Freierkörpern entlockt worden sind.

Was erwartet also der Freier von der Prostitution? Die Äquivalenz, das heißt eine vom Auge diktierte Beziehung, ein reduziertes, narzißtisches Tête-à-tête. Der Mann sucht nicht den Körper einer Frau, sondern an ihr die Merkmale seines eigenen Körpers, das Double seiner selbst, die Bestätigung einer jahrhundertealten Unterjochung. Was aber wäre nach den kapitalistischen Marktgesetzen ein besserer Tauschwert als der Samenausstoß, das heißt eine begrenzte, meßbare, sichtbare Lust? Die Prostitution ist das genaue Gegenteil der Ausschweifung, weil in ihr die desillusionierende Hochzeit zwischen der männlichen Lust und dem Gesetz des Tauschwerts gefeiert wird. Nicht Kloake aller Laster ist sie, sondern das Mittel, durch das man die Laster in den Griff bekommt. Oder besser: sie ist der widersprüchliche Ort äußerster Zügellosigkeit und größter Zurückhaltung. Alle Perversionen, wie schauerlich sie auch sein mögen, können in ihr

Befriedigung finden. Allerdings dürfen sie sich nur bescheiden äußern, dürfen nicht den engen Rahmen des Hotelzimmers sprengen oder die Gefahr einer Triebansteckung heraufbeschwören (und warum sollte es eines Tages nicht ebenso reglementierte Tränennummern, Lachnummern und Schmusenummern geben?). Da der käufliche Akt begrenzt, zeitlich festgelegt und ohne Fortsetzung ist, bietet er die doppelte Erleichterung des Vorher und Nachher – weder muß der Freier das Mädchen verführen, bevor er mit ihm aufs Zimmer geht, noch muß er danach die Beziehung pflegen. Die Nummer ist jene Idealbeziehung, die keine Dauer hat, die weder Präliminarien noch Konsequenzen kennt, der unwirkliche Ort absoluten Vergessens und Versinkens. Im übrigen „kauft" sich der Freier die Nutte nicht in dem Sinne, wie man etwa sagt: „Die kauf ich mir", sondern er erwirbt, oder besser, er mietet von ihr das einige Augenblicke währende Nutzungsrecht. Sich einen Mann oder eine Frau im üblichen Sinne „kaufen" (ein Ausdruck, der das gegenseitige Einverständnis stillschweigend voraussetzt) bedeutet ja paradoxerweise gerade, daß man sie oder ihn *gratis* bekommt, weil man selbst all das besitzt, was den Körper des anderen reizen kann, ohne daß man dazu der Vermittlung des Geldes bedürfte; oder der Ausdruck besagt – was noch wahrscheinlicher ist –, daß die Verführung eine verschleierte Form von Prostitution ist, bei der sich die Käuflichkeit unter anderen als finanziellen Vorzeichen darstellt: um den anderen zu besitzen, brauche ich nicht zu bezahlen, weil mein Körper schön (jung, frisch, schick, zart, ausgelüftet, wohlduftend, „in", poppig, nostalgisch, kraftvoll, athletisch, stattlich, potent, männlich, sinnlich, gemütlich, sympathisch, vollkommen) genug ist, um als lebende Münze zu funktionieren (also keine Notwendigkeit besteht, sich wie der Freier mit toter Münze behelfen zu müssen). Wenn das Tauschgeschäft ohne Geld auskommt, so, weil es sich seinen eigenen Kode, sein eigenes Zahlungsmittel geschaffen hat (und was geschieht in der Prostitution, wenn der Freier der Prostituierten gefällt? Er bezahlt doppelt: zum einen mit seiner Person – irgend etwas an ihm erregt das Mädchen –, zum andern mit einer konkreten Summe, wobei sich nicht entscheiden läßt, ob das Geld ein Zuschuß zum Körper ist oder ob der Körper als köstliche Zugabe zum Honorar dargebracht wird).

Die Prostitution ist ein Ort, wo alle Unregelmäßigkeiten des Mannes in eine Regel gebracht werden, wo das Unsinnige mit Vernunft gehandelt wird. Ständig wird dort die Triebkraft in mäßige Gefühle, in moderierte Lust verwandelt, die zwar nur kleine Befriedigungen verabreichen kann, diese aber mit minimalem Energieaufwand. Welche Forderungen der Freier auch stellt, wie heftig oder unangemessen seine Anomalien auch sein mögen, am Ende müssen sie sich doch stets dem großen Gesetz der »Triebgleichheit« beugen, am Ende müssen sie sich im festen Kreislauf von Tauschgeschäft und Vergleichbarkeit abnutzen und totlaufen. Daher jene Männer, die nur noch mit Prostituierten verkehren können, weil sich in ihnen nur noch das Verlangen nach Dingen regt, die man kaufen und verkaufen kann, weil sie nur noch begehren, was vom Kode des Wertes geprägt ist. Schafft das obligatorische »kleine Geschenk« ab, richtet die kostenlose und allgemeine Prostituion ein, und diese Freier kriegen keinen mehr hoch! »Sobald der Tauschwert aufgehoben ist, verschwindet der Gebrauchswert. (. . .) Man benötigt die Dinge, die man kaufen und verkaufen kann, die man berechnen und auswählen kann. Was man weder kaufen noch nehmen kann, was sich von allein gibt und ergibt, braucht niemand« (Baudrillard).

Das Ungleichgewicht der Nummer ist nicht nur deshalb nicht von Dauer, weil es sich in einen ausgewogenen Rahmen fügt, der die Wiederholung garantiert und den Schaden kompensiert, sondern weil die Nummer selbst so angelegt ist, daß sie jedes Ungleichgewicht aufhebt. So verlangt die Umarmung keine besondere Ordnung oder Unordnung. Das Geschlecht ist das, was man aus ihm macht. Es kann stets zum Gegenstand von Berechnungen und Reglementierungen werden, die seine Bedeutung eingrenzen, es auf bestimmte Abschnitte festlegen und den Sinnesaufruhr zum gefügigen Werkzeug der Bereicherung machen. Für die Prostituierte ist der Gebrauch ihres Genitals (die Arbeit) die sichere, gleichförmige, beständige Erfahrung, während der Alltag die permanente Gefahr der Unordnung birgt (kein Abenteuer ist dem des Lohnabhängigen vergleichbar). Sobald die Frau die Schenkel spreizt, sobald der Mann sich in ihr erleichtert, ist alles ruhig, zärtlich, verschwenderisch, tröstlich, das Geld sammelt sich an, die Hoden befreien sich, das Fließband der Liebe funktioniert. Kann man sagen, die Nummer sei eine begrenzte Unordnung? Doch was für eine Unordnung könnte die männliche Sexualität – auf ihre einfachste Äußerungsform reduziert – schon stiften? Sobald die Frau beschlossen hat, sich der Lust zu enthalten, ist keine Verwirrung mehr möglich. Es gilt lediglich, einen Kreislauf ohne Überraschung zu durchlaufen. Statt also eine (als vorgeordnet vermutete) »Unordnung« einzugrenzen durch Anschluß an eine (als nachgeordnet angenommene) Ordnung des Geldes, das daraufhin in den Kreislauf des Tauschgeschäftes zurückfließt, ist die Prostitution in erster Linie darum bemüht, das Triebverlangen des Freiers in eine winzige Forderung umzuwandeln. Nicht genug damit, daß sie es zu Geld macht, daß sie alle Triebe in diese Wertordnung zwingt: sie geht weiter und schwächt es, drosselt es. Sie isoliert die Triebe (indem sie sie benennt und in ihre Tarifordnung aufnimmt), während sie ihnen zugleich die Würze nimmt. Derart, daß der Freier, der das Zimmer oder das Apartment seiner Partnerin betritt, nur diese – eingeschränkte und verkümmerte – Form der Sexualität befriedigen kann und keine andere. Wirklich nur eine klägliche Nummer kann er schieben, die große Orgasmussensation bleibt ihm verwehrt. Und die Nummer selbst ginge nicht so rasch und so funktional vonstatten, hätte man das Freierverlangen nicht zuvor zusammengestaucht und begrenzt, wäre dieses Verlangen nicht bereits ein Verlangen nach Ruhe, nach Rast, der Wunsch, die Nummer rasch hinter sich zu bringen. Der käufliche Akt befindet sich also in einem doppelten Gleichgewicht: durch das Geld, das alle Unwägbarkeit nivelliert, tarifiert, und durch den Wunsch des Freiers, der bereits Wunsch nach Ordnung ist. Der Mann will eine geregelte, disziplinierte Lust, einen ganz kleinen Schauer nur, den ihm die Prostituierte mittels einer anderen Konzession an die etablierte Ordnung verkauft, nämlich einer Geldausgabe, die auf diese Weise die sexuelle Erregung endgültig an das Kosten-Nutzen-System anschließt. Ein Doppelgefängnis oder – wenn man so will – eine doppelte Versicherung gegen das Risiko: man grenzt auf dem Körper (des Freiers oder der Prostituierten) Geltungsbereiche der Lust ab, denen man besondere Befriedigungsmodalitäten zuordnet, und dann schafft man einen Prototyp, der sich wiederholen läßt, der Ausgangspunkt einer Serie werden kann und den Ertrag garantiert. So wird alle Verzückung ausgeschlossen – die großen Empfindungen müssen sich in meßbare Absichten verwandeln, das Verlangen verkommt zu austauschbaren Bedürfnissen. Und da die Nummer immer dieselben Gelüste weckt, ist sie Anlaß zu Wiederholungen, wird sie geschoben und abermals geschoben, ist sie lediglich unbestimmte Wirkung einer ursprünglichen Kraft. Was dort an deformiertem oder unerhörtem Verlangen schlummern mag, kommt in der Nummer nur insofern zur Geltung, als ihm in ihr die Spitze abgebrochen, als es in eine kleine Beunruhigung verwandelt wird, die dann das Geld absorbiert. Das Unvorhergesehene wird nur zugelassen, wenn es Gelegenheit bietet, das einfache Modell in seiner unbeweglichen, letalen, unabänderlichen Gestalt zu wiederholen.[1] Keine Nummer also, der nicht die Lustkälte als Bedingung ihres Vollzugs innewohnt, aber auch keine Nummer, die nicht trotz allem – wenn auch nur spärlich – ein paar Empfindungen beherbergt, und seien es die der Neutralität, der Instrumentalität, des Mittelmaßes (wenn es eine »Lust« der Prostituierten gibt, dann die, keine Lust zu empfinden, kaltes Blut zu bewahren angesichts all der Schwänze, die sich vor ihr brüsten und sich in sie entleeren).

Ist die Prostitution ein »notwendiges Übel«? Die Frage ist offensichtlich falsch gestellt, da das Söldnertum der Liebe kaum irgendwelche präexistenten Bedürfnisse befriedigt, sondern sich seinen Bedarf und seine Nachfrage buchstäblich selber schafft. So befriedigt die Prostitution – in ihrer Eigenschaft als Maschinerie zur Produktion des Allgemeinen aus dem Besonderen – immer nur das Bedürfnis, das sie geschaffen hat (was nicht heißen soll, daß dieses Bedürfnis unerheblich wäre, die Freier wissen das nur zu gut: wenn sie sich an den Ort der käuflichen Liebe begeben – und zwar in Massen –, so tun sie das, weil sie eine kleine Lust immer noch gar keiner Lust vorziehen). Die Nummer ist ein

[1] Wann liegt endlich ein *Katalog aller käuflichen Damen Frankreichs* (der Bundesrepublik, der EG) vor, der Namen, Preis, Ort und Tarif einschließlich der Mehrwertsteuer für jede einzelne aufführt? (Und was für unschätzbare Dienste würde solch eine Kartei der Polizei leisten!) – Warum soll man in Krafft-Ebings *Psychopathia sexualis* unbedingt nur ein Buch für Mediziner sehen? Warum es nicht als ein Werk betrachten, das zum Gebrauch der »Psychopathen« selbst bestimmt ist, als Handbuch, in dem sie alle den Ort, den Preis und die besonderen Bedingungen jener Lustvorrichtungen finden können, die ihnen am Herzen liegen? Bedarf es noch der Erwähnung, daß ein solches Buch, wäre es von den Perversen selbst verfaßt, weit vielfältiger, anregender und reichhaltiger wäre – wenn es wahr ist, daß die »Kreativität« der Perversionen, das heißt der Phantasien und Manien (die nicht unbedingt sexueller Natur sein müssen) unerschöpflich ist?

wahrhaft pädagogisches Ritual, ein Modellfall der Lusterziehung: Die Frau lernt dort, gefühllos zu bleiben, der Mann, sich mit kümmerlichen Freuden zu begnügen. Das ist die ganze Weisheit dieser Institution.

Durch das Geld stiftet die Prostitution jenes Ungleichgewicht, als welches sich das gegen jedes Ungleichgewicht geschützte Verlangen darstellt. Als institutionalisierter Erguß des sexuellen Überflusses ist sie ein Musterbeispiel für Vertragspolitik: ihre Schwankungen liegen allesamt innerhalb der sehr engen Grenzen des Geldkreislaufs. Sie hat die Gefühllosigkeit und den Doppelcharakter des Geldes; sie ist vom Krämergeist beseelt, doch sie kann die Triebäußerungen nicht verheimlichen, die in ihrem Kielwasser folgen. Wenn die Prostituierte sanft und zärtlich zu sein verspricht, sofern der Freier die ursprünglich vereinbarte Summe noch um ein paar Scheine erhöht, so kann sie das, weil das Geld für sie Zärtlichkeit ist, Fortschritt in Zeit und Raum, ein Stück zusätzlicher Körper, eine Ausweitung ihres Fleisches und Blutes, die sie ermächtigt, sich zu kompromittieren, sich ein wenig an der Lust des anderen zu beteiligen. Und in gewissem Sinne ist die Gegenseitigkeit zwischen der Arbeiterin und ihrem Gehilfen vollkommen, wenn auch auf verschiedenen Ebenen: die Prostituierte liebkost den Freier mit ihren Händen, ihrem Mund, ihren Schenkeln, er liebkost sie mit seinem Geld. Nur wenn man diese Verschiedenheit der Ebenen berücksichtigt, ist der Vertrag realistisch. Während der Nummer haben der Mann und die Frau nicht die gleiche Haut, reagieren nicht auf die gleichen Kontakte, sind nicht für die gleichen Berührungen empfänglich. Diese enorme Verschiedenheit der Empfindungen (was die Lust des einen bewirkt, steht der Lust des anderen im Wege), diese im käuflichen Körper so überaus evidente Kombination von totaler Gleichgültigkeit gegenüber dem Akt und ausschließlichem Interesse am Lohn ist gewiß das Werk der Prostitution, aber sie kennzeichnet auch die Situation des Fabrikarbeiters und überhaupt aller Menschen, die heute arbeiten.

Denn zweifellos ist der vielbeschworene Arbeitsvertrag eine Fiktion. Wie das? Die beiden Vertragsparteien der Nummer seien nicht gleichberechtigt? Gewiß nicht: die Prostituierte befindet sich gegenüber dem Freier gleich doppelt im Nachteil – durch die materielle Not, die sie zu diesem Beruf zwingt (die Schwäche ihrer Klasse), und durch ihren Status als Frau (die Schwäche ihres Geschlechts). Beide Schwächen nutzt der Mann aus, um die Nummer zu einer disziplinarischen Einrichtung, zu einer Strafaktion zu machen, indem er seiner Partnerin pausenlos und stillschweigend befiehlt: »Werde wie ich! Dieser Schlitz am unteren Ende deines Bauches, diese Brüste, dieser Hintern, diese zarten Glieder sind doch bloß ein Irrtum der Natur, ein Überrest der Tiernatur; vergiß sie, vergiß dich, gleich dich meiner Anatomie an, ich bin der einzige menschliche Körper, stell deine Unförmigkeit in den Dienst meiner Wohlgestalt!« Der Freier bringt sein Geschlecht der Prostituierten mithin als Geschenk dar, doch als eine vergiftete Opfergabe, eine zusätzliche Schikane, ein Geschenk, das Verlust, eine Kolonisierung, die Plünderung ist. Auf Grund ihres anatomischen Substrats als Frau muß die Prostituierte den Lehenseid leisten, muß sich freiwillig beugen, auf daß sie ihrem Freier gleich werde, denn sie ist unheilbar anders. So ist es seit jeher und bis auf den heutigen Tag die Aufgabe der Prostituierten, den Unterschied der Geschlechter gesellschaftlich abzubüßen. Doch sie tun keine Buße, ohne nicht ihrerseits büßen zu lassen. Daher ist auch ihr Kampf – wie wir später noch sehen werden – von solcher Bedeutung. Denn die Prostitutionsbeziehung ist noch nicht monetär genug, noch nicht kalt genug, von seiten des Freiers noch zu sehr mit Ressentiments befrachtet, mit Haß, mit gemeinen Rachegelüsten, mit dem Wunsch nach absoluter Manipulation. Immer vom Willen bestimmt, die Frau mittels der Zuhälterei an die vom Manne bestimmte Herrschaftsordnung zu binden. Eine freie Prostitution bedeutet für die, die sie fordern: Der Mann soll nicht nur für seinen sexuellen Hunger bezahlen, sondern auch für all die Phantasien, durch die er uns einschränkt, sein Wunsch nach Vernichtung soll uns zum Nutzen ausschlagen, der Freier soll nicht mehr der Verbündete und der Schützling des Zuhälters sein (ob nun des auf eigene Rechnung arbeitenden Luden, der Polizei oder des Staates, das läuft auf dasselbe hinaus, denn sie alle sind brave Zuhälter), und wir wollen nicht mehr die Sündenböcke des weiblichen Geschlechts sein. Man mag uns als Arbeiterinnen ausbeuten, weil dies das Schicksal jeder Arbeit in unserer Gesellschaft ist, aber nicht mehr als Frauen. Wir verlangen die freie Verfügung über unseren Körper und über unser Geld.

**Hinweis für alle Ängstlichen**
**Die Größe des Penis ist ohne jede Bedeutung**

Die Erektionen des Mannes variieren in der Größe zwischen 15 und 17 Zentimeter. Doch du brauchst dich wirklich nicht minderwertig zu fühlen, wenn dein Penis zu voller Länge ausgefahren nur 12 oder 13 Zentimeter mißt. Es sei hier noch einmal darauf hingewiesen, daß den Ausmaßen des Objekts weit weniger Bedeutung zukommt als dem Gebrauch, den man von ihm macht. Deshalb spielt es auch überhaupt keine Rolle, wenn dein erigiertes Organ bloß 8 oder 9 Zentimeter lang wird (was immer noch durchaus beachtlich ist), und noch weniger Grund zur Besorgnis besteht, wenn deine einsatzbereite Rute nur 5, 4, 3 oder gar 2 Zentimeter aufzuweisen hat. Und wenn dein Penis nicht mehr als 10 oder 5 Millimeter mißt, dann hat seine Größe keinerlei, aber auch wirklich nicht mehr die geringste Bedeutung.

# II. Die Formel »Ich liebe dich«

**Lächerliche Lust**

Die Rede von der sexuellen Befreiung hat die Liebe als erlebte Erfahrung unter Anklage gestellt und als Gegenstand der literarischen Darstellung aus der Mode gebracht. Wenn es heute überhaupt noch Romantik gibt, so ist sie libidinös, nicht empfindsam. Statt der Leidenschaft das Verlangen; statt des Herzens das Geschlecht. Die verschiedenen Lustideologien haben sich der uralten Körper-Seele-Konstruktion bemächtigt und sagen: Zwei Arten der Liebe, eine geistige und eine materielle, eine hohe und eine niedere, gibt es nicht, weil die Gefühle nur eine Heimat kennen – den Körper. Nur um alle Forderungen des Fleisches mundtot zu machen, hat man ihn in zwei Teile zerschnitten. Nun kann das Verlangen Vergeltung üben. Wenn es die Liebe zum Schweigen bringt, zahlt es seinem einstigen Zensor mit gleicher Münze heim. Denn die Empfindsamkeit diente ja nur dazu, die freie Entfaltung der Triebe zu verschleiern, wenn nicht gar zu verhindern. Wenn heute die sexuelle Unterdrückung unter all ihren Aspekten vor Gericht gebracht wird, gehört die Liebe wegen Beihilfe zum Mord auf die Anklagebank ...

Wie können wir es dann wagen, von der Liebe zu sprechen? *Uns fehlt das Herz.* Was man für den Sitz der Gefühle hielt, ist nur ein religiöses Hirngespinst, eine alte metaphysische Macke, schlimmer noch: eines der häufigsten Alibis für die Zensur, ein Vorwand, der herhalten mußte, um die Triebe abwürgen zu können. Man muß also schon eine unnatürliche Neigung zu aussichtslosen Fällen haben, um die Verteidigung des Herzens in einem Prozeß zu übernehmen, der ihm gemacht wird, oder um zu versuchen, die Liebe wieder auf den Thron zu setzen, von dem sie die sexuelle Revolution soeben gestürzt hat. Nun kann man sich aber zu Recht fragen, ob es sinnvoll ist, sich auf dem Gebiet der Gefühle als Revolutionär aufzuführen. Wer nämlich die Werte umstürzt, bleibt dessenungeachtet dem Idealismus tributpflichtig, von dem er sich durch diesen Umsturz zu befreien behauptet. Wenn wir die Empfindsamkeit im Namen der Lust verurteilen, sind wir deswegen noch nicht dem Gegensatz von Körper und Seele entronnen – er steht jetzt nur im Dienste jener Instanz, über die er einst hergezogen ist. Dieselben Akteure, auf denselben Territorien, mit demselben Groll füreinander.

Wer sind die neuen Lebemänner? Umgekrempelte Puritaner. Diese Neo-Viktorianer reden einer hemmungslosen Lust das Wort und sind ängstlich bemüht, sie auf jenen engen Bereich einzugrenzen, den der Geist dem Fleisch zugesteht. Das schmutzige kleine Geheimnis ist nicht mehr schmutzig und geheimnisvoll, aber größer ist es nicht geworden: es ist so klein wie je. Alles ist Lust, nur der Körper ist wirklich – diese triumphierende Beschlagnahmung des gesamten Gefühlslebens durch die Libido wird aufgehoben in der restriktiven Definition, die die Lust erfährt. Ob die Sexualität heute gegen alle Spielarten der Sublimierung verteidigt wird oder ob sie einst im Namen der hohen Minne verboten wurde – es bietet sich das nämliche Bild.

Unsere moderne Sachlichkeit hat die Leidenschaft aus ihrer Rede verbannt, aber die Verachtung der Empfindsamkeit dürfte wesentlich älter sein. In dieser Hinsicht hat die Sexualökonomie vielleicht nur einem Vorurteil Rechnung getragen, das die Mehrheit schon längst hegte. Es ist anzunehmen, daß es bereits zu jener Zeit fest verwurzelt war, als Rousseau von seiner Kirschenidylle erzählte – zwang ihn doch das mokante Gefeixe seiner Leserschaft, sich dabei ständig zu unterbrechen, um möglichen Einwänden zuvorzukommen und sich zu rechtfertigen. Wir meinen folgende Geschichte: Eines Tages begegnet Jean-Jacques auf einem Spaziergang den beiden Demoiselles de Graffenried und Galley, ». . . welche als nicht allzu geübte Reiterinnen nicht wußten, wie sie ihre Pferde zum Durchschreiten des Baches zwingen sollten«.[1]

Er kommt ihnen zu Hilfe und führt die Pferde am Zügel durch den Wasserlauf. Die beiden jungen Mädchen beschließen, den ihnen von der Vorsehung geschickten Mann als Gefangenen zu behalten, und nehmen ihn, damit er seine Kleider trocknen kann, mit nach Toune, wo Mademoiselle Galley ein Schloß besitzt. An diesem Tage ist ihre Mutter – wie das Fräulein hinzufügt – nicht anwesend. Pausenlose Unterhaltung auf dem Weg (»nicht einen Augenblick verstummten wir«); ein köstliches Mahl in der Gutsküche; als Dessert Kirschen, die Jean-Jacques vom Baume pflückt. Eine Unachtsamkeit: ein Paar fällt ihm versehentlich in den Ausschnitt von Mademoiselle de Graffenried; der heimliche Wunsch, eine dieser verirrten Kirschen zu sein. Doch unfähig,

[1] Jean-Jacques Rousseau, *Bekenntnisse*, Leipzig 1925, S. 174.

der Situation eine günstige Wendung zu geben, blöde, ohne ein passendes Wort zur rechten Zeit, läßt Rousseau es damit sein Bewenden haben. Eine merkwürdige Geschichte, die er uns da erzählt, eine Geschichte ohne irgendein greifbares Vorkommnis – Ansätze, Wünsche, angedeutete Gesten, Seufzer, Schauer, Anwandlungen, die ohne die geringste Wirkung bleiben. Kurzum, eine verpaßte Gelegenheit. Das Problem des Erzählers ist nun, seine Lust zu rehabilitieren, als einzigartiges Abenteuer zu beschwören, was dem Leser auf den ersten Blick als lächerlicher Fehlschlag erscheinen will, jedem Versuch zu wehren, das, was er nicht getan hat, unter dem Blickwinkel dessen zu betrachten, was er hätte tun müssen, das Band zwischen Lust und Vermögen zu zertrennen, damit die Möglichkeit entfalle, von Impotenz zu reden. Und wenn Rousseau die Sache seiner Fiaskos vertritt, stellt er sich durchaus nicht auf den Standpunkt der Tugend, um von dort aus das Laster zu verurteilen, oder auf den des Herzens, um von dort aus über den Körper herzuziehen. Weit radikaler als unsere modernen Befreier setzt dieses sentimentale alte Kind allen Dualismus außer Kraft. Wohl betrachtet er die Liebesverwirrung unter dem Gesichtspunkt von Sexualität und Lust. Doch nicht um sofort auf eine sublimierte Lust zu schließen und eine Sexualität zu diagnostizieren, die vom rechten Weg abgekommen sei und entweder idealisiere oder in den Schmutz ziehe. All diese falschen Richtungen münden in eine Einbahnstraße, in einen verbindlichen Zustand von Lust, in den offiziellen und einzig legitimen Weg der genitalen Norm.

»Alle, die dieses lesen, werden nicht verfehlen, über meine Liebesabenteuer zu lachen, sobald sie gewahren, daß auch die weitgediehensten nach vielen Vorbereitungen doch immer nur mit einem Handkuß endigen. Doch du, der du mich liest, täusche dich nicht: vielleicht habe ich in den Lieben, die mit einem solchen Handkuß endigten, mehr genossen als du jemals in den deinen, die damit begannen.«[1]

Worin besteht nun dieser Genuß? Darin, das Subjekt auf einen Weg zu bringen, der nirgends hinführt. Die Empfindsamkeit durchkreuzt das Erzählungsschicksal, das die Genitalität den Trieben vorschreibt. Keine strukturelle Disziplin ordnet mehr die Lust. Die sinnlichen Augenblicke sind nicht mehr mit Funktionen

[1] *Bekenntnisse,* a. a. O., S. 179.

identifizierbar: der Determinismus, der sie zwang, auf eine ergänzende Handlung, eine nachfolgende Geste zu verweisen, ist aufgehoben. Die Gefühlsaufwallung ist folgenlos: gegen die unerbittliche Verkettung der Orgasmusdramaturgie setzt sie eine diffuse, gleichmäßige, antinarrative Lust. Intensives Erleben wird dadurch frei, jeder Ausführungsbestimmung enthoben: es kennt keinen verbindlichen Augenblick mehr und keinen bevorzugten Ort, es ist nirgends zu erwarten – also ist es auch nicht mehr unmöglich, daß es aus einem Blick hervorspringt oder in einen Kuß abwandert.

Rousseau will die Erotik nicht transzendieren, will keine religiöse Perspektive der Erlösung, sondern eine immanente Expansion. Statt das Fleisch zu vergeistigen, erotisiert er das Herz, sexualisiert er den Geist, und an die Stelle des Gegensatzes zwischen Unschuld und Sinnlichkeit setzt er die Sinnlichkeit der Unschuld. Im übrigen ist Unschuld ein Wort, um dessen Nähe zu dem von der Dummheit man wissen muß. Sentimentalität ist dumm. Doch sie ist keine Perversion, die das Verlangen von seinem natürlichen Ziel abbrächte, um ihm ein anderes zu setzen, sondern sie suspendiert jede Zielsetzung überhaupt, zumindest vorläufig. In der Emotion kann ich mein Verlangen gut hören, doch es stammelt, weil es nicht weiß, was es will, oder besser, weil es sich nicht als Wille zu irgend etwas definieren kann. Es ist ein Verlangen, das sich verirrt hat, kein martialisches, kein eroberndes Verlangen.

Es steckt etwas *Seriöses* in der Libido, die ihr Ziel (das Genitale) und ihre Bewegung (die Besitzergreifung) definiert: nämlich in ihrer Seriosität nicht zu akzeptieren, daß Sentimentalität und Empfindsamkeit lächerlich sind. Lächerlich, das heißt dumm (Dummheit des Subjekts, Unfähigkeit des intensiven Erlebens, in Handlungsabsicht umzuschlagen), das heißt passiv (es handelt sich, wie die Sprache der Klassiker richtig sagt, um einen »Transport«: die Seele wird von der Verzückung ergriffen und fortgetragen), das heißt weiblich (die Lust widerfährt mir, durchdringt mich, überwältigt mich – ich entlade sie nicht).

Unter dem Vorwand, die Lust von allem amourösen Verdummungseifer befreien zu wollen, nährt man den alten männlichen Haß auf die Weiblichkeit, indem man ihm eine neue Legitimität verschafft. Die Unterdrückung der Geschlechtlichkeit und ihre

Befreiung haben eines gemeinsam: Die Unterdrückung der Sentimentalität und Empfindsamkeit disqualifiziert jede Form der Lust, die nicht dem phallischen Modell entspricht.

## Allergie

> Si tu m'aimes, il faut le dire
> il faut me prouver tes émois
> il faut me prouver ton délire
> mon amour parle-moi![1]
>
> Desnos

Die Liebe ist die Erfahrung einer doppelten Verirrung: Extravaganz einer ihres genitalen Ziels beraubten Sinnlichkeit und Schwäche eines sich selbst und jeder Selbstbeherrschung entglittenen Subjekts. Desorientierung und Zerrissenheit. Was vielleicht der Grund dafür ist, daß die Liebe nie allein auftritt, daß die Lust an leidenschaftlicher Entflammung stets von der Sehnsucht nach Macht, nach Frieden, nach niedrigen Intensitätsgraden begleitet wird. Die Verirrung weckt den Wunsch nach Rückkehr (zu sich selbst und zum gleichen). Der vom Wege abgekommene Mensch möchte zurückkehren: entweder zur bloßen Ausschweifung, dann konzentriert er seine Begierden auf einen einzigen Augenblick, der sie befriedigt; oder zur Benennbarkeit, dann bringt er die Liebe zur Sprache, um das Kommende in Gewesenes umzuwandeln, das Abenteuer in Anständigkeit und den Tumult in Gewißheit. Der andere Mensch ist präsent, ohne mir zu gehören: also überschütte ich ihn mit Worten, damit er mir mit seiner Präsenz gehört. Die Liebeserklärung kommt nur deshalb auf die Lippe, um die Ungewißheit, die Anfälligkeit, die Unschärfe und die Verrückheit auszutreiben, von denen das Gefühl bedroht ist, wenn es der Ungewißheit des Schweigens überlassen bleibt.

Wenn ich liebe und meine Liebe bekenne, sublimiere ich damit nicht mein Verlangen, sondern bezeichne und bekämpfe Widrigkeiten: ich protestiere zugleich gegen die Unvorhersehbarkeit meines Gefühls, gegen die Möglichkeit, daß es verblassen

[1] »Wenn du mich liebst, mußt du es sagen, du mußt mir deine Gefühle beweisen, du mußt mir deine Verzückung beweisen, Liebste, sprich zu mir!«

könnte, gegen seinen unabwendbaren Verschleiß und gegen die Fremdheit des anderen. »Ich liebe dich« – ein bestürzendes Wort bemächtigt sich einer nicht zu verantwortenden Beziehung, um sie zu kodifizieren; ein Verlangen wehrt sich gegen das Unbekannte, an das es sich vorher gewandt hatte. Das Unbekannte ist der Andere. Denn seine Andersartigkeit ist ja kein bloßes Schauspiel, kein lediglich gleichsam touristischer Reiz einer zur Schau gestellten Verschiedenheit. Sie ist keine bloße Bizarrerie und Ziererei des mir Wesensgleichen, kein bloß vorübergehendes Rätsel, das sich mir heute oder morgen erschließt und in die unverwüstliche Grundstruktur der Ordnung zurückfindet. Ich spüre die Fremdheit des anderen an der Unfähigkeit meiner Phantasie, ihn zu verschlingen, ihn in mich aufzunehmen, an seiner Gegenwart, die mein Verhalten ihm gegenüber bestimmt und meine Vorstellung von ihm übersteigt. Der Andere ist anders, nicht wenn ich mir die Details seiner Einmaligkeit vor Augen halte, sondern wenn ich fühle, wie wenig sicher er mir ist. Er überfällt mich, bestürzt mich, stört mich oder setzt mich ins Unrecht, seine Andersartigkeit weigert sich, die Orte zu beziehen, die ich ihr zuweise, und dem Sinn zu entsprechen, den ich ihr verleihe. Nie ist sie ganz dort, wo meine Erwartung sie haben möchte. Selten nehmen mich deshalb andere so gefangen, daß ich mich von ihrer Unfaßbarkeit ergriffen fühle.

»Nur weil wir uns nicht um sie kümmern, glauben wir, über die Dinge und die Gedanken der Menschen genau Bescheid zu wissen. Doch sobald wir, wie der Eifersüchtige, das Verlangen haben, Bescheid zu wissen, *stehen wir vor einem schwindelerregenden Kaleidoskop, in dem wir nichts mehr unterscheiden können*« (Proust).

Dem Verliebten ist der Blick getrübt. Genügend von einem anderen Menschen besessen, um ihn kennen zu wollen, leidenschaftlich genug an ihn gebunden, um die Hoffnung zu hegen, sein Verhalten voraussehen zu können, geduldig und fieberhaft genug, um alle Zeichen zu entziffern, die er von ihm erhält, wird der eifersüchtige Liebhaber ständig abgewiesen – das Übermaß der Bilder, ihre hoffnungslose Unordnung strafen die Arrangements seiner Einbildungskraft Lügen. Hellsichtig ist er nicht, weil es ihm gelungen wäre, der Wahrheit des anderen habhaft zu werden, sondern weil er erfährt, wie illusorisch ein solches Verlangen ist. Man kennt immer nur jene anderen, die einen nicht kümmern. Für die Aufhebung der Objektbesetzung winkt als Lohn eine Vorstellung, die nicht mehr verzerrt ist – nur das Nachlassen des Verlangens und die Gleichgültigkeit können uns das Gefühl geben, Bescheid zu wissen. Der Eifersüchtige dagegen gelangt zur Klarsicht, daß heißt paradoxerweise zur Kurzsichtigkeit, zur Unmöglichkeit klarzusehen, zur Unendlichkeit des Anderen.

»Wohl konnte ich Albertine auf meine Knie nehmen, ihren Kopf in meinen Händen halten, sie liebkosen, meine Hände lange über sie hingleiten lassen, als ginge ich mit einem kostbaren Stein um, der das Salz unvordenklicher Ozeane oder den Lichtstrahl eines Sterns in sich schließt – ich hatte stets das Gefühl, nur die versiegelte Hülle eines Wesens zu berühren, das in seinem Innern Zugang zur Unendlichkeit hatte.«

Die Liebe verwandelt Menschen, die uns gleichgültig sind, in Wesen, die uns verwirren: erst wenn der Andere meine Vorstellungen und meine Phantasie durcheinanderbringt, kann ich sicher sein, daß ich ihn liebe. Die Rede von der »flüchtigen Liebe« ist also ein Pleonasmus. Doch das Privileg eines flüchtigen Wesens ist seine Fähigkeit, sich uns zu entziehen, und jede noch so geringe Geste beschwört die Gefahr seines Verschwindens herauf. »Ein Käfig ging auf die Suche nach einem Vogel«, schrieb Kafka. In Sachen Liebe könnte man das so ausdrücken: Ein Wort-Käfig ging auf die Suche nach dem Vogel namens *Anderer.*

Neben dem Eingeständnis eines Gefühls hat die Liebeserklärung als zweites (aber nicht untergeordnetes) Ziel die Aufgabe, eine Symmetrie, eine Polarität der beteiligten Personen herzustellen. In gewissem Sinne ist das Verb »lieben« nur die Kopula, die die beiden Pronomen »ich« und »du« verbindet. Unter ihrer sprachlichen Unschuld transportieren diese leeren Zeichen die ganze Fülle einer Verantwortung. Sie besetzen die Menschen, die es bezeichnen, und verwandeln sie in Partner. Wenn ich sage »Ich liebe dich«, geht es mir ebenso darum, dem Anderen etwas vorauszuhaben, wie ihn mir anzugleichen. Denn ihn mir anzugleichen, ihn als mein Alter ego zu behandeln, ihn mit einem Liebesvertrag zu ködern, heißt bereits im Moment des Vertragsschlusses eine Macht ausüben, durch die der Andere zu einer bestimmten Person verkürzt wird, die an das gegebene Wort gebunden ist. Er sieht sich eingeschlossen in dieses Wort, das ich ihm gebe, damit er es nimmt, damit er sich daran hält und es mir zurückgibt. Es gibt eine Gewalt der Gegenseitigkeit, und die Formel »Ich liebe dich« verschmilzt untrennbar in Allergie und den Herzenserguß, die empfindsame Beklemmung und den totalitären Wunsch, den Gegenstand der Liebe in die Immanenz eines eindeutigen Paktes einzuschließen.

Ich entschließe mich zur Feierlichkeit des »Ich liebe dich«, um der Qual eines Erscheinens/Verschwindens ein Ende zu setzen, um dem Adressaten einen Aufenthaltsort in der Beziehung anzuweisen, die ich zu ihm knüpfe, um ihn zu duzen. *Duzen* nennen wir den Augenblick einer Beziehung, der uns ins selbe Boot setzt, der ihm den Dialog vorschreibt – die Aufforderung zu antworten, sich auf Dauer einzurichten. Das »Ich liebe dich« gibt die Heftigkeit der Anrede wie die Süße des Geständnisses zu verstehen. Stets verdoppelt unser Verlangen, den Anderen zur Seßhaftigkeit zu bewegen (»rühr dich nicht vom Fleck, bleib, wo du bist, dort, wo ich dich ganz sehen kann«), unsere Liebestrunkenheit.

Ich erwarte also von dem Verb »lieben«, daß es mich von der Erwartung befreit. Ich will meine Schwäche bannen, im Anderen jedes Vermögen besiegen, mich zu verändern. Dasselbe kann ich auch mit dem Bruch der Beziehung wollen. Ob ich sage »Ich liebe dich« oder ob ich den Bruch herbeiführe, beides sind nur zwei Spielarten meines *Wunsches nach einer Lösung*. Es gilt, die Gegenwart des Anderen zu bewältigen, entweder indem ich sie vernichte, oder indem ich sie absehbar mache. Entweder er verschwindet aus meiner Geschichte, oder ich habe den Zufall außer Gefecht gesetzt und wir betreten beide die Geschichte, die uns durch den Liebeskode vorprogrammiert worden ist. Jenseits ihrer Gegensätzlichkeit haben beide Alternativen eines gemeinsam: Beide beseitigen die entsetzliche Möglichkeit, daß aus meiner Geschichte durch die Liebe eine Beziehung zum Unbekannten werden könnte.

»Er sagte sich, daß diese junge Frau, so wie er sie liebte, lediglich ein Produkt seines Verlangens, seines abstrakten Denkens, seines Vertrauens war und daß seine Freundin in Wirklichkeit so war wie jene Frau, die dort stand: *verzweifelt anders*, verzweifelt fremd, verzweifelt vielgestaltig.«[1]

[1] Milan Kundera, *Risibles Amours*, Paris, Gallimard, S. 87 (Hervorhebung von uns).

Der heftige Wunsch nach klaren Verhältnissen, die Furcht vor der Erwartung, die Verzweiflung, in die uns das Auftreten der Andersartigkeit stürzt, das Erlebnis der beginnenden Verbindung als *gefährliche Verletzung* – dies sind die gemeinsamen Punkte von Bruch und Erklärung. Denn es gibt Menschen, die verbannen den anderen lieber, als daß sie die Ohnmacht ertragen, die seine Nähe erzeugt. Der Bruch ist in diesem Fall nur Reaktion auf einen Bruch, der bereits stattgefunden hat – die Liebe dringt nur durch Einbruch in mein Wesen ein. Sie ist selbst dieser Einbruch und diese Brutalität – sie weckt mich aus dem Schlaf der Gefühle auf, der mir gefallen wie mich langweilen konnte. Liebe ist Schlaflosigkeit. Im Bruch mit der Liebe drückt sich der Wunsch aus, jenen ersten Bruch ungeschehen zu machen, den Schlaf, die Lauheit des Wohlbefindens, die Gedämpftheit der Gefühle wiederzufinden. Der Wunsch, um den Preis des Verzichts zu mir zurückzukehren. Die Bruchstelle zuzuschütten.

Nun geschieht es aber, *daß der Andere mein »Ich liebe dich« überlebt.* Daß er trotz meines Anrufs jene erhöhte Position verteidigt, aus der ich ihn unbedingt vertreiben wollte. Auch kann der Bruch fehlschlagen und mich in tiefe Ratlosigkeit stürzen, statt meinem rekonvaleszenten Verlangen all die Geschöpfe anzubieten, um die mich die Erwartung eines einzigen gebracht hatte. Trotz ihrer Augenscheinlichkeit läßt sich die Trennung dann nur durch die Frageform erfassen: Ist es wahr? Ist es zu Ende? Habe ich wirklich gebrochen? Der Andere überlebt in mir den Augenblick der Trennung mit einer derartigen Kraft und Beharrlichkeit, daß die Welt in Verruf gerät: alles fließt. Die neue Unbestimmtheit, in der sich die Menschen und Dinge bewegen, ist beileibe keine Einladung an meine Verfügbarkeit, sondern zeigt mir nur, daß ich für die Welt gestorben bin, daß es nicht in meiner Macht liegt, den Bruch ungeschehen zu machen, und daß die Abwesenheit des Anderen mich ebenso niederdrückt, überwältigt und vernichtet, wie seine Gegenwart mich verwirrt hatte.

Ich liebe, wenn weder die Antwort auf das »Ich liebe dich« noch die Initiative zum Bruch imstande gewesen sind, meiner Schwäche und Passivität ein Ende zu setzen. Ich liebe, wenn ich zum Paradox des *Anderen* vordringe – zu jenem Paradox, daß ich, wenn ich ihn treffen will, sein Abrücken spüre, den Schmerz seiner Unzugänglichkeit, und daß sich, wenn ich ihn fliehen will, alles umkehrt: das Ferne wird nah, bedrängend, unausweichlich. Der Andere entgleitet mir, und ich kann mich ihm nicht entziehen – dies genau ist die Erfahrung des Ausgeliefertseins, die Moralität der Liebe: Dem, der mich heimsucht, während er sich mir entzieht, der mich verletzt und mir selber entfremdet, diesem »Alter ego« bin ich nicht gleich.

**Tumult**

»Ich liebe dich« – diese angeblich primäre Botschaft ist in Wahrheit ein Knäuel sehr widersprüchlicher und dennoch untrennbarer Gefühle; in ihrer scheinbaren Schlichtheit verschlingen sich Jubel, Angst, Verehrung und Allergie miteinander. Im Flüstern des Geständnisses ertönt eine wahre Kakophonie von Empfindungen, in der sich die Liebe in allen Tonarten besingt.

Die Formel »Ich liebe dich« ist zunächst – das zeigt ihre grammatikalische Evidenz – ein Indikativ: eine Aussage, die eine Ekstase verkündet, einen Paroxysmus behauptet, ein Glück benennt. Zugleich ist sie ein Optativ: ich sage »Ich liebe dich«, um wieder das Ich zu werden, das ich nicht mehr bin, seit ich liebe, um mir das Reich der Innerlichkeit und Substanz zurückzuerobern, das man mir genommen hat. Ich spreche von einem Nicht-Ort – von jenem, an dem ich nicht mehr bin; ich bezeichne einen Ort – »du« –, an dem der Andere noch nicht ist, zu dem ich ihn aber herabsteigen sehen möchte. »Ich liebe dich« ist folglich eine Beschwörungsformel, die von den Pronomen verlangt, Personen hervorzubringen. »Ich« sagt meine Sehnsucht nach der verlorenen Innerlichkeit, und »dich« sagt mein Wunsch, daß der Gegenstand meiner Liebe einer bestimmten Identität entsprechen möge.

In der Formel »Ich liebe dich« steckt ferner die Heftigkeit eines Imperativs: Liebe mich! Ich befehle dir, mich zu lieben! Bezahl mir gefälligst deine Schulden! Meine Liebe macht dich – ob du es willst oder nicht – zu meinem Schuldner. Du hast ein Unrecht an mir begangen, du hast mich verletzt, und das kannst

**«Ich will deine Liebe nicht» . . .**

... klingt fast unbegreiflich. Der Satz dagegen «Ich will dein Geld nicht» macht die moralische Verpflichtung, etwas zurückzahlen zu müssen, schon etwas deutlicher. Glücklich sind jene, die etwas annehmen können, weil sie selbst noch reichlich geben können.

du nur abbüßen, indem du die Gegenseitigkeit akzeptierst. Meinen Anspruch auf deine Liebe begründe ich mit meiner Liebe zu dir – genau wie der Lüstling in sadistischen Arrangements sich auf sein eigenes Verlangen beruft, um sich das begehrte Geschöpf zu unterwerfen. Alle zärtlich Liebenden sind Sadisten des Affekts, und das Geständnis ihrer Abhängigkeit ist zugleich eine Wiedergutmachungsforderung.

Schließlich ist das »Ich liebe dich« auch als Frage zu verstehen: Liebst du mich? Eine panische Frage, da von der Antwort abhängt, ob ich ins Paradies gelange. Das Geständnis des Anderen würde mir nämlich die Welt verändern. Im Nu würde ich vom subjektiven Verlust zum narzißtischen Triumph übergehen: euphorisch, verstört und noch ungewiß könnte ich mich der Beständigkeit jenes Ichs erfreuen, aus dem das Erscheinen des Anderen mich sozusagen verscheucht hatte. Ich war *hingerissen* (fortgerissen vom Anderen, *außer mir*), nun werde ich wieder getröstet und *stabilisiert* sein. Im Falle erwiderter Liebe bändigt das Duzen der Formel die Lust nur, um die Ankunft des Wohlgefallens zu sichern – eine Verhaftung, die den Häftling in höchstes Entzücken versetzt. Der Sender will ergreifen, und der Empfänger ist *ergriffen*, erschüttert von der Gnade, die ihm widerfährt. Gegenseitigkeit herrscht, wenn die Erpressung des Liebesanspruchs den Empfänger überwältigt.

## Wovor habt ihr Angst?

Partnerwechsel kann ein Mittel gegen das Kennenlernen des geliebten Wesens sein, eine Möglichkeit, den Zauber erwachender Neigungen und die Schönheit der Anfänge zu wiederholen, das Bestreben, die Betroffenheit der ersten Annäherung zu bewahren. Er kann aber auch genausogut das tyrannische Geschick des Verführers sein, jedes Geschöpf, das er begehrt, dem Bilde zu unterwerfen, das er sich von der Frau macht, wodurch er sichergeht, sie erobern zu können, ohne seine Verführungstaktik wesentlich ändern zu müssen. Die wichtigste Eigenschaft eines Verführers ist seine *Überlegenheit*, das heißt die Weigerung, etwas abzutreten. Statt daß ihm die Erscheinung des Anderen die Sprache verschlägt, ergreift er die Initiative. Er besiegt seine Schüchternheit und beugt jeder möglichen Störung dadurch vor, daß er den Gegenstand seines Verlangens der Ordnung einverleibt, die dieser hätte durcheinanderbringen können. »Es gibt Menschen, die sterben, ohne – von kurzen und schrecklichen Erleuchtungen abgesehen – je geahnt zu haben, was der Andere war.«[1]

Die Leichtigkeit des Verführers, seine beneidenswerte Ungezwungenheit hat ihren Grund darin, daß er nie von dieser Ahnung berührt wird. Er weiß nichts von der Ohnmacht, dem besonderen Erkennungszeichen der Andersartigkeit. Wie Raymond Roussel, der eine Weltreise unternahm, ohne je seine Kabine zu verlassen, ist der Verführer ein *solipsistisch Reisender,* der Eroberungen *in unendlicher Zahl* sammelt, aber als Preis für diesen numerischen Rausch totalen Verzicht auf jede Erfahrung der Unendlichkeit leistet (der Unendlichkeit des Anderen, das heißt der Tatsache, daß der Andere sich meinem Zugriff entzieht, daß er sich nicht mit dem Ort begnügt, den ich ihm anweise: sein Surplus oder, um es mit den Worten von Lévinas zu sagen, sein Widerstand gegen jede Form von Totalisierung).

Es gibt zwei extreme Erscheinungsweisen der Überlegenheit: die Verhöhnung und die Verführung. Der Verhöhnende unterjocht sein Opfer, indem er es zum betörten Komplizen der eigenen Verhöhnung macht, zum Koch des Kakaos, durch den er es zieht. Das Opfer ist wie versteinert, fällt auf alles herein, begeht eine Dummheit nach der anderen, nährt die Leidenschaft seines Henkers und sagt genau das, was er hören will. In gleicher Weise verlangt die Verführung eine vollkommene Deckung von Bild und Gegenstand, von dem Geschöpf, auf das der Schürzenjäger sein Auge geworfen hat, und der Vorstellung von der Frau, die er in sich trägt – was sie liebt, was sie zum Lachen bringt, was sie verwirrt, was sie erregt oder was sie bezaubert. Der Verführer zieht die mögliche Partnerin in seine Phantasie hinein, sie hat keinerlei Abwehrmöglichkeit gegenüber dieser Anziehungskraft. Anziehungskraft wäre mithin zugleich *Attraktion* (die Kunst zu gefallen) und *Absorption* (die Zähmung des Neuen, seine Vereinnahmung). Überlegenheit ist daher eine Nichtachtung der Fremdheit des Anderen, die so viel Durchsetzungskraft beweist, daß sie die Andersartigkeit unter ihr Gesetz zwingt.

[1] Sartre, *L'Etre et le Néant,* S. 449.

Der Verführer hat Angst davor, sich als dumm zu erweisen: er verbietet sich jede Bestürzung, keine Schande ist für ihn quälender als die, wehrlos dazustehen. Insofern ist der schweigsame Liebhaber das genaue Gegenteil des Verführers. Für ihn ist das Ausgeliefertsein kein Fiasko, sondern eine Lust. Deshalb vertagt er das Geständnis »Ich liebe dich«. Denn in der Liebeserklärung wird die Lust in ein und demselben Atemzug beschworen und widerrufen. Gesichertes Gefühl – zwei Wörter, die einander ausschließen. Das Gefühl ist jene Art von Erkenntnis, die uns sagt, daß auf den Anderen kein Verlaß ist. Die Sicherheit, der Einsatz des »Ich liebe dich«, setzt der Situation der Ohnmacht ein Ende und schüttet dadurch das Kind mit dem Bade aus, den Liebesgenuß mit der Schwäche der Unruhe. Daher widerstehen manche Liebenden, wenn ihnen das Geständnis auf die Lippen kommen will, dem Drang, ihrem Herzen Luft zu machen, und ziehen es hartnäckig vor zu schweigen, statt das Gefühl, dessen ihr Herz voll ist, offiziell zu benennen. In der Weisheit ihrer Zurückhaltung ahnen sie, daß die Benennung verheerende Folgen haben würde und ihnen von einem blitzartig dreinfahrenden Gefühl hinterher nichts bliebe.

Ein Gesetz gewordener Taumel – das ist die Wirkung der Formel »Ich liebe dich«. Mit diesen drei Wörtern schwöre ich der Liebe ewige Treue, lege ich den Eid ab, mein Verhalten entsprechend einzurichten, sie gegen ihre eigene Unvorhersehbarkeit zu schützen und den Anderen dazu zu bewegen, sich in die gleiche Abhängigkeit zu begeben. Durch die Formulierung bekommt die Liebe Vorbildcharakter: sie wird zur abstrakten Essenz, zum unfehlbaren Paradigma, an dem sich fortan jeder Augenblick der Beziehung messen und beurteilen läßt. Genau dieser Krönung des Ganzen wollen die unausgesprochen und unerklärt Liebenden sich entziehen. Sie weigern sich, die Einzigartigkeit ihres Abenteuers dem Wunsch nach Beruhigung zu opfern. Würden sie ihre Liebe zur Sprache bringen, so müßten sie Schauspieler werden: gezwungen, die Idee der Liebe zu verkörpern, verzweifelt darum bemüht, auf der Höhe zu sein, die richtigen Zeichen zu geben, gut zu spielen. Sie verschweigen ihre Liebe, um sich nicht in eine Lage zu bringen, in der sie die Liebe kopieren müßten. Dem Gesetz des Liebesschwurs und den Garantien des Liebesvertrags ziehen sie das Staunen der flüchtigen, unausgesprochenen Liebe vor. »Gestehe niemals!« könnte ihr Wahlspruch sein, denn – so meinen sie – die Liebe scheut das grelle Licht wie die männliche Lust den Orgasmus. Sie suspendieren den Krampf des »Ich liebe dich«, um ihrem *Glück vor dem Glück* die Sicherheit vorgebahnter Wege zu nehmen. Ihr Schweigen ist gefährlich, denn es bietet keinerlei Garantien gegen die Flucht oder die Zweideutigkeit. Doch die Sprachentladung macht melancholisch, denn indem sie die Zukunft kolonisiert, stürzt sie die Liebe in ein Universum voller Zwänge und Vorschriften. Man könnte diese Gefühlsperversion, die die Ungewißheit einer Beziehung der Sicherheit und Erfüllung vorzieht, in Analogie zur erotischen Askese der Chinesen *amor reservatus* nennen.

Das Ausgeliefertsein – ein Fiasko für den Verführer, eine Lust für den schweigend Liebenden – birgt für den geständigen Liebenden eine schreckliche Gefahr. Der Sender des »Ich liebe dich« will Macht ausüben, den Anderen festnageln, ihn zur Klarheit zwingen. Weder flüchtig noch doppelzüngig soll er sein, sondern mein Ebenbild; ich muß wissen, was es mit den Gefühlen auf sich hat, die ihn bewegen. »Dein Glied soll nur aus Liebe steif werden«[1] – das ist der Wunsch der Unnachsichtigen, und die Formel »Ich liebe dich« soll ihn erfüllen. Das Geständnis soll Ordnung in die Anarchie der Intensitäten bringen, soll uns ermöglichen, »der schrecklichen Doppelzüngigkeit der Triebe zu entgehen«.[2] Die Verständlichkeit klärt die Zweideutigkeit, und in dem Maße, wie die Zeit der Liebe in die Klarheit der Sprache tritt, wie sie sich in einem völlig eroberten und erforschten Kode ausdrückt, kann sie zu absehbarer Zeit werden. Ich weiß, was mich erwartet, ich weiß, wo ich dich zu erwarten habe. Ich habe diese Garantien ertrotzt, um die Phantasien, mit denen mich die Möglichkeit deines Verschwindens quält, zur Ruhe zu bringen, um meine Angst zu beschwichtigen, um mich davon zu überzeugen, daß dies nicht wiederkommen kann.

Schwer ist es, sich der Liebeserklärung zu entziehen, da sie einem die Möglichkeit gibt, die Rechnung zu präsentieren. Unter der zauberischen Wirkung des Geständnisses wird eine Beziehung, die risikobeladen, ungewiß, ohne Beweiskraft, ohne Referenz und ohne Bürgschaft ist, zu einer ausgeglichenen Zahlungs-

[1] J.-F. Lyotard, *Economie Libidinale,* a. a. O., S. 305.
[2] a. a. O., S. 304.

bilanz. In allen Einzelheiten lassen sich Ausgaben, Einkünfte, Fehlbeträge und Vergütungen gegeneinander aufrechnen. Die Liebe tritt in Gestalt des Handels in die Sprache, die Gefühle werden zu Zeichen, aus denen die Angst der Partner fortan entweder die Erneuerung oder den Bruch des Vertrags auf Gegenseitigkeit herauslesen darf.

Dummheit, Kodierung, unausgesprochene Liebe – so scheint jeder den Schrecken zu wählen, dem er entkommt. Der stillschweigend Liebende weigert sich, seinen Taumel durch das »Ich liebe dich« abzuwürgen, und macht so einen verstohlenen Bogen um den Ort der Macht – einer Macht über den Anderen, aber auch über die eigenen Emotionen, deren Formulierung ihn zu ihrem Verwalter und Bürgen machen würde. Der Verführer und der geständige Verliebte, obwohl durch das ganze Universum der Empfindsamkeit voneinander getrennt, sind sich dennoch einig in ihrem Haß auf das Ausgeliefertsein. Beide opfern die Lust der Sprache. Der Verführer spricht, um sich vor der Verwirrung zu schützen, der Verliebte erklärt sich, weil die Lust launisch, verschwommen und unzuverlässig ist, während die Zeichen klar, gezähmt und wiederholbar sind.

Was macht mir die größte Angst? Die Verantwortung oder das Unvorhersehbare? Die Zweideutigkeit oder das Verhandeln? Die Kodes oder das Verschwommene? Diese Fragen quälen die Liebenden auf der Schwelle zum Geständnis, dies ist das *to be or not to be* ihrer Empfindung.

## Verschleierung

Wer nicht verbergen kann, kann nicht lieben: Die Doppelzüngigen wie die Aufrichtigen, die Naiven wie die Gerissenen, alle Liebenden müssen die Gültigkeit dieses Satzes anerkennen. Der Schürzenjäger und der stillschweigend Liebende durchleben ihre Zurückhaltung auf entgegengesetzte Weise. Der erste äußert Gefühle, die ihm seine Standesregeln zu empfinden verbieten, der zweite verschweigt Gefühle, die er empfindet. Jeder hat seine eigene List: Die Geschwätzigkeit des einen ist eine Eroberungsstrategie, das Schweigen des anderen verwirft das Schicksal der Ehe, das die Sprache für die Liebe vorsieht. Der Liederjahn tarnt seine wahren Absichten mittels der Sprache. Der Liebende, der das Geständnis ablehnt, verheimlicht der Sprache seinen Taumel, weil er weiß, daß die Liebeserklärung das Gefühl, das sich seiner bemächtigt hat, in eine Forderung verwandeln würde.

Ebendieser Forderung gehorcht der geständige Liebende, wenn er die Erwartung nicht mehr ertragen kann und dem Anderen jene mütterlichen Worte entreißen will, die alle Schwierigkeiten beseitigen: »Ist ja schon gut, ich bleibe bei dir.« Der Verliebte spricht, weil er von der Ungeduld getrieben wird, glücklich in der Klarheit der Sprache zu leben, weil er spürt, daß das Glück ganz nahe ist, in Reichweite des Geständnisses, und daß es nur von einem Wort, von einer Antwort abhängt. Doch »sie wurde wegen ihrer Ungeduld aus dem Paradies gejagt« (Kafka). Um nicht aus dem Paradies verjagt zu werden, bevor man es überhaupt betreten hat, muß man die Ungeduld einer Zweckmäßigkeitsüberlegung unterwerfen und für die Forderung eine Sprachregelung finden, die ihre Tyrannei verschleiert. Genau in dem Augenblick, da es alles zu sagen gilt, macht der aufrichtig Liebende die Bekanntschaft der Doppelzüngigkeit. Auch die rückhaltlose Liebe hat ihre Rhetorik, ihre subtile Kunst des Vorbehalts, die zugleich Bekenntnis und Verschweigen ist. Der Gerissene fragt sich: Welchen Dreh, welchen Tonfall, welchen Augenblick muß ich wählen, um den anderen festzunageln, ohne ihn zu verschrecken? Wie muß der »Wortlaut der Forderung«[1] lauten, damit die Forderung nicht zum Vorschein kommt? Liebeskunst wäre also die Fähigkeit, das »Ich liebe dich« modulieren zu können, eine lockere Form des Flehens zu finden, alles mit dem Geständnis zu sagen – alles, außer dem Wunsch, der ihm zugrunde liegt. Denn das Entsetzen vor der Andersartigkeit ist zwar bestimmend, kann aber dem, der es einflößt, unter keinen Umständen eingestanden werden.

Daher müssen die geständigen Liebenden zugleich Falschspieler sein. Entweder unterschlagen sie die Intention des Vertrags, indem sie sie in der Intensität des Augenblicks untergehen lassen, oder sie legen ihr Geschick in die Hände des Humors, der in der Liebesbeziehung *die Höflichkeit der Forderung* ist. Fordere, da du nun einmal unter diesem Zwang stehst, aber tue es mit Humor, fordere höflich, leichthin, kleide deine Angst in ein

[1] Roland Barthes, *Über mich selbst*, München (Matthes & Seitz) 1978.

Lächeln und dein Kalkül in einen Scherz. Gerissen sind die Verliebten, wenn sie noch in völliger Transparenz ihr Geheimnis zu wahren wissen.

### Die Katastrophe der Einbildung

Es gibt zwei Arten, die Liebe zu leben: die Tändelei und die Leidenschaft. Einerseits die munteren Kreise des Verlangens, seine köstliche Ansteckung und seine Gastfreundschaft, vielfältige Bindungen, die unstet und ohne Gewicht sind, die ohne Forderung und ohne Ausschließlichkeit flüchtige Flirts aneinanderreihen, eine ständig sich verändernde, verschwimmende Gefühlslandschaft. Andererseits die Schicksalsfügung, der Blitzschlag der Leidenschaft – eine gewalttätige, jähe Fixierung, der Wahn anstelle der Unschärfe, das reglose Bild anstelle der Bewegung. Die Leidenschaft räumt auf: sie versammelt auf einer einzigen Person all die Gefühle, die von der unklaren, unausgesprochenen Liebe verschwenderisch in alle Winde verstreut worden sind.

Doch es gilt, diesen Antagonismus bis zu seiner Annullierung zu verfolgen, bis zu dem Moment, da die Wüstenei der wahnwitzigen Liebe sich als Spielart und nicht mehr als Umkehrung der unklaren Liebe erweist. Die ausschließliche Leidenschaft erprobt an einem einzelnen Wesen jenes Erzittern des Bildes, mit dem die nomadisch schweifende Leidenschaft belohnt, wenn sie die Falle der Fixierung meidet. Der Entstehung einer Leidenschaft haftet immer, auch wenn sie durch den Mangel, durch Ödipus oder die Literatur vorbereitet worden ist, etwas Absurdes an. Denn Leidenschaft ist Unordnung: sie zeigt an, daß meine Ordnung durch eine andere Ordnung verletzt worden ist, die mich übersteigt und die ich nicht fassen kann. Als bloße Reaktionsformel empört sich mein »Ich liebe dich« gegen meine Ohnmacht. Sobald sich meine Ordnung jedoch um den Anderen geschlossen hat, sobald sich zwei Menschen in Sicherheit vor der Gewalt der Trennung wiegen können, ist ihre Liebe vollendet, also tot. Nichts ist daher wichtiger für die Gefühle, als die Mission des »Ich liebe dich« zu hintertreiben: die Liebe (und hier begegnen wir aufs neue der Unbestimmtheit) im Zustand des Entwurfs zu belassen, die Schönheit dessen zu verlängern, was beginnt, das heißt sich für das Ausgeliefertsein zu entscheiden, nicht auf den schönen Schein der Sicherheit hereinzufallen, denn sie bietet keine Luft zum Atmen, bereit zu sein, in der Beunruhigung durch die Unordnung und im Schmerz der Flüchtigkeit die beiden einzigen gesicherten Tatsachen der Liebe zu sehen, die Trennung dem natürlichen Gang der Liebe zuzuschlagen, statt aus ihr deren Auflösung zu machen, die Erzählstruktur der Leidenschaft umzustürzen.

Der Kode der Liebe kennt keine andere Form der Trennung als den Bruch, keine andere Distanz als Bitterkeit und Promiskuität. Als ob Streit die einzig mögliche Form des Auseinandergehens wäre, als ob man die Trennung nur im Moment des Ehekrachs oder im Schweigen eines niedergeschlagenen Überdrusses empfinden könnte. »Sie waren füreinander geschaffen«, sagt man. Aber man müßte hinzufügen können: Ihre Liebe war der langsame Akt, mit dem sie diese illusorische Entsprechung zerstört haben, um sie – indem sie die Distanz mitten in die Intimität einbrachten – durch das *Wunder* einer grundsätzlichen Trennung zu ersetzen (denn wenn die Trennung mir das Vorrecht nimmt, die Wahrheit über das Rätsel des Anderen zu erkennen, bringt sie mir alle Möglichkeiten, über sein Wunder zu staunen).

»Ich liebe dich« – dies ist der Augenblick, da das Gedächtnis sich der Erfahrung bemächtigt. Ein Gedächtnis, das weit über mich hinausreicht, Erinnerung ist an das, was ich nicht erlebt habe. Ich kannte die Liebe, bevor ich sie erfahren habe, die Gewißheit zu lieben ist immer ein Wiedererkennen: Da ist es ja! So ist das also, was ich gelesen habe, dessen Verlockungen ich mir vorgestellt habe, nach dessen Anzeichen ich Ausschau gehalten, dessen Wonnen ich so sehnlich erwartet habe! Nun ist es endlich da! Die Formel »Ich liebe dich« trage ich in mir, bevor ich sie ausspreche, der Geschmack des ersten Mals gleicht dem Vorgeschmack, den die *Liebe zur Liebe* besitzt.

»Sie kam, ich sah sie, war liebestrunken ohne Gegenstand, die Trunkenheit bezauberte meine Augen – und machte nun sie zu ihrem Gegenstande.«[1] Das Neue fällt also nicht unbedingt mit dem ersten Male zusammen. Es zeigt sich erst in der Entzweiung und Unterschiedlichkeit, wenn das, was mir widerfährt, sich nicht

[1] J.-J. Rousseau, *Bekenntnisse*, a. a. O., S. 581.

auf den Traum zurückführen läßt, den mein Verlangen genährt hatte. Die Erwartung muß also die Enttäuschung wollen, denn der Andere zeigt sich nur an einem Ort und zu einer Zeit, die von der Erwartung nicht mit Beschlag belegt werden. Vom Anderen betroffen, bin ich sprachlos, mein Gedächtnis läßt mich im Stich. Die Fremdheit des Anderen negiert meine onanistischen Projektionen, meinen literarischen Taumel, den ganzen psycho-ideologischen Schrott meines Gedächtnisses. So entsteht das Wunder einer Trunkenheit *ohne Namen:* »Ich habe kein Wort, um das zu sagen.«[1]

Es gibt zwei Arten von Klarsichtigkeit in der Liebesbeziehung. Die erste ist das Ergebnis einer Suche nach den Mechanismen der Fixierung. Ich frage mich: Warum hat sich meine Leidenschaft gerade an diesem Anderen kristallisiert? Was hat dieser zufällige Partner an sich, daß er der Unbestimmtheit entgeht? Woher kommen die Evidenz und die Brutalität meiner Wahl, in welchem Bereich meines Wesens sind sie entstanden? Die Richtigkeit meiner Antwort wird von meiner Fähigkeit abhängen, das erwählte Wesen in Zeichen zu versetzen. Ich werde mein affektives Gesetz in der Bereitschaft des anderen erkennen, sich von dem Verlangen, das ich ihm entgegenbringe, entmaterialisieren zu lassen, sich aus der eigenen Person davonzustehlen, um die Rolle des Ersatzes, des Signifikanten einer ödipalen Instanz zu spielen. Indem ich den Anderen zu diesem traurigen Spiel der »Nicht-Gegenwart«[2] bewege, offenbart sich mir der tödliche Automatismus meiner Objektwahlen.

Doch die Liebe zeigt sich auch in einer genau entgegengesetzten Erfahrung: der Andere *bewegt* sich und läßt sich nie ganz auf das Bild (das Klischee) festlegen, das ihm meine Leidenschaft vorschreibt. Wenn der Erwählte meines Herzens mich an den Gründen meiner Wahl zweifeln läßt, wenn das Bild, aus dem mein Liebeswahn die Notwendigkeit dieser Wahl bezieht, unbeständig, widerruflich und unscharf wird, dann gelange ich zur Klarsichtigkeit der Ohnmacht: der Andere wird mir zu einem wortlosen Rätsel. Er ist weniger Signifikant einer abwesenden Instanz als rätselhafte Abwesenheit eines stabilen und sicheren Signifikats.

[1] Marguerite Duras, *L'Amour,* 1971.
[2] J.-F. Lyotard, a. a. O.

In den verwickelten Verhältnissen der Liebesbeziehung heißt Klarsichtigkeit also letztlich, daß eine doppelte Schwäche aufgedeckt wird: eine Schwäche des Subjekts, das durch den unbewußten Kode aus der Verantwortung seiner Wahl entlassen wird, aber auch eine Schwäche und ein totales Versagen des Kodes, der das andere Wesen nicht auf die Rolle festzuschreiben vermag, die er ihm aufzwingen sollte.

So dürfen wir von der unklaren Liebe sagen: sie ist das Gedächtnis, das mich im Stich läßt, der Mißklang in der Wiederholung, die Katastrophe der Einbildung.

## Polygame Paare

Dem Anderen deutliche, klare Kontur zu verleihen – das ist der Imperativ im Kern der Liebeserklärung. Der Andere ist ein Gewirr von flüchtigen, mobilen Disparitäten, ein Schillern von Verschiedenheiten, in das die Formel »Ich liebe dich« eindringt, um Sinn zu stiften. Ein scharfer Riß trennt den Gegenstand meiner Liebe vom ganzen *Rest,* von all dem, was er *nicht* ist. Ein Wesen – das »Du« – wird durch Gegenüberstellung identifiziert. Ich liebe dich: *dich* und nicht den Anderen, den Abgetrennten, den Vielförmigen, der seine Unbeständigkeit jenseits der gesetzmäßigen Ordnung des Duzens entfaltet. Ich liebe dich: *dich* und nicht die anderen, die unabsehbare Menge potentieller oder tatsächlicher Bewerber. Lieben heißt aussondern. Dank eines doppelten Opfers – der Adressat opfert seine *Unendlichkeit* (seine Fähigkeit, sich jedem Zugriff zu entziehen), der Absender seine Polygamie (die *unbegrenzte* Virtualität seines Verlangens) – kann das Gefühlsleben nun ans Licht kommen. Die Liebeserklärung – das Versprechen, die Menschheit beiseite zu lassen, und die Bitte an den Anderen, eine bestimmte Gestalt anzunehmen – ist mithin die feierliche semiotische Handlung, die die diffuse Welt der Andersartigkeit in *dies* und *nicht-dies* unterteilt, die der Vielfältigkeit die Polizei des Zeichens auf den Hals hetzt. Keine Disparitäten mehr, nur noch die trennende Schärfe eines Gegensatzes. Was ist eine Liebesgeschichte anderes als das Schicksal und die Abenteuer dieses Gegensatzes, der den Ausgangspunkt darstellt? Bleibt er erhalten? Oder verschiebt er sich, verwischt er sich, nimmt er eine andere Gestalt an? Und wenn ja, welche Kräfte, welche Wünsche tragen die Schuld daran?

Kraft seiner Ohnmacht, wie gesagt, widersteht der Andere den Rollen, in die ich ihn pressen will, zu denen ihn mein Gedächtnis einlädt, in denen mein Verlangen ihn aufnimmt. Sein Wesen ist Plural, oder vielleicht erscheint er mir nur als Plural, weil er meinem Wunsch hohnlacht, ihm ein bestimmtes Wesen zuzuweisen. Der Andere kennt keinen Fixpunkt, und deshalb finde ich keine Ruhe. Nicht aus Hinterlist oder Grausamkeit will er mir durch seine Flucht entgehen – die Liebe, die ich ihm entgegenbringe, steht meinem Wunsch entgegen, ihn mir anzueignen. Die Möglichkeit, geliebt zu werden, macht den Anderen zittern. Alle Gesichter durchläuft er, ohne in einem einzigen zu verweilen, und gestattet sich selbst nur eine zarte Annäherung. Vergebens wiederhole ich die Umarmungen, in der Ohnmacht der Liebe bleibt meine Beziehung zum Anderen nur flüchtige Berührung. Liebesohnmacht oder Liebeslust zu erleben heißt also, in sich den Reichtum der Polygamie mit bitterster Armut zu verbinden. Ich werde *verwöhnt* (durch die unerschöpfliche Fähigkeit des Anderen, sich zu vervielfältigen) und zugleich *kurzgehalten* (durch die Unfähigkeit, mein heftiges Besitzstreben im Zaume zu halten, den Wunsch zu zähmen, *meinen* Teil, *meine* Entspannung in der Menge ausfindig zu machen, in der sie sich verloren haben). Wenn der Andere in dem Verhältnis, das ihn bindet, nicht ganz anwesend ist, rettet er die Zweierbeziehung vor dem Ehestand – dieser Verpflichtung, die Sicherheit mit der Langenweile zu büßen und statt der Risiken der Unbeständigkeit die Monotonie der Ehe zu wählen.

Aber was heißt wählen, wenn nicht einen Raum zu öffnen für Auseinandersetzungen, Austausch und Kompromisse zwischen dem gewählten Dasein und dem, was man ausgeschlossen zu haben glaubte? In Wahrheit seien wir niemals imstande, auf etwas zu verzichten, lehrte Freud; wir könnten immer nur eins gegen etwas anderes austauschen, und was als Verzicht erscheine, sei in Wahrheit nur Ersatzbildung.

Im selben Maße, wie das »Ich liebe dich« die Zweierbeziehung ausdrücklich gegen die Polygamie abgrenzt, kann sich das Paar nur als *polygames Symptom* entwickeln. »Du bist alles für mich«, sage ich zum geliebten Wesen, um ihm klarzumachen, daß die anderen nichts für mich sind, daß ich sie abweise. Doch dieses Kompliment ist zugleich als Befehl zu verstehen. In der totalen Verehrung steckt auch ein totalitärer Zwang. Ein Protest der Abgewiesenen gegen ihre Vernichtung. »Sei alles für mich!« Das heißt: sei die Vielgestalt, auf die ich verzichte, die Abenteuer, die ich opfere, die Menschen, die ich nicht kennenlernen werde, sei meine Phantasie, meine Träume, die ich mir nicht erfüllen kann – kurzum, sei alles, nur nicht das, was du bist, nämlich die Weigerung, dich auf mein Verlangen eingrenzen zu lassen. In diesem Stück mit unbegrenzter Personenzahl lege ich die Rollen fest und überlasse dir nicht einmal ihre Zusammenstellung. Wenn ich mich ganz und gar dem Anderen hingebe, verlange ich von ihm, daß er die Gesamtheit der Phantasien und Antriebe befriedigt, mit denen die Welt mich reizt. Das Außen findet zwar in den ehelichen Rahmen zurück, aber in Form einer Vorladung. Der erwählte Partner hat den Auftrag, das ganze Spektrum der ausgeschlossenen Geschöpfe *abzudecken*. Die Ehe als Spielart der Polygamie. Dieser Despotismus kulminiert in der Enttäuschung, das heißt im Vorwurf, der dem einzigen Objekt meiner Liebe daraus gemacht wird, daß es nicht in der Mehrzahl vorkommt. Der *Ehekrach* ist also die Apotheose der totalitären Leidenschaft. Das Paar zerbricht an dem Umstand, daß es auf sich selbst zurückgeworfen ist. Die Partner stoßen sich an der unerträglichen Evidenz ihrer Endlichkeit. Gebeutelt von einem Haß, der von Entmutigung und Erschrecken genährt wird, machen sie einander zum Vorwurf, daß sie nur zu zweit sind. »Du bist alles für mich.« – »Sei alles für mich!« – »Ah, das ist typisch für dich . . .«: drei Formeln, in denen sich die Geschichte einer Liebe ausdrückt. Die häusliche Ordnung beruht auf dem Ausschluß der Welt, doch man sollte kein blindes Vertrauen in die semiotische Wirksamkeit des »Ich liebe dich« setzen: wir beide hüben, der ganze Rest drüben. »Denn der Ausdruck *Rest* ist hochgradig ambivalent: er bezeichnet zugleich das, was man als Abfall wegwirft, und das, was übrigbleiben wird.«[1]

So hat niemand die Macht zur Wahl: der Ausschluß ist zugleich der *Beweis* und die *Lüge* der Liebeserklärung. Die großartige Selbstaufopferung übergeht mit Schweigen den Preis der geforderten Gegenleistung – sie kennt ihn ja auch noch nicht. Das »Ich

[1] Leclaire, *On tue un enfant*, Paris, Ed. du Seuil 1975, S. 85.

liebe dich« ist ein kalkuliertes Opfer, ein Geschenk, das auf ein Gegengeschenk spekuliert. Was ich dir opfere, hast du mir zurückzuerstatten. Ich gebe vor, auf die Vielfalt der Leidenschaften zu verzichten, die mich an die Welt bindet, doch in Wirklichkeit bürde ich sie einem einzigen Menschen auf, der sie für mich realisieren soll. Ich wähl dich, das heißt: ich gebe dir den Auftrag, die durch meine Wahl bewirkte Amputation zu kompensieren. Ich verzichte auf die Menschheit, um dich, geliebtes Wesen, mit dem allerhöchsten Anspruch zu erdrücken: du sollst mir die ganze Menschheit ersetzen.

## Das Ende des Ehemodells

Agonie der Zweierbeziehung? Zahlreich sind die Doktoren, die der Todkranken ein baldiges Ende voraussagen. Vor allem auf äußere Gewalteinwirkung sei die Verschlechterung der ehelichen Beziehungen zurückzuführen. »Wie soll das Paar eine Insel der Harmonie inmitten einer aggressiven und neurotischen Gesellschaft bilden können?«[1]

Mit anderen Worten: da niemand glücklich sein kann in einer unglücklichen Welt, würden demnach die Partner in ihrer Zweierbeziehung all das ausspeien, was sie draußen an Haß, Erschöpfung, Angst und Gleichgültigkeit schlucken mußten. Das Paar wäre also das getreue Spiegelbild des Elends, in welches der Kapitalismus die Gesellschaft stürzt. Vielleicht. Aber kann man nicht auch sagen, daß die Trutzburg der Liebe sich – obwohl aller Illusionen entkleidet – gerade deshalb noch *zu halten* vermag, weil uns die Gesellschaft keine Entfaltungsmöglichkeit bietet? Nur in einer unglücklichen Welt erweist sich der Wunsch, glücklich zu ein, als so hartnäckig, muß das Glück unausweichlich die Gestalt quietistischen Friedens, zellularer Abgeschlossenheit annehmen: mich verlangt es nach der Zweierbeziehung, damit ein Außen und ein Innen sei, damit ich auf die Straße gehen kann, ohne unter der Anonymität zu leiden (da ich ein Zuhause habe), damit ich in Sicherheit bin vor der Ungewißheit der Verführung, damit ich, in einem Wort, den sozialen Verfolgungswahn loswerde. Die Zweierbeziehung ist also weniger ein Ver-

[1] *Sex-Pol,* Juni 1976.

zicht als eine Flucht; sie bleibt weiterhin die bequemste Einrichtung für alle diejenigen, die vielleicht nicht gerade vom Ideal der großen Leidenschaft heimgesucht werden, aber doch immerhin vom Bedürfnis nach Sicherheit und vom Wunsch nach Abgrenzung. Das vielbeschworene »Wir« hat zuerst einmal die Aufgabe, uns gegen die »Sie« zu verteidigen. Je feindseliger die Gesellschaft ist, um so nötiger brauchen die Individuen eine Zweierbeziehung. Statt an der Härte der gesellschaftlichen Beziehungen zu zerbrechen, zieht die Zweierbeziehung gerade aus dieser Härte ihre Kraft. Zum Lebenspartner wird mir der Andere dadurch, daß er mein Dasein nicht vermarktet, daß er mich erwartet, daß er da ist, greifbar, daß er Beständigkeit ausstrahlt und schließlich, daß er für mich – wie ich für ihn – einen erworbenen und gesicherten Wert darstellt.

Doch wenn die Zweierbeziehung vom Elend der Gesellschaft weniger angesteckt als konsolidiert wird, so ist sie zumindest an sich selbst krank, krank an der Liebe. Die Ehe aus Neigung ist bekanntlich eine noch junge Errungenschaft. Erst seit kurzem können die Partner einander frei wählen, die Empfindsamkeit als einzigen Gesichtspunkt gelten lassen, auf ein »Ich liebe dich« hin heiraten. Dieser »endlich realisierten Monogamie« (Engels) lag ein schönes Ideal zugrunde, daß nämlich die irdische Institution der Ehe mit der metaphysischen Vokation der Liebe zu vereinen sei, das heißt mit der Idee vom Einklang zweier Wesen, die zu einer Einheit zusammenwachsen. Doch was geschieht heute, da die äußeren Hindernisse aufgehoben sind, die der Realisierung des Liebesvertrags im Wege standen, und da die Leidenschaft aus einem Prinzip des Aufruhrs zu einem Prinzip der Verbindung geworden ist? Die befreite Liebe hält die Distanz nicht ein. Stets greift sie über das hinaus, was sie weiß und kann. Die Zweierbeziehung unserer Tage ist das Unheil, das durch dieses törichte Ideal heraufbeschworen wurde.

»Keine Liebe ist zwischen Ehegatten möglich«, das wußte bereits die höfische Lebensart des Mittelalters. Heute aber können die Eheleute sich nicht mehr auf die Bosheit der Eltern oder die Ungerechtigkeit der gesellschaftlichen Ordnung berufen. Sie haben keinen anderen Feind mehr als sich selbst, als die Blindheit ihres Schwurs. Das Leben zu zweit ist die Buße, die sie für das Geständnis tun, mit dem ihre Beziehung begann, die Strafe, die sie sich dafür auferlegen, die sie dafür erleiden, daß sie gesagt haben: »Ich liebe dich.« Selbst die vollkommensten Beziehungen bleiben nicht vor der Erosion bewahrt, die das Alltagsleben dem leidenschaftlichen Gefühl aufzwingt. Daher die neue Idee (vgl. Jim Haynes und andere), man müsse heute in ein und derselben Fluchtbewegung sowohl die eheliche Ordnung wie auch die Romantik aufgeben, da letztere ersterer – nachdem sie ihr lange Widerstand geleistet hatte – heute als Grundlage dient. Denn man ist sich sicher, daß man rasch wieder dingfest gemacht werden würde, wenn man die Ehe aufgäbe, ohne sich zugleich von der Sprache zu befreien, die das Gefühlsleben auf den Endzweck dieser Institution einstimmt. Die eheliche Ordnung ist es, die sämtliche affektiven Möglichkeiten in den Netzen der einen großen Liebe einfangen will, sie ist die Quelle des Ideals von der einzigen Leidenschaft und verlangt von den vielfältigen realen Leidenschaften, sich in ihr zu erkennen und sich an ihr zu messen. Daher wollen die »Kommunen« mit der Zweierbeziehung zugleich jene Form der Liebe außer Kraft setzen, die ihr unvermeidliches Schicksal ist: das Besitzstreben. Vielleicht ist ja die ausschließliche Leidenschaft tatsächlich nur ein vorübergehendes Produkt der schlechten Geschichte der Männer. Gleichwohl ist nicht zu bestreiten, daß uns die Liebe – weil wir zu sehr an den alten Formen kleben, weil wir den großen Sprung nicht wagen, weil wir unfähig sind, den Einschnitt im Bereich der Liebe zu konzipieren – daß uns die Liebe weiterhin *überfällt*: wir verfallen ihr, *we fall in love.* Wir gehen immer wieder in die Falle, die uns das System der ehelichen Zweierbeziehung stellt. Wenn sich die Ehe künftig als Sackgasse erweist, werden die Eheleute deshalb nicht gleich überall auseinandergehen, noch wird man unbedingt allerorten Kommunen gründen. Was freilich nicht heißen soll, daß nichts geschehen wird. Nur muß das Geschehnis nicht unbedingt die triumphale Gestalt der Alternative annehmen. Das Scheitern des Ehemodells bedeutet weder das Ende der Zweierbeziehung noch seine Ablösung durch eine bessere Institution, sondern das Aufkommen einer Fülle von Zwischenformen, in denen die Liebenden ihren Liebesvertrag mit viel List auslegen. Sie tun sich im Namen der Liebe zusammen, weigern sich aber immer häufiger, ihre Verbindung unter dem Zeichen der Totalität zu leben. Ein untrennbares Ganzes wollen sie sein, sich aber nicht einer im anderen verlieren; sie haben kein Interesse an der langen, festgefahrenen Ekstase der großen Liebe. Sie sagen »Ich liebe dich« und benutzen die Formel, doch sie erfinden tausend Möglichkeiten, ihre Wirkung abzuschwächen. Wir erleben das Zeitalter der ungläubigen Liebenden, die nicht einmal dem Verlangen vertrauen, das ihnen ihre Leidenschaft diktiert. Die wachsende Zahl der Probeehen, dieser Widerstand der beiden Partner, das Konkubinat mit dem Ehestand zu vertauschen, zeigt an, daß das alte Liebesideal heutzutage Angst macht. Die Weigerung zu heiraten ist vielleicht nur eine winzige, mikroskopische Veränderung, eine bloße Beschwörungsgeste – trotzdem zeugt sie von der Skepsis der Liebenden gegenüber ihrem eigenen »Ich liebe dich«.

Jeder behält seine Wohnung, selbst wenn das Paar abwechselnd in der einen und in der anderen schläft, oder noch kühner, man tut sich gemeinsam um, man lädt Dritte ein, man praktiziert den Partnertausch. »*Open*« nennt man solche Paare im angelsächsischen Sprachraum. Sie hintertreiben die autistische Tendenz der Ehe. Auch künstlich kann man sich trennen, um eine Verbindung, die von zuviel Beständigkeit bedroht wird, etwas fragiler zu machen. Denn die Liebe will heute zwar Garantien ihrer Dauerhaftigkeit, aber auch Beweise dafür, daß sie gefährdet ist. Sie verlangt nach widersprüchlichen Zeichen. Das sind winzige Verschiebungen, in denen sich gleichwohl die Suche nach einer neuen Form des Liebesverlangens ausdrückt. Zwar sagen wir weiterhin »wir«, doch wir nehmen dabei dem Pronomen alle Beweiskraft; wir handeln niemals so vorbedacht und einfallsreich, daß wir unsere Zweierbeziehung ernsthaft gefährden; wir behaupten, der Andere und die anderen ließen sich unter einen Hut bringen; wir streben – wie nach einem unerreichbaren Ziel – nach jener Steigerung der Affekte, aus der heraus man gleichzeitig sagen könnte »Ich liebe dich« und »Ich liebe euch«.

Wenn die noch ungewissen Verhaltensweisen einen Liebeskode brauchten, würden wir ihn in zwei Imperativen zusammenfassen: erstens nichts verlieren, das heißt sich die Sicherheit der Zweierbeziehung bewahren, ohne sich in das Gefühlskloster einzuschließen, das sie voraussetzt; zweitens sparsam mit sich selbst umgehen, was heißen soll, nicht alles einem einzigen Menschen geben, bei aller Leidenschaft stets etwas offenhalten, den Wert der Liebe niemals am Ideal der Totalität messen. Solche nichtkodifizierte Lebenskunst ist das Ergebnis einer genauen und schwierigen Dosierung von Zurückhaltung und Hingabe. Paradoxerweise ist ja Zurückhaltung eine emotionale Verhaltensweise, die in der Liebesbeziehung die Grobheit durch Zartgefühl ersetzt. Denn in ihr steckt die Weigerung, die Liebe den widersprüchlichen und gleichzeitigen Zwängen des blöden Realitätsprinzips (sich begnügen mit dem, was man hat; den Spatz in der Hand höher schätzen als die Taube auf dem Dach) und jenes noblen Totalengagements auszuliefern, das alle Begierden auf eine Person auszurichten verlangt, selbst jene, die gar nicht ihr gelten. Wer nicht sparsam mit sich umzugehen vermag, kann nicht lieben, denn früher oder später wird er den Anderen zur bloßen Anlagemöglichkeit seines Affektkapitals reduzieren. Wer nicht sparen kann, der investiert statt zu lieben.

Also keine Angst, liebe Leute, wir sehen keinen Umsturz kommen: das Leiden verschwindet nicht aus der Leidenschaft, die Liebe torkelt nicht gänzlich auf seiten der Euphorie. Allerdings verliert sie ihre Scham, indem sie aufhört, lediglich das zu begehren, was ihr die eigene Tradition zu begehren vorschreibt. Der Kompaß ist durcheinandergeraten, die Magnetnadel zeigt nicht mehr auf den Norden der Einheit. Zu zweit und doch eins zu sein – diesen Wunsch läßt die Liebe fahren, wenn das Paar sich hinauswagt aus dem vom Ehemodell abgesteckten Rahmen. Als ob das erste Wort der Liebe – »Ich liebe dich« – nicht ihr letztes wäre. Als ob die Leidenschaft, die sich selbst unverständlich geworden ist, nicht mehr wüßte, was ihr letztes Wort sein wird.

## Grundlegende Platitüden

1. »Jeder Mensch, der lächelt, ist schön. Das Lächeln strahlt positive Energie aus. Zu viele Menschen fühlen sich häßlich. Das ist die schlimmste Entfremdung. Sobald sie ein bißchen Glück ausstrahlen, werden sie schön. Wenn sie glauben, daß sie häßlich sind, werden sie es« (Jim Haynes).
   Was macht es also, wenn du einen Buckel hast, Segelohren, 'ne Glatze, wenn dir die Nase schief im Gesicht steht, wenn deine Zähne verfault sind, wenn dein Gesicht nach ein paar Autounfällen aussieht, als sei es durch den Fleischwolf gedreht worden – ich versichere dir, alter Freund, wenn du lächelst, dann strahlst du, dann platzt du vor Energie aus allen Nähten, dann vernaschst du sie alle. Auf geht's, Quasimodo, du bist der Schönste! Allez-hopp, Playboy!
2. »Der Phallus ist nicht der Penis. Die symbolische Kastration ist nicht die wirkliche . . .« (Freud, Lacan und Konsorten).
   Eine äußerst scholastische Spitzfindigkeit, die einfach nicht in den Kopf der Menschen hinein will. Wenn doch der Phallus ganz und gar nicht das männliche Glied ist, warum besteht man dann so hartnäckig darauf, ihm diesen Namen zu geben? Warum leistet man der semantischen Konfusion absichtlich Vorschub? Merkwürdig, merkwürdig . . .
   Wie armselig ist letzten Endes diese Geschichte vom Phallus, dieser Mythos der Kastration – allzu sehr drängt sich auch hier der Eindruck auf, die Huldigung vor dem männlichen Geschlecht (mit anderen Worten, der Phallozentrismus) verflüchtige sich aus dem expliziten Inhalt dieser Diskurse nur, um unbeschadet in seinen Signifikanten erhalten zu bleiben.
3. Die Rede von der »Phallokratie«: eine berechtigte Anprangerung der männlichen Macht, aber auch eine neue Variante der Einschüchterung. Ihr Männer und Frauen, die ihr glaubt, die Sprache der Befreiung zu sprechen: durch eure Phantasien spuken noch zu viele Eiffeltürme, zu viele hohe Bäume, zu viele aufragende Bergspitzen. Objektiv verfallt ihr genau jener Schuld, von der ihr euch subjektiv reingewaschen glaubt. Der Begriff »Phallokratie« ist keine Frage richtiger

oder falscher Analysen, sondern eine des Strafmaßes, wie der Begriff des Volksfeindes bei Stalin. Eine bequeme Idee, in deren Namen der Andere immer unrecht hat, was er auch sagt. Ein ideales Mittel für Paranoiker, das nicht dazu dient zu verstehen, sondern zu trennen, zu spalten und zu vernichten.

# III. Lust der Frau

> Der Schwarze Kontinent ist weder schwarz noch unerforschlich. Er ist nur noch nicht erforscht, weil man uns glauben gemacht hat, er sei zu schwarz, um sich erforschen zu lassen. Und weil man uns glauben machen will, daß unser Interesse dem weißen Kontinent gelte mit seinen Monumenten des Mangels. Und wir haben es geglaubt. So hat man uns zwischen zwei schrecklichen Mythen gebannt – zwischen dem von der Medusenfratze und dem vom Abgrund.
>
> Hélène Cixous

Trunkenheit der Frau, die ich umarme, Verzückungen, die die Sinne nicht verwirren und weder systematischer Beobachtung noch objektivem Bericht zugänglich sind, Gefühl, das sich mir mitteilt, das sich in mir regt, das seine Kraft in meiner Ohnmacht einbüßt und dennoch nicht meines ist. Mit welchem Recht schicke ich mich an, von ihm zu sprechen, ich, der es nicht sieht, der keinen Namen dafür kennt? Darf ich die unübersetzbaren Eruptionen dieses Körpers in unzulängliche Bezeichnungen übersetzen? Vielleicht aufgrund des plötzlichen Fieberanfalls, den er in mir auslöst, aufgrund jener Teilnahme, zu der er mich gegen meinen Willen hinreißt.

Lust der Frau, mir vollkommen äußerlich, Triumph des Fleisches in meinem eigenen Fleisch, Konvulsionen, die mich faszinieren wie eine Wüste oder ein Ozean faszinieren kann, weil sie mich ausschließen und von einer Art natürlicher Einheit zeugen, die sich selbst genügt. Kein Bruch in dieser endlosen Trunkenheit, die den Mann stets fernhält, ihn verbannt, indem sie ihn mit ebenso unmerklichen wie unüberwindlichen Grenzzäunen umgibt. Denn dieses Innen, in das die Frau mich trotz allem eintreten läßt, ist abgeschlossen wie die Dunkelkammer des Fotografen. Und sie ist so offen, so preisgegeben, daß sich kein Innen dem Zugriff entzieht. Das Geheimnis ist so augenscheinlich, daß es sich fast schon wieder verflüchtigt, es tarnt sich nicht, und indem es sich meinem Blick, meinem Eifer, meiner Berührung preisgibt, wird es mir nur um so undurchdringlicher. Ein Geheimnis ohne Geheimnis, ein Versteck, in dem sich nichts verbirgt, eine angestrengte Flucht, die nicht vom Fleck kommt und trotzdem unfaßbar bleibt. Wer auch nur einen Zipfel von der Freundlichkeit einer Frau erhascht, der merkt, daß uns das Geheimnis vielleicht zugeflüstert wird, daß wir es aber nicht verstehen. Weil wir keine Ohren für diesen schrankenlosen Sinnestaumel haben.

Die Lust, die jede andere Lust überschreitet, die Lust der Frau also, läßt sich nicht ungestraft in den Bereich der Liebe einbringen. Sobald man es versucht, vernichtet sie sich selbst und zerstört in ihrem Rasen die Sinne, in die man sie einschließen will. Sie ist die Aufhebung jedes dauerhaften Zustandes, was auch Aufhebung eines jeden paroxystischen Zustandes meint, und läßt die Grenzen dessen, was Worte auszudrücken vermögen, hinter sich – die Grenze jeder Sprache, die Grenze jeder Körperlichkeit. Von ihr kann ich mir kein Bild machen, sie anbeten heißt mir selbst die Pflicht auferlegen, eine unsichtbare Gottheit anzubeten. Die Frauen genießen das Vorrecht der Lust, weil auf den Männern der Fluch der Entladung lastet. Aber diese Lust läßt sich nicht artikulieren, sie ist vielgestalt, ohne Inhalt. Ich habe nicht teil an ihr, ich genieße nur ihren Ausdruck, wenn sie wie Wasser aus einer unerschöpflichen Quelle an meinem Körper herunterrinnt. Die Krämpfe der Geliebten besitzen nicht die platte Gewißheit des männlichen Samenausstoßes. Sie zeigen mir ein verzerrtes Gesicht, das mich unter dem Zugriff einer unerträglichen Qual nicht mehr sieht, dieses Gesicht, das ich nicht in meinen Blick zu zwingen vermag, als schliefe es, diese weißglühende Haut, die sich an mich preßt oder mich flieht, dieses schwindelerregende Ballett von Beinen, Armen, Küssen, das mich einbezieht, mich zurückweist, das sich an meiner Berührung entzündet, aus meinem Fernsein Wildheit zieht, mir von tausend Dingen spricht, die ich nicht verstehe, und mir immer nur das eine mitteilt: ich bin nicht, wo du bist, ich hebe an, wo du noch nicht einmal zusammenzuckst, weder kannst du mich klar sehen noch in anderer Weise deutlich wahrnehmen, weil ich nicht dem Vorstellungsbereich angehöre, in dem du deine Sinneserfahrungen machst.

Von dieser Lust zu sprechen heißt, im Fegefeuer vom Paradies, in der Wüste vom gelobten Land zu sprechen (aber dieses Paradies – so muß man hinzufügen – ist nicht unbedingt brüderlich, freundschaftlich und einladend, es kann ebensogut unerträglich, zerstörerisch, zu stark und zu heftig für uns sein). Von dieser erotischen Qual zu sprechen heißt, von einer Forderung, die wie ein Gespenst ihr Unwesen in uns treibt, heißt ausgehend von einem begrenzten Trieb über einen Trieb ohne Gegenstand, ohne anatomisches Gegenstück im Körper des Mannes zu sprechen, von einem Trieb, den nur die Frau erfahren kann. So sprechen wir von einem anderen Wesen, das uns schüchtern betört, das befangen ist angesichts des Geliebten, den der Anblick dieser ihm verschlossenen sinnlichen Zungenfertigkeit wahnsinnig macht. Diese Lust auszusprechen – sie ungeschickt auszusprechen über all die Entfernung hin, die uns von ihr trennt – heißt die Stimmen in uns vermehren, heißt sich durch einen anderen Körper ausdrücken, durch eine andere Triebökonomie, durch einen anderen Knochenbau, anderen Atem, andere Atemzüge, durch ganz anders geschwungene Wimpern, durch die Sanftheit und Bitternis des Blickes, die üppige Wölbung von Hüften und Busen, die Seide der Haut, die Zartheit von Händen und Schenkeln, heißt in uns einem anderen Herzschlag Raum geben, anderen Lustballungen, Hitzewandlungen, Kaskaden von Lustkrämpfen, deren jede eine Welt ist, die wie ein Stern aufbricht, explodiert und stirbt. Es heißt also nicht, ein neues Wissen von den Frauen zu verkünden und es als ihre Wahrheit an ihrer Statt auszusprechen, sondern vom anderen Ort unserer Verschiedenheit über eine Fremdheit zu schreiben, die uns aus den Angeln hebt und uns das Herz zusammenschnürt. Also im Banne jenes Gefühles zu sprechen, das in uns erwacht, wenn die Lust der Frau uns verjagt; also im Exil sprechen – wenn es wahr ist, daß man immer nur aus äußerster Unkenntnis etwas Richtiges schreibt.

Warum sollen wir aber diese Liebesverzückung lieben, ihr einen Teil unserer Libido abtreten? Dieses Wunder der Objektbesetzung versteht sich durchaus nicht von selbst. Was können wir dabei gewinnen? Die Möglichkeit, uns zu verlieren.

Daher der Schrecken und der Haß des Mannes vor dem Lustkrampf der Frau: die Frau ist seine Grenze, ist das, was ihn von allen Seiten umgibt, ist die Versuchung, der er nicht erliegen kann, wäre es auch sein tiefster Wunsch (nur im Analverkehr vermag der Mann vielleicht eine Annäherung an die Ekstase der Frau zu finden, und auch der Anus – selbst der empfindsamste, der er- und befahrenste – besitzt weder die Innervation noch den Empfindungsreichtum des weiblichen Geschlechts). Das Verlangen des Mannes ist ein gelähmter Drang, verurteilt zur Finsternis einer schmerzlichen Blindheit. Es ist nicht das Verlangen nach einem begehrenswerten Gegenstand (wie in der religiösen Versuchung), dem man nicht nachgeben will, sondern der blinde, unwiderstehliche Wunsch nach jenen Verzückungen, die das geliebte Wesen wie eine Ohnmacht umfangen. Es ist nicht das Verlangen nach dem Andern, sondern – viel dunkler, viel aberwitziger – das Verlangen nach seiner Andersartigkeit, nach der einzigartigen Seligkeit, in die dieser Körper, der nicht der meine ist, eintaucht. Die Lust der Frau lockt nicht wie die verbotene Frucht: diese Frucht ist nicht verboten, sie ist unmöglich, unerreichbar (man muß eine Frau bereits »besitzen«, um nach der Intimität zu trachten, die in ihr erblüht, sie entzückt, sie zerreißt). Während der Umarmung dringt eine Stimme durch die Mauern, gelangt auf die andere Seite des Spiegels und spricht, schreit, heult, überschlägt sich, weint, lacht, erstickt; diese Stimme erzürnt uns, weil nichts sie zähmt, bringt uns in Harnisch, weil sie sich an niemanden wendet. Die potentielle Unermeßlichkeit der weiblichen Lust (potentiell, insofern sie nicht gleichermaßen in jeder Frau anwesend ist, wenn sie auch tendenziell in allen steckt, potentiell auch, weil auf diese Lust nie Verlaß ist), diese unverständliche, empörende Unermeßlichkeit – empörend aus dem Blickwinkel des Mannes, dem Sparsamkeit, Atemlosigkeit, Knappheit vorgeschrieben ist – erschreckt und beklemmt uns in dem Maße, in dem unserer Anatomie dort kein Raum mehr bleibt. Von einer Art Schwindelgefühl oder einem Abscheu gegenüber dem eigenen Geschlecht wird erfaßt, wer sich selbst – der Unzuverlässigkeit seiner Drüsen, der monotonen Stereotypie seiner Orgasmen – die unendlich gegenwärtige Tiefe der weiblichen Lust vorhält, die zugleich unendliche Abwesenheit ist. »Der wirre Schuttplatz der erotischen Konvulsion« (Georges Bataille) – der Mann weist ihn nicht in schaudernder Angst oder verletzter Scham von sich, sondern würde im Gegenteil wer weiß was dafür geben, wenn er sich in ihm wälzen, sich keuchend in ihn hineinwerfen könnte wie in den köstlichen Abgrund, in dem uns nichts genug peinigen kann. Seine Frustration (selbst wenn er »befriedigt« ist) erwächst daraus, daß kein Aufruhr, keine Revolution ihn bedroht hat, daß eine heimtückische Ordnung, gegen die er nichts vermag, ihn auf alle Ewigkeit vor dem Ungleichgewicht bewahrt. Die Frau verfällt nicht dem Wahnsinn oder dem Tod (das sind dumme Vereinfachungen unendlich komplexerer

Zustände): ihr wird ein Übermaß zuteil, ein schwindelerregender Höhepunkt, sie erklimmt einen Gipfel, auf den ihr der Mann nicht folgen kann. Doch der Mann kann sich auch nicht abwenden von diesem Gipfel, ohne sich abzuwenden von dem, worauf sein Verlangen sich dennoch richtet. Wo die Frau in den Konvulsionen der Lust vergeht, behält der Mann einen klaren Kopf. Wie sehr er es sich auch wünschen mag, er kann ihr nicht folgen. Ich sehe etwas, das keinen Preis hat, das »sich jeder Währung entzieht, sich beim besten Willen nicht mit einem Geldwert ausdrücken läßt, sich in den Gewinnspannen eines jeden Kapitals verflüchtigt, eine Ausgabe, die sich nicht in Ressourcenverlusten berechnen läßt.«[1] Ich kann lediglich feststellen, daß da Lust ist, und verstummen, verzweifelt über eine Nähe, die sich mit keiner Gleichung und keinem Vergleich zufriedengibt.

Angesichts der Lust der Frau gibt es keinen Techniker[2], es gibt nur Liebhaber, die sich ausliefern: in erster Linie verzichten sie auf die Macht, die sie auszuüben glauben. Den Anderen als Frau erkennen heißt, über die außerordentliche Lust, zu der sie fähig ist, nicht im unklaren bleiben. Insofern ist kein Liebhaber der beste, gibt es keinen anmaßenden Übermann mit imponierendem Geschlechtsapparat, keinen Herkules mit gewundenem Glied. Die Kraft, die sie in der Frau geweckt haben, dürfen sie sich nicht als Belohnung oder Geschenk anrechnen, nicht als Orden für besondere Leistungen anstecken. Diese Kraft ist ungezähmt, wild, entzogen jedem Versuch der Aneignung, Gewinnabzug, Mehrwert der Männlichkeit. Lust zu verschaffen ist kein Synonym für besitzen, die Intensität der Blitzstrahlen, die das Fleisch der Geliebten durchzucken, setzen alle Intentionen ihres Partners außer Kraft. Niemandem gebührt das Privileg, sich als Urheber dieser Lust zu verstehen, niemand ist ihr legitimer, seiner Sache gewisser Treuhänder. Der Körper der Frau ist

[1] Luce Irigaray, Spéculum, a. a. O., S. 240.

[2] Der Techniker spielt mit dem Körper des Anderen, er bearbeitet ihn, wie in der Pornographie bastelt er an ihm herum. Weniger die Konkurrenz interessiert ihn als die Manipulation. Oder auch jene vollkommene Art von Manipulation, die uns der Schwindel des Pornos präsentiert: das gierige Lutschen an einer endlosen Reihe von Schwänzen, das hechelnde Eindringen, das zwanghafte Herummachen an Klitoris und Anus. In diesem Sinne ist der Porno vor allem ein Spiel mit Organen, die als Maschinenelemente verstanden werden, eine Umwandlung sexueller Objekte in mechanische Teile, eine rasende Handhabung der organischen Maschinen bis an die Grenze ihrer Belastbarkeit. Der Porno ist nicht obszön, sondern abstrakt und stukturalistisch; vielleicht vermag er deshalb so wenig zu erregen.

Fluchtlinie, nicht Gebärspalte, ist ein Stück Universum mit unendlich schöpferischen Kräften, eine geschmolzene Kugel, aus der Planeten hervorgehen, Atemzüge, winzige und ungeheure Planetenbahnen, Kometen, die aus dem Bauch aufsteigen und im Kopf oder in den Fingergliedern explodieren, Wolken von Empfindungen, die ständig in alle vier Himmelsrichtungen über den Körper hinstreichen und die Schwelle, die armselige Lustschwelle des männlichen Genitals überschreiten, verrücken, aufheben. Die Frau bringt stets einen anderen Körper zur Welt, den ihren, sie kann durch alle Mauern gehen, ihr Normalzustand ist das Wunder. Von ihrer Lust läßt sich nicht erzählen (man kann keinen Bericht von ihr anfertigen, schon gar nicht einen Sexualreport). Dem Anderen Lust zu »verschaffen« heißt, das Risiko seiner Verschiedenheit eingehen, heißt uns selbst die köstliche Wunde zufügen, durch die er uns entkommt. Er entzieht sich unserem Einfluß durch ebenden Trick, durch den er sich mit uns vereint. Wer liebt nicht bis zum Aberwitz oder bis zu äußerster Gleichgültigkeit denjenigen oder diejenige, die oder der die Grenzen aufhebt, die uns das zivilisierte Leben setzt, und in uns Körper wachruft, von denen wir uns nichts haben träumen lassen? Angesichts der Frau, die den Gipfel der Lust erklimmt, verzagen wir wie vor einem Berg sinnverwirrender Raserei. Und wenn der Liebende auch fast am Dasein der Frau teilhat, die in diesem Hochgebirge ihrer Lust zu Staub zerfällt, die in diesen fernen Welten umgetrieben wird und versinkt, so bleibt er letztlich doch ausgeschlossen: er steht unten und betrachtet von der Talsohle aus den unwiderstehlichen Aufbruch, der in seiner Nähe, ganz in seiner Nähe stattfindet und doch so fern bleibt.

Lust: Was keine Darstellung, kein Bild, kein Porträt, keinen Ersatz duldet, wovon man lediglich Schnappschüsse oder herzzerreißende Klagelaute erhascht.[1] Unseres Wissens entspricht nur eine einzige Musik annähernd der weiblichen Lust: die orientalische, deren von Wiederholungen bestimmte, quälende Struktur im Westen so schlecht ertragen wird (und zu deren paradoxem Erscheinungsbild nicht zuletzt gehört, daß sie sich über einen Kontinent ausgebreitet hat, wo die Frauen vielleicht

[1] Statt uns zu fragen, ob die Frauen ihre Lust wie die Männer genießen, sollten wir vielmehr zur Kenntnis nehmen, wie sie die Bedeutung des Wortes Lust verändern, wie sie es auf ganz andere Weise definieren, auf unbekannte Wege führen.

mehr als anderswo von schändlichster Mißachtung betroffen sind. Vielleicht wäre es ohne die völlige Absonderung der Frau nicht zu dieser beispiellosen Erotisierung von Ohr und Mund in den arabischen Ländern gekommen. Ist es nicht die eintönige, quälende Stimme des vom Islam seit Tausenden von Jahren unterdrückten anderen Körpers, die sich in den schönsten Litaneien, Liedern und Instrumentalstücken immer wiederholt, die die Menschen in Massen fasziniert und zur Verzückung hinreißt?). Die orientalische Musik ist extreme Intonation, angesichts derer nur noch der Schauder oder die Ohnmacht bleibt. Wie die Lust verfällt sie in ihrer Monotonie dem Wahnsinn. Sie berauscht sich in einer unablässigen, maßlosen Wiederholung, die fast schon Untergang ist. Nichts kann sie zurückhalten, nichts hat sie zu erzählen, von nichts anderem berichtet sie als von ihrer ewigen Auflösung, ihrem unentwegten Entzücken. In der Lust kann die Frau nicht mehr sprechen. Ihr Geschlecht, ihr ganzer Körper steigt ihr in die Mundhöhle empor, tritt zutage, dringt aus der Kehle, zerreißt die Lunge, entringt sich als Schrei, Keuchen, Lachen, Schluchzen, erstickt die Klarheit und Harmonie der klassischen Rede zugunsten jener bereinigten und abstrakten Synkope, zu der allein der Orient eine Annäherung hat finden können. In dieser Lustmusik ereignet sich nur die Lust selbst, verschlungen in ihre unbegrenzte Wiederkehr. Diese Wiederholung ist sieghaft und wortgetreu, getragen von einer prallen Intensität, die unter die Haut geht, die der Stimme und Kehle ein Äußerstes abverlangt, der das Bedürfnis eingeboren ist, zu zerstören und zerstört zu werden, getreten und verjagt zu werden. Sie ist höchste Verzückung, ständiger Wechsel von Richtungen, von Dreh- und Angelpunkten, von Augenblicken. Jeder Zusammenhang löst sich auf, explodiert. Die Splitter dringen bis in die entlegensten Winkel des Gemüts. Alles geht aus den Fugen, löst sich auf, wird Mißklang, Flucht, Verschiedenheit, Rhythmusstörung, brutaler Einbruch, neuartige Modulation, die flüchtige Gefühle weckt. Wenn diese Kräfte in ihrer ganzen ursprünglichen Gewalt endlich freigesetzt werden, sind Neubildungen und Reorganisationen ganz anderer Art möglich. Die Kräfte fliehen nicht mehr wie beim Mann, sie verteilen sich in die Muskeln, die Bänder, in das Skelett, ihre Befreiung setzt der Erregung kein Ende, sondern trägt sie, transportiert sie in alle Richtungen, bringt sie bis in den letzten Winkel; die Lust der Frau beginnt überhaupt erst dort, wo die des Mannes endet. Orgasmen also (im Plural), die nie auf gleiche Weise wiederkehren, wie eine Erzählung, deren barockes Muster mehrere Anfänge nebeneinandersetzt, mehrere Schlüsse, mehrere Handlungsfäden, das Prinzip ständiger Desorganisation unter den Blicken eines Fleisches, das immer nur identische Erschütterungen erwartet, Innovationen, die der Kopf nicht vorherzusehen vermag, weil sie sich nicht an dem Ort ereignen, wo er sie erwartet. Dumpf zerbricht etwas die Fesseln, zerreißt etwas, was keine Finalität zu schmälern vermag. Die Schreie, die die Frau während ihrer sexuellen Ekstase ausstößt, sind nicht das Abbild tieferer Emotionen, sondern ihr unmittelbarer Ausdruck, ihre ungestüme, heftige Rede, die keinerlei verbaler Hilfsmittel bedarf, eine Rede ohne Worte, die nicht an sich halten kann, die den Stimmapparat in seinen Grundfesten erbeben läßt, die Haut und Trommelfell mit einer Gänsehaut überzieht, die das Geschlecht in der Kehle erklingen läßt, den Anus im Kehlkopf, ein regelrechter Aufstieg der unteren Körperpartien in Rumpf und Kopf, das ist unwiderstehlich wie ein Hustenanfall, das ist ein Innen, das stumme Verwünschungen hervorstößt, Verwünschungen allerdings, die nichts verfluchen, sondern von einem Körper künden, der aus dem Reich der Fabeln zu stammen scheint. Heisere, rauhe Geräusche, in denen sich die Triebereignisse vernehmen lassen, die quälende Reizung einer Region, die in Flammen steht, die heftige Entzündung einer Hautoberfläche oder eines Gewebestücks. Die Lustschreie sind Schreie dessen, was sich nicht mehr mitteilen läßt, einer äußersten Spannung, die die Kehle zuschnürt, die gerade durch ihre Heftigkeit keine klaren Phoneme, keine unterscheidbaren Vokale und Konsonanten mehr zustande kommen läßt. Das ist keine andere Sprache (die man ja analysieren, untersuchen, lernen und reproduzieren könnte), sondern überhaupt keine Sprache mehr, ein emotionales Gestammel, das den Weg über die Worte und die syntaktische Ordnung nur noch findet, wenn es auch diese in aufwühlende Ereignisse verwandelt. Was der Mund sagt, wenn der Körper Lust empfindet, ist dies: daß die Sprache, wenn sie zum Orgasmus findet, an ihm zerbricht, in kleinste Teile, zerfetzte Silben zersplittert, daß organische Störungen sie beschweren, daß sie unfähig wird, sich aus einer Anhäufung von Empfindungen, aus einem Überfluß von Blut und Haut zu befreien. Den Worten ist der Zugang zum Mund verwehrt. Die Grenzen zwischen den Bereichen des Schmerzes und der Lust, des Bewußtseins und der Dunkelheit sind aufgehoben, alles mengt und mischt sich, der Körper ist ein Schnittpunkt von Wegen, Trieben, Botschaften, die keinen Sinn haben, dessenungeachtet aber in immer schwindelerregenderem Tempo ausgesandt werden – immer mehr, immer neue Zeichen, die auf nichts verweisen, es sei denn auf das Chaos und die geschmolzene Materie.

Die Surrealisten stellten sich folgende Frage: »Mit welchen objektiven Mitteln läßt sich die Lust des Partners einschätzen?«[1] Daß man es richtig verstehe: des weiblichen Partners (denn der Same des Mannes ist ein unmißverständlicher Hinweis). Mit anderen Worten: Wie kann man es anstellen, der Frau nicht auf den Leim zu gehen, wie geht man sicher, daß sie nicht einen Vorgang simuliert, den sie überhaupt nicht empfindet? Ein altes, sehr altes Verlangen nach Klarheit, nach unzweideutiger Lesbarkeit (bekanntlich hat die gesamte zeitgenössische Sexologie – vor allem die Arbeiten von Masters und Johnson – kein anderes Ziel, als diesem verzweifelten Wunsch nach Transparenz zu genügen).

Der Mann verlangt von der Frau explizite Zeichen. Was er in ihr entziffern will, ist das überschaubare Schema von Spannung und Entladung. Gewiß kann die Lust der Frau hin und wieder nach dem Vorbild der männlichen Ejakulation ablaufen, Kräftezustände annehmen, die ihr fremd sind. Doch diese scheinbare Unterwerfung unter die Ökonomie eines anderen Körpers ist nur Maske. Hinter dieser Pseudoähnlichkeit nimmt sie andere, ihr entsprechende Formen an, bedient sich anderer Mechanismen, die unter den anfangs gewählten zum Vorschein kommen, entzieht sich den kanonischen Lustvorschriften und gibt die Ausdrucksformen dieser Sexualität preis, wie man eine alte Rolle ablegt.[2] Denn die männlichen Lustfiguren können ihr kein Rah-

[1] A. Benayoun, *Erotique du surréalisme.*

[2] Mit einer raschen Bewegung streift der weibliche Körper alle Lustkodes ab, je nach den Stimulationen und Reizungen, die er erfährt. Nie zeigt er die gleichen Reaktionen, nie bietet er die gleichen Empfindungen, nie registriert er auf gleiche Weise gleiche Ereignisse, manchmal nimmt er es hin, daß man ihm den männlichen Orgasmuskode aufzwingt, wobei er ihn allerdings durch all die Figuren ergänzt, die dieser Kode – wie man glaubt – ausschließt.

men sein, sondern nur Ausgangspunkte für andere Werte, für Prozesse ganz anderer Art, die nicht nur eine Anstrengung darstellen, den Körper von seinen Spannungen zu befreien, sondern auch das Bestreben, diese Spannungen neu zu verteilen (so sieht man beispielsweise sehr schön bei Sade, wie die Lust der Frau – wäre sie zugelassen – die Pläne des Wüstlings vereiteln würde, da der Wüstling die Vorstellung eines endlichen, genau abgegrenzten Körpers braucht, damit sich seine Lust an der Plünderung und Zerstörung dieses Körpers weiden kann. Auch entlädt sich die Frau bei Sade unablässig, aber niemals wird ihr jenes Unendlichkeitsprinzip zugestanden, das ihren Körper zerreißen und auflösen könnte). Nun geht es dem Mann aber nahe, daß hier eine Wahrheit verfälscht wird, die er fraglos vorausgesetzt hat. Überwältigt von diesem »Zuviel an verschwommenen Empfindungen« beklagt er, daß es der Frau an einer einheitlichen Empfindung fehle; ihn bewegt die Sehnsucht nach einem Erkennungszeichen, das wie bei ihm den ganzen Vorgang zusammenfaßt und abschließt. Es mag noch angehen, daß sie eine Folge von Orgasmen empfindet (sie ist dann eben wie ein junger Bursche, der mehrmals hintereinander ejakuliert), doch er muß diese Höhepunkte zumindest wiedererkennen, katalogisieren, numerieren, mit einem Wort: *sehen* können. Blanchot schreibt: »Beurteilen Sie selbst all die Worte, die nahelegen, daß man eigentlich nach Maßgabe des Auges zu denken hat.« Die Lust der Frau läßt sich nicht filmen, solange sie der Äußerlichkeit wenig Bedeutung beimißt – weder die Schreie noch das verzerrte Gesicht, weder die Fieberanwandlungen noch die übermäßige Scheidensekretion müssen unbedingt einen Paroxysmus bedeuten. Die Zeichen der Lust verweisen nur auf sich selbst, oder vielmehr: sie maßen sich die Bedeutung an, die man ihnen zuschreibt. Sie sind Zeichen dafür, daß die Frau auf dem Höhepunkt ihrer Lust ist, doch was ist diese Lust anderes als ebendiese Zeichen – Geschrei, Lärm, Krampf –, die nur für sich selber stehen? Zeichen, die über vielfältige Zustände verstreut sind, ohne Gleichgewicht, stets diesseits oder jenseits ihrer Bedeutung. Entweder sind sie übertrieben, viel zu heftig, von äußerster Geschwätzigkeit, oder sparsam, gedämpft, verhalten bis zur Schweigsamkeit, niemals aber greifbar und definitiv. Diese Zeichen sind immer trüb und dunkel, weil die Frau liebt, um ihr

Verlangen zu wecken, nicht um es zu töten, nicht um es auszutreiben wie der Mann. Was sucht sie in der Liebesvereinigung? Den *glücklichen Hermaphroditen* (Denis de Rougemont, René Nelli), den *Phallus* (auch den in neuer Gestalt, Modell Lacan, Leclaire, Safouan), einen *Mangel,* den es zu *beheben* gilt (dieselben), einen *Papa* (Old Sigmund), den *schwarzen Kontinent* (dito), die *korrekte Linie* (Lenin), die *Orgonenergien* (Wilhelm Reich), die *Demut* (Jesus), den *Tod inmitten des Lebens* (Georges Bataille) oder das *Leben inmitten des Todes* (Therese von Avila), *Gott* (Bataille, die hl. Therese), ihre *Würde* (Françoise Giroud), das *Absolute* (ein Philosoph), die *Todsünde* (Papst Paul VI.), *Indizien* (Sherlock Holmes) oder bloß *ihre Brille* (ein Kurzsichtiger)? Und wenn ihre Lust an sich ein Ziel wäre, das hartnäckigste Suche rechtfertigt? Das Modell aller Intensität schlechthin, gerade insofern sich diese Lust allem angleicht und folglich überhaupt keinen vorgegebenen Inhalt hat? ...

Es wäre sinnlos, wollten wir hier das Paradox rechtfertigen, daß wir uns als Männer über die Lust der Frau auslassen. Selbstverständlich wollen wir nicht »die Frau spielen«, das wäre genauso lächerlich wie den Narren zu spielen oder den Arbeiter, den Neger, den Verdammten dieser Erde, jene modernen Verkleidungen des guten Gewissens. Wir suchen auch nicht das Weibliche als etwas, das uns gehören müßte (oder gehören wird), dessen man uns beraubt hat und das es geduldig zurückzuerobern gelte, eine verlorene Askese.

Über die Weiblichkeit selber wissen wir nichts, und wir mißtrauen den Ideologien des »ewig Weiblichen« oder des »ewig Männlichen«. Wir wollen nur dies in aller Deutlichkeit unterstreichen: Angesichts der Frauen empfinden wir uns, in unserer persönlichen und privaten Geschichte, als magere Epikuräer, als Puritaner vom letzten Aufguß. Unsere vordringlichste Aufgabe ist vielleicht heute eine Rekonstruktion unserer Lebens- und Erlebensweise (und das gilt gerade für die »Befreitesten« unter uns) nach dem Lust- und Lebensmodell unserer Gefährtinnen. Denn wir männlichen Heterosexuellen haben mönchische Körper, vollgestopft mit Verboten, tiefer durchtränkt von religiösen Werten als jeder Katechismus, Mumienkörper, wahre Tempel der Frigidität und der Frustration. Dieses verriegelte und verrammelte Arsenal aufzubrechen und nach dem Bilde der Weiblichkeit zu modellieren heißt, zunächst einmal bereit zu sein, sich die Haut bei lebendigem Leibe abziehen zu lassen, um eine neue überzuziehen. Von den Frauen erwarten wir nichts Geringeres als eine Regeneration unseres Verlangens; daß diese Metamorphose dann für die einen eine Zeit der Verzweiflung und für die anderen ein Gefühl von totaler Vernichtung bedeutet, ist eine Angelegenheit ihrer privaten Geschichte – vielleicht sind solche Ängste unvermeidlich (und warum eigentlich sollte die Sexualität nicht beängstigend sein?). Wie dem auch sei, wir haben jedenfalls die Nase voll vom geschlossenen Universum der Gleichheit, von den alten aufgeblasenen Machtphantasien, vom lächerlichen Überlegenheitswahn der Männer. Daher bedeutet das Aufbegehren der Frauen für uns eine wohltuende Reinigung unserer Phantasien, unserer Faszinationen, unserer Lustmaschinen. Wir wollen auf diese langsame Erosion unserer Erotik nicht wie auf eine Frustration oder eine Gefahr reagieren: im Gegenteil, wir sehen darin eine Chance zu größerer Freiheit und Lust. Wir haben alles zu gewinnen, wenn unsere kleine Sinnlichkeit angekratzt wird, denn nicht einmal dieses bißchen Wärme verlieren wir ganz. Wir lieben die Frauen als neue Eroberer, die unser Verlangen nicht einschränken, sondern befreien. Wir wünschen nichts sehnlicher, als daß sie unsere Festungen schleifen, unsere zwanghaften Panzerungen aufbrechen, denn wir wissen, daß wir es allein nicht schaffen können. Es geht uns weder um Imitation der Weiblichkeit noch um Substitution unserer Welt durch die ihre, wir wollen sie einfach in uns willkommen heißen mitsamt ihrer Turbulenz, so beunruhigend sie auch sein mag. Wir haben nicht vor zu bleiben, was wir sind – sonst würden wir für alle Ewigkeit triste Penetrationsmaschinen bleiben, abgenutzte Eicheln mit Krämerseele, die ihre kümmerlichen Bilanzen ziehen im Schatten eines Inquisitors und eines Psychiaters – mit einem Wort: geschlechtslose Wesen ohne Mund, ohne Blick, ohne Anus und Arsch. Die Geschichte der Verweiblichung, der Umkrempelung des männlichen Körpers, hat vielleicht gerade erst begonnen.

## Überlegungen auf dem Brunnenrand

Ihr seid alle verdrängte Homosexuelle? Wie ist das zu verstehen? Als triviale Verdrängung der Objektwahl (das würde nur eine neue Norm bedeuten) oder als echte Vernichtung des Körpers, seines verdrängten homosexuellen Anteils? Warum muß die anale Liebe automatisch homosexuell und die vaginale Liebe unbedingt infantil sein? Und wenn es umgekehrt wäre, wenn ich aus dem Arsch geboren wäre? Der Analverkehr ist für den Mann eine Alternative zur phallischen Lust. Er verlängert sie und bringt sie von ihrer linearen Zeitlichkeit ab. Er bricht die Geschlossenheit des männlichen Körpers auf und damit auch die Erlebnisweisen der genitalen Lust. Der Arsch als penetrabler Ort ist beiden Geschlechtern gemeinsam. Doch nicht ihre erotische Kongruenz beweist er, sondern nur die mögliche Austauschbarkeit der sexuellen Rollen. Die Praxis des Analverkehrs erschließt dem Mann die Weiblichkeit, doch gilt dies nur für die Stellung, nicht für die Intensität der Gefühlserlebnisse. Denn für die Frau ist er nur ein zusätzlicher Luxus neben einer bereits verschwenderisch vorhandenen Sinnlichkeit, für den Mann dagegen die einzige Lösung, wenn er den Penis ersetzen will. In der orthodoxen Erotik ist der Mann ein anatomisches Monstrum, ein Körper ohne Hintern, ein Bewegungsapparat, dem man den Arsch abgesägt hat. Im Grunde ist der Analverkehr die Wiederherstellung des Mannes (doch nur, um ihn noch gründlicher auseinanderzunehmen).

Mein Loch juckt mich – ein Satz, den beide Geschlechter aussprechen können. Doch man mißverstehe ihn nicht als den vagen Wunsch, ohne Hohlraum, rund, glatt und dicht wie ein Ei zu sein. Das Loch hegt nicht den Wunsch, zugeschüttet zu werden. Vielmehr möchte ich einen Körper haben, der von Löchern übersät ist, damit ich das Vergnügen habe, durch jedes erobert, befahren, aufgespießt zu werden. Sogar meine Haut wird, wenn die Sonne sie gebührend erhitzt, durchlässig, porös. Langsam möchte ich mich leerlaufen, mich durchbohren lassen, ein Resonanzboden werden, ein Innen/Außen, in dem die Welt und die Bruchstücke des Universums gerinnen, bersten, sich begegnen, sich kreuzen, sich zusammentun, sich berühren, ohne sich zu sehen, ephemere Konstellationen in bunter Mischung, ein Mosaik aus groben und zarten Gegenständen, von denen einige so aussehen, als seien sie völlig fehl am Platze, wie Eindringlinge, die sich auf einem Fest befinden, zu dem sie nicht eingeladen worden sind. Will er sich aufspießen lassen, so kann der Mann nur den Arsch hinhalten, doch der Analverkehr ist vielleicht nur eine Vorstufe zu einer weiterreichenden Verfügbarkeit des Körpers, zur vollständigen Invagination der Haut, der Lymphen und der Muskeln. Möge sich die Schwäche von tausend kleinen Hohlräumen, tausend kleinen Stecknadelköpfen auf mir ausbreiten. Leichter können die anderen mich dann vielleicht verletzen, aber ich kann mich auch leichter infiltrieren lassen und zum Bersten bringen.

# IV. Neutralisierte Äquivalenzen

# Prostitution II: Die Revolte oder Das Ende der Genitalreligionen

## Tausend und drei Gründe, heute Freier zu sein

*Wieso man sich bei der Nutte so wohl fühlt?*

*Weil man bei ihr in barer Münze zahlt, um nicht mit seiner Person zahlen zu müssen.*

*Weil man sich auf einen Handel einläßt, ohne Ware zu sein; weil man sicher sein kann, sich Ja sagen zu hören, ohne sich deshalb in Szene setzen zu müssen.*

*Weil man sich nicht mehr noch in den Augenblicken der Selbstvergessenheit aus den Augenwinkeln beobachten muß: »Geht das so? Hab ich es gebracht? Was für eine Orgasmusnote hab ich gekriegt? Ein Ausreichend? Ein Gut oder Sehr Gut? Eine mangelhafte Zensur? Ist mein Slip nicht zu lächerlich? Hoffentlich fallen ihr meine Speckfalten nicht auf . . .« Weil man sich wohl in seiner Haut fühlt, weil es einem weder gut noch schlecht geht – weil man sich vergißt. Weil man sein Äußeres vergißt, seine Fettsucht, seine beginnende Glatze, seine Häßlichkeit, seine feuchten Hände. Weil man daran denken kann, seinen Untugenden Gestalt zu geben, statt sich über die Untugenden seiner Gestalt zu grämen. Weil man es seinem Körper nicht mehr übelnehmen muß, daß er, ungeachtet aller Vorkehrungen, die man dagegen getroffen hat, so viele Gründe bietet, einem eine Abfuhr zu erteilen. Weil man sich das Recht kauft, seine Persönlichkeit mit seinen Kleidungsstücken abzulegen.*

*Weil man – Ödipus als Treppenwitz – Mama dafür bestraft, daß sie mit Papa geschlafen hat, indem man sie zur Hure macht.*

*Weil man, vor die Wahl zwischen zwei einsamen Vergnügungen gestellt, dann immer noch das geselligere wählt.*

*Weil man sein eigenes Verlangen so sehr haßt, daß man es nur unwürdigen und verkommenen Frauen zumuten mag.*

*Weil man ihren Beruf vom Laster herleitet (»Alles Säue«) und ihre Kunstfertigkeit vom Beruf. Weil man unerhörte Dinge erwartet; weil man auf die sexuelle Perfektion der Prostituierten spekuliert – sie ist Gefäß für das Bedürfnis, Marionette der Phantasie und Lehrerin im Fach Schweinerei.*

*Weil man ohne Umstände Stellungen verlangt, die man seiner Frau selbst mit Handschuhen niemals zumuten würde.*

*Weil man sich die Macht, Lust zu genießen, nur kauft, um sich zusätzlich die Lust der Macht zu verschaffen: »Heb das Bein, spreiz die Hinterbacken, geh auf alle viere runter, steck mir den Finger in den Arsch . . .«; weil man sich weniger an den Stellungen erregt, die man befiehlt, als an der Lust, Befehle zu geben.*

*Weil man vom Wunsch zur Tat schreiten kann, man braucht nur die U-Bahn zu nehmen, über eine Brücke zu gehen, eine bestimmte Straße aufzusuchen.*

*Weil man von Anfang an durch das Wunder des Geldes Zugang zum Unzugänglichen hat: zum Geschlecht der Frau.*

*Weil man es haßt, von etwas anderem zu sprechen, während man nur an das eine denkt. Weil man nicht mehr die Augen verdrehen will, während man das schmutzige kleine Geheimnis kitzelt.*

*Weil man vielleicht zu alt ist, um zu gefallen, nicht aber, um zu begehren.*

*Weil man vielleicht nicht nur die Visage des lästigen Ausländers hat (die* gueule de métèque, *die heute hoch gehandelt wird an der Liebesbörse), sondern auch dessen abgetragenen und aus der Mode gekommenen Anzug, seine abgewetzten Hosen, seine Jacke mit den zu kurzen Ärmeln, seine schüchterne, feindselige oder verlorene Miene und seinen unmöglichen Akzent. Weil man sich, disqualifiziert von der Mode, vom Rassismus und von der Sprache, hier am Kreuzungspunkt aller Diskriminierungen (der »Gastarbeiter«, der »Ausgeflippten«, der »Sprachlosen«) befindet, in der unerwünschten, aber von vielerlei Wünschen belebten Straße.*

*Weil man, um sich zu erholen, hier Haut und Rede wechseln darf, weil man antworten kann, statt immer fragen zu müssen.*

*Weil hier eine konventionelle Sprache herrscht (»Wie wär's mit uns beiden, Süßer . . .«), die von der Zuneigung spricht, ohne sie auch nur zu simulieren. Eine rein mechanische Komödie, die sich nicht einmal den Anschein der Glaubwürdigkeit zu geben versucht. Liebesgeflüster, das von keinerlei Liebespathos behelligt wird. Süße Rede, verbale Zärtlichkeit, die niemanden meint. Weil man unter diesem seltsamen Einfluß leidenschaftlich erzittert. Weil man mit dem Straßenmädchen aufs Zimmer geht, um einen preis-*

*gegebenen Körper erst zu betrachten und dann zu besitzen. Weil man die Prostituierte nicht trotz, sondern wegen ihrer Gleichgültigkeit aufsucht – denn gerade diese Kälte verleiht der Nummer ihren Duft von Religiosität. Wie man sich in der Kirche an dem Gefühl berauscht, das durch eine Abwesenheit hervorgerufen wird: Niemand ist da, also ist da Gott.*

*Weil man vielleicht als ein mit allen Wassern gewaschener Don Juan, der Rekorde und große Premieren braucht, es sich in den Kopf gesetzt hat, einen professionellen Körper die Lust zu lehren, um in die käufliche Beziehung wieder das Laster einzuführen, um sich nun auch jene Frau hörig zu machen, die sich allen verkauft, ohne sich einem einzigen darzubieten.*

*Weil man sich, sobald man einen Fuß ins Nuttenviertel gesetzt hat, aus einem einsamen Hund in einen Sultan verwandelt, weil man mehr Gefallen an der Auswahl findet als an der alles in allem dann doch begrenzten Empfindung, die die Nummer verschafft; weil man die Anwärterinnen unnachsichtig mustert, weil man wegen der geringsten Mängel alle die ausschließt, die für uns nur ein Achselzucken übrig hätten, wenn wir ihnen nicht mehr anzubieten hätten als unseren Charme.*

*Weil man sich hier alle sexuellen Spezialitäten besorgen kann, die auf dem Markt der Gratisliebe nicht zu haben sind.*

*Weil man, um über einen willigen Körper zu verfügen, der einem zum Beispiel einmal pro Woche seinen Darminhalt ins Gesicht entleert, nur den dafür geforderten Preis zu bezahlen braucht – wobei man freilich ein Detail nicht vergessen darf: ihm vorher ein leichtes Abführmittel zu geben, daß er am Morgen des betreffenden Tages einnehmen soll und das seine Wirkung nach acht Stunden zeitigt.*

*Weil man, hygienisch und rational wie man ist, der Liebe nicht mehr Zeit zugestehen will, als man unbedingt für sie braucht; weil man zwar dem tyrannischen Trieb Tribut zollen will, dies aber so rasch wie möglich, um wieder zu sich selbst zu finden. Weil man sich von seinen Trieben befreit, um einen klaren Kopf zu haben.*

*Weil man vielleicht sexuelle Ansprüche hat, die man sich anderswo niemals leisten könnte: etwa sich an der Unbeständigkeit zu berauschen, also die Partnerin bei der leisesten Regung des Verlangens zu wechseln.*

*Weil man den Seitensprung mit der Treue verbinden will; weil man zwar seine Zweierbeziehung bewahren, aber ihrer Eintönigkeit durch verstohlene Ausflüge entfliehen möchte.*

*Weil man sich hier vereinigen kann, ohne eine Verbindung anzuknüpfen, weil man hier lieben kann, ohne kennenzulernen.*

*Weil man hier das Geschehen – ob thailändische Massage oder flinke Fellatio – träge über sich ergehen, es sich besorgen lassen kann, weil man hinter verschlossenen Türen mütterliche Fürsorge für das Organ sucht, das man der regulären Partnerin eifersüchtig entzieht – setzt man doch seine Ehre darein, sie damit aufzuspießen. Weil man hier das Recht auf die passive Glückseligkeit des Säuglings hat – und dies nicht erst nach dem Liebesakt, sondern schon während der Kopulation. Weil man hier bis zum Augenblick des Verpuffens die verdiente Ruhe des Kriegers genießt.*

*Weil man dabei nichts verliert, weil man gleichzeitig die Sicherheit und die Überraschung genießt, den Zufall und den Vertrag, die Gewißheit der Befriedigung und die Neuheit des Körpers, die Unvorhersehbarkeit des Angebots und die Erfüllung der Ansprüche.*

*Weil man hier die Erstbeste, wenn man schon nicht von ihr begehrt wird, bezahlen kann. Weil man, wenn man schon selber nicht Hure sein kann, sich an der Rolle des Freiers ergötzen will.*

*Weil man hier das Recht erwirbt, sich ausschließlich an die Mechanismen der eigenen Lust zu halten. Weil man sich von der Pflicht zur Gegenseitigkeit befreit.*

*Weil man sich nur vor einem graust: vor dem Zufall. Weil einem keine Lust mehr möglich ist, die nicht mit Geld zu tun hat. Denn in der käuflichen Beziehung wird die Ungewißheit durch den Ritus des Warentausches ersetzt. Weil man alles im voraus festgelegt haben will. Weil es einen beruhigt zu wissen, daß die Nummer nach einem Protokoll abläuft. Weil man sein Verlangen nur dann voll ausschöpfen kann, wenn der Geschlechtsakt einem bestimmten Programm folgt. Weil man das Unvorhergesehene ausklammern will, um das Chaos zu bannen.*

*Weil man hier der lähmenden Angst vor jenem prekären Moment entgeht, wenn es gilt, zur Sache zu kommen (»Was soll ich zu ihr sagen? Wie fange ich an?«). Weil man in Erinnerung an all die Abenteuer, die man nicht erlebt hat, bei denen man aus Mangel an Geistesgegenwart auf seine Wünsche verzichten mußte, bei denen man vor lauter Angst zu versagen am Ende noch einsamer war als vorher, sich lieber auf sein Geld verläßt, auf jenes Geld, das einem die immer gleiche lakonische Frage erlaubt: »Wieviel?«*

Ohne Zweifel könnte man diese Liste endlos fortsetzen, indem man auf ein und derselben Ebene Anekdoten und Analysen, Randerscheinungen und archetypische Fälle, romanhafte Aspekte und solche der Klassifizierung aneinanderreiht. Man könnte auch umgekehrt vorgehen und diese Aufstellung zur Voraussetzung eines Erklärungsversuchs machen. Dann stünden Fragen im Vordergrund wie: Woher kommt die Nachfrage in dieser Branche? Warum gibt es überhaupt Freier, also Kunden? Auf die Darlegung des Katalogs hätte dann die Arbeit der Interpretation zu folgen. Ordnung hielte Einzug in die Anarchie der Aufzählung, und die tausend und drei Wünsche, die von der Prostitution geweckt werden, würden in Rubriken gepreßt. In Rubriken wie beispielsweise: a) *Wunsch nach der Gegenwart eines anderen Menschen* (bei denen, die der Einsamkeit entkommen wollen, ohne genügend vorweisen zu können, um an Verführung zu denken); b) *Wunsch nach Abwechslung* (bei denen, die der Zweierbeziehung entkommen wollen, ohne sie aufs Spiel zu setzen); c) *Wunsch nach klaren Verhältnissen* (bei denen, die der Ungewißheit und dem getarnten, aber tyrannischen Kode des Verführungsrituals entgehen wollen) usw. Was darauf hinausliefe, daß die Vielfalt der Wünsche täuschend wäre, daß hier wenige Ursachen viele Wirkungen erzielten und daß sich unter dem wilden Durcheinander dieser Aufzählung ein braves und simples Klassifikationsschema aufdecken ließe. Was ferner darauf hinausliefe, daß die am Schein orientierte Bestandsaufnahme des Ästheten durch jenen Ernst des engagierten Weltveränderers ersetzt würde, der immer *bis zu den Wurzeln vordringen* will: revolutionär sein heißt vor allem die Illusion entlarven, daß es möglich sei, die Auswirkungen des Elends zu bekämpfen, ohne sich mit seinen Ursachen zu befassen – hier also die Illusion, daß man die Unterdrückung der Prostituierten beseitigen könne, ohne die Prostitution zu bekämpfen, und daß man die Prostitution bekämpfen könne, ohne das System zu zerstören, das sie unterhält. Denn die Quellen der Prostitution sind bekanntlich die patriarchalische Monogamie, die sexuelle Not, die Herrschaft des

Mannes und der Rassismus der Verführung. Hier liegen die Wurzeln, hier steht der Feind.

## Die Freudenmädchen, Klassenletzte der Revolution

Nun haben aber gerade die Prostituierten diese untadelige Logik durchkreuzt. Was ihre Revolte[1] zu einem *Ereignis* gemacht hat, war vor allem der Umstand, daß sie sich nicht an die offiziellen Subversionsmuster hielten, war die Sturheit, mit der sie sich darauf versteiften, bei ihrem Aufstand nur ihrer eigenen Linie zu folgen. Die Klugscheißer aller Provenienzen standen dumm da: die Nutten erwiesen sich als die Klassenletzten der Revolution, des Feminismus, der fortgeschrittenen Demokratie, der sexuellen Befreiung und der Utopie eines freien Kommunenlebens. Die erste Begeisterung, die die Genossen ergriff, als sie die Strichmädchen plötzlich die Faust erheben statt die Hand ausstrecken sahen, wich bei den meisten bald einem Unbehagen: gewiß kämpften die Mädchen, doch unverbesserlich, wie sie sind, prostituierten sie eher den Kampf, als daß sie die Prostitution bekämpften. Sie kämpften nicht gegen die Ursachen ihrer Entfremdung, sie wollten ihre Entfremdung erträglicher machen. Ihre Empörung, die man so gern auf das große Elend der Prostitution gelenkt hätte, galt statt dessen den vielen kleinen Nöten, unter denen sie vor und nach der Nummer zu leiden haben. Sie erhoben nicht Anklage gegen das System, weil es sie zwingt, ihre Körper zu verkaufen, sondern wegen der vielen Schikanen und Strafen, mit denen es sie die Wahl dieser Arbeit bezahlen läßt. Statt auf dem Tiefpunkt ihres Elends von einem Wunsch nach Umsturz beseelt zu sein, schienen sie bloß nach Anerkennung, nach Respektabilität zu gieren. Ihr Traum? Daß die Laufbahn, für die sie sich entschieden hatten, ihr Stigma loswerde! Beruf: Hure. Ganz einfach so – ein Broterwerb und kein Makel, ein Mittel wie jedes andere, um Geld zu verdienen. Es gibt keine »schönen« oder »blöden« Berufe, es gibt nur mehr oder weniger anständige Löhne.

[1] In Frankreich kam es 1976 zu einer aufsehenerregenden Revolte der Prostituierten, die ausgehend von Lyon bald alle größeren Städte erfaßte. Ihre bekannteste Sprecherin war die Prostituierte Ulla *(A. d. Ü.)*.

Indem die Nutten nicht die Prostitution bekämpften, sondern das, was ihr im Wege steht, indem sie sich weigerten, ihre Tätigkeit unter die Frage zu stellen, wie man sie aufheben könnte, haben sie den schönen Seelen eine unzulässige Offenbarung beschert: mit der bloßen Nachfrage ist das Phänomen der Prostitution nicht zu erklären, es gibt auch ein Angebot. Im wesentlichen sagten die Nutten dies: »Nicht aus Zwang handeln wir, wir haben die Prostitution freiwillig gewählt. Vielleicht hat man das Recht, von einem fernen Tag zu träumen, da die Männer keinen Grund mehr haben, Freier zu sein, und die Frauen keinen Grund mehr, Huren zu werden, aber was nützt es, seine ganze Hoffnung an die Abschaffung des Systems zu hängen, wenn man selber mit beiden Beinen mittendrin steht? Während wir auf die große Wende warten, haben wir unsere Nächte – Nächte, in denen die Verzweiflung der Einsamen umgeht, das verstohlene Verlangen der braven Ehemänner, in denen die Lastwagenfahrer bei uns ihren Pimmelhalt machen und jene pornographischen Wunschträume Wirklichkeit werden, mit denen die Männer nur uns zu kommen wagen. Wir nehmen sie alle unter unsere Fittiche, wir sind die Sozialarbeiterinnen der Libido. Also soll die Gesellschaft doch endlich aufhören, uns zu diskriminieren dafür, daß wir uns der gefährdeten Sexualität annehmen! Soll sie doch runterkommen von ihrem hohen Sockel, den sie sich sowieso nicht leisten kann!«

Was für ein Skandal! Obszön, sagt die Hure, sei nicht der Strich, obszön seien die Verachtung, die Gewalt und die Ausbeutung, die man ihr als Buße auferlegt hat. Schändlich ist nicht die Gunstgewerblerin, die auf Kundenfang geht, schändlich sind die Polizisten, die ihr Auflagen machen, die Moralisten, die sie verurteilen, und der Staat, der beides zugleich tut.

Gewiß versteht sich die Prostituierte als Opfer, aber als Opfer des Strafgesetzbuches und nicht der Käuflichkeit, wie man es erwartet hätte. Sie hat nichts gegen das Geld, schließlich tut sie ja »alles«, um sich welches zu verdienen, sie hat etwas gegen die Staatsgewalt, die es ihr wegnimmt. Und die Krone setzt sie dem Ganzen auf, indem sie ihren Beruf auch noch unter dem Vorzeichen einer sozialen Nützlichkeit aufwertet und die Gewinne, die sie einstreicht, durch den Dienst rechtfertigt, den sie – die Nutte – angeblich der Allgemeinheit erweist!

Hier spätestens ist Schluß mit aller Sympathie. Wo sie sich so vernachlässigt sehen, treten die offiziellen Gesellschaftskritiker zu erbarmungsloser Rache an. »Wir können uns unmöglich an einem Kampf beteiligen, der die Unterdrückung der Frau sanieren will, statt ihr ein Ende zu setzen«, sagen die Emanzen. Und die neu-alten Linken: »Für uns Revolutionäre kann es überhaupt keine Frage sein: die Prostitution ist ein Unding. Deshalb unterstützen wir auch nicht die Statusbestrebungen der Prostituierten.« – Hier wie dort der ewig gleiche Grundsatz, die alte Leier: subversiv sein heißt *das ganz andere* wollen! Was, du willst keinen wirklichen Umsturz? Du bist nicht erfüllt vom verzweifelten Wunsch nach einer ganz anderen Welt? Dann hast du im Grunde deines Herzens, du armer Entfremdeter, die unreine Liebe zu dieser Welt noch nicht überwunden. Kurzum, wer vorhat, die Verhältnisse bloß zu verbessern, statt sie zu zerschlagen, der läßt die revolutionäre Verweigerung zum Revisionismus verkommen, zum punktuellen und egoistischen Kampf, der das Ganze weiter bestehen läßt. Seine Revolte mag noch so heftig sein – er spielt das Spiel mit, statt sich seinen Regeln zu widersetzen.

Und dabei hatte man sie doch so gehätschelt, diese Neugeborenen des politischen Kampfes! Nachdem man ihre ersten Schritte bejubelt hatte, wollte man ihrem Gestammel zu artikulierter Sprache verhelfen; statt die Schnauze voll zu haben, sollten sie die Schnauze voll Marx haben, statt sich um ihre Probleme als prostituierte Frauen zu kümmern, sollten sie sich mit der allgemeinen Prostitution aller Frauen beschäftigen. Alles umsonst – sie waren für allen pädagogischen Eifer verloren.

»Da ich nun einmal beschlossen habe, meinen Körper zu verkaufen oder vielmehr zu vermieten, meine ich, daß das nur mich etwas angeht und niemanden sonst. Niemand hat das Recht, zu kommen und Rechenschaft von mir zu verlangen. Ich dulde keine Vorhaltungen irgendwelcher Art, ob man mir nun sagt, ich sei eine Schlampe – wie der Vorwurf in seiner abfälligsten Form lautet –, oder ob man mir erklärt, mir fehle es an Liebe, ich müsse mein Leben ändern, oder ob man mich – wie die Bullen – mit allen Mitteln an meiner Arbeit hindern will. Mit welchem Recht unterdrückt man uns, mit welchem Recht kommt man daher und sagt uns, daß wir diesen Beruf nicht ausüben dürfen? Mein Körper gehört mir, ich mach damit, was ich will. (. . .) Es gibt zu viele Menschen, die uns beschützen wollen, und zu wenige, die bereit sind, auf das zu hören, was wir wirklich wollen.«[1]

Und das, was sie wirklich wollen, dieser Wunsch, den die Schulmeister der Subversion so gern abgewürgt hätten, ist der Wunsch nach einer Welt, wo man in aller Bürgerlichkeit die Prostitution wählen kann, wo sie allen offensteht, wo sie sich frei entfalten kann, wo sie auf keine Schranken stößt, weder heilig noch verflucht ist, sondern in schönste Banalität gebettet. Doch gerade diese Aussicht ruft in allen Lagern Panik hervor, macht Angst, aus welcher politischen Ecke die Verdammungsurteile auch kommen mögen. Sein Genital zu vermieten – das *darf* einfach kein unschuldiges Vergnügen sein! So reden sie alle und jeder auf seine Art. Der Staat, der die Prostitution in die Kriminalität abdrängt, um desto größeren Profit aus ihr herausschlagen zu können, die anständigen Bürger, die ihren Kindern verbieten, die Straßenmädchen anzusehen, und die freisinnigen Leute, die ihnen beibringen, es sei die Schuld der Gesellschaft, wenn nicht einmal die Liebe sicher ist vor dem Geld. Kriminell, lasterhaft, Opfer – drei Eigenschaften, die abzulegen die Prostituierten beschlossen haben. Und gerade diese *Koalition des Totschweigens,* diese heilige Union, diese Einhelligkeit der Ächtung zeigt, daß die Prostituierten mit ihrer Revolte etwas Grundlegendes berührt haben. Statt an unsere Toleranz zu appellieren, womit sie ihre Sonderstellung anerkannt hätten, beteuern sie ihre Normalität und weigern sich, die moralischen Wertmaßstäbe unserer Gesellschaft anzuerkennen. Gewiß ist Moral ein Wort, unter dessen Autorität wir unsere Existenz nicht mehr gerne stellen. Wir beziehen unser Handeln nicht mehr auf Maximen, die es rechtfertigen und uns in Sicherheit wiegen sollen. Außerdem haben unsere Vorstellungen von tugendhaftem Lebenswandel schon längst ihre Anziehungskraft eingebüßt, und so ist unserer Weisheit vorläufig letzter Schluß, Fragen aufzuwerfen. Kurzum, ob sorgenschwer oder zynisch, nostalgisch oder freisinnig, wir alle haben sowohl die Strenge wie die Heiterkeit der Prinzipientreue von einst verloren. Was freilich keineswegs heißt, wie wir es allzuoft meinen, daß die Moral nun tot sei – ihr neues Gesicht ist das der Krise. Zwar haben wir keine Werte mehr, doch wir sind weiter gehorsam. Der Sturz der Gesetze hat beileibe nicht Anar-

[1] *Une vie de putain,* a. a. O., S. 105 f.

chie geschaffen, sondern eine strenge Ordnung. Eine diskriminierende Moral hat die alten positiven Moralprinzipien ersetzt. Nicht an Verhaltensgrundsätzen orientieren wir uns heute, sondern an Prinzipien des Ausschlusses. Wir sagen nicht mehr: »Es ist verboten, zu ...«, sondern: »Es ist verboten für ...«. Wir formulieren keine Lebensweisheiten mehr, sondern bringen Abscheu zum Ausdruck.

Sage mir, was du verwirfst, und ich sage dir, wer du bist. Unserere Lebensstile werden nur noch in unseren diskriminierenden Reaktionen greifbar. So verlangen die Prostituierten auch Rechenschaft von unseren unterschwelligen Grundsätzen und nicht nur von unserer expliziten Ideologie, wenn sie die Stigmatisierung anprangern, von der sie betroffen sind. Wenn sie sagen, sein Geschlecht zu verkaufen sei nicht weiter schlimm, sei keine Schande, sei nicht der Tiefpunkt der Verzweiflung oder der Deklassierung, *dann stürzen sie das Genital von seinem Thron* – obwohl doch unser Körper von Kindesbeinen an mit dem Glanz genitalen Königtums vertraut gemacht worden ist.

In unseren Abneigungen offenbaren sich unsere Überzeugungen. Warum verwehren wir den Prostituierten den Zutritt zu unserer Welt? Weil wir an das Genital glauben – so sehr, daß wir ihm unbewußt all die Macht übertragen haben, die man einst der Seele zuschrieb. Seither ist das Genital der Reichtum des Individuums, sein unveräußerlicher Besitz, den ihm keine Institution streitig machen kann, der einzige Bereich seiner selbst, den es nicht der Arbeit opfert, sein Königsweg zum Glück, das Zeichen seiner Privatheit. Mögen die Prostituierten sich des Revisionismus verdächtig gemacht haben, mag es den Anschein gehabt haben, als hätten sie sich in den Partikularismus ihrer Privatinteressen zurückgezogen – auf einer anderen und viel wichtigeren Ebene haben sie doch die Subversion unserer Gesellschaft betrieben, nämlich als sie sich weigerten, die religiöse Überhöhung der Genitalität mit ihrem Elend zu bezahlen.

### Über das Wort »Hure«

Ihre erste Frage galt dem Vokabular, denn der Rassismus steckt in einem einzigen Wort: in dem von der Hure. Hure heißt man ein leichtsinniges Frauenzimmer, wenn man die Mischung von angenehmem Kitzel und Ekel zum Ausdruck bringen will, die durch ihre Hemmungslosigkeit wachgerufen wird. Hure, weil die Frau eine Währung ist, die man gerne zugleich in Umlauf bringen und horten würde. Hure, um Pornophantasie und eifersüchtiges Besitzstreben zu bezeichnen. Hure, weil sich der Mann angesichts der weiblichen Sexualität widersprüchlicherweise sowohl als Nutznießer wie als Geschädigter fühlt. Aus Solidarität mit seinen Schicksalsgenossen ruft der Eigentümer in ihm »Schlampe!«, während der Pornograph in ihm davon träumt, ohne Umschweife und ohne langes Gefackel Gegenstand eines unwiderstehlichen Verlangens zu werden; wenn doch die Frauen ihrerseits dazu übergehen würden, uns zu vergewaltigen! Als Huren aufgespießt, werden die Prostituierten also dazu verpflichtet, diese Ambivalenz zu verkörpern; ihre unbezähmbare Natur treibt sie dazu, so glaubt der Freier, sich allen, also auch mir hinzugeben – und das erregt mich. Doch sie gehören niemandem – und das kann ich nicht ertragen. Vor der Nummer, auf der Treppe, stimulieren sie die Phantasie; nach der Ejakulation, wenn der Freier sich anzieht und ernüchtert ist, müssen sie das Unbehagen, die schwelende Mißbilligung, wenn nicht gar die Beleidigungen des Besitzers über sich ergehen lassen. Die gleiche Selbstgefälligkeit offenbart sich in der Abneigung wie im Verlangen: zuerst die Vorstellung, der Frau stehe die sexuelle Freizügigkeit nur offen, wenn sie ihre Lust der maskulinen Norm von Geschwindigkeit und Genitalität unterwirft, dann die Gewißheit, daß die Prostituierte an der Viertelstunde der Nummer »ihren Spaß hat«. Hier aber schneidet man sich in den Finger: die Strichmädchen können ihrem Gewerbe nur nachgehen, weil »der Freier ihnen sexuell nicht das geringste bedeutet« (Ulla). Die Genitalbesessenheit, die man ihnen per Projektion unterstellt, ist allzusehr Teil ihres beruflichen Alltags, als daß ihr Verlangen noch etwas damit zu tun haben könnte. Sie lassen sich nicht in die Lust ihrer Freier hineinziehen – und eben darum können sie Nutzen aus ihr ziehen. Der Mann in seiner unfaßlichen Arroganz würde liebend gern in ihrer Distanziertheit, Entfremdung, in ihrem Geschäft ein Laster, in ihrem Kalkül eine Wollust sehen. *Doch sie sind genau in dem Maße Prostituierte, wie sie keine Huren sind.* Huren – so sagen sie einhellig – gibt es nur in euren Köpfen, zu gern bildet ihr euch ein, es gehe um Lust, wo es nur um Geld geht.

»Für sie sind wir immer so etwas wie Monster, völlig verkommene Frauen von ungeheuerlicher Mentalität; dabei spielt sich das alles nur in ihren Köpfen ab.«[1]

»Es ist phantastisch zu sehen, wie simpel einerseits die Sexualität der Männer nach der Art von ›guten Tag und auf Wiedersehen‹ funktioniert und wie kompliziert sie andererseits ist. Sie haben den Kopf voller Flausen und einen Körper, mit dem nicht viel anzufangen ist. Einerseits haben sie Lust zu bumsen, und andererseits läuft bei ihnen ein toller Film ab, und dann glauben sie, beides sei dasselbe. In Wirklichkeit ist es so, daß sie ihren Film nie kriegen, wenn sie sich die Möglichkeit zu bumsen erkaufen. Ihr Hunger läßt sich nie stillen.«[2]

Als willige Gefäße, als passive, indifferente Körper, die doppelt preisgegeben sind – den Käufern und von den Besitzerinnen –, erfüllen die Prostituierten den Ejakulationsvertrag so wortgetreu, daß sie jedesmal die Phantasien enttäuschen, mit denen die Freier sich über diesen Umstand hinwegzutäuschen versuchen.

Sie nehmen kein Blatt vor den Mund, sie täuschen keine Leidenschaft vor. Auf seltsame Weise mischen sie absolute Willfährigkeit – da sie ihren Partner nicht wählen – und radikale Unnahbarkeit – da sie ihre Vorbehalte auch dann nicht fallenlassen, wenn sie ihre Einladungen an den Mann bringen. Sie heucheln weder Zärtlichkeit noch Lust, weder Bewunderung noch Beflissenheit. Was sie dem Geschlecht des Mannes geben, verweigern sie unbarmherzig seinem Narzißmus. Guten Tag, auf Wiedersehen. Die perverse Freude der Freudenmädchen besteht nicht darin, zwanzigmal am Tag den Himmel auf Erden zu erleben, sondern die genitale Reduktion, die der Körper des Mannes ihrer Sexualität aufzwingt, auf die Spitze zu treiben, den Mann dadurch zu enttäuschen, daß sie sich sklavisch an seine Kriterien halten, sich seinem Verlangen nach Aneignung zu entziehen, indem sie es überbieten, statt sich seinem Ansinnen zu verweigern. Die Gleichgültigkeit gegenüber der Arbeit drückt sich in der Beflissenheit aus, sie zu erledigen. Den mangelnden Eifer der Prostituierten erkennt man an ihrem Eifer, den Rhythmus der Nummer zu virilisieren. Erregung, Erektion Ejakula-

[1] *Une vie de putain,* a. a. O., S. 124.
[2] a. a. O., S. 89.

tion – der käufliche Akt ist die rigorose Erfüllung dieses Männerprogramms. Die Prostituierten sind nicht die Dichterinnen der Liebe (»Komm, Süßer, mach schnell!«), sondern die Poetologinnen. Vom Orgasmus bewahren sie nur das Strukturschema, von der Erzählung nur die Logik der Handlung. Der Mann ist eingeladen, den Film seiner traditionellen Sexualität in rascherer Bildfolge zu erleben, seine Lust sozusagen im Zeitraffer abzumachen. Er reduziert die Umarmung auf die orgastische Erzählung, sie reduziert den Orgasmus auf das unvermittelte Nacheinander seiner drei Schritte.

Warum haben so viele Freier nach der Nummer schlechte Laune? Warum ist die Zahl derer so groß, die die »Schlampen« hinterher beschimpfen und ihr Geld zurückhaben wollen? Weil sie begriffen haben, daß sie nicht die Herren waren und daß sie von der Prostituierten alles bekommen konnten, nur keine Unterwerfung. Kaum ziehen sie sich wieder an, haben sie ihre Lust schon vergessen, nicht aber die Erniedrigungen, die sie für ihre Lust haben hinnehmen müssen – die des Geldes und die der Lächerlichkeit. Sie nehmen es der Prostituierten übel, daß sie sie für ihr Verlangen geschröpft und es lächerlich gemacht hat. Sie machen ihr die Käuflichkeit der Beziehung zum Vorwurf und sind sauer, daß sie ihnen mit einer so verächtlichen Beflissenheit das Bild ihrer Sexualität entgegenhält. Der Freier wird an der Straße aufgegabelt, betört vom Versprechen unerhörter Abenteuer und Obszönitäten – »Komm, Süßer, ich blas dir einen, daß dir Hören und Sehen vergeht«. Doch wenn er dann seinem Verlangen nachgibt, erlebt er nur dessen Zerfall. Die Prostituierte, diese profitgierige Priesterin eines Gottesdienstes, an den sie nicht glaubt, *verschlingt seine Nummer.* Der bestürzte Gläubige wird zur Kommunion gebeten, kaum daß er die Kirche betreten hat. Der Schrei »Geld zurück! Geld zurück!« entsteigt dem Herzen all derer, die Prostitution und Pornographie in einen Topf werfen. Doch die Ähnlichkeit trügt. Schweinkram und käufliche Liebe gehören nicht zur selben Familie. Weit davon entfernt, mit der Prostitution Hand in Hand zu gehen, glänzt die Pornographie hier durch Abwesenheit, und gerade ihr grausames Fehlen ist es, was die Freier so ärgert und deprimiert. Der große Pornotraum stattet die Frauen mit einem plötzlichen, auf einen Punkt zentrierten, unwiderstehlichen Verlangen aus. Er weiß von der schönsten aller Neuigkeiten zu berichten: auch die Frauen denken nur an das eine. Nur aus der jahrhundertelangen Unterdrückung ihres Verlangens erkläre sich die sexuelle Schüchternheit, in die sich noch allzu viele von ihnen verkriechen. Gerade erst aus ihrem Kerker emporgestiegen, könnten ihre ans Zwielicht gewöhnten Augen die genitale Sonne noch nicht ertragen. Sobald aber die letzten Tabus gefallen seien, brauche der Mann nichts mehr zu verlangen, sondern nur noch alles über sich ergehen zu lassen. Statt verzweifelt zu wollen, werde er gnädig gewähren. So macht die Pornographie aus der männlichen Phantasie ein Emanzipationsprogramm für die Frauen. Du brauchst nicht mehr zu warten, Listen zu ersinnen, zu tricksen, um zu bumsen – so verspricht sie dem Mann –, du brauchst nur bereit zu sein. Wie in der Prostitution, wo die Frau die Initiative ergreift, wo sie die ersten Schritte macht, wo sie von Anfang an und ohne Umschweife auf den Kern der Sache zu sprechen kommt. Dabei hätschelt sie die Illusion des Mannes nur, um sie besser zerstören zu können, sie spielt mit ihrem Körper den Lückenbüßer, aber sie steckt nicht in der eigenen Haut, man nimmt ihr die Rolle nicht ab, die Phantasie wird zur Ernüchterung eingeladen. Die Pornographie genitalisiert das Verlangen der Frau – die Prostituierte bezeugt immer nur das Verlangen nach Geld. In den Filmen scheint es ihnen unerhörte Lust zu bereiten, anonymen Schwänzen einen abzukauen – in der Nummer gehen sie ihrem Beruf gewissenhaft, aber ohne Leidenschaft nach. Akkurat und phlegmatisch tun sie, was man ihnen sagt, um das phallische Monument zu errichten – doch nicht im Namen der Lust, sondern in dem des Profits. Hat man sich eigentlich klargemacht, daß die »Pornowelle« und die Revolte der Prostituierten zwei Ereignisse sind, die zwar gleichzeitig stattfinden, aber in krassem Widerspruch zueinander stehen? Daß zwischen den Frauen, die im Film ihren Spaß haben, und denen, die auf der Straße ihrer Arbeit nachgehen, keinerlei Ähnlichkeit besteht, daß der Pornofilm ein ebenso falsches Bild von der Arbeit der Prostituierten gibt wie von der weiblichen Sexualität?

Wir sehen uns hard-cores an, um die Augen vor der Andersartigkeit des weiblichen Körpers zu verschließen und um die hochmütige Kälte, mit der er sich besetzen und kolonisieren läßt, in sinnliches Verlangen zu verwandeln. Wir wollen durch das Bild der Pluralität der Körper und dem Zynismus des Geldes entkommen. Wir wollen vergessen, daß sie uns nicht um unserer schönen Schwänze, sondern um unserer Banknoten willen lieben. Da wir die käufliche Willfährigkeit als beleidigend und bequem zugleich empfinden, träumen wir von der Gratisprostitution, möchten wir das Profitinteresse durch das Verlangen ersetzen, soll die Frau nicht nur verfügbar, sondern auch lüstern sein. Diese aus schmerzlicher Erfahrung geborene Utopie beweist zumindest das eine, nämlich daß die Käuflichkeit der Prostituierten dem Freier keine Sklavin auf Zeit beschert, sondern vielmehr die Unnahbarkeit der Frau garantiert. Alles in allem geht das Bemühen der Pornographie dahin, jene Beziehung zu bestreiten, die die Prostitution herstellt. Denn die berechnende Passivität der käuflichen Frau beleidigt die Eigenliebe des Mannes, widerlegt seine Phantasie durch die ostentativ werktätige Manier, in der sie ihm Befriedigung verschafft. Lieber weiß man sie lasterhaft als gleichgültig, lieber möchte man sie retten, als sie gelten lassen, da ihre Kälte unerträglich für das Verlangen des Mannes ist. Darauf haben die Prostituierten sehr deutlich hingewiesen, als sie ihre Revolte mit einer Proklamation ihrer Nichtanteilnahme begannen: »Wir üben dieses Gewerbe aus, weil es uns die Möglichkeit bietet, uns ihm zu entziehen. Wir verdoppeln uns, wir machen uns aus unserem Arbeitskörper davon. Das ist zwar nicht gerade erfreulich, doch wem bleibt heutzutage diese Verdoppelung erspart? Welchem Angestellten oder welcher Angestellten? Welchem Arbeiter oder welcher Arbeiterin? Welcher Verkäuferin? Genau wie sie wehren wir uns gegen die Abhängigkeit durch Geistesabwesenheit. Nur geistige Abwesenheit während der Arbeit kann die physische Anwesenheit bei der Arbeit erträglich machen.«

Zweifellos ist diese Sprache beleidigend für den Mann. Zum vierten Mal sieht er sich gezwungen, Abstriche an seinen narzißtischen Überzeugungen vorzunehmen. Kopernikus belehrte ihn darüber, daß er nicht im Mittelpunkt des Universums steht. Kaum hatte der Mann sich von diesem Schlag erholt, da nahm ihm Darwin das Privileg, sich als König der Schöpfung fühlen zu dürfen. Freud, der Dritte im Bunde, ließ ihm nicht einmal Zeit zum Atemholen und brachte ihm bei, daß er nicht Herr seiner eigenen Seele sei. Aber eine Einbildung blieb ihm noch, die von diesen drei Ernüchterungen nicht berührt worden war: die in vielen Sprachen kodifizierte Gleichsetzung von Mensch und Mann. Ulla ist nun das vierte Dementi. In Sachen Erotik kann der Mann nicht länger im Namen der Menschheit sprechen. Er hätte es gern getan – so hat er heute Mühe, aus diesem Wahn herauszufinden. Nicht mehr Unterwerfung, sondern Identität erwartet er von der Frau. Mit Freuden gibt er die Last und die Pflicht phallokratischer Macht für das Vergnügen eines erwiderten Genitozentrismus auf. Die Prostituierten nehmen ihn beim Wort, um ihm seinen Traum auszutreiben. Ihre offen gezeigte Gleichgültigkeit, die sich an seinem libidinösen Egoismus rächt, zerstört seine Illusion von der Universalität seiner Libido. Nichts Sexuelles ist mir fremd, sagt er. – O doch, die Sexualität der Frau, antworten ihm die Prostituierten, ungeachtet der Tatsache, daß sie sich – in hohe rote Stiefel und in die Phantasie des Mannes gekleidet – dazu bereit finden, sein getreues Abbild zu spielen.

Noch eine Frage des Sprachgebrauchs. »Ich habe mich prostituiert«, sagt man mit falscher Scham und voller Zufriedenheit, wenn es einem gelungen ist, in überzeugender Weise falsche Gefühle zu heucheln, um eine Beförderung zu ergattern, einen Posten, eine Rolle, eine Versetzung, eine Beurlaubung, eine Zulage zum Taschengeld, den Aufschub eines Abgabetermins, die Aufhebung einer Strafe oder die Anerkennung eines Vorgesetzten. Und so ist man versucht, jedesmal von Prostitution zu sprechen, wenn Liebedienerei einen persönlichen Nutzen verbergen soll, wenn die Aussicht auf einen materiellen Vorteil sich als Zuneigung oder als Unterwürfigkeit tarnt. Diese metaphorische Verwendung des Wortes »Prostitution« beruht aber auf einer falschen Vorstellung, die eine wahre Beleidigung ist, da sie implizit von der Prostitution ein Bild entwirft, das diese entstellt. Denn der Prostitutionsvertrag ist eindeutig, er beurlaubt die Einbildungskraft. Keine Rollen, keine Komödie, keine Glaubwürdigkeit muß gespielt werden. Er befreit die Sexualität von der Aufrichtigkeit und zugleich von der Vortäuschung. Beim Geschäft der Nummer hat die Hysterie Pause. Der Freier braucht nicht zu gefallen, die Prostituierte braucht nicht unbedingt vorzugeben, daß sie fasziniert sei. Sie vermietet ihr Geschlecht und versteigert den Rest ihres Körpers. Zugleich aber schützt sie ihr

Gefühlsleben vor jeder Form von Prostitution. Das verliebte Theater gehört nicht zur Nummer, ist kein Gegenstand der Abmachungen. Wir leben heute nicht mehr in jener ostentativ ungleichen und streng gegliederten Gesellschaft, die den Kurtisanen den Zugang zur großen Welt vorbehielt und die billigen Nutten dem gemeinen Volk zum Fraß vorwarf. Ob im Rom der Renaissance oder im Paris des zweiten Kaiserreichs, stets war es der Traum aller Prostituierten, sich durch die Hintertür in die große Welt einzuschmuggeln, reich, umschwärmt, gesellschaftsfähig, mit einem Wort, Kurtisane zu sein. Die Prostituierten von heute sind von derselben Leidenschaft fürs Geld beseelt, doch wollen sie es nicht mit vorgetäuschten Gefühlen bezahlen. Deshalb ziehen die meisten von ihnen den Straßenstrich den vornehmen Puffs und den Callgirl-Ringen für das Führungspersonal der Multis vor. Nur auf der Straße können sie ihrer Geldgier frönen und es sich ersparen, dem Freier vorzumachen, daß sie seinem Charme erlegen seien und daß sie, bevor sie ihn kannten, nicht gewußt hätten, was Lust sei. Die moderne Prostituierte ist eine *Antikurtisane.*

»Ausziehen (und Ausziehen ist ein großes Wort, weil man nur den Pulli hochstreift) kostet 150 Franc (. . .). Wenn man ein Bein hebt oder ein zweites, kostet das 20 Franc. Jede weitere Zugabe verteuert die Sache jeweils um 20 Franc.«[1]

Während die Kurtisane ihren Freier in der Falle der Leidenschaft fangen will, legt die Prostituierte es ausschließlich darauf an, sein Verlangen anzuheizen. Die erste tut so, als gebe sie sich ganz hin, um ihm den Kopf zu verdrehen und die Taschen zu leeren. Die zweite zieht die Kunst der Versteigerung der Verstellung vor. Weder simuliert sie die Höhenflüge der Liebe, noch auch nur die Ekstasen der Wollust. Prosaisch verkauft sie ihre Dienstleistungen. Einwandfrei zwar, aber auch pingelig, hält sie sich streng an den Wortlaut des Vertrags. Statt den geschäftsmäßigen Charakter der Beziehung zu vertuschen, legt sie ihn bloß. Verzicht auf jedes Pathos – auf die Prostitution mit komödiantischem Charakter folgt die Prostitution mit Arbeitscharakter. Keine Rolle mehr zu spielen, sondern eine Aufgabe zu erfüllen.

»Eine Hure hätte nicht den Eindruck, eine Hure zu sein, wäre

[1] *Une vie de putain,* a. a. O., S. 94.

sie nicht eine patentierte Verräterin, und eine Hure, die nicht die erforderlichen Fähigkeiten besäße, wäre wie eine Küche ohne Koch, eine Mahlzeit ohne Wein, eine Lampe ohne Öl, ein Makkaronigericht ohne Käse.«

Also sprach Nanna, die große römische Prostituierte, deren Heldentaten Aretino der Nachwelt überliefern wollte. So schuf er ein Preislied auf die Kurtisane, in dem er von ihren Listen wie von Großtaten berichtet. Eine Märchenfigur, altmodische Heldenstücke, eine tote Gesellschaft – mögen sich auch auf einigen Inseln unserer Gesellschaft noch Überreste aus jener Zeit erhalten haben. Die autobiographischen Aussagen der Prostituierten unserer Tage erinnern nicht mehr an Aretino, nicht einmal an Zola oder an Dumas den Jüngeren, sondern an Marx und seine Analyse der abstrakten Arbeit. Denn zwischen dem Arbeiter und der Hure gibt es zwei fundamentale Analogien: ihre Freiheit und ihre Gleichgültigkeit.

## Tempelhändlerinnen

Oberstes Kennzeichen des kapitalistischen Marktes ist der freie Arbeiter, frei in dem Doppelsinn, daß er nach Belieben über seine Arbeitskraft als seine Ware verfügen kann, aber auch, daß er »los und ledig, frei ist von allen zur Verwirklichung seiner Arbeitskraft nötigen Sachen«[1] – also so mittellos und so frei, daß er gezwungen ist, seinen Körper zu verkaufen, um sich sein Lebensrecht zu sichern. Damit sich ein Arbeitsmarkt bilden kann, muß der Körper Warencharakter annehmen und muß eine Mehrheit von Individuen nichts anderes mehr zum Tausch anzubieten haben als ebendiese Ware. Als einziges Eigentum den eigenen Organismus zu besitzen, seinen Wert, seine Kraft, seine Fähigkeiten; ihn zeitweise zu veräußern, einem Käufer zur Verfügung zu stellen, um dafür einen Lohn zu empfangen – das ist die Situation, in die das Kapital die Masse der von ihm unterworfenen Menschen gebracht hat. Wenn also die Prostituierten ihre Anerkennung verlangen, so fordern sie damit nicht nur, daß die Gesellschaft sie *gelten läßt,* sondern auch, daß sie *zugibt,* von welcher prostituierenden Realität sie unterschwellig beherrscht

[1] Marx, *Das Kapital,* Bd. I, MEW 23, S. 183.

wird. »Die Arbeit, der wir nachgehen«, sagen sie, »ist nicht schlechter als jede andere, denn in jeder Arbeit steckt eine Form von Prostitution. Wir verkaufen unsere Körper genauso wie jeder andere. Was uns das Mitleid der schönen Seelen einträgt, was unseren Beruf nach Meinung aller – der Progressiven wie der Reaktionären – stigmatisiert, hält sich streng an die Logik des Arbeitsvertrags. Wenn es eine Sünde ist, den eigenen Körper zu verkaufen, dann begeht diese Sünde jedermann, und niemand hat das Recht, uns deswegen auszuschließen.«

Doch dieses marxistische Argument (»Die Prostitution ist nur ein besonderer Ausdruck der allgemeinen Prostitution der Arbeit«) kann, so überzeugend es auch erscheinen mag, unseren Abscheu nicht ganz vertreiben. Schließlich gibt es Körper und Körper, und die Forderungen der Prostituierten vermengen Arbeitskörper und Liebeskörper, heben den Gegensatz von Mühsal und Lust auf, unter dessen Vorzeichen wir gelernt haben, unser Leben zu führen. Das Kapital vereinnahmt die Körper, doch als Arbeitskraft, als werktätige Energie, die in ihnen steckt und die es freisetzen will. Seine Verwalter sind also nur in sehr eingeschränktem Sinne Lehensherren: die Aneignung der Genitalien gehört nicht zum Vertrag, schon seit langem hat man jenen barbarisch anachronistischen Besitzanspruch abgeschafft, der die Feudalherren dazu berechtigte, von ihren Dienerinnen die erste Liebesnacht zu fordern. Der kapitalistische Markt zerlegt den Körper mithin in zwei Teile. Er steckt eine unverletzliche Zone ab – den Geschlechtsapparat – und erklärt all das als veräußerbar, was nicht innerhalb dieser kleinen Arena liegt. Der Gegensatz Privat–Öffentlich spaltet das Subjekt und unterwirft es einem doppelten Zwang. Einerseits wird der Lust ein bestimmter Ort zugewiesen, sie wird durch einen gebieterischen Kode diszipliniert, der ihren Aktionsradius eingrenzt. Andererseits verschmilzt die Arbeit mit der Energie und den Organen, die durch diese Konzentration der Libido auf eine einzige Zone freigesetzt werden. Zwei Fliegen mit einer Klappe: der Genitozentrismus schafft Körper, die sich im Bereich der Lust befriedigen lassen und zugleich in der Produktionssphäre nützlich sind. Jeder dieser Verhaltensweisen des Organismus entspricht nun eine bestimmte Erziehungslehre. Die Schule trichtert den Menschen ein, was für die Arbeit erforderlich ist: Kompetenz und Disziplin, Qualifikation und Fügsamkeit. Die Sexualkunde öffnet der Pädagogik den letzten Bereich, der ihr bislang noch verschlossen geblieben war. Früher sahen es die Pädagogen als ihre Aufgabe an, die Lust zu verscheuchen, heute ist Lust geradezu ein Pflichtfach. Seit Freud weiß man, daß ein Schweigen über die Triebe nicht die Triebe zum Schweigen bringt, daß man die Triebansprüche nicht unterdrücken kann, indem man sie leugnet. Also tut die Sexologie alles, um jene »Hemmungen abzubauen« (das heißt Hemmnisse auszuräumen), als welche die Turbulenzen der Libido sich bei der Abrichtung des Arbeitskörpers erweisen könnten. Sie maximiert die Fügsamkeit, indem sie dafür sorgt, daß diese nicht als Aufopferung erscheint, als eine Eroberung, die dem fleischlichen Verlangen abgetrotzt werden muß. Sie ersetzt die Ethik des Verzichts durch die der Verträglichkeit. Zwei Grundsätze bestimmen diese Regulierung der Sexualität: der anatomische Grundsatz der erogenen Zonen und der energetische Grundsatz der Befriedigung. Statt sich als eine Kraft zu erweisen, die stets auf dem Sprung ist, kann das Verlangen nun vom Orgasmus gesättigt werden. Statt sich grenzenlos auszudehnen, kann der Liebeskörper nun kompromißlos auf bestimmte Spezialorgane eingeschränkt werden. Lust und Produktivität – das sind die beiden Vektoren unserer physiologischen Organisation, die beiden Ziele, die seiner Erziehung gesetzt sind. Man muß arbeiten lernen, das heißt lernen, den Zwang hinzunehmen, und man muß die Lust lernen, damit das Verlangen nach ihr der Bereitschaft zur Arbeit nicht in die Quere kommt.

Unser Lustkörper ist also privat und zugleich depraviert: Gewiß gehört er uns, zugleich aber ist er ein Körper, dem die Zeit, die Kraft und die Organe abgehen, die wir in den Dienst der Arbeit stellen. Eigentlich gehört uns also nur ein Rest, das Ergebnis einer Subtraktion. Doch die Pädagogik des privaten Körpers spricht nicht von seiner Depravation, ebensowenig wie von ihrer disziplinarischen Aufgabe. Sie behauptet sogar das genaue Gegenteil, sie sagt, die Sexualität sei das widersprüchliche Bündnis einer fetischistischen Praxis und einer Metaphysik der Gesamtheit. Das Genitale gelange gleichzeitig zur Autonomie und zur Metonymie. Was seine Abtrennung rechtfertige, sei die Tatsache, daß es ein neues Bild der Totalität entwerfe. Es werde nur deswegen isoliert, weil es die doppelte Fähigkeit habe, einerseits die Vielfalt der Lüste zusammenzufassen und andererseits die Einheit der Kreatur für einen kurzen Augenblick wiederherzustellen. Das Genital sei der Teil, in dem das Ganze seine Wiedergeburt feiert oder (die Jammerversion derselben Mystik) seine Zerrissenheit beweint. Machbar und absolut zugleich, sei der genitale Orgasmus Maßstab und Kultgegenstand, er besetze ein Organ, um den ganzen Körper in Flammen zu setzen. Wenn also die Sexualität sich auf das Geschlechtsorgan konzentriere, so nur, um die Verschmelzung der Individuen zu vollenden.

Nun hat es aber ganz den Anschein, als hätten die Prostituierten dieses Gleichgewicht zerstört, indem sie von den beiden erotischen Postulaten nur eins gelten ließen: den Liebeskörper als Arbeitskörper zu behandeln heißt ja, den Genitalfetischismus beizubehalten und nur die Metaphysik zu verwerfen, mit der man ihn zu verklären pflegt. Das Werkzeug der Vereinigung (aus zwei mach eins) wird zur Erwerbsquelle (eine Nummer kostet 100 Franc). Nicht mehr dem Ganzen dienen die Geschlechtsteile, sondern dem Geld. Hart kommt es uns an, den käuflichen Frauen diese Verfälschung, diese Pflichtverletzung, dieses Sakrileg zu verzeihen. Obgleich sie nur ihr Geschlecht vermieten, sagen wir – entsetzt oder mitfühlend –, daß sie ihren Körper verkaufen. Denn wir wollen, daß das Genitale ein Mikrokosmos und kein Fragment sei. Mit einem Wort, die Prostituierten haben sich einer Blasphemie schuldig gemacht, sie haben aus der Kirche, in der die Menschen kommunizierten, eine Werkstatt gemacht, in der Kopulationen feilgeboten werden, sie haben das Heiligtum der Lust für jedermann geöffnet, sie haben ihre genitale Seele verkauft, damit ihnen die Fabrik erspart bleibt. Eine Todsünde, die uns für den Fall, daß wir selbst auf die feierliche Beteuerung unseres Unglaubens hereinfallen, ins Gedächtnis ruft, daß wir immer noch gläubig sind und daß es uns Kummer bereitet zu sehen, wie der Ort gleichgültig verwüstet wird, an welchem sich für den Augenblick einer Ekstase die verlorene Einheit wiederherstellen läßt.

Doch lassen wir uns zugleich gesagt sein: Die Schaffung beschützender Werkstätten, die vielfältigen Anstrengungen, für die berufliche Wiedereingliederung der gefallenen Mädchen zu sorgen, werden die Prostitution nie beseitigen. Es gibt kein Organ, das nicht zur Arbeitskraft werden könnte. Der Tauschhandel kennt kein Niemandsland. Was ist eine Prostituierte? Dasselbe wie eine Arbeiterin, eine Bankkassiererin, eine Postangestellte – mit zwei Einschränkungen: sie verdient ihren Lebensunterhalt viel besser, und ihr radikaler Zynismus verbietet ihr, an die Göttlichkeit des Genitals zu glauben. Der Psychiater würde sie gerne zur Nymphomanin oder zur Psychopathin stempeln, dem verklemmten Spießer wäre es lieb, wenn sie »das im Blut hätte«, die barmherzige Schwester möchte den Mangel an Liebe wettmachen, der das arme Mädchen in die Schande getrieben hat, der Maoist würde sie, um sie zu heilen, in ein Arbeitslager stecken und der Trotzkist in eine Fabrik, während doch ihre einzige Krankheit der Atheismus ist, die Tatsache, daß sie den Glauben an das Genital verloren hat.

Gewiß ist ein Ende der Prostitution denkbar, doch nur, wenn man zugleich ein Ende des Arbeitsmarktes mitbedenkt. Zur Hure wird eine Frau aufgrund derselben Bedingung, die andere zum Beispiel Lehrerinnen oder Stenotypistinnen werden läßt: aufgrund der Abhängigkeit des Einkommens von der Arbeitszeit. Nur eine Gesellschaft, die ein gesichertes Einkommen nicht mehr an die Pflicht zu 20, 30 oder 40 Arbeitsstunden pro Woche binden würde, in der die Menschen nicht mehr gezwungen wären, sich ihr Lebensrecht zu *verdienen,* könnte die Prostitution, so wie wir sie heute kennen, abschaffen. Alles übrige ist nur Herumkurieren an den Symptomen, eine Tätigkeit, die dem System immanent ist und von ihm abgelehnt wird.

»Nichts ist unrein, nichts ist obszön«, lassen die Prostituierten sich heute vernehmen. Der Körper kennt keine hierarchische Kastengliederung. Die Medizin der Alten hatte am Organismus adlige und bürgerliche Teile unterschieden, der neue Humanismus macht einen Unterschied zwischen privaten und werktätigen Organen. Als – um mit Herrn Etepetete zu sprechen – »diese Damen« besagte Trennlinie überschritten, verkündeten sie damit, daß die Arbeit ungeteilt ist. Es gibt keine moralische Klassifizierung der verschiedenen Arten, seinen Körper zu verkaufen. Diese Notwendigkeit ist entweder in jedem Falle achtbar oder in jedem Falle Prostitution. Das gehässige Vorurteil konzentriert alle Schändlichkeit auf die Prostitution, um die Arbeit reinzuwaschen, um sie in Weihwasser zu baden, um sie zu rechtfertigen oder um ihre Tugenden zu preisen. Das Lob der Arbeit und die Ächtung der Huren gehen Hand in Hand. Diese üble Komplizenschaft wollten die Prostituierten mit ihrer Rebellion zerschlagen.

**Marx und Ulla: die Arbeit als solche**

Es gibt aber noch ein zweites Kennzeichen, das die Prostitution als Variante der Arbeit erkennbar macht: die Gleichgültigkeit. Der Kapitalismus gibt sich nämlich nicht damit zufrieden, den Produktionsprozeß so zu verwerten, wie er ihn vorgefunden hat. Eine rein formelle Unterwerfung würde dem Arbeiter noch zuviel Macht über die eigene Tätigkeit, ihren Rhythmus und ihr Geheimnis lassen. Daher die Notwendigkeit, den Menschen, nachdem man ihn von seinen Produktionsmitteln befreit hat, auch von seiner Arbeit zu befreien, ihm alle Verfügung und alle Kontrolle über ihren Ablauf zu entziehen. Kann er noch sagen: »Ich arbeite«? Ja, wenn er von der Zeit spricht, die er in der Fabrik oder im Büro zubringt. Nein, wenn es sich um den Inhalt der Tätigkeit selbst handelt. Statt vom Menschen ausgeführt zu werden, hat die Arbeit heute zunehmend die Tendenz, ihm seine Gesten und Bewegungen in allen Einzelheiten vorzuschreiben. In wachsendem Maße vereint die kapitalistische Maschinerie (Fließband oder Computer) in sich die beiden Aspekte der Produktivität und der Zwangsherrschaft. Disziplinierende Technologie und nützliche Technologie sind in ihrer Wirkung kaum noch zu unterscheiden. Je mehr sich die Technik vervollkommnet, desto vielfältiger werden ihre Funktionen: der Herrschaft über die Natur fügt sie heute die Herrschaft über den menschlichen Körper hinzu. Und was ist Fortschritt anderes als die Akkumulation von Kontrolle und Produktivität? Ergebnis: Arbeit ist nicht mehr die Freisetzung jenes Vermögens, das jeder in sich trägt, sondern ein Zwang, der ihm von außen auferlegt wird, eine fremde Kraft, die seine Rentabilität nach der Fügsamkeit seines Verhaltens bemißt. Wodurch sich zwangsläufig die Kriterien der Individuation des Subjekts verändern: das Individuum bezieht die Zeichen seiner Besonderheit nicht mehr aus seinem Beruf, sondern aus seinem Status, der Mensch wird nicht mehr durch sein besonderes Tun bestimmt, das in der Allgemeinheit der Arbeit *als solcher* untergeht, sondern durch seine soziale Position. Diese jedoch wird nun ihrerseits – wie zur Kompensation – sorgfältig differenziert. Die Konkurrenz und die Hierarchisierung der sozialen Positionen laufen der wachsenden Anonymisierung der Arbeit zuwider.

Man braucht also nur den Bereich des Marktes zu verlassen, »jene geräuschvolle, auf der Oberfläche hausende und aller Augen zugängliche Sphäre«, wo die Verträge geschlossen werden, um dem Käufer und dem Verkäufer der Arbeitskraft in die »verborgene Stätte der Produktion« zu folgen, »an deren Schwelle zu lesen steht: No admittance except on business«.[1] Dort nämlich verwandelt sich die juristische Selbstveräußerung des Arbeiters in eine Gleichgültigkeit und mündet in eine dreifache Entfremdung: in die des Arbeiters von seinem Produkt, von seiner Arbeit und von sich selbst.

»Indem der Zweck der Arbeit nicht ein besonderes Produkt ist, das in einem besonderen Verhältnisse zu den besonderen Bedürfnissen des Individuums steht, sondern Geld, der Reichtum in seiner allgemeinen Form, hat erstens die Arbeitsamkeit des Individuums keine Grenze; sie ist gleichgültig gegen ihre Besonderheit, und nimmt jede Form an, die zum Zweck dient; sie ist erfinderisch im Schaffen neuer Gegenstände für das gesellschaftliche Bedürfnis etc.«[2]

»Die Gleichgültigkeit gegen die bestimmte Arbeit entspricht einer Gesellschaftsform, worin die Individuen mit Leichtigkeit aus einer Arbeit in eine andre übergehn und die bestimmte Art der Arbeit ihnen zufällig, daher gleichgültig ist.«[3]

»Die Subjekte sind im Austausch nur füreinander durch die Äquivalente, als gleichgeltende, und bewähren sich als solche durch den Wechsel der Gegenständlichkeit, worin das eine für andere ist. Da sie nur so als Gleichgeltende, als Besitzer von Äquivalenten, und Bewährer dieser Äquivalenz im Austausche füreinander sind, sind sie als Gleichgeltende zugleich Gleichgültige gegeneinander . . .«[4]

Wir haben Marx aus seinem Bart hier das Härchen »abstrakte Arbeit« herausgerissen, weil er mit diesem Begriff die Intimität

[1] Marx, *Das Kapital,* a. a. O., S. 189.
[2] Marx, *Grundrisse der Kritik der Politischen Ökonomie,* Berlin, Dietz 1953, S. 135.
[3] Ebenda, S. 25.
[4] Ebenda, S. 153 f.

der Nummer genauso exakt beschreibt wie die Unmenschlichkeit der Fabrik. Wo Marx die modernsten Aspekte des Produktionsprozesses analysiert, hören wir ihn zugleich vom ältesten Gewerbe der Welt berichten; wo er die fortschreitende Abstraktion der Lohnarbeit darstellt, sehen wir sehr deutlich die verschiedenen Phasen des käuflichen Aktes ablaufen. Uns fasziniert die Doppeldeutigkeit seines Vokabulars. Denn sie zeugt besser als irgendein umständlicher Beweis von der tiefen Perversion des Kapitalismus: die Konfusion der Kodes, die Tendenz zur Ersetzung der alten Immobilität sozialer Verwurzelungen durch den Zynismus des »alles ist austauschbar«, durch die unbegrenzte Mobilität der Dinge, der Menschen, der Arbeitsvorgänge. Bin ich Arbeiter? Bin ich Hure? Diese Frage hat keinen Sinn mehr, da mir kein eigener Bereich mehr geblieben ist und das Kapital überall die Gleichgültigkeit an die Stelle des Berufs gesetzt hat.

Die Gleichgültigkeit der Prostituierten gegenüber dem Produkt der Nummer: was dort in vorgeschriebenem Rhythmus zutage tritt, sind kalte Bauern. Die Hure hat ebensoviel für das Sperma übrig, das sich in sie ergießt, wie die Arbeiterin in der Fleischfabrik für die Würste, die sie zusammenschnürt. Der Same wird nur zum Gegenstand ihrer Fürsorge, weil er immer schon zugunsten seines Geldwertes aufgehoben, abstrahiert ist. Bei der Ejakulation fließen zwei Sprachen ineinander: die des Freiers, der sein Verlangen stillt, und die der Prostituierten, die den Vertrag erfüllt. Was nun den Inhalt der Arbeit angeht, so haben wir gesehen, welche ironische Sorgfalt die Nutte darauf verwendet, ihn zu umschreiben und zu ritualisieren. Dabei entzieht sie sich dem Begehren des Freiers um so nachhaltiger, je mehr sie seinem genitalen Fetischismus schmeichelt. Schließlich die dritte Gleichgültigkeit: die Prostituierte diszipliniert ihr Erscheinungsbild. Um für den majoritären Traum von der Weiblichkeit ein lohnendes Ziel abzugeben, muß sie ihre persönlichen Triebe unterdrücken. Ihr Arbeitskörper gehört ihr während der Nummer nicht mehr als im Augenblick des Vertragsabschlusses. Wie der Arbeiter seiner Arbeitskraft fremd bleibt, wenn er sie freisetzt, so muß die Prostituierte sich aufgeben, damit der Freier ihr begegnet, muß sich verlieren, damit er den Eindruck gewinnt, sie zu finden. Eine feierliche Taufe besiegelt die Fabrikation des fleischlichen Trugbildes. Elfriede wird Ramona, weil der Freier

Lust und nicht Kochtopf assoziieren will. Und weil er in seinem Kopf eine regelrechte kleine Sexgeographie mit sich herumträgt, empfindet er einen spanischen Vornamen möglicherweise als ebenso vielversprechend wie einen üppigen Busen. Auch liebt der Freier die Namen, die in aller Munde sind, die Namen der Stars oder der Fotomodelle, weil er dann nicht nur das Wesen in Besitz nehmen kann, das sie trägt, sondern all die unnahbaren Göttinnen, mit denen der Film seine Vorstellungswelt bevölkert. So hat er alles: den Zauber und die Wirklichkeit des Fleisches, das Gefühl, zu diesem Körper nicht zugelassen zu sein, und das Recht, ihn zu berühren. Er vögelt zugleich das Vorbild und das Abbild, er genießt die Lust, in die Frau einzudringen und den Thron eines verbotenen Reiches zu besteigen. Kurzum, Nutte zu werden heißt, die Selbstentfremdung so weit zu treiben, daß man sich ganz und gar und mitsamt seinem Vornamen in einen Kode einfügt. Es ist besser, Ramona, Marilyn oder Geneviève zu heißen (oder in Frankreich Ulla) als Elfriede, Berta oder Sieglinde, weil dies dem Freier gestattet, die drei Vergnügungen auszukosten, die er sich von der Nutte verspricht: eine Frau im Vorbeigehen zu vernaschen, seinen Drang loszuwerden und schließlich sein braves Ehetrudchen für einen kurzen Moment mit jener unnahbaren Diva zu vertauschen, die ganz und gar ihrer Schönheit zu leben scheint.

»Auch das gehört zur Lehrzeit, daß man seinen richtigen Namen aufgibt und einen anderen annimmt. Ähnlich wie wenn man heiratet und sich den Namen seines Mackers zulegt. Aber hier kriegen wir einen Namen, der allen Typen gefällt, einen universellen Namen.«[1]

## Die Politik der Klarheit

Was heißt Modernität? Daß jede Hure sagen kann: »Ich arbeite« und jeder Arbeiter: »Ich bin Hure« – so jedenfalls versichern es Marx und Ulla, jeder auf seine Weise. Doch keiner will diese Sprache hören, weder wir (egal ob schöne Seelen oder alte Ärsche) noch die Bullen (»auf der Straße belästigen sie die

[1] *Une vie de putain,* a.a.O., S. 140.

Bevölkerung«[1]), noch der Staat. Als ob die Vermengung nicht zu ertragen wäre. Als ob die Gleichgültigkeit sowohl eine Systemtendenz wäre als auch eine Unordnung, vor der man es ständig zu schützen habe. Als ob die Verallgemeinerung des Prostitutionsschemas auf die gesellschaftliche Arbeit insgesamt nur unter der Bedingung möglich wäre, daß man die Prostituierten dafür schuldig spricht. Der Staat hält die Ordnung aufrecht, aber keineswegs die moralische Ordnung eines triumphierenden Puritanismus, nicht einmal die repressive Ordnung der Polizeigewalt, sondern die *Ordnung der Klarheit* – das heißt den Bestand der Hierarchie. Auf der einen Seite die Prostitution, auf der anderen die Arbeit. Solange die Straßenmädchen in die Kriminalität abgedrängt werden, erlebt man die Arbeit nicht als Prostitution: die Diskriminierung garantiert den Fortbestand des Gegensatzes und wirkt der Tendenz zur Vermischung nachdrücklich entgegen. Dies also die Rolle des Staates: der Gleichgültigkeit Einhalt zu gebieten, den Körpern den moralischen Kode einzuprägen, das Bild der Vorurteile Wirklichkeit werden zu lassen, die Nutten zu stigmatisieren, damit sie keinesfalls vorgeben können, einer Tätigkeit wie jeder anderen nachzugehen. Mit einem Wort, dafür zu sorgen, daß die Verworfenheit der Straßenmädchen nicht einfach ein ideologisches Vorurteil ist, nicht bloß romantischer Quatsch, der sich durch die revolutionären Umwälzungen des Kapitals schon längst in der Allgemeinheit der Arbeit als solcher überlebt hat. Dafür zu sorgen, daß die Prostituierten wirklich ein Hurenleben führen.

Das Strafrecht hat heute die Aufgabe, die Prostitution in ein Ghetto einzusperren, eine unüberwindliche Barriere zwischen der Monotonie der Nummer und der Monotonie der Fabrik zu errichten, die Prostituierten deutlich von allen anderen Berufsgruppen abzusondern. Gegen die Gleichgültigkeit des Kapitals erhebt heute der Staat seine Stimme im Namen der disziplinarischen Ordnung der Klarheit. Und keine der beide Instanzen hat gegenüber der anderen das Vorrecht der Realität: sie sind beide höchst real. Daher der Widerspruch, der sich in allen Lebensberichten von Prostituierten bemerkbar macht. Wenn sie von ihrem Beruf sprechen, nehmen sie für sich in Anspruch, ihn gewählt zu haben, sie wehren sich dagegen, in ihm ein Verhängnis zu sehen, und insistieren – skandalöserweise – auf ihrer

[1] Kommissar Solères im *Nouvel Observateur* vom 26. April 1976.

Freiheit. Sie versteigen sich sogar zu der Erklärung, daß sie ja gern arbeiten wollten, aber eben lieber auf dem Strich als in der Fabrik (wegen des Lohn-Arbeits-Verhältnisses). Gleichzeitig aber beklagen sie das teuflische Räderwerk, in das sie geworfen seien. Man darf diesen Widerspruch nicht zu rasch als unlogisch abtun. Hin- und hergerissen zwischen der Realität des Kapitalismus und der Macht des Staates, sind die Prostituierten heute vielleicht am ehesten in der Lage, diesen Widerspruch zu artikulieren. Und nun, nachdem sie gesprochen haben, kann man ihr Schicksal nicht mehr auf irgendeine verschwommene Gewalt zurückführen, es nicht mehr gedankenlos irgendeiner ideologischen Lüge in die Schuhe schieben oder es gar zur unvermeidlichen Strafe ihrer professionellen Verkommenheit erklären: Wir wissen jetzt, daß es von unserem modernen Strafrecht geschaffen wird. »Das Leben der Prostituierten ist weder lustig noch leicht«, weiß der menschenfreundliche Kommissar Solères zu berichten. »Das stimmt«, antworten ihm die Nutten, »aber das verdanken wir euch!« Erst die bewußte Politik der Kriminalisierung hat die Prostitution zu einem separaten und kontrollierbaren Milieu gemacht. Die Gesundheitskontrollen, die Geldstrafen, die willkürlichen Auflagen, der Kuppeleiparagraph – dieses ganze Arsenal gesetzlicher Maßnahmen verwandelt den Vertrag, der der Nummer zugrunde liegt, in einen Degradierungspakt mit der ganzen Gesellschaft. Das Strafgesetz scheint der Nutte sagen zu wollen: »Du glaubst zwar, daß du nur ein Stück deines Körpers der zeitweiligen Verfügungsgewalt eines gegebenen Käufers überstellst, tatsächlich jedoch verkaufst du deine Seele dem Teufel, diese Handlung ist unwiderruflich, du bist mit Leib und Seele in sie verstrickt, du bleibst auf immer von ihr gezeichnet, deshalb bist du im Begriff, eine Selbstveräußerung von religiöser, faustischer Bedeutung zu vollziehen.« Die Zeit ist noch lange nicht reif für einen generellen Verzicht auf Diskriminierungen: Die Prostitution tolerieren heißt immer noch, sie denen, die sich für sie entschieden haben, unerträglich zu machen. Sie hat unabänderliches Schicksal zu sein, nicht Zufall, ein sozialer Absturz, keine Berufswahl wie andere.

Denen, die aus der Prostitution hinaus wollen, liefert man also alle Gründe, wieder in sie zurückzukehren. Mit Unterstützung der Polizei, die der Steuerbehörde Einkommensschätzungen liefert, schickt ihnen der Fiskus Steuerbescheide in astronomischer Höhe zu. Außerdem werden sie zu Nachzahlungen veranlagt. Wenn sie nicht bezahlen können, werden sie in Schuldhaft genommen. Die Mehrheit derer, die diesem Beruf nachgehen, lebt unter der ständigen Drohung von Geld- und Haftstrafen. Zwar ist die Prostitution legal, doch bietet das Gesetz genügend Auslegungsspielraum, um den Straßenmädchen ständig ihren potentiellen Status als Straftäter zu Bewußtsein zu bringen.[1] Die Entscheidung darüber, wann sie durch ihren Lebenswandel die öffentliche Ordnung gefährden, ist in das Ermessen der Polizei gestellt, und der Kuppeleiparagraph trifft vor allem die Nutten. Noch heute kann man darüber staunen, wie sehr es dem Kollektiv der rebellierenden Prostituierten seinerzeit widerstrebte, den Terror der Unterwelt und die verschiedenen Formen der Kuppelei und des Zuhälterwesens anzuzeigen. Man hat in ihrem Schweigen einen Beweis für ihre Komplizenschaft sehen wollen, für ihre Abhängigkeit, für ihren politischen Infantilismus und schließlich den Grund für das Scheitern ihrer Bewegung. Wie kann man Freiheit fordern und zugleich die Zuhälter schützen? Wie kann man die Unterdrückung anprangern und zugleich im Namen der Unterweltmoral (»Wir verpfeifen niemanden«) Urformen der Ausbeutung verteidigen? Dabei haben die Prostituierten ganz eindeutige Antworten auf diese empörten Fragen gegeben. Vor allem sei es häufig sehr schwer, zwischen Freund und Feind – das heißt zwischen Liebhaber und Zuhälter – zu unterscheiden. Ferner verlören sie – die Prostituierten – ihren Arbeitsplatz, wenn ein einschlägiges Hotel polizeilich geschlossen wird. Und schließlich genüge es schon, daß zwei Prostituierte sich eine gemeinsame Wohnung nehmen, um wegen »wechselseitiger Kuppelei« angezeigt zu werden. Solange also der Kampf gegen die Kuppelei für die Frauen selbst erhöhte Gefahr der Verhaftung bedeute, dürfe man kaum erwarten, daß sie ihn

[1] Eine kleine lehrreiche Geschichte: Am 8. April 1976 erschienen fünfzig Prostituierte auf dem Arbeitsamt in Lyon. Was sie wollten? Eine Arbeit, die ihnen zu leben gestattet und nicht nur zu überleben. Sie erhielten einen Arbeitslosenausweis mit dem Vermerk: ungelernte Arbeitskraft. »Wohin wir uns auch wenden, dies ist das einzige, was uns die Regierung vorzuschlagen hat. Entweder ungelernte Arbeitskraft des Sex in den Ghettos der Sexualität oder ungelernte Arbeitskraft ohne Arbeit (. . .) Wir haben die Verlogenheit der Regierung unter Beweis gestellt, die uns weder einen Ausweg zeigen will noch bereit ist, unseren Forderungen nachzugeben, damit wir als Prostituierte und als Frauen überhaupt in Frieden leben können.« (*Libération*, 9. April 1976)

unterstützen. Kurz gesagt, sie wollten ganz einfach, daß man nicht das falsche Ziel anvisiert, sondern sich an den obersten Kuppler hält, für den die Zuhälter und Polizisten nur heimliche oder legale Vollzugsbeamte sind: an den Staat. Dieser nämlich erhebt von der Prostitution die bei weitem empfindlichsten Abgaben. Eigentlich ist er die große Puffmutter. Die Geldstrafe kriminalisiert die Prostituierte und nimmt ihr zugleich ihre Einkünfte. Mit ein und demselben Handstreich bestraft der Staat die Prostituierten und bereichert sich auf ihre Kosten. Insofern ist es lächerlich, den »Gunstgewerblerinnen« vorzuwerfen, sie *wollten* ja gar nicht aus ihrer Unterjochung heraus – wo sie doch selbst sehr genau den Ort und die Strategie benannt haben, an dem und mit der ihre Unterjochung betrieben wird. Die Prostituierten befreien heißt zunächst einmal, ihnen die Instanz vom Leibe zu schaffen, die ihnen mit Strafen und mit Erpressung gleichermaßen zusetzt.

Vielleicht brauchten die Straßenmädchen gar keine Luden beziehungsweise den Schutz der Unterwelt, wenn sie woanders Hilfe gegen die stets latente Gewalt des Freiers fänden. Diesem nämlich läßt die Justiz eventuelle sadistische Ausbrüche straflos durchgehen. Da er sich der Billigung der Gesellschaft erfreut und *a priori* als anständiger Mensch gilt, notieren sich die Inspektoren niemals seinen Namen, ja sie sind angewiesen, ihn in keiner Weise einzuschüchtern. Diese hartnäckige Komplizenschaft von Polizei und Kunden zwingt die Prostituierten dazu, sich nach einem anderen Beschützer umzusehen.

»Die Verbindungen zwischen der Prostitution und dem organisierten Bandenwesen sind um so enger, je mehr die Prostituierten als Straftäterinnen behandelt werden«, heißt es im Rapport Pinot, dem Bericht einer französischen Untersuchungskommission nach der Prostituierten-Revolte.

Ganz gewiß würden die Strichmädchen gerne die beiden Funktionen des Luden und der Hure auf sich vereinigen, doch sie wissen, daß die repressive Toleranz, deren Gegenstand sie sind, das beste Mittel ist, sie daran zu hindern. Nicht die skrupellosen Puffbesitzer oder die pomadisierten Gangster treiben die Nutten ins Unglück und in die Kriminalität, sondern die herrschende Rechtsprechung, die sie dazu zwingt, sich der Unterwelt auszuliefern, wenn sie überleben wollen. Die Prostituierten werden sich schwerlich »wechselseitig verkuppeln«, wenn die Prostitution erst einmal entkriminalisiert worden ist.

Der einstimmige Wunsch der Prostituierten lautet: Freiheit auf der Straße und Sicherheit am Arbeitsplatz. Ihre Revolte ist deshalb so schwierig, weil sie einen Zweifrontenkrieg führen müssen: einerseits gegen die Repression und andererseits gegen die anstehende Reform, gegen die heutige Willkür und gegen die Pläne zu ihrer Institutionalisierung. Während der Pinot-Bericht, der einige begrüßenswerte Maßnahmen vorschlägt, stillschweigend auf Eis gelegt wird, sind interessierte Kreise (Stadtverwaltungen, Parteien, Unternehmer) eifrig am Werk und entwickeln beunruhigende Sanierungspläne. In wachsender Zahl sind sie inzwischen bereit, den Prostituierten die geforderte Sicherheit zuzugestehen, allerdings unter der Bedingung, daß die Straßen von ihnen gesäubert und sie in geschlossene Häuser verbracht werden: in sogenannte »Eroscenter«. Hier wie auf anderen Gebieten ist Deutschland also wieder einmal das »Modell«, das Versuchslabor und die Schule der Disziplin für Europa, das Land, wo die Kontrollmethoden, die die moderne Gesellschaft verlangt, getestet werden, bevor man sie überall einführt. Diese Drohung stellt die Prostituierten vor eine Wahl, die große Ähnlichkeit mit einer doppelten Sackgasse hat: entweder die Straße mit ihren unvorhersehbaren Gefahren – das Risiko einer Razzia, die Bedrohung durch einen aggressiven Freier, die Ohnmacht gegenüber den ständigen Geldstrafen; oder das geschlossene Haus, also das Ende aller Freiheit, das panoptische Universum, in dem die Frau gesehen wird, ohne zu sehen, in dem sie das Recht verliert, einen Freier abzulehnen und nach ihren eigenen Sätzen zu arbeiten. Entweder die Kriminalität oder das Ghetto. Das Eroscenter bietet den Prostituierten eine Sicherheit, die sie mit dem denkbar höchsten Preis bezahlen müssen: mit Einkerkerung und Proletarisierung.

Es ist sehr bezeichnend, daß die Prostituierten, wenn sie sich zwischen diesen beiden Übeln entscheiden müssen, immer noch lieber die Unsicherheit wählen und den Straßenstrich gegen die düstere Utopie unserer Verwalter verteidigen. Lieber lassen sie sich zu Kriminellen machen als zu Plastikpuppen. Und sie haben sich nicht gegen die Fabrik entschieden, um nun ungelernte Sex-Arbeitskräfte zu werden.

Noch haben die Eroscenter in Frankreich das Stadium des Traums (des Alptraums) nicht hinter sich, doch es steht zu befürchten, daß dieser Reformplan sich durchsetzen wird. Die Umfrage eines Meinungsforschungsinstituts belehrt uns darüber, daß er die Zustimmung der Bevölkerung findet: 69 % der befragten Männer und 60 % der befragten Frauen würden solche speziellen Anstalten für die Prostitution begrüßen.[1] Es ist normal, so denken sie wohl, daß der Heuchelei ein Ende gesetzt werden muß. Man kann nicht gleichzeitig die Notwendigkeit der Prostitution zugeben und diejenigen, die sie ausüben, zur Kriminalität verdammen. So erscheint vielen der Wunsch nach Sicherheit legitim. Weniger legitim erscheint ihnen indessen der Wunsch dieser Frauen, sich nicht von den anderen Frauen zu unterscheiden, ihren Beruf ohne Diskriminierung ausüben zu können. Man ist bereit, die Repression künftig durch Isolation zu ersetzen, aber nur, weil man dadurch die Ächtung der Prostituierten aufrechterhalten kann, ohne ihnen den geforderten Schutz vorzuenthalten. Aufhebung der Willkür bedeutet Rationalisierung und nicht Anerkennung. Also sieht man sehr wohl, daß die Prostituierten, wenn sie Anerkennung und Achtung fordern, nicht den Kompromiß mit dem System suchen, sondern umgekehrt das System – das heißt uns – mit der Prostitution kompromittieren wollen. Daher auch unsere Panik, unsere hysterischen Reaktionen: angesichts *dieser* Gefahr haben wir alle etwas zu verteidigen. Wenn nicht die Arbeit, so doch zumindest unsere Zweierbeziehungen, die Moral unserer sexuellen Verhaltensweisen.

Denn was passiert, wenn Paare mit Prostituierten konfrontiert werden? Eine »Hure« beschreibt einen typischen Fall: »Du hörst Getuschel, du siehst Frauen mit ihren Männern vorbeigehen. Manchmal siehst du so ein Pärchen von weitem kommen, und auf einmal trennen sie sich. Die Frau geht vor, bleibt drei, vier Schaufenster weiter stehen und beobachtet, ob ihr Typ angequatscht wird. Das bringt sie zum Kichern.«[2]

Neckische Spielchen des Paars: sich zu trennen, um wieder zusammenzufinden, auseinanderzugehen, wenn auch nur für einen Augenblick, um sich nicht durch unentwegtes Beisammen-

[1] Zitiert von Annie Mignard in *Les Temps modernes,* März 1976.
[2] *Une vie de putain,* a. a. O., S. 51.

sein um die Freuden der Wiederbegegnung zu bringen; sich von der Gültigkeit des Vertrags überzeugen, indem man zum Schein die Gefahr seiner Auflösung heraufbeschwört; den Schrecken des Bruchs verspüren und sich zugleich angesichts seiner Unwahrscheinlichkeit in süßer Sicherheit wiegen. Der abgeschmackte Scherz auf Kosten der Hure kann eigentlich nur taktlosen Stieseln Vergnügen bereiten, gleichwohl ist die Gemeinheit nicht sein einziger Aspekt. Hartnäckig und unangenehm meldet sich angesichts dieser kleinen Komödie ein doppeltes Gefühl – neben Empörung auch ein Wiedererkennen. Man sagt laut: »Das ist niederträchtig!“ und fährt leiser fort, zu sich selbst gewandt: »Aber so ist die Ehe nun mal.« Man verurteilt die taktlose Form, aber man sagt sich nicht vom Grundmuster los. In dieser sinistren Komödie wird allen Paaren das Bild ihrer eigenen Praxis, ein Modell ihrer Beziehung zur Welt vor Augen geführt. In Gestalt der Prostituierten wird die Welt auf die eheliche Bühne gebeten, wird das Außen aufgefordert, sein Glück zu versuchen, oder genauer das Glück dieser Ehe zu versuchen. Das mechanische »Na, Süßer, wie wär's mit uns beiden?« des Straßenmädchens gewinnt liturgische Bedeutung. Der Satz, mit dem die Nutte den Mann anspricht, erscheint als der Höhepunkt eines Beschwörungsrituals, als der große Augenblick, da Welt und Zweierbeziehung zusammenprallen. Durch den Umweg über die Nutte, die gegen ihren Willen in einen Dialog verwickelt wird, mit dem sie gar nichts zu tun hat, gibt das Paar vor, den Schwur, der Grundlage seiner Beziehung ist, in der Außenwelt auf die Probe zu stellen. Bloßes Getue, Theatralik, die nicht darüber hinwegtäuschen kann, daß die Gefahr gar nicht erst zugelassen wird. Und die Liebenden lachen, wenn sie sich wiederfinden, weniger über ihre kleine Posse als in der glücklichen Gewißheit, daß sich ihre Beziehung behauptet hat. Sie haben das Spiel gewonnen, die Welt hat sich an ihnen die Zähne ausgebissen. Über der taufrischen Gewißheit ehelicher Innerlichkeit kann sich der Deckel wieder schließen.

Andere Paare, die höflicher, taktvoller, eleganter sind, suchen sich solche Beweise, ohne dafür Opfer bringen zu müssen. Sie brauchen keine Scherze auf anderer Leute Kosten, um sich ihre Beziehung zu bestätigen. Eine Frage des Stils, und doch ist die Wahl nicht zufällig auf die Prostituierte gefallen. Denn das Paar, das über das Treueversprechen zusammenfindet, sieht die Außenwelt als implizite Aufforderung zum Laster. Mit dieser Begründung verfolgt die Staatspolizei die Sittenlosigkeit – während die Ehepolizei gegen die Abwerbung vorgeht. Da der Liebesvertrag ein Genitalvertrag ist, erscheint als Feind, wer jene Entfremdung in Frage zu stellen vermag, die sich die Eheleute wechselseitig durch ihr Verlangen bereiten. Der eheliche Verfolgungswahn versieht den Anderen mit der Doppeleigenschaft des *Prostituierten* (da die Gefahr, die er darstellt, der Durchschlagskraft seiner Werbung proportional ist) und des *Prostituierenden* (da Vertragsbruch bei Ehepartnern heißt, das Genital dem vorzuenthalten, dem es von Gesetz wegen zusteht und dem man es feierlich abgetreten hat).

Stellen wir uns nun aber vor, daß die Geschichte anders ausgeht. Lassen wir die Rolle des Opfers bestehen, aber geben wir sie diesmal nicht der Hure, sondern der Ehefrau. Diese ist also ein paar Schritte vorgegangen. Sie dreht sich um, hat schon ein erwartungsvolles Lächeln auf den Lippen, ist sich sicher, daß ihr Mann um ihretwillen das Ansinnen der Kokotte zurückweist, daß sie ihn schließlich unversehrt und ihr ergeben zurückerhält. Sie hat sich zwar ohne besondere Absichten von ihm getrennt, nicht aber ohne Wunsch. Sie möchte, daß er ihr eine Huldigung darbringt. So erwartet sie ihn vertrauensvoll, schaudernd und amüsiert. Doch da kommt die erste Überraschung: sie sieht, daß er stehenbleibt, statt weiterzugehen! Danach überstürzt sich alles – er bittet die Nutte um Feuer, sie tauschen rasch ein paar Worte aus und verschwinden gemeinsam in der Tür des Hotels, vor dem sie ihr Revier hat. Frage: Wie wird er nachher bei seiner Frau Verzeihung für diese Grausamkeit finden? Antwort: Indem er sich auf das gängige Schema vom Unterschied der Geschlechter beruft. »Diese Nummer? Noch nicht einmal eine flüchtige Laune«, wird er sagen. »Ein Scherz, ein geschmackloser, zugegeben, doch einer, den wir beide vergessen können, denn in diesen winzigen Akt habe ich nichts investiert. Ich habe meinen Pimmel lächerliche drei Minuten weggesteckt, aber das hat doch mit *mir* nichts zu tun.« Er würde also auf die Belanglosigkeit der Kopulation verweisen, um die Niederträchtigkeit seiner Handlungsweise herunterzuspielen. Dieses Argument – ob es nun greift oder nicht – kann nur von einem Mann formuliert werden. Es beruht ganz und gar auf einer stillschweigenden Voraussetzung: die Frau *ist* ihr Geschlecht, der Mann *hat* eins. Beide sind darauf angewiesen, ihr Heil im Genital zu suchen, aber nicht auf die gleiche Weise. Der Mann unterhält zu seinem Penis eine äußerliche Beziehung, die der Frau in der Liebesordnung nicht zusteht. Die Vagina liegt innen – woraus sich unsere Neigung erklärt, sie zum Ort der Innerlichkeit schlechthin zu machen. Das Geschlecht des Mannes hängt runter und richtet sich manchmal auf, doch ob stolz oder beschämt, es bleibt ein Wurmfortsatz, eine Extremität. Wir können sagen, daß es den Körper verlängert, nicht aber, daß es der Sitz unseres Wesens sei. Während die Frau auf ihr Genital festgelegt wird, hat der Mann völlig freie Hand. Er kann zur Nutte gehen, sie nicht. Und selbst wenn die Prostitution von Männern für Frauen sich ausbreiten würde, würde man wohl die Kundinnen noch als Huren bezeichnen, so sehr sind wir daran gewöhnt, nicht den Körper, der sich verkauft, sondern den Körper, der sich dem Eindringen darbietet, als prostituiert anzusehen. Nur die Frauen sind zu dieser Verruchtheit fähig, allenfalls noch die Homosexuellen. Wenn ein Mann seine sexuellen Partnerinnen oft wechselt, ohne sich für irgendeine Beziehung zu erwärmen, sagt man von ihm, er sei rücksichtslos oder er habe wohl ein Problem, er sei auf der Suche nach dem Absoluten oder nach dem Rekord, er sei arrogant, unbeständig, ein Genießer, ein verkappter Homosexueller, mißtrauisch oder enttäuscht – niemals aber wird man sagen, er sei eine Hure. Wenn eine Frau den gleichen Weg einschlägt, ist sie zum Untergang verurteilt. Sie *ist* ihr Genital. Wenn sie es allen anbietet, bringt sie sich damit auf immer um sich selbst.

Die Diskriminierung der Prostituierten ist also in einer anatomischen Wahnvorstellung verwurzelt. Wenn man sein Inneres jedem Beliebigen öffnet, ist es ein bißchen so, als triebe man es zum eigenen Körper hinaus, als entleere man sich, während man sich zu oft füllen läßt. Nichts Eigenes bleibt diesen öffentlichen Frauen. Wenn sie ihr Geschlecht verkauft haben, haben sie alles verkauft. Einst war ihre Tiefe ein Mysterium, nun haben sie ein Museum daraus gemacht. Man staunte sogar darüber, daß sie für sich selbst sprachen, in der Revolte, daß sie eigene Ansprüche geltend machten, daß sie den besonderen Charakter ihrer Unterdrückung anprangerten – so sehr war man daran gewöhnt, sie als

Automaten zu behandeln, als Maschinen, die nach dem Verlangen der Freier geformt sind und für den Profit der Zuhälter arbeiten. Man konnte bei diesen Körpern, die von ihrem Wesen verlassen sind, doch unmöglich irgendeine Selbständigkeit voraussetzen. So suchte man denn auch fieberhaft nach dem wirklichen Urheber ihrer aufmüpfigen Rede, die doch nur dem Anschein nach von ihnen stammen konnte. Wer hatte – hinter diesen Robotern – ein Interesse daran, das professionelle Programm durch ein Programm der Rebellion zu ersetzen? Wer zog die Fäden? Die Antwort war rasch zur Hand: die Zuhälter ganz fraglos, *sie* schickten ihre Belegschaft auf die Straße, nicht zum Geldverdienen diesmal, sondern zum Protest gegen die Widrigkeiten ihres Berufs. Ob diese Hypothese nun zutrifft oder nicht, wichtig ist nicht, wieviel für sie spricht, sondern was sie bezweckt. Sie soll das Image der Prostituierten in dem Moment konsolidieren, in dem sie versuchen, sich von ihm zu befreien. Eine Frau, die ihr Genital verkauft, hat ihre Seele verloren. Sie ist nur noch eine Kreatur, im doppelten Sinne des Wortes: ein verkommenes Weibstück und eine Person, die kein eigenes Dasein hat, die ihre Existenzberechtigung von denen bezieht, denen sie sich ausliefert.

## Ungewisse Körper

Die Frau gleichzusetzen mit ihrem Geschlecht, das ist ein Grundsatz, von dem wir Männer nicht lassen wollen. Deshalb sind wir so rasch bereit, sie zu diskriminieren, deshalb widerstrebt es uns, die Huren, die sich auf nichts mehr festlegen lassen, als Frauen wie alle anderen gelten zu lassen. Zugegeben, die Genitalisierung des weiblichen Körpers ist bequem, denn sie erlaubt es unserem Streben nach Macht, die Liebesbeziehung in Besitz zu nehmen und das letzte Wort zu haben. Ich weiß, wie ich es anzustellen habe, um mich eines Wesens zu bemächtigen, das ganz und gar der Monarchie des Genitals ausgeliefert ist. Als es sich dieser Herrschaft fügte, übernahm es die Hälfte der Arbeit. Artig liegt seine Andersartigkeit nun in ihrer Verrichtung beschlossen. Doch nehmen wir einmal an, dieses Privileg würde dem Genital entzogen, ohne einem anderen Organ übertragen zu werden, nehmen wir an, eine durch nichts zu behebende Unordnung würde auf den Zusammenbruch dieser Monarchie folgen – der Wille zur Macht fände keinen Ansatzpunkt mehr im Körper des Anderen. Dieser fände seine Äußerlichkeit wieder, nicht indem er außer sich, außerhalb seines Körpers wäre, sondern sein ganzer Körper befände sich außerhalb meiner Reichweite. Eine Fremdheit, die um so beunruhigender wäre, als sie sich nicht bändigen ließe. Im Innersten der Liebe die Weigerung des weiblichen Körpers, sich erobern und anektieren zu lassen. Zwar kann ich über ihn herfallen, doch heißt das nicht mehr, daß ich mich seiner bemächtigt habe. Die Frau bietet sich dar, und trotzdem weiß ich nicht mehr, von wo aus ich sie in Besitz nehmen soll. Nie kann ich die schlichten Worte sagen: »Ich habe sie gehabt!« Der andere Körper spricht keine Sprache mehr, die zu meinen Zielen paßt. Was bedeutet »eine Frau besitzen«, wenn diese Frau sich jeder Festlegung entzieht? Wie kann ich mir ihrer Huldigung sicher sein, wenn ihr schweigsamer Körper kein Organ mehr damit beauftragt, sie mir zu beweisen? Wie kann ich meinen Wunsch nach Herrschaft befriedigen, wenn das Eindringen in ein Geschlecht seine narrative Funktion als Lösung des Handlungskonfliktes und seinen symbolischen Wert als Übergabe der Festung verliert?

Wir verharren auf dem genitalen Symbol im gleichen Maße, in dem wir nach Klarheit verlangen. Uns Männern ist daran gelegen, daß die Liebe eine Metapher des Krieges bleibt, und vor allem möchten wir wissen, wann wir gewonnen haben. Vielleicht ist es uns sogar lieber, von unserem Sieg enttäuscht zu werden durch Körper, die nur ein Spiel gespielt haben, als uns unsere Kriterien nehmen zu lassen durch Körper, die *die Spielregeln der Liebe durcheinanderbringen* und sich weigern, die Bedeutungen anzunehmen, die wir von ihnen erwarten.

So richtet sich die Revolte der Prostituierten nicht nur gegen die repressive Willkür, gegen die Ungerechtigkeit und die Heuchelei des Systems, sondern droht, Unordnung in die Intimität unserer Zweierbeziehungen zu bringen. Die Huren als Anarchisten des Körpers und Agenten der Unsicherheit. Nicht die verallgemeinerte Prostitution verkündigen sie, wie Sade es wollte (»jede mit jedem, und das sofort« – ein Traum, von dem die Utopien des sexuellen Gemeinbesitzes immer noch zehren), nicht um die kollektive Aneignung der privaten Organe geht es ihnen, nicht um die universale und mühelose Zugänglichkeit der genitalen Lust. Solcher Orgasmussozialismus würde doch wieder nur der Herrschaft des Genitals Vorschub leisten. Nein, die Prostituierten proklamieren gerade das Ende dieser Herrschaft und sorgen damit für eine veränderte Wahrnehmung des weiblichen Körpers – eines ungewissen Körpers, eines Körpers, der schweigt, selbst wenn er sich hingibt. Diese veränderte Wahrnehmung liefert die Liebe der Unsicherheit aus. Die Unruhe wird nicht mehr kompensiert durch Eroberungen, für Treue gibt es keinen Beweis mehr, über die Aneignung läßt sich nicht mehr entscheiden. Die besitzergreifende Liebe wird blind: sie weiß nicht mehr, an welches Organ sie sich halten soll. Der *Königsmord,* dessen die Huren sich schuldig gemacht haben, erleichtert uns eine Mutation: wir sind im Begriff, unser Liebesregime zu wechseln; eine unbestimmbare Welt tritt langsam hervor hinter der zerfallenden Ordnung der Transparenz.

Kaum hat dieser Kerl da dich angequatscht, zieht er auch schon eine gemeinsame Vergangenheit aus dem Ärmel. Er liebt die Straße, in der ihr euch getroffen habt, das Viertel findet er unheimlich nett, und für deine Jeans begeistert er sich geradezu. Du hast Füße zum Gehen? Er auch. Zwei Augen zum Sehen? Tatsächlich, er auch! Zwei Ohren zum Hören? Unglaublich! Du ißt mit dem Mund? Was für ein Zufall! Du bist von einer Frau geboren worden, die du Mutter nennst? Nicht möglich!! Es ist schon toll, in ein paar Minuten so viele Gemeinsamkeiten zu finden . . . So hüpft euer Gespräch von einer gespielten Überraschung zur nächsten, und diese Geschwätzigkeit ödet dich an, schließlich breitest du deine Flügel aus und erhebst dich über die Stadt. Dies, dessen zumindest bist du dir sicher, hast du nicht mit ihm gemeinsam. Denkste! Er hebt ebenfalls ab, holt dich ein und fragt: Auch Flugsaurier? Da lacht ihr beide, denn ihr habt euch erkannt.

## Umarmung mit Vorbehalten

*Jede Möglichkeit zur Privatisierung/Depravierung der Lust entfällt, sobald Lust zu einer kollektiven Forderung wird. Wenn die Frauen eine „garantierte Mindestlust" fordern (Benoîte Groult), so werfen sie damit nicht irgendeinem bestimmten Mann seine kümmerlichen Liebeskünste vor, so stellen sie das Problem nicht in Begriffen der Effizienz, sondern verlangen vor allem, daß die Männer sich von der homosexuellen Einseitigkeit ihrer Erotik lösen; daß sie sich nicht mehr im Akt verlieren, um anschließend wieder zu sich zurückzufinden, heimzukehren in ihre gewohnte Welt und aus diesem kurzen Besuch in der Unterwelt zusätzliches Prestige und noch größere Macht zu beziehen; daß sie aufhören, die Frauen als jenes kleine Außen zu betrachten, in dem sie sich zu vergessen vorgeben, um ihr eigenes Innen besser zu sichern und ihren Machtanspruch nachdrücklicher zu unterstreichen.*

*»Was willst du denn eigentlich«, fragt der Mann, »Lust? Aber welche Lust? Und wie weit soll sie gehen?« Die Frau antwortet nicht. Darin liegt ihre Stärke: sie verhandelt nicht über ihre Situation, ihr Anspruch ist unvernünftig aus der Perspektive des standardisierten Lustkörpers. Doch sobald die Lust abgekoppelt wird vom Ort des Genitals (dem heiligen Ort der Verträge und Tauschgeschäfte), ist die Frau bereit, jeden Preis zu zahlen. Keiner ist ihr zu hoch, um sich aus der Verleugnung freizukaufen, zu der sie verurteilt worden ist. Es gibt gar nicht genug Sexologen und Psychoanalytiker, um diese beispiellose Erpressung in die Bahnen eines gesunden Tauschhandels, einer gesunden Orgasmus-Äquivalenz (Äquiviolenz) zu leiten . . .*

*Nichts ist natürlich am Koitus. Er ist ein Produkt der Geschichte, die Festschreibung eines bestimmten Kräfteverhältnisses zwischen Mann und Frau; infolgedessen ist er noch heute Gegenstand eines Kampfes. Es wäre naiv, sich darüber hinwegtäuschen zu wollen. Daß Männer von ihren Frauen verlassen werden, weil sie sich selber mehr lieben als ihre Partnerin und ihre Organe zu Fetischen aufbauen, die ihnen gestatten, eine bestimmte Pose beizubehalten, sollte uns ebenfalls nicht überraschen. Solange die Frau total unterjocht war, konnte sie nur Minimalforderungen stellen oder auf den guten Willen ihres „Beschützers" hoffen.*

*Sobald sie relativ emanzipiert ist, kann sie alles verlangen. Das ist eine Herausforderung. Eine Möglichkeit, die Vertrauenskrise zwischen den Geschlechtern zu vertiefen und den Mann so zu behandeln, wie er sie bisher behandelt hat: als bloßes Sexualobjekt. Lust zu beanspruchen heißt für die Frau, jeden Versuch des Systems abzublocken, mit dem es die zerfallende Liebesordnung stabilisieren oder erneuern will (mit Hilfe einer neuen Instanz oder irgendeiner Lustphilosophie). Weiblichkeit ist heute überhaupt nur noch das, was uns Männer hindert, von Reichtum oder von Ruhe und Ordnung zu träumen, jene essentielle »Schwäche«, die uns mitten in unserer Stärke trifft, die uns entgleitet und die durch die Vielfalt ihrer kleinen Passionen pausenlos unsere Hierarchien durcheinanderbringt. Die Frau behauptet ihre Differenz nicht im Kode der Identität, der Gleichheit, sondern will einfach nur, daß der Mann sich selber aufbricht, wie er sie aufgebrochen hat; daß er sich öffnet, sich endlich einmal wirklich entäußert, sich rückhaltlos aufs Spiel setzt (wobei das Erstaunlichste an dieser Forderung ist, daß immer mehr Männer sie unterstützen können, da auch ihnen die Absage an das Männlichkeitsideal als zwingend notwendig erscheint). Die Lust der Frau hat kein Ziel, sie ist eine unendliche Erschütterung, die sich durch alle Kontinuität hindurchzieht, sie schafft keine neue Welt, sie stiftet Unordnung. Und nichts ist von dieser Unordnung zu erwarten, denn sie bedeutet selbst das Ende aller Erwartung. Der weibliche Körper in seiner lustvollen Eruption ist ziviler Ungehorsam gegenüber der aufgezwungenen Anatomie; er induziert metaphorisch eine neue Gesellschaftlichkeit, eine neue Maßlosigkeit. Und er beweist: das Genital und seine lokalisierten Lüste sind die Folge einer Verkrümmung, zu der man den Körper gezwungen hat, irgendwann vor gar nicht so langer Zeit.*

### Die Lust am Aufschub

Was ist Koitus reservatus? Die Verleugnung eines orgastischen Glücksgefühls, die männliche Perversion des Kodes vom Unterschied der Geschlechter, eine Perversion in bezug auf das Sperma und nicht mehr auf die Stellungen oder die Organe, da hier der Same zum Gegenstand einer Verhandlung zwischen den beiden Partnern wird. Eine Technik aus der taoistischen, adamitischen und tantrischen Liebeskunst, in welcher der Mann seinen Samen zu behalten hat, um dadurch in sich jenes Außen zu empfangen, das die Frau darstellt, und es umzuwandeln zu seinem eigenen Innen als Unsterblichkeit, Zärtlichkeit und Entzücken.

»Meister Tong-Hsuan hat gesagt: Wenn der Mann spürt, daß er seinen Samen bald ausstoßen wird, hat er zu warten, bis die Frau den Orgasmus erreicht. Sobald sie angekommen ist, sobald die Bewegungen des Mannes zu kurzen, abgehackten Stößen werden, sein Glied sich in dem Spielraum zwischen den Saiten der Laute und der beerenförmigen Höhle bewegt, sobald seine Bewegungen denen des Kindes gleichen, das mit dem Mund nach der Warze der Mutter hascht, schließe der Mann die Augen und konzentriere sich, presse die Zunge gegen den Gaumen in seinem Munde, krümme den Rücken und strecke den Hals. Weit sperre er die Nasenflügel auf und nehme die Schultern zurück, er öffne den Mund und atme tief ein. Dann wird er nicht ejakulieren und der Same wird ins Innere seiner Bewegung steigen. Ein Mann kann volle Gewalt über seine Ejakulationen erlangen. Wenn er mit Frauen verkehrt, darf er bei zehn Malen seinen Samen nur zwei- oder dreimal ausstoßen.«[1]

Wenn ich keinen anderen Menschen brauche, um Lust zu empfinden (im Widerspruch zu jenem humanistischen Postulat, das von allen Masturbationstechniken widerlegt wird), dann induziert die Gegenwart des anderen einen neuen Lusttypus, dessen Charakter ebenso vom Aufschub bestimmt wird wie von der Befriedigung. Denn aufschieben heißt nicht nur verzögern oder vertagen, sondern auch eine neue Qualität schaffen.

Die männliche Sexualität erscheint uns vielleicht nur deshalb so geheimnisvoll, weil sie so unheimlich simpel ist. Ständig schwankt sie zwischen Banalität und Sinnlosigkeit: einerseits soll sich der Mann zurückhalten, um sich dem Rhythmus der Frau anzupassen, andererseits soll er trotzdem seine Befriedigung suchen. Die offizielle Sexologie hegt eine tiefe Abneigung gegen alle Techniken des Koitus reservatus, denn diese Kopulationsform widerspricht jeder Rationalität und bricht auf immer mit der notwendigen Fiktion einer erzählbaren Geschichte; wer sich dem spontanen Ablauf der Lust versagt, verwirft – so heißt es –

[1] Auszug aus der *Kunst des Liebens* von Meister Tong-Hsuan, zitiert bei van Gulik, *La vie sexuelle dans la Chine ancienne,* S. 172 f.

den hedonistischen Mythos vom glücklichen Körper, negiert das Verlangen, verschließt sich dem Gedanken einer natürlichen Bestimmung des Fleisches. Doch wenn er gemessen an der Frau einen Mangel an Lustfähigkeit darstellt, kann er an diesem Mangel Lust empfinden, seine Lust verpassen, ihr fakultativen Charakter verleihen, jene lächerliche Vergeudung der Vergessenheit überantworten, die man genitalen Orgasmus heißt. Er kann in sich die Ejakulation zu einem Mangel machen (dafür sorgen, daß ihm die Frau immer ermangelt), sich mit einer organischen Not versorgen, die er dadurch zu überwinden sucht, daß er den erotischen Aufruhr endlos verlängert. Wenn der Mann also seine Lust aufhebt, warum dann nicht auch sich selbst? So daß der Koitus für ihn das Höchstmaß an Intensität in der totalen Negation seines Prinzips erreichen würde. Begreift man nun, daß die Zurückhaltung des Spermas unter gewissen Bedingungen eine Idee sein kann, eine weit erregendere Möglichkeit als das hemmungslose Abprotzen des Samens?

In gewisser Weise kann man sich also mit der taoistischen oder tantrischen Liebeskunst beschäftigen, indem man den Standpunkt der Betroffenen einnimmt und nicht der Professoren, die sich mit den historischen Aspekten befassen. Nun sind wir aber keine Taoisten oder Buddhisten oder häretischen Christen, sondern sprechen hier aus einer höchst isolierten Position, die keine Überlieferung und keinen Ritus kennt; jenseits aller definierten Religionen bringen wir eine sehr alte religiöse Erfahrung zum Ausdruck. Es geht nicht darum, einen neuen Kode vorzuschlagen oder durchzusetzen, nicht einmal darum, alte Vorschriften wieder zum Leben zu erwecken, deren ideologische Garanten in gewisser Weise jene bewundernswerten Lehren wären, die sie hervorgebracht haben, sondern lediglich darum, die äußerste Praxis jeder männlichen Sexualität ins Auge zu fassen, ohne auch nur einen Augenblick daran zu denken, sie irgendwie zu »systematisieren«. Wie das KAPITAL das buntscheckige (Zerr-)Bild all dessen bietet, was jemals gemacht, gesehen, gedacht und geglaubt worden ist, so stellt sich auch die Sexualität heute als die Gesamtheit aller Techniken und je vorgestellten Perversionen dar, allerdings ohne deren einstige ontologische, moralische und politische Zweckbestimmungen. Es gibt keine symbolische Bedeutung der fleischlichen Aktivitäten mehr, nur noch säkulares

Sexualverhalten, nur noch Travestien jenes Mummenschanzes, den die alten religiösen und medizinischen Vorschriften verordneten, Spielarten einer Erotik, die nicht mehr über sich hinausweist, Körper, deren Konturen verschwimmen, von denen alle Vorstellungen abgefallen sind. Wenig geht es uns da an, daß der Beischlaf mit Konkubinen bei den Taoisten dazu diente, durch die Steigerung des weiblichen Orgasmus die Kraft des Mannes zu stärken, damit seine Ehe – wenn er seiner rechtmäßigen Gattin beiwohnte – mit schönen Knaben gesegnet werde, wenig kümmert uns das Hin und Her von Yen und Yang im Dienste der Fruchtbarkeit, vergessen wir, welche Absicht hinter dem Akt stand, vergessen wir die Protokolle, die minuziösen Verbote, die metaphysischen Zielvorstellungen (Unschuld, Nirwana, Unsterblichkeit) und sogar den verbindlich vorgeschriebenen Priapismus. Wesentlich bleibt die Askese der Zurückhaltung, die faszinierende Öffnung gegenüber der Sexualität der Frau, die Umkehr des Spermas im Samenkanal, so daß es zu einem Strom wird, der von der Mündung zur Quelle zurückfließt. Keine anderen Gründe haben wir heute, diese Praktiken zu übernehmen, als solche der Lust. Und der Leidenschaft.

Diesem Willen zum unbegrenzten Aufschub können nun allerdings zwei sehr verschiedene Haltungen zugrunde liegen. Einmal ein besonders subtiler Machtanspruch des Mannes gegenüber der Frau, eine noch raffiniertere Kontrolle, mit der er der Frau zu sagen scheint: Mein Sperma ist nicht für dich da, mein Sperma ist für niemanden da. Ich ziehe meine Kraft meiner Lust vor, weil meine Lust zu gewöhnlich ist, als daß ich mich ihr hingäbe. Ein tyrannischer Wille nach andauernder Erektion, der das wahnhafte Ideal einer Hypervirilität verrät und es sich selbst zuzuschreiben hat, wenn er dem Spott verfällt: »Manch einer, der um das verbreitete sexuelle Unvermögen seiner Zeitgenossen weiß, spielt sich als Supermann der Lust auf. Durch unermüdliche Liebkosungen, durch endlosen Cunnilingus sorgt er für das höchste Entzücken seiner Mätressen, stundenlang besorgt er es ihnen, macht sie ›fertig‹, wie die Kuriere einst die Pferde unter sich zuschanden ritten. Vielleicht nimmt er das verzweifelte Stöhnen auf Band, das er ihnen zu entlocken weiß, und spielt es dann voller Stolz seinen Freunden vor. Um keinen Preis der Welt würde er so geschmacklos sein, in Gegenwart einer Dame zu ejakulieren.

Vielleicht wird er sich hinterher, wenn seine Besucherin mit umflorten Augen gegangen ist, per Hand erleichtern, um das Ärgernis einer perineal-testikulären Verstopfung zu vermeiden; meistens aber wird er danach auf die schnelle bei seiner hausbackenen Ehefrau oder bei einer Prostituierten ejakulieren.«[1]

Wenn mein Sperma zu kostbar ist, als daß ich es dir abtreten könnte, so deshalb, weil du, mit der ich schlafe, mir im Grunde herzlich schnuppe bist, weil ich in dir nicht einmal die Intensität oder Hitze achte, die von mir Besitz ergreift. Du bist lediglich eine Parzelle des heimlichen Harems, den ich mir eingerichtet habe, ich will deine Lust nur, um meine Identität zu festigen, je mehr du dich auflöst, desto nachdrücklicher fasse und konsolidiere ich mich, deine Anonymität garantiert meine personale Unverwechselbarkeit, ich halte mich zurück, um nicht den Kopf zu verlieren, ich will *ich, ich* und immer nur *ich* sagen können, wo du nur noch heulst und schreist ... Um reine Beherrschung geht es hier also dem Mann, als Subjekt will er sich in dem Augenblick behaupten, da er die Auflösung der Frau betreibt und sie über den Rand ihrer personalen Existenz in den Abgrund stößt. Der weibliche Andere wird hier nicht mehr begehrt, sondern attakkiert, in die Wollust gestürzt, damit man *a contrario* die eigene Kaltblütigkeit genießen kann. Man verweigert sich dem Rausch des Fleisches, um dem unendlich heftigeren Rausch der Allmacht zu verfallen. Eine nihilistische Haltung, der es um die Vernichtung dessen geht, was nach der zweiten Auffassung vom Koitus reservatus durch diesen gerade gefördert werden soll und wozu die Praktiken der Sparsamkeit und Zurückhaltung eigentlich dienen – daß nämlich durch die Öffnung des männlichen Körpers für die Vielfalt weiblicher Erotik der Penis heterosexuell werde. Es geht nicht nur darum, höflich auf die Lust des Anderen zu warten, sondern hingerissen seiner so verschiedenen, so ganz anderen Lust zu lauschen.

Manchmal scheint es, als ob die Sexologen nur deshalb vom Manne fordern, er solle seinen Samen eine Zeitlang zurückhalten, damit anschließend beide Teile des Paares um so besser homosexualisiert, das heißt über den ewig gleichen Leisten des männlichen Orgasmus geschlagen werden können. In solcher Optik ist die Frau lediglich eine Maschine, die sich ein bißchen

[1] G. Zwang, *La Fonction èrotique,* I, S. 299 f.

schwer handhaben läßt, da ihre Lust angeblich nur langsam kommt. Der Mann erwartet von ihr das Ebenbild seiner eigenen Lust, das bloß etwas träger ist, etwas später kommt, im Inneren eines heißen Bauches auftritt und nicht wie bei ihm in einem äußeren Glied. Die Statthalter der korrekten Sexualität wollen im Grunde stets, daß der Koitus ein zweckorientiertes Unternehmen sei, es soll klar zutage treten, daß alle Spannungen wirklich beseitigt sind und daß der Frau unter allen Umständen das unabänderliche Schicksal männlicher Lust zuteil geworden ist. Verschwendung ist unbedingt erforderlich. Nicht daß der Mann Reichtümer zu verschleudern hätte – nur ein Haufen Staub, den er aufwirbelt. Aber er will zugleich der Staub sein und der Wind, der diesen Staub aufwirbelt: die Körper müssen reingewaschen werden von ihrem schmutzigen Verlangen! Wir Sexologen, brave Schüler von Wilhelm Reich, von Masters und Johnson, von Havellock und Ellis, wir werden euch schon noch zeigen, wie ihr wieder unschuldig werden könnt wie die Engel!

Kein Zweifel, unerträglich ist das maskuline Scenario der Spannungsabfuhr nicht so sehr wegen seiner fundamentalen Übel als wegen seines absoluten Geltungsanspruchs. Wenn dereinst polymorphe und multidimensionale Formen zur Norm geworden sein werden, wird man unbekümmert auf uralte Spielregeln des erotischen Verhaltens zurückgreifen dürfen. Welche Bedeutung hat es schließlich, ob das Sperma ausgestoßen oder zurückgehalten wird? Solange der Mann es zurückhielt, tat er, als würde er niemals ejakulieren, als wäre die Schwellung seines Gliedes ein Selbstzweck. Tendenziell steckt der Aufschub in jeder Kopulation. Nur daß er eine stets latente Bewegung verlängert und radikalisiert und in seiner Extremform beweist, daß die männliche Lust ebenso Zurückhaltung ist wie Hingabe – oder zumindest, daß für den Mann die wahre Entäußerung weniger im Erguß als in jener Verfügbarkeit liegt, die er gewinnt, indem er sparsam mit sich umgeht. Bleibt die Frage, was für einen Rausch das Phänomen des Aufschubs erzeugt.

### Absetzung des Genitals

Was sein Gefälle hinunterstürzte, steigt also wieder zu seiner Quelle empor. Ein Fluß weißen Samens wird vorsätzlich daran gehindert, über die Ufer zu treten. Das Sperma gleicht dem Blut, das stets im Begriff ist, hervorzubrechen, den Körper zu verlassen . . . Durch kurzzeitige Unterbrechung seiner Lust entläßt der Mann die sexuelle Begierde seines Körpers aus dem Teil, der sie allein in sich hält (im doppelten Sinne des Wortes: der sie enthält und zugleich ihren Drang aufhält), verleiht ihr Autonomie, befreit sie von allen Fesseln. Die Ejakulation läßt sich in jedem Fall als eine durch Annulierung bewirkte Verdrängung der Lustfähigkeit des Gesamtorganismus verstehen. Dem Geschlechtsorgan das Primat der Lust zu verweigern, die genitale Verkürzung der Sexualität aufzuheben heißt nun, die Lust an alle Organe weiterzugeben, den ganzen Körper zu erotisieren. Ist die Erleichterung des Genitalapparates immer von einem jähen Abfall der erotischen Spannung des Mannes begleitet, so bedeutet dagegen der Aufschub ein Fest an innerer Strahlung. Was also wäre dann der vielgeliebte und mehr noch gefürchtete Phallus? Ein Liebes- und Lustspender, der jedoch nicht mehr selber die Kraft besitzt, die er symbolisiert, weil er sie an den ganzen Körper weitergibt, ein Organ, aus dem man keine Lust ziehen darf, wenn einem alle anderen Lust bescheren sollen. Die kleinen Kinder – so sagt Fourier – machen aus ihrem Magen einen Gott. Aus seinem Phallus darf man keinen Gott machen, wenn man nicht will, daß dieser Gott den Organismus aussaugt, der ihn trägt. Vielleicht sollte man aus ihm einen Christus machen, eine Antenne, einen Mittler, der den Kontakt zum anderen unterhält und einem selbst die Mobilität der Lust garantiert – nicht mehr Himmel und Hölle in einem, sondern etwas, dank dessen der Himmel in uns eindringen und uns überfluten kann.

Die Ejakulation mit ihren drei Grundzügen – Verwandlung eines Innen in ein Außen, Abfuhr einer Verstopfung, ausschließliche Konzentration der Lust auf ein bestimmtes Stück Fleisch – wird also weniger geleugnet als aus den Angeln gehoben, aus dem Tritt gebracht.

Der Koitus reservatus ist für uns nicht deshalb so wichtig, weil er möglicherweise therapeutischen Wert hat (?), sondern wegen seiner Fähigkeit zur Verfeinerung der Suche nach einer Veränderlichkeit und Deterritorialisierung der Lust. Er verweigert der männlichen Lust eine allzu eindeutige Lokalisierung und läßt auf diese Weise den ganzen Körper zum Penis werden, verwandelt diesen, der bislang nur obligatorisches Werkzeug einer rasch vorübergehenden Lust war, in eine empfindliche Sonde, die uns nie gekannte Empfindungen zugänglich macht. Das Gefühl muß sich nicht mehr in irgendeiner scharf abgegrenzten Region ballen, festsetzen, stauen, sondern breitet sich über alle Körperteile aus, schafft neue empfindliche Hautflächen – der Mann nicht mehr als Kümmerphallus, sondern als Polyphallus. Der Koitus reservatus bringt die Sinne um ihren Gegenstand, verwandelt diese Frustration aber in die Fähigkeit, abwesende oder unzugängliche Dinge zu evozieren (z. B. den Orgasmus der Frau), und dies in einem Maße, daß deren Unzugänglichkeit zur *conditio sine qua non* der Erregung des Mannes wird. Die Ejakulation bedeutet für den Mann nicht mehr das Ende des Liebesaktes oder ihren zentralen Sinn, sondern schlicht und einfach eine Versuchung, der er nachgeben kann oder auch nicht, ganz wie es ihm beliebt. Wenn der Mann auf die Lust seines Penis verzichtet, gewinnt er seine Lust nicht nur an jeder Äußerungsform der Ekstase seiner Geliebten, sondern erlebt auch auf dieser höchsten Ebene erotischer Spannung in seinem ganzen Körper eine fließende, ungebundene, mobile Lust. Sein aufgerichtetes Geschlechtsorgan wird zugleich Mittel und Hindernis, das heißt etwas, was es – sei's auch nur durch eine kurze Berührung – bei Laune zu halten gilt, damit es die Kraft seiner Erektion bewahrt, und zugleich etwas, was man dessenungeachtet in seinem Vorwärtsdrängen zu bremsen hat, in seinem blinden und brutalen Streben, sich mit ein paar Rülpsern zu entladen. Stets muß das Sperma auf dem Sprunge sein auszutreten, und stets muß es kurz davor wieder kehrtmachen. Entscheidend ist dabei zu wissen, bis zu welcher Stelle im Harnkanal es vordringen darf. Paradoxerweise wird dann die Fähigkeit des Penis, sensitive Botschaften auszusenden, mit wachsender Unempfindlichkeit für den Samenanstieg nicht etwa ab-, sondern zunehmen.

Hier bereits wird etwas sichtbar, was man eine erste Stufe der Feminisierung des Mannes nennen könnte. Er wird zu einer zweigeschlechtlichen Instanz. Seinen Samen zurückhalten bedeutet in gewisser Weise den Versuch, aus seinem Penis eine Art Vagina zu machen – eine Vagina nicht in dem Sinne, daß er seinerseits penetrabel würde, sondern daß das Glied in dem Moment, da es nicht mehr Übertragungskanal ist, porös wird, vollkommen disponibel – und dies nicht nur für die Energieströme, die in alle Winkel des weiblichen Körpers entsandt werden, sondern auch für die verschiedendsten sensorischen Emissionen, die für den eigenen Organismus bestimmt sind. Die sexuelle Schwäche des Mannes besteht im Grunde darin, daß er seine Lust nur austreiben kann (im doppelten Sinne: daß er sie veräußert und daß er sie davonjagt). Durch diese Austreibung verliert er die Möglichkeit, aus sich selbst hinauszutreten, sich in den eigenen Abgründen zu verlieren. Was der Körper von sich gibt, ist zugleich das, was ihn nicht niederwerfen wird, sondern was ihm gestattet, seine für einen Moment in Frage gestellte Selbstbeherrschung wiederzufinden. Der Mann sitzt in einem Fuchsbau ohne Ausgang. Wo er glaubt, das Licht zu sehen, eine verzehrende Hitze zu spüren, zeigt sich in Wirklichkeit nur ein neuer Eingang – und die Finsternis schließt sich wieder um ihn. In einem Teufelskreis gefangen, sucht er stets nach dem Trick, mit dessen Hilfe er aus sich selbst hinausgelangen könnte, und immer findet er nur einen Eingang, durch den er wieder in sich selbst eintritt. Nur wenn er seine kleine Menge Samen bei sich behält, kann der Mann sie in alle Regionen seines Fleisches verteilen, kann er sich verwandeln, in sich selbst eintauchen, in eine wollüstige Flut, und einer gewissen weiblichen Lust ganz nahekommen (ohne sie natürlich je wirklich kennenzulernen). Indem der Mann die Ejakulation als Übergang eines Innen in ein Außen aufhebt, reinvestiert er seinen Samen, der durch die Erregung seines Penis in Zirkulation gebracht wird, streut ihn aus, verbreitet ihn in seinem Inneren, arbeitet innerlich an der Intensivierung aller Hautflächen, aller Berührungen. So wächst in ihm – nicht zuletzt durch die Erektion – eine Lust, die nicht mehr die schlechte Wiederholung der weiblichen Ekstase ist, der schwache Reflex eines göttlichen Blitzschlages, sondern ein ununterscheidbares Ausströmen, worin die Zeichen der Lust sich der Klarheit verweigern, worin die Bewegung der Lenden, der Hüften und Beine, das Erschauern jeder Pore der Haut, das Verschmelzen von Mündern und Speichel sich selbst genügen, dabei jenes Gefühl weckend, das sie entfacht, jenes Entzücken, dem es an nichts fehlt und das nichts vermißt (vor allem nicht den Orgasmus). Wenn der Mann seine natürliche Sexualität gegen den Strich bürstet, ist er nicht mehr jener fleischliche Auswuchs, der die Spalte des weiblichen Anderen stopft, wird er selber Schlitz, Einschnitt, Furche, harte Rute, die sich aus sich selbst davongemacht hat, Geschlecht, das nicht nimmt und nicht gibt, sondern die Spannung in immer neuen Kreisen und Schaltungen in Umlauf hält, das das Blut mit Wasser, das Wasser mit Feuer, das Feuer mit verschwenderischer Sekretion in Wallung bringt und dabei ihr Einswerden anstrebt, ihre Unterscheidung unmöglich macht.

## Nußschale Penis auf dem weiten Strom Liebe

Wenn sexuelle Aktivität niemals (von den Vorstellungen der Normierer abgesehen) die Fortpflanzung zum Zweck gehabt hat, warum soll man dann nicht konsequent sein und den für die Vermehrung zuständigen Samen bei sich behalten? Die ausgesprochene Abneigung, die der Mann gegenüber seinem Sperma hegt, läßt sich nicht übersehen. Sobald er es hinausläßt, trägt er seine ganze Libido mit sich und trägt sie davon. Hält er es zurück, so lebt sein Körper in zärtlichem Verlangen auf, ergießt er es, so verfällt er dem erniedrigenden Realitätsprinzip des Tauschhandels – ist doch der Orgasmus für ihn nur eine Enttäuschung ohne Zukunft.

Nicht zu ejakulieren heißt mithin für den Mann, ein nichtinvestiertes Kapital zu bleiben, eine freie Disponibilität. Die Technik des Koitus reservatus bedeutet durchaus nicht Verdrängung, auch keine Qual, nicht einmal langsamen körperlichen Verfall – wenn es stimmt, daß das Wunder für den Mann weit eher in der Erektion liegt, im süßen Taumel, den Körper der Frau zu besitzen, als in der genitalen Kastration des Orgasmuskomas. Koitieren heißt also sich fragen, für welche Sexualität man sich entscheiden will. Für eine einförmige, lineare, vorgeschriebene und genormte Sexualität oder für eine polymorphe, kindliche Sexualität, die im Körper des Mannes einen ungeordneten Freiraum läßt und durch die Beherrschung, die sie voraussetzt, »eine Gebärmutter der Lust (schafft), die ganz und gar nicht unter dem sexuellen Diktat der Ejakulation steht«.[1] Der Mann hält seinen

[1] Lewinter, *Groddeck et le Royaume millénaire de Jérome Bosch*, Paris 1974.

Samen nicht zurück, weil er »wie ein Geizhals sein Gold behalten« möchte[1] – das Sperma ist weder Gold noch das abstrakte Modell irgendeines Zahlungsmittels –, sondern weil er seine Lust *anders* erleben möchte. Denn solche Sparsamkeit ist weder todesträchtig noch kapitalistisch. Die Annullierung der spermatischen Ausgabe bedeutet, daß eine Erschöpfung umgangen wird, die auf der raschen Wiederholung des Geschlechtsaktes lastet. Dieser kann also sehr bald von neuem begonnen, wiederholt werden. Zurückhaltung ist hier als Wiederbelebung zu verstehen, als Suche nach einer Möglichkeit zur Steigerung der Kräfte, zu ihrer Sammlung mit dem Ziel, sie dann in Umlauf zu bringen. Die im Hodensack konzentrierte Energie soll der Ejakulationsmaschine unterschlagen und anders eingesetzt werden, sie entzieht sich der Macht und garantiert die Möglichkeit einer unendlichen Wiederholung des Geschlechtsaktes. Eine Bewegung hin zu scheinbarer Kälte, und doch ist diese Bewegung von verzehrender Hitze – die Homogenität der Körperkräfte erlebt eine äußerste Steigerung, parallel zu dem Vorgang, der zur Desensibilisierung des Penis bei extremer Reizung führt. Wenn der Mann in dieser Weise dem Diktat genitalen Zwangs entrinnt, ist er nicht zur Unbeweglichkeit verdammt, sondern wird vielmehr ungreifbare Oberfläche, auf der die verschiedensten Erregungszentren entstehen können.[2]

Der ganz in dieses erotische Fluidum getauchte Körper verlängert – grenzenlos – die vororgastische Zeit, diese Zeit, wo die Lust weniger sicher, diffuser ist, wo der Drang andauernder und kräftiger, die Steigerung ohne Maß und alles noch in den Glanz seines Ursprungs getaucht ist. Sparsam mit sich umgehen – wie Tao lehrt –, damit der Same überall hingelangen, dem Hauptumschlagplatz ausweichen und allerorten verfügbar werden kann. Damit er dem Blutkreislauf und den Eingeweiden neue Energiequanten zuführen kann, die ständig neue Lustströme schaffen,

[1] G. Zwang, a. a. O.

[2] Die politische Revolution als raum-zeitlicher Einheitsprozeß, der den ganzen Sozialkörper erfaßt und über sich hinausträgt, entspräche dem institutionellen Rahmen des Orgasmus. Der Wunsch nach Revolution kann daher nur Wunsch nach Orgasmus sein, Wunsch nach einem Zentrum, das alle Spannungen abführt umd aufhebt. Im Gegensatz zu solchem politischen und sexuellen Jakobinertum kann man seit einigen Jahren beobachten, wie sich wild und unvorhergesehen in Fabriken, Schulen und in den verschiedensten Bewegungen plötzliche Unruhen bemerkbar machen, Aufwallungen, die den polymorphen Prozessen der Lust ähneln und die man nicht mehr unter einem einheitlichen Prinzip subsumieren kann.

Partialtrieben neue Möglichkeiten eröffnen, den Körper zu besetzen, und dessen Einheit in Frage stellen. So wird der Phallus zum Ort einer erotischen Alchimie, zu einem Musikinstrument mit vielen Registern. Gegenstand der Umarmung ist nicht mehr das, was in der Einzahl beschlossen ist, sondern das, was die Mehrzahl, die Nichtzahl birgt.

In seinem Drang nach Befreiung gebremst, wird das Glied zu einem energetischen Knotenpunkt, der die Libido neu verteilt. Sich selbst überlassen, ergießt sich die Energie in einen bestimmten Kanal. Wir müssen lernen, ihr neue Wege zu weisen, sie in andere Gänge, andere Gefäße abzuleiten, damit sie sich überallhin ausbreiten kann (und warum sollen wir nicht von einem Sperma oder irgendeiner anderen ähnlichen Substanz träumen, die alle Membranen, jeden Nervenkreis, jede Schleimhaut, jede Vene, jede Körperhöhle überflutet und auf ihrer ganzen Oberfläche ständig von starken elektrischen Ladungen besetzt ist?).

Wenn der Mann also darauf verzichtet, sich seiner Erregung zu entledigen, sich von seinen Spannungen, vom Druck seines Blutes und seines Samens zu befreien, wenn er ein allgemeines Wohlgefühl des Körpers nicht durch eine lokalisierte und begrenzte Lust ersetzt, wenn er den Fluß der Dinge nicht auf das Bekannte reduziert, wenn er sich nicht wie der Sexologe als Exorzist oder Inquisitor aufführt und den tierischen Körper, den verlangenden Körper als Ärgernis behandelt, wenn er nicht nach extremer Verwirrung strebt, um sich von jeder Art Verwirrung zu heilen, sondern wenn er in einem Zustand permanenten Besitzes verharrt, wenn er seine Lust daraus gewinnt, daß er keinen ganzheitlichen Körper besitzt, wenn ihm auch jene Ströme und Kräfte Lust bringen, unter deren Zugriff sich das Wesen, dem er sich verbunden sieht, in Verrenkungen und Krämpfen windet – dann wird auch die spermatische Lust, die keinen Ausschließlichkeitsanspruch mehr erhebt, für den Mann ein zusätzlicher Reiz und sogar eine außergewöhnliche Verzükkung, der er sich je nach Augenblick und Laune hingibt oder nicht hingibt, die er aber keinesfalls als schicksalhafte Kastration erleben muß.

Alles in allem geht es nicht darum, sich diesen Werten (dem Orgasmus, der Ejakulation) zu widersetzen, sondern sie zu verlängern oder ihnen auszuweichen. Man wählt einen tangentialen

Verlauf, man wählt eine andere Richtung, und man vermeidet dabei den sterilen Gegensatz von gut und böse, von gesund und krank, von normal und pathogen. Mit anderen Worten, man kann die Zurückhaltung des Spermas weder zum Allheilmittel erklären, noch die minuziösen Vorschriften des Koitus reservatus im Namen der allmächtigen Mutter Natur abtun. Weder für den Reservatus noch für die Ejakulation läßt sich eine Regel aufstellen, beide sind als Ausnahmen zu verstehen. Jede Verhaltensweise ist eine Ausnahme von der (mißbräuchlichen) Regel, die ausschließlich die jeweils entgegengesetzte Verhaltensweise vorschreibt. Dann wird man im Erguß und in der Zurückhaltung nicht mehr unvereinbare Gegenpole sehen, sondern einfach verschiedene Wege zur Lust. Wege durch Welten, die zwar nichts miteinander gemein haben, aber dennoch beide nebeneinander in jedem Manne koexistieren.

In andauernder sinnlicher Erregung erleben wir eine Verschiebung, eine Unregelmäßigkeit, eine erotische Wahrheit der Wirklichkeit, die an unseren Nerven zerrt. Auf dem Höhepunkt der Erregung entgleisen wir, verlassen wir die Gleise kanonischer Lust. Der Samenausstoß ist der Weg, der in natürlichem Gefälle zum Tod des Verlangens führt. Die Ejakulation zu verweigern bedeutet, daß man diesen programmierten Tod verrät und damit zugleich das Artgesetz, das wir in uns tragen. Fraglos gibt es kein intensives Paarungserlebnis für den Mann, wenn nicht irgendeine Anomalität ihn aus dem Tritt bringt. Es gilt, den Körper zum Stammeln zu bringen, zu verhindern, daß er den Orgasmus wie ein unmotiviertes Alphabet hersagt, damit der Same nicht in jenes immergleiche große Verbundsystem fließt, das angeblich die einzige Struktur des Geschlechtsverkehrs ist, damit er nicht ohne Übergang aus dem Penis-Hoden-Parlament in den Vaginalsenat gerät, damit er wenigstens zirkuliert, zurückfließt, wieder aufsteigt, sich im Atem ausbreitet, das Individuum ergreift, bis zu einem gewissen Punkt die Zweiteilung in Vorher und Nachher annulliert und zum Vorspiel eines niemals abgeschlossenen, weil unausführbaren Aktes wird. Spannung, wenn man will, aber ohne Zukunft, ohne eine bestimmte Erwartung. Die taoistische Erotik lehrt: Haltet den Samen zurück, führt den Akt auf andere Weise fort. Ejakuliert nicht (die Ejakulation löst die Verbindung, zertrennt die Bande, entflicht die Umarmung, während der endlose

Aufschub diese Auflösung im Innersten der Lustvereinigung selbst vornimmt), tretet ein in eine Beziehung, die von Ungewißheit und Unwissenheit bedroht ist, öffnet euch der Überraschung, rettet euch nicht auf den sicheren Boden des Abschwellens, sucht nicht so rasch die Ernüchterung.

## Ein Moses ohne Land

Dans le mot amour, il y a le mot mur.
Edmond Jabès

Augenscheinlich streben sie nach Identifikation, wenn sie sich mit Liebkosungen bedecken, wenn sie sich mit Küssen überschütten, wenn sie sich süße Worte zuflüstern . . . Wie viele sind sie, die Liebenden bei ihrem Tun? Einer, vier oder acht? Sie selbst werden sagen, daß es ihnen vor allem darauf ankommt, mindestens zwei zu sein. Insofern ist nichts so albern wie die Darstellung der wollüstigen Vereinigung als Wechselspiel, als Verschmelzung zu einer Identität. Wenn es stimmt, daß eine Sexualität die andere voraussetzt, gibt es in der Paarung keinerlei Umkehrbarkeit von Dein und Mein und erst recht keinen Austausch der Lust zwischen den Körpern. Gemeinsam sind dem Mann und der Frau nicht ihre Interessen, ihre Lusterfahrungen, ihre Leidenschaften, sondern das Verlangen nach ihrer gegenseitigen Fremdheit, das nie sich verringernde Nichtwissen um den Anderen. Auf dem tiefsten Grunde der fleischlichen Vereinigung liefert kein Spiegelbild den Beteiligten das getreue Abbild des jeweils anderen, erwächst keine wie auch immer beschaffene Androgynie, wird keine Komplementarität auch nur sekundenlang greifbar: Die Gefühle verschmelzen nicht.

Auch nur mit dem Gedanken zu spielen, der Mann könne, wenn die herrschende Liebesordnung sich auflöst, den Kopf oder die Übersicht verlieren, in eine neue Dimension nicht meßbarer Einmaligkeiten eintreten, kurzum, der heterosexuelle Koitus könne auf seine Strategie verzichten – das heißt auf jenen Handel, »der beim Abschätzen der Eventualitäten den Tod mit einkalkuliert«[1] – heißt eine durch und durch männliche Fiktion

[1] J.-F. Lyotard, *Economie libidinale,* S. 249.

von sexueller Unterschiedslosigkeit konstruieren und glauben, der Mann sei großzügig und vergeistigt genug, um die Spärlichkeit seines erotischen Kreislaufs zu vergessen, heißt verschweigen, daß der Mann, solange er sich lediglich an seinen Penis hält, über äußerst begrenzte Erlebnismöglichkeiten verfügt, daß er immer vergleichen und den bewußten Handel in den Liebesakt einbringen muß und daß es in der männlichen Sexualität nicht den reinen Ort einer Intensität gibt, die sich der Unwiederbringlichkeit vorbehaltloser Lustverschwendungen verschrieben hätte, daß diese Sexualität vielmehr stets eine Mischung aus Kalkül und Hingabe ist.

Lesen wir noch einmal in der chinesischen *Kunst der Liebe:* »Das erwählte Mädchen fragte: Die Lust des Geschlechtsaktes beruht auf dem Samenausstoß. Welche Lust hat der Mann nun aber zu gewinnen, wenn er sich bezähmt und nicht ejakuliert? P'ong Tsu antwortete: In Wahrheit ist der Körper des Mannes nach dem Ausstoß müde, in seinen Ohren saust es, seine Augen sind schwer von Müdigkeit, seine Kehle ist ausgetrocknet, und seine Glieder sind ohne Kraft. Obschon er einen kurzen Augenblick in der Freude erlebt hat, war es nicht wirklich eine Empfindung der Wollust. Wenn er dagegen den Geschlechtsakt vollzieht, ohne zu ejakulieren, wird seine Lebenskraft gestärkt, breitet sich Wohlbehagen in seinem Körper aus, wird sein Gehör scharf und sein Blick durchdringend. Wiewohl der Mann seine Leidenschaft unterdrückt hat, wird seine Liebe zu der Frau wachsen. Als könne er die Frau nie hinlänglich besitzen. Wie kann man sagen, dies sei keine Lust?«[1] Den Samen zurückzuhalten heißt also, sich mit der Frau auf eine Ebene zu begeben, wie sie niemals hinlänglich befriedigt zu sein, jeden Gedanken an Befriedigung abzulehnen. Was der Mann durch den Samenstoß nicht zu erreichen vermag, versucht er sich – negativ – durch die Zurückhaltung zu verschaffen. Seine besondere Lust wird dann zur Lust eines unendlichen Reifens, zur Öffnung für alle Aspekte weiblicher Lust. Durch die Askese weckt der Mann die Frau in sich und wird zu einem Milieu, das sich dem Werben der eigenen Organbeschaffenheit aufschließt. Im spontanen Zustand vom Lustdefizit bedroht, tut er gut daran, seine Lust aufzusparen – diese kleine Flut, die stets mit unmittelbar bevorstehender Ebbe

[1] Zitiert bei van Gulik, a.a.O., S. 189.

droht. Für ihn ist nur der Verzicht auf das Ziel synonym mit anhaltender Sensibilität, mit fortdauernder Zärtlichkeit.

Dies vorausgeschickt, fließen hier gleichwohl zwei anscheinend gegenläufige Bewegungen im selben idealistischen Mythos vom Verschmelzen der Gegensätze zusammen. Für die Parteigänger des Koitus reservatus setzt diese Technik »in gewisser Weise die sexuelle Dialektik des Mannes mit der sexuellen Dialektik der Frau gleich. Wie diese verwandelt sie den Körper in gebärenden Raum, als Eros assimiliert sie Mann und Frau, die so zu einander wirklich entsprechenden Partnern, zum Widerschein des Gleichen werden – nicht mehr im Mißklang des Unterschieds, sondern im Einklang der Identität (. . .).«[1] Die Paarung als Versöhnung polarer Gegensätze, als Wesensgleichheit zweier Antinomien, das ist das ewige Lied der Erotomanen und Sexologen des Abendlandes: »Der Augenblick des beiderseitigen Orgasmus ist auch der Augenblick höchster Vereinigung, äußersten Austausches, er endlich schafft komplementäre Geschlechter und erreicht den Ort, wo das ganze psychosomatische Wesen in ungehinderte Kommunikation zum Unvorstellbaren, zur in sich abgeschlossenen Andersartigkeit tritt. Er fügt die beiden Hälften des Androgyns wieder zusammen in einem unwiderstehlichen Aufschwung des selig mit sich vereinten Wesens, das von Glück und Freude erfüllt die Lust der so flüchtigen, aber so beseligenden sexuellen Vollständigkeit erlebt.«[2]

Doch was setzt der beiderseitige Orgamus, diese höchste erotische Auszeichnung, voraus? Daß die Lusterfahrungen von Mann und Frau identisch seien, ein gleiches Vorbild der Gefühlsentladung hätten, und daß der Erfolg eines Geschlechtsaktes (aber warum auf diesem Gebiet noch von Mißerfolg oder Erfolg sprechen? Wenn die Erotik ohne Ziel ist, welches Kriterium gibt es dann noch für gutes Funktionieren?) nur von ihrer zeitlichen Koinzidenz abhänge, ein Problem der Abstimmung, der Durchführung, der Präzision sei, da die Frau zur Verspätung, der Mann zur Verfrühung neige. In moderner Sprache klingen hier die alten platonischen Worte aus dem *Symposion* durch: ». . . jeder würde ganz einfach das zu hören glauben, was er ja schon längst begehrte, nämlich vereint und verschmolzen mit dem Geliebten

[1] Lewinter, a. a. O., S. 109.
[2] Zwang, a. a. O., S. 498.

aus zweien eins zu werden. Das liegt nämlich daran, daß dies vor Zeiten unsere Natur war und daß wir einmal ganz anders waren; das Begehren und der Drang nach dem Ganzen also, das heißt Eros.«

Als ob das Ausströmen des Mannes mehr als nur ein Moment in der Lust der Frau wäre, als ob der strahlende Augenblick des gemeinsamen Orgasmus für die Partner nicht zugleich der Moment ihrer größten Distanz wäre. Die Lustakme ist nicht Augenblick höchster Vereinigung der Liebenden, sondern vielmehr Moment ihrer Trennung, nie ist der Mann der Frau ferner als in dem Augenblick, da sie den Höhepunkt ihrer Lust erreicht, da sie scheinbar ohne Wiederkehr in den Sphären ihres außergewöhnlichen Körpers verlorengeht. Intimität ist die deutliche Wahrnehmung eines unüberwindlichen Abstands, Wiederherstellung einer Abweichung, eines starken Gefälles. Lieben heißt also trennen, unausweichlich trennen, was der Alltag in der blinden Gleichmacherei des Herdentriebs vereinigt hat, und den Unterschied zwischen den Wesen aufs deutlichste unterstreichen. Es gibt keine fleischliche Beziehung ohne diese grundlegende Ungleichheit, diese absolute Undurchdringlichkeit, an der beide Wesen, jedes auf seiner Seite, mit jenen kleinen Lusterlebnissen mitbauen, die sich nicht mischen lassen. Die Lust erleben heißt einen Riß wahrnehmen, der nirgendwo hinführt, der keine Kommunikation ermöglicht, sondern eine Trennung, ein Hindernis, eine Katastrophe festschreibt. Doch diese Katastrophe ist fröhlich – sie weckt in uns den Wunsch, es möge zwischen uns nur Disparitäten und keinerlei Ähnlichkeit geben. Nur deshalb kann die Ekstase des Anderen mich so erregen, weil sie zwischen ihm und mir den unüberbrückbaren Abgrund aufreißt zwischen einer Welt, in der der Andere abgleitet, und Regionen, die mir auf immer unbekannt bleiben. Und der Lustverzicht bedeutet ganz offensichtlich beim Manne den Wunsch, die andere Seite der Menschenwelt von innen her kennenzulernen, so etwas wie einen Versuch, einen senkrechten Schacht anzulegen, über den die beiden isolierten Geschlechter Verbindung zueinander aufnehmen können. Die Frau droht dem Manne durch ihre Konvulsionen unablässig, das nahtlose Kleid seiner Sexualität aufzureißen, deshalb wird er sein Begehren wie die beiden Klammern einer Zange offenhalten, wird außerhalb seiner selbst bleiben (da das

Außersichsein der Ejakulation in Wirklichkeit nur eine quälende Rückkehr zu sich selbst ist), indem er sich seinem Bestreben nach der orgastischen Befreiung widersetzt. Mit dem Modell, das die Frau dem Mann vor Augen führt, entreißt sie ihn der Tautologie seiner Sexualität und untersagt ihm, aus seiner sexuellen Aktivität eine durch das Verlangen verklärte Version seiner selbst zu machen. Wenn der Mann die Geliebte nachahmt, wenn er versucht, ihr gleich zu werden, erwirbt er die Anwartschaft auf ein Sein, das er nicht ist, betrachtet er im Anderen nicht mehr die Umkehrung seines Spiegelbildes.

Die Lust der Frau entzieht sich allen Worten, jedem Kommentar, jeder Erklärung, ist greifbar nur durch eine andere Lust, die von gleicher Vielfalt, zumindest von gleicher Intensität sein müßte. Von einer derartigen Verzückung kann man nicht sprechen, nur *in ihr* kann man auf seine Weise sprechen, sich in ein verzweifeltes Plagiat stürzen, sich an einer hysterischen Mimikry von Gesten und Lauten versuchen. Dies strebt der Mann auf seine Weise an, wenn er den Samen zurückhält, so – durch den Mangel – versucht er am Rausch der Frau teilzunehmen und in die ursprüngliche Ununterschiedlichkeit des Paradieses einzutreten. Doch hier holt das Abbild das Vorbild nie ein, es ist nur Abbild, um zu ahnen, daß ihm das Vorbild auf immer unerreichbar bleiben wird. Der Mann steht immer am Rande der Lust, die die Frau erlebt. Er erfährt sie nur über den Blick, die Augen, den Mund, die Liebkosung, nicht von innen. Will er der Versuchung nachgeben, sie zu haben (und sie kennenzulernen), sich mit dem Sein des Anderen zu identifizieren, dann wird er zum hilflosen Kind, zur Unfähigkeit verurteilt, das Glied schlaff, der Organismus welk, schal, vernichtet. Dem Mann ist der Eintritt in die köstliche und schreckliche Wirklichkeit verwehrt, die sich ganz in seiner Nähe ereignet, so nahe, daß sie ihm unwiderruflich verschlossen bleibt. Bestenfalls hat er Zugang zu einer geistigen Androgynie. Dann kann er sich das Unmögliche vorstellen, träumen, die seidige Höhlung der Vagina ginge auf ihn über, er verspüre die beseligenden Verbrennungen, die konvulsiven Entzückungen, er würde zum tiefen, gleitend-heißen Versteck für einen anderen, er begleite schließlich die Frau auf ihrer Reise und teile ihre Abenteuer. Nur dank einer virtuellen Bisexualität macht der Mann diese innere Erfahrung, oder besser, die Bisexualität des Mannes ist nichts anderes als virtuelle Weiblichkeit. Die Lust der Frau bringt eine mögliche Welt zum Ausdruck, die uns unbekannt ist. Eine Welt, die es zu entziffern, zu interpretieren gilt, wobei uns völlig klar ist, daß wir nie etwas über sie wissen werden. In den Orgasmen der Frau sind unbekannte Reiche, die uns gerade durch ihre unüberprüfbare Ferne vor Liebe verrückt werden lassen. Die Gesten der Geliebten drücken selbst noch in dem Augenblick, da sie sich an uns zu wenden und für uns bestimmt zu sein scheinen, die dunklen Regionen aus, zu denen wir keinen Zutritt haben. Und dort bietet sich uns nicht wie in der Eifersucht »das Bild einer möglichen Welt, wo andere unter Umständen oder tatsächlich vorgezogen werden«[1], weil das Bild, das die Frau entstehen läßt, das eines unzugänglichen Landes ist, wo niemand vorgezogen werden kann, weil niemand dort Zutritt hat (nur eine andere Frau vielleicht . . .). Weil ich in dieser Ekstase keinen Rivalen mehr zu fürchten, keine Konkurrenzbeziehungen mehr zu ertragen habe, weil wir alle an dieser Grenze, die niemand überschreiten kann, Verbannte sind und dort an einer Linie stehen, die nicht zwei Gegenden voneinander trennt, sondern selbst absolute Trennung ist. Mag die Scheidewand zwischen Mann und Frau auch noch so dünn sein, sie ist endgültig, um so weniger zu übersehen, als sie auf ihre Weise eigentlich gar nichts ist. Wenn der Mann sich zurückhält, erwirbt er damit nur das Recht auf ein Nomadendasein. Nichts ist ihm versprochen – vor allem kein Land. Intensität wird ihm, soweit sein Auge reicht, nur als Horizonterfahrung zuteil werden, als Oase, auf der er, ohne wirklich zur Ruhe zu kommen, eine kurze Rast macht. Nur weil seine Lust fortan heimatlos ist, kann er in der Frau verweilen.

Angesichts der Liebesverzückung der Frau bleibt dem Mann weder die Rolle des Physikers noch des Metaphysikers, er ist ein Ägyptologe, Entzifferer von Zeichen, die keine Lügen sind, die nicht verbergen, wovon sie künden, die nichts verschleiern und doch keine greifbare Realität jenseits ihrer konkreten Erscheinung liefern. Alles liegt in diesen Lichtzonen der Lust, in die wir wie in Krypten eintreten, um dort anhand unseres eigenen Lustverzichts Hieroglyphen und geheime Sprachen zu entziffern, um uns dort wie reglose Reisende einer Initiation zu unterziehen,

[1] Gilles Deleuze, *Proust et les signes*.

von der wir im voraus wissen, daß sie uns nichts lehren wird. Nichts mehr ist die Wollust der Geliebten als eine Wahrheit, die sich nicht mitteilt.

Ein Mann sagt, daß er eine Frau will. Versteht er darunter, daß er sie flüchtig besitzen will, um sich in sie zu ergießen? Daß er sie einfach wie ein Gefäß oder wie ein Stück Land nehmen will, in dem er seinen Samen verscharrt, ohne sich groß darum zu scheren, ob das Unternehmen verlorene Liebesmüh war oder Früchte trägt? Und wenn es dem Mann nun ganz im Gegenteil bei der Frau nicht um die Abfuhr seines organischen Überschusses ginge, sondern um die Lust des anderen Wesens, um das Bild eines göttlichen Wahnsinns, von dem sich zumindest sagen läßt, daß er ihm unvertraut ist? Und wenn der Mann sich – auch auf die Gefahr hin, dabei zu verbrennen – darauf einließe, die Orgasmen der Frau aufs äußerste zu steigern, um in der Sprache der Frau zu sprechen, um sie zu genießen (und in ihrer Weise zu genießen), um ihre Schreie zu hören? Ein neuer Moses, der fasziniert in ein gelobtes Land schaut, das er niemals betreten wird, das ihm für immer verschlossen bleibt . . .? Das Paar spricht nicht die gleiche Sprache. Seine Annäherung kommt nicht durch gleiche Organe, durch gleiche Wollusterfahrung zustande, sondern durch die – unsagbare – Leidenschaft, daß diese Ungleichheit gleichgültig werden möge.

Steht einem kein eigener Orgasmus zur Verfügung, so muß man sich dazu entschließen, den der anderen zu stehlen, dem Taoismus seine Erotik zu stehlen, den Frauen ihre Wollust zu stehlen, sich seine Lust durch Entwendung und Einbruch zu verschaffen. Wenn in dem Wort Liebe (*amour*) – nach dem schönen Satz von Jabès – wirklich das Wort Mauer (*mur*) enthalten ist, so will uns scheinen, daß im Liebesverlangen stets das Verlangen nach dieser Mauer steckt. Denn nicht alle Mauern besitzen die Undurchdringlichkeit, die Traurigkeit und die Feindseligkeit von Gefängnissen, und die Liebenden berauschen sich immer nur an ihrem Unterschied. Der sexuellen Beziehung geht es nicht darum, Transparenz herzustellen, sondern eine durch nichts beschönigte Inkongruenz auszumessen.

Wenn es ein Gesetz der Liebesintimität gibt, dann gilt für dieses Gesetz in ganz besonderem Sinne, daß es nichts zu einem Ganzen zusammenfügt, nichts einander annähert, sondern im

Gegenteil Intervalle, Distanzen, Trennungen festschreibt. Man liebt sich sozusagen per Teleskop (und nicht per Mikroskop), weil die unendlichen Distanzen, die die Liebenden trennen, stets auch infinitesimale Reize beherbergen, die sich nur entdecken lassen, wenn man ein weites Blickfeld hat. Das Infinitesimal ist die Fähigkeit, Fragmente mit dem Teleskop wahrzunehmen, unterschiedliche Welten in Bewegung zu bringen, enorme Wegstrecken zu überwinden, ohne sie zu annullieren – es ist die Liebe zum Detail, insofern dieses die Vielfalt der Abweichungen konkretisiert und steigert. Die Nacktheit bringt mich dem Anderen nicht näher, sie bestätigt nur unsere Trennung: Die Frauen haben einen Körper, den wir nicht haben, einen ekstatischen Körper. Während der Umarmung erleben die Liebenden sich ständig als diskontinuierliche Wesen, nie aber verschließt sich ihre Diskontinuität so hermetisch jedem Übergang, jedem Verschmelzen mit dem anderen. Offen gewiß, aber nur der eigenen Öffnung, dem Verlangen offen, sich zu öffnen, angerufen, betrachtet von der Öffnung des anderen, ohne aus ihr irgendeine Möglichkeit der Übertragung gewinnen zu können. Die Lust greift nicht von der Vagina auf den Phallus über, dringt nicht durch die Schleimhäute, durch die empfangende Höhlung, ist völlig abgeschirmt gegen das Organ, das eindringt, das Gefühl ist unübertragbar. Die Liebe ist der beseligende Beweis der Elision des Anderen.

Der Mann kann sowohl an der Berührung wie an der Nichtberührung sterben – richtig »verweiblicht« er sich nur, wenn er die angemessene Distanz findet. Der Geliebten nicht zu nahe, ihr mimetisch nicht zu sehr auf der Spur, da er sonst am Ausbruch der Ejakulation verginge, noch zu weit in die Arroganz reinen Voyeurismus zurückgezogen, da er sonst zu wenig Erregung empfände. Prinzipiell stehen ihm zwei Wege offen, die Lust bei einer Frau zu erleben (ihr durch Äquivalenz nahezukommen): Zwei Formen des Verschmelzens, wobei die eine wie die andere eigentlich recht wenig zum Verschmelzen bringt: ein flüchtiges, ephemeres, blasses Verschmelzen durch den Samenausstoß und ein aktives Verschmelzen durch Zurückhaltung des Spermas: durch eine Zurückhaltung, die das Sein des Mannes (durch Mangel) mit dem der Frau gleichsetzt und die, selbst bei äußerster Verlängerung, vom Mann jederzeit im Modus der genitalen Auflösung beendet werden kann. So treten wir mit dem extremen

Aufschub eine Reise an, eine Reise nach chinesischer, adamitischer, tantrischer Art (lauter Begriffe, die heute nicht mehr viel bezeichnen und an denen wir gerade ihre weitgehende Sinnlosigkeit schätzen), so werfen wir uns in die unauslotbaren Tiefen des weiblichen Orgasmus, so streuen wir Salz in die Wunde der Sexualität, so setzen wir alles daran, sie am Verheilen zu hindern. Verzehrendes Verlangen nach Dauer, das sich dem Gesetz von Zeit und Tod verweigert. Der Motor ist kaputt, aber man liebt seine Fehlzündungen. Zwar kohabitieren Mann und Frau, doch wie zwei Fremde, die sich – wenn sie sich umarmen, liebkosen, einander immer rückhaltloser hingeben – entgleiten, verwirren, einander fliehen. Der Orgasmus, die Orgasmen verstärken noch dieses Gefühl einer grundlegenden Inkongruenz. Ich liebe dich – nicht auf die törichte Weise des »Ich weiß, daß du mich nicht liebst, weil du niemanden außer dir selbst liebst! Ich bin wie du. Also liebe mich« (Raoul Vaneighem) –, sondern ich liebe dich, weil ich in Berührung mit dir nicht mehr ich selbst bin, weil ich meine Grenzen überschreite und weil mir nichts gleichgültiger ist als mein Ich. Ich liebe dich, weil wir uns gemeinsam dem Unbekannten öffnen, das wir nicht sind. Einem Unbekannten, das für dich und für mich nicht dasselbe ist.

Was ist aber dann der heterosexuelle Akt? Eine Szene, in der einer der Darsteller um des reibungslosen Verlaufs des Stückes willen gezwungen ist, sich an den Rand der Bühne zu begeben und die doppelsinnige Rolle eines Zuschauers im Stück zu übernehmen. Die Lustdyade ist eine geteilte, gestörte, verhinderte Gemeinschaft, aber eben aus dieser grundlegenden Behinderung zieht sie ihre Erregung. In gewissem Sinne könnte man sagen, daß jede Lust um die Hegemonie kämpft und daß der fleischliche Akt nur der Kompromiß zweier fundamentaler Homosexualitäten ist. Je nachdem, ob der eine oder der andere Anspruch durchgesetzt werden kann, ob die Abmachungen der beiden Liebenden umgangen oder bestätigt werden, tendiert der Koitus zum virilen Modus, zur kleinen Krise des gemeinsamen Krampfes, oder öffnet sich verschwimmender, beharrlicher Geduld, der Vielgestalt weiblicher Turbulenzen. Diese beiden Ansprüche – man weiß es – haben jedoch nichts gemeinsam, nicht hinsichtlich ihrer Kraft, nicht hinsichtlich ihrer Intensität, nicht hinsichtlich ihrer Dauer. Mag der Mann auf den Schund, den er da zur Schau stellen kann, auch noch so stolz sein, er gerät gegenüber der Frau ganz von allein ins Hintertreffen. Das Sperma ist kein Zahlungsmittel, das man auf zwei einander entgegengesetzte Weisen verwenden könnte. Entweder man verschleudert, verspielt, verliert es als reine Ausgabe (was seit Bataille als nobel gilt) oder man hortet es. Das Sperma ist eine Seltenheit, ein winziges Vermögen, ein Kapital, das sich nicht vermehren, nicht im großen Maß akkumulieren läßt. So zwingt die Tatsache, daß es nur so spärlich hergestellt wird, den Mann zur Sparsamkeit.

Warum also sich am erotischen Leben der Frau beteiligen, warum sich in ein Abenteuer hineinziehen lassen, von dem man nicht weiß, ob man ihm mit heiler Haut entrinnt – wenn man doch angesichts dieser Maßlosigkeit nur über ein zugeteiltes, überschaubares Maß verfügt? Warum, wenn nicht aus Protest gegen ein allzu reibungslos funktionierendes Ritual, wenn nicht aus der Einsicht, daß die Überraschung Bedingung der Lust ist? Die Nichtverwirklichung des Verlangens als solche wird für den Mann das, was er wünscht, nicht weil er den Spatz in der Hand für die Taube auf dem Dach fahren ließe, sondern einfach weil er keine Beute, kein Ziel mehr hat. Fortan ein Meister in der Kunst, die Richtung zu verlieren, findet er nur noch Geschmack an Empfindungen, die sich nicht orten lassen. Der Frau verdankt er den schrecklichen und wunderbaren Zustand, in dem er sich befindet: zu wissen, was er nicht mehr will, nicht mehr genau wissen, was er will.

## Zehn Irrwege der Geschlechter

Der chinesische Schriftsteller Tschang-King, der in der Ming-Epoche eine Fortsetzung zum *Yi-Yu-Ki,* jener berühmten Sammlung von Kriminalgeschichten, schrieb, schildert im siebten Kapitel seines Buches einen historischen Fall von Hermaphrodismus. Er erzählt, daß unter der Dynastie Song der Epoche Hsin-Tsch'on (1265-1274) eine Familie Tscho-Kiang eine buddhistische Nonne bei sich aufgenommen hatte, damit sie die Töchter des Hauses im Sticken unterrichte: »Eines Tages entdeckte man, daß eine der Töchter schwanger war. Sie sagte ihren Eltern, die Nonne sei in Wirklichkeit ein Mann und habe mit ihr geschlafen.

Folgendes habe er dem Mädchen erklärt: ›Ich habe zwei Geschlechter. Wenn ich es mit Yang zu tun habe, bin ich eine Frau, wenn ich es mit Yin zu tun habe, bin ich ein Mann.‹ Der Vater brachte die Nonne vor Gericht und klagte sie an, sie habe seine Tochter verführt. Die Nonne stritt alles ab. Der Richter ließ sie untersuchen, und man stellte zweifelsfrei fest, daß sie eine Frau war. Eine Greisin, die mit ihrer Bewachung betraut war, befahl jedoch, sie auf den Rücken zu legen und ihre mit einer Fleischbrühe übergossenen Geschlechtsteile von einem Hund lecken zu lassen. So behandelt schwoll die Klitoris der Nonne an, bis sie schließlich Form und Größe eines männlichen Glieds annahm. Daraufhin gestand der Hermaphrodit, schon viele junge Mädchen verführt zu haben, und man schlug ihm den Kopf ab.«[1]
Arme Nonne! Welcher Chirurg träumte heute nicht davon, nach allen Regeln der chemischen Kunst ein Wesen zu schaffen, das ihr gliche? Und doch: Wie so ganz und gar nicht androgyn ist dieser weibliche Frankenstein aus China, wie so gar nicht entspricht er unserer Vorstellung von der Liebe! Er verschmilzt die beiden Geschlechter nicht, er vereint sie lediglich auf sich, er versöhnt sie nicht miteinander, er übersetzt nicht – wie der abendländische Hermaphrodit – die Sehnsucht nach einer Menschheit, die von der Lüsternheit befreit wäre, weil auf jedem Menschen beide Geschlechter vereint wären, wodurch sie sich sozusagen kurzschlössen. Statt dessen verdoppelt er die Begehrlichkeit, akkumuliert die Geilheit beider, die des Mannes und die der Frau, auf einem Körper! Seit Plato wird unsere Vorstellung vom androgynen Eros stets von einem Willen nach Gleichgewicht und Friede bestimmt, das heißt nach einer so vollkommenen Gleichstellung, daß sie den Unterschieden ihre Spitze abbricht und durch Aufhebung der Ursachen nach und nach alles Verlangen zum Erlöschen bringt. Komplementarität von Mann und Frau gibt es nur in dem Sinne, daß sie in einer gewissen Proportion zueinander stehen, daß jeder dem anderen abgeht, daß Penis und Vagina sich zueinander verhalten wie Vorder- und Rückseite eines Blattes Papier, daß sie sich aufeinander reduzieren, daß die Frau wie der Mann wird: ein Fast-Mann, ein Quasi-Mann, daß einswerden mithin immer gleichwerden heißt, immer Mannwerden.

[1] Zitiert bei van Gulik, a.a.O., S. 207.

Finsteres Ideal der Androgynie: Sie gibt sich nicht damit zufrieden, als unverträglich mit der Harmonievorstellung von Liebe alle devianten Praktiken (Päderastie, Sapphismus, Sodomie) auszuschließen, sondern propagiert darüber hinaus als einziges erotisches Ziel eine enge, geschlossene, tote Konstruktion, in der dem Abenteuer, dem Unvorhersehbaren keine Chance mehr bleibt[1], ein wahres Paradies mystischer Geschlechtslosigkeit, eine Ausstattung nach Art der Engel, die »weder freien noch sich freien lassen«.[2]

Eros strebt nie die Vereinigung an, schon gar nicht die von Mann und Frau. Unsere Lust wird nicht dadurch getrübt, daß wir uns als getrennt erleben. Wenn wir leiden, dann eher an einem zu uneingeschränkten Zusammenhalt, an einer zu vollkommenen Identifikation. (Wenn wir den Gegenmythos zu Plato zu schreiben hätten, würden wir sagen: Wir alle sind in unserer Androgynie perfekt, wir sind nahtlos zusammengefügt und leiden daran, daß diese Kreuzung, diese Zwitterbildung nur allzu gut gelungen ist; wir träumen davon, nur Männer oder nur Frauen zu sein, nicht aber beides zugleich . . .)

Den Unterschied der Geschlechter – dies zu sagen ist schon fast trivial – erleben wir heute nur auf eine einzige Weise, nämlich als Unterwerfung der Frau durch den Mann, die als Gleichsetzung oder als Unterdrückung in Erscheinung treten kann, eine Hierarchie, die ebenso zwischen den Geschlechtern gilt wie in ihrem Innern. Die Doppelgestalt der Geschlechter nicht zu dulden heißt vor allem, auf die strenge Trennung von Mann und Frau zu drängen, weil diese Trennung als ein Bezugspunkt dienen kann, mit dessen Hilfe fortan nicht mehr beurteilt wird, wie die Menschen konkret gehandelt, sondern inwieweit sie sich an die herrschende sexuelle Norm gehalten haben. Unablässig hat man den Unterschied zur Opposition degradiert, zur Anziehungskraft, der angeblich die Gegensätze verfallen, zum komplementären, also der Hierarchie ausgelieferten Paar. Man hat den Unterschied dem Grundsatz vom ausgeschlossenen Drit-

[1] Gewiß sagt der Hermaphrodit wenig über unsere wirklichen Wünsche aus. Hingegen ist er sehr mitteilsam, soweit es unsere reale Vorstellung von der Frau angeht: in allen klassischen Darstellungen herrschen immer die anatomischen Merkmale des Mannes vor (der äußere Geschlechtsapparat), während das Weibliche sich nur in Brüsten und Hüften ausdrückt, als wäre die Frau im Grunde nur ein Mann, der Kinder bekommen kann.

[2] Matthäus-Evangelium, 22, 30.

ten unterworfen, man hat von seiner Vereinigung, von seiner Festlegung unter männlicher Herrschaft geträumt. Man hat versucht, diese Unähnlichkeit an der Abdrift zu hindern, man hat versucht, ihre Rolle ein für allemal festzulegen, man hat sie in einem Pol dieser Lähmung angesiedelt (wo Mann sein nicht heißen darf, Frau zu sein, sich wie eine Frau zu benehmen oder weibliche Züge an den Tag zu legen – und umgekehrt, vgl. Freud), um zu verhindern, daß sich ein Gegenpol der Unruhe und der Vielgestalt ausbildet. Man hat diesen immensen Zwang der Heterosexualität – der keineswegs eine Neigung des einen Geschlechts zum anderen bedeutet, sondern eine Isolierung und Kontrolle der Frauen, der Kinder und der Männer selbst, eine Preisgabe ihrer fließenden Vielfalt – im Zeichen der Phallophoren errichtet. So nachdrücklich, daß sich innerhalb dieser Homosexualität, die den gesellschaftlichen Beziehungen zugrunde liegt (als Eichung der Körper nach dem Männlichkeitskode), ein Herrschaftsschema der Zweierbeziehung herausgebildet hat (aktiv/passiv, Objekt/Subjekt, aufgespießt/aufspießend), ein »heterosexuelles« Schema, von dem man weiß, daß es sogar die Beziehungen männlicher und weiblicher Homosexueller belastet und bestimmt. Man darf wohl behaupten, daß sich die Triebökonomie des Mannes – ganz wie das Unbewußte, so scheint es – in Unkenntnis der Anatomie, auch der eigenen, befindet, daß sie der Teilung der Geschlechter mit größtem Mißtrauen gegenübersteht, sie nur fortführt, anerkennt, um sie besser in den Griff zu bekommen und die Angst vor einer wirklichen Andersartigkeit der Geschlechter zu bekämpfen.

Der diskrete Charme des Geschlechtsunterschieds – von dem niemand weiß, wir zu allerletzt, was es eigentlich mit ihm auf sich hat – liegt darin, daß man ihn, obgleich man ihn am eigenen Leibe erfährt, unablässig vergißt, ständig so tut, als ob es ihn nicht gäbe, als wäre er teilnahmslose Natur, um die man sich nicht zu kümmern braucht; liegt darin, daß wir uns nichts daraus machen, jeden an seinen Platz zu stellen, die Männer nach rechts, die Frauen nach links, selbst wenn diese Trennung uns schließlich selber trifft. Hier haben wir eine Binarität – die einzige vielleicht –, die niemals Zwei im eigentlichen Sinne des Wortes ergibt, sondern immer ein wenig mehr oder weniger, die sich unterteilt oder unter der Hand vervielfältigt und Kombinationen in unbegrenzter Zahl eingehen kann. Es gibt ebensowenig eine Dialektik wie eine Akkommodation der Geschlechter, weil sie beide keine vollständigen Zahlen sind, ihre Dichotomie ergibt niemals zwei wie das Ergebnis von 1 + 1, sondern 2 hoch *n*, einen unberechenbaren Dualismus. Im Inneren unseres besonderen anatomischen Substrats lauert die Unzugänglichkeit, immer ist unser Körper bereits kompromittiert, von Mesalliancen übersät, das Außen ist eingedrungen, der Feind mitten unter uns, die Reinheit ist eine Illusion, immer schon Mischung, Rassenkreuzung, Zwitterbildung in unabsehbaren Abstufungen. Man kann sich also stets einen Spaß daraus machen, die Zugehörigkeit zu einem Geschlecht zu zerlegen, das heißt sie wie folgt zu vervielfältigen: a) Zugehörigkeit zu einer Spezies (mehr Mensch als Tier, mehr Säugetier als Vogel, eher Weich- als Schalentier); b) Zugehörigkeit zu einer Rasse, einer Kultur; c) Dauer dieser Zugehörigkeit (Kindheit, Reife, Alter) mit den besonderen Merkmalen dieser Zustände; d) die je eigene Zusammenstellung der Charakteristika dieses Geschlechts in Morphologie und Gesicht, wodurch das andere Geschlecht in uns parodiert, angezogen oder abgestoßen wird, dadurch e) wieder neue Kombinationen, einzigartige Wirkungen, die dem Zusammenprall der genetischen Kodes, dem Spiel des chemischen Zufalls zu verdanken sind, ein Kreuzungspunkt verschiedenster Entwicklungslinien, über deren Herkunft sich nicht entscheiden läßt, ein unsagbares Übereinander der verschiedensten Schichten, dazu f) die Zugehörigkeit dieses Körpers zu einem historischen Zeitpunkt und g) zu einer bestimmten sozialen Klasse, das Ganze schließlich h) vermischt zu den abenteuerlichsten (und dennoch lesbaren) Konfigurationen – usw. So weist jedes einzelne Kind, das geboren wird, ob Mädchen oder Junge, letztlich eine deviante Geschlechtlichkeit auf und geht neue Wege. Du bist Frau nicht mehr, als ich Mann bin, du bist die fabelhafte Ausnahme von der Regel weiblicher Art, ein Luxus der Materie und als solcher weder mein Gegensatz noch meine Ergänzung, sondern nur eine Kraft, die mich übersteigt, eine Flut, die ich nicht eindämmen kann.

Der Unterschied der Geschlechter wird, sobald man auf die ihm zugeordneten Kodes verzichtet, ungewiß und fließend wie eine Lüge, von der man nie weiß, ob sie maskierte Wahrheit oder Anzeichen einer unmöglichen Wahrheit ist. Wir müssen uns schwertun mit der Entscheidung, und die Aussage »Dies ist ein Mann, das eine Frau« muß uns schwer wie eine unverzeihliche Dummheit auf der Seele liegen, wie eine übereilte Maßnahme, mit der wir unser ängstliches Zittern unter Kontrolle bringen wollten. Wer die strikte Trennung der Geschlechter will, die eindeutige Grenzziehung zwischen den beiden Seiten und ihren Vorrechten, der möchte sich die Möglichkeit erhalten, zu bestimmen, was richtig und was falsch ist, der möchte in seinem militärischen Drang nach Unterscheidung und Klassifizierung die guten und schlechten Abbilder auseinanderhalten können.

Der verhindert, daß dieser Unterschied, statt unerbittliche Konfrontation zu sein, zu einer individuellen Konstellation wird, die keine eindeutige Benennung, keine zuverlässige Aussage mehr zuläßt. Keine Autorität kann also noch behaupten, sie verfüge über die Metasprache und könne die Rolle des Schiedsrichters spielen, um jedem das Lager zuzuweisen, in das er gehöre. Daraus entwickelt sich eine ganz andere Logik, die keine Bezugspunkte (Orgasmus, Phallus, Schwellung, Ich, Subjekt) mehr kennt, weil Männer, Frauen und Kinder als Varianten oder Verteilungen solcher Kategorien nach klassischen Kriterien ununterscheidbar würden, weil es nur noch voneinander völlig verschiedene Sexualitäten gäbe.

Wenn die Unterscheidungsmerkmale der Geschlechter fließend würden, könnte man von einer bestimmten Position aus alle sexuellen Gestalten annehmen, könnte man bei der geliebten Frau nacheinander Päderast, Perverser, Bruder, Schwester, Liebhaber, Lesbierin sein, bei dem Kind, das man zärtlich liebt, den Liebhaber spielen, den Vater, den Sohn dieses Vaters, die Gattin, die Schwester der Gattin, Kind dieses Kindes sein, die Katze der Oma und der Spazierstock des Großvaters, könnte man ganz und gar einer Heterosexualität leben, die nicht nur zur latenten Homosexualität erklärt wird (indem man beispielsweise eine Frau unter dem Gesichtspunkt wählt, daß sie als Mann zählt, und umgekehrt), sondern auch als partielle Sodomie, Geographie, fragmentarische Geologie, könnte man sich wie ein Besessener auf der Klaviatur der Familiengenealogie, auf dem Schachbrett der Rollen und sozialen Verhaltensweisen austoben, damit keine Sexualität mehr als Polizei einer anderen sich aufspielen kann, könnte man mit dieser Trennung spielen, sie *en bloc* auf dieses oder jenes Individuum unabhängig von seiner genitalen Kennziffer übertragen, unsere Zärtlichkeit, unsere Launen, unsere erotischen Anwandlungen nie wieder auf die Allegorien oder Spielarten einer grundlegenden Dichotomie zurückführen, es sich von einem kleinen Mädchen besorgen lassen (manuell oder mit Hilfsmitteln), es ihr unter Umständen auf gleiche Weise heimzahlen, einen Knaben ebenso genüßlich liebkosen wie ein heiratsfähiges Mädchen, Schluß mit den festgelegten Zuständen machen, die von Macht, also von Langeweile bestimmt sind (Ehemann/Ehefrau, Muse/Dichter, Schwätzer/Stummer), könnte man der Öde der bereits vorher geschriebenen Stücke entfliehen, die Lust als Spiel wiederentdecken, als Fähigkeit, aus den festgefahrenen Gleisen herauszufinden, als Kraft zur Improvisation und anarchischen Neuordnung (und was für eine kümmerliche Subversion bleibt selbst die Homosexualität, solange sie es bei einer kindischen Apologie des Phallus, des absoluten Zentrums bewenden läßt, bei dieser bürokratischen Versessenheit auf den Schwanz, auf den Anus, den es aufzuspießen gilt, auf die Rute, die schön gerade, schön steif, schön hart aufragen muß, da geben sie sich ohne jede Scham zu erkennen, die Kommißhengste, Rocker in Uniform, Missionare, Jahrmarktsringer, FKK-Heiligen, Karatekas, all die armen Schweine, die bis oben hin mit ihrer Männlichkeit voll sind und mit ihr nicht fertig werden, die sich ängstlich einer am anderen versuchen, wahrhaft kastrationsbesessen).

Vom Transvestiten läßt sich beispielsweise mit gutem Recht behaupten, er sei das genaue Abbild des Weiblichkeitskodes (der Frau, so wie der Mann sie sich vorstellt), er sei sogar »mehr Frau als eine Frau, weil er um jeden Preis Frau zu sein wünscht, während die Frau ihr Geschlecht über sich ergehen läßt« (so die Autorengruppe »Les Culs énergumènes« [die rasenden Ärsche] in: *Recherches, Encyclopédie des homosexualités*). Das verhindert indessen nicht, daß er besser als jeder andere die Forderung nach Klarheit, nach einer sauberen Trennung der Geschlechter unterläuft, daß keiner wie er diesen Unterschied mit einer so beängstigenden Selbstverständlichkeit auf Gebiete zu tragen versteht, auf denen noch niemand ihn geltend gemacht hat. Selbst wenn der Transsexuelle sich auf wohlbekannte Einstellungen und Mythen beruft, kann man doch nicht leugnen, daß sich in seinem allzu getreuen, genauen, minutiösen Plagiat eine Spur Wahnsinn findet, die die verbürgtesten anatomischen Postulate in Frage stellt, eine künstlerische Besessenheit, die nichts mehr mit der Wirklichkeit zu tun hat und jeden dazu aufruft, nach den ihm eigenen Formen seiner Erotik zu suchen. Dieses Zuviel fasziniert, dieser Überschuß an Weiblichkeit, diese Übergenauigkeit, die uns irritiert und als Illusion die Wirklichkeit, die Kaum-Wirklichkeit, die Scheinwirklichkeit der Geschlechtertrennung verdeutlicht. Wenn der Transvestit jeden natürlichen Ursprung verleugnet, indem er sich ein neues Erscheinungsbild schafft, zwingt er uns nicht eine Bedeutung (eine neue Bedeutung, die dritte Bedeutung, das dritte Geschlecht) auf, sondern wird zur Flaschenpost, zur lebenden Botschaft, zu einer noch nie dagewesenen Zusammenstellung von Hautflächen, Blicken und Skeletteilen, die uns zu neuen, außergewöhnlichen Metamorphosen anregen will. Welche Möglichkeit läßt uns der Unterschied der Geschlechter, was können wir von den Möglichkeiten der Chirurgie und dem Wunsch nach Selbstverwandlung erwarten? Vielleicht andere Lichtblicke, andere bislang unbekannte Abweichungen, die im Innern dieser Bipolarität – um sie aufzuweichen, sie vielleicht zu zerbrechen – Ereignisse einbringen, die unerhört und unerträglich sind (zum Beispiel Kreuzungen mit nichtmenschlichen Organismen, absichtlich herbeigeführte Mißbildungen, Zentauren usw.). Der Pionier der genetischen Gleichgewichtsstörung wird uns die Wege zum großen Taumel zeigen, wo Verwirrung nur stiften kann, was sich mit dem Kompromiß, mit der Zwitterbildung nicht verträgt, nicht mit dem Chromosomenzufall. Weniger bisexuell als von sexueller Vielgestalt. Schöpfer neuer visueller Erfahrungen, die mehrere Wahrnehmungen gleichzeitig in einer unmöglichen (allgegenwärtigen) Zeit erlauben.

Spricht man vom Unterschied der Geschlechter, so setzt man bereits voraus, was man beweisen wollte, daß nämlich der Vergleichsmaßstab zwischen Mann und Frau lediglich das sichtbare Geschlechtsteil sei (und von da kommt man unmerklich zur Vorherrschaft des männlichen Geschlechtsapparates, zum lächerlichen Wortzauber, der mit dem Phallus veranstaltet wird), wo man doch vielmehr vom Unterschied der Körper oder besser noch vom Unterschied der Sexualitäten sprechen müßte. Denn eigentlich gibt es nur *ein* Geschlechtsteil, und das ist – wenn man so will – das des Mannes, und es gibt nur einen geschlechtlichen

Körper, und das ist der der Frau. Oder vielmehr im ersten Fall einen Körper, der monistisch zentriert, metonymisch ist (wo sich das Teil für das Ganze hält), dem der Phallus allein das Wort führt. Und im zweiten den Körper der Frau, der desorganisiert, immer fehl am Platze ist, der alle Dauer untergräbt, an den organischen Trennwänden nagt, die unverrückbaren Ordnungen unterwandert. Keine noch so radikale Revolution kann das Privileg abschaffen, das die Frau in ihrer Lust besitzt, da eben diese »Weiblichkeit« sich nicht auf ihre gegenwärtige Rolle eingrenzen läßt.[1] Für den Körper der Frau bedeutet die Weigerung, sich von unserer Zeit dieses bestimmte Bild aufzwingen zu lassen, nicht etwa, daß er seiner Unterschiedlichkeit in der Intersexualität oder in irgendeiner anderen Ununterscheidbarkeit aufhebt, sondern vielmehr, daß er den Unterschied etabliert. Erst wenn der Kode, der ihn regiert hat, zugrunde geht, tritt seine Andersartigkeit zutage. Nach der traditionellen Vorstellung vom Unterschied der Geschlechter waren die Beziehungen zwischen Mann und Frau Gegensatzbeziehungen innerhalb ein und desselben Systems, das definiert war durch seine Zugehörigkeit zur Phallussymbolik. Wenn wir heute vom Unterschied der Sexualitäten sprechen, wollen wir damit zwischen den beiden Systemen Beziehungen herstellen, die nicht mehr solche der Konvergenz oder der Divergenz sind, sondern solche reiner Extravaganz. So ist jede Sexualität eine Störung, die auf mich ganz persönlich zugeschnitten ist, zwar macht sich jede von den sogenannten natürlichen Reizen frei, setzt sich von der Nähe ab, läßt uns an den Dingen zweifeln, die wir für bewiesen hielten, doch keine könnte uns so durcheinanderbringen, wenn nicht im Anfang der weibliche Körper wäre mit der Maßlosigkeit seiner Lust. Was wir auch tun, die Frau schlägt uns – wenn wir so sagen dürfen – um ein Geschlecht. Und kein Unterschied wäre möglich oder auch nur denkbar, wenn es nicht *vor* jeder Gestaltwerdung, *vor* jeder erkennbaren embryonalen Form das Wesen eines jeden Unterschieds, den Nicht-Ort jeder Körperlichkeit gäbe: die Weiblichkeit.

[1] Darf man mit Hélène Cixous in diese spezifische Sexualität ein Unbewußtes, eine typisch weibliche Handschrift hineinlesen? Wiederbelebt man damit nicht eine rein äußerliche Utopie von einer guten rebellischen Natur, in der die Frau den Proletarier als neuen Erzengel des Messianismus ersetzt?

Aus diesem Grunde träumen wir nicht von der Androgynie, wir streben weit mehr an als nur eine einfache Verschmelzung, die uns zu einem monolithischen Block erstarren ließe, wir träumen vielmehr davon, Körper zu besitzen, die überall Geschlecht sind, auf denen überall, unter jedem Liebesspiel, jeder Liebkosung Geschlechtsorgane aufsprießen wie Springbrunnen, wir träumen von der Addition aller Sexualitäten und nicht von ihrer hypothetischen Annullierung in einem Bilde. Wir laufen nicht hinter unserer verlorenen Identität her, wir nehmen alle Identitäten an, vorausgesetzt, sie bringen uns einen Augenblick aus der Fassung. Was wir uns voneinander wünschen, ist ein Körper ohne Fetisch (der nicht das Genitalobjekt als seine objektive Wahrheit zum Fetisch macht), ein Körper, der so berührungsempfindlich sein soll, daß alle Punkte seiner sichtbaren Oberfläche zu Organen werden, zu Körperöffnungen, Lippen, Zungen, Empfindungsquellen, ein Körper, der so ganz und gar nichts mit der sittlichen Seligkeit des Hermaphroditen zu tun hat, ein Körper, der eine anatomische Monströsität ist, der nicht nur – und warum nicht? – zwei Penisse, zwei Vaginas, zwei Klitoris, zwei Ärsche, vier Brustwarzen, acht Blicke aufweist, sondern der überdies noch ausgestattet sein möchte mit dem seidenweichen Fell von Katzen, dem Rüssel des Ameisenbären, dem Geruchssinn von Raubtieren, der Lichtempfindlichkeit von Blumen. Ein Körper, der ganz und gar nicht die Wunde der Sexualität geheilt wissen möchte, sondern Salz in sie streut, sie aufreißt, der ihr Vermögen, Schauer und Schmerzen zuzufügen, unendlich vermehrt. Denn wir alle sind zusammengelegte Puzzles, denen zwar kein Stück fehlt – aber dennoch vermissen wir etwas und können wir nie genug davon bekommen, uns zu berühren, uns zu belekken, uns zu liebkosen.

Wenn sich also heute eine gewisse Vorherrschaft weiblicher Verhaltensweisen feststellen läßt, dann liegt das nicht nur daran, daß die Männlichkeit – diese überaus alte Kulturnorm – im Begriff ist, ins Gras zu beißen[1], sondern auch daran, daß die Frau sich anschickt, vom Lustobjekt zum Lustmodell zu werden.

[1] Die Männlichkeit droht allerdings als toter Wert zu überleben und ist um so gefährlicher, als sie sich moribund weiß – das bezeugen die wieder auflebenden Aggressionen gegen alleinstehende Frauen (oder gegen »verweiblichte« Männer), die wachsende Zahl von Ehefrauen, die von ihren Männern geschlagen oder mißhandelt werden, usw.

All unsere Lusterlebnisse, unsere Erschütterungen sind letztlich anhand ihres genauen Genußwertes austauschbar, wie die Waren durch die Vermittlung des Geldes. Nun ist aber das hedonistische Geld gefälscht, es läßt sich nicht eintauschen und kennt keine Entsprechungen. Wenn es überhaupt noch Geld ist, dann lösen sich in ihm alle Währungssysteme auf, dann ist es der Wirbelsturm, der die Kredite und Paritäten zerfetzt, der das Ende aller Bezugspunkte, die Agonie aller Ähnlichkeiten verkündet. Die Lust der Frau beschert uns ebensowenig neue Werte (solche einer neuen Ordnung, die als erste für den reibungslosen Ablauf eines neuen Tauschhandels sorgen würde), wie sie Sehnsucht nach einem verlorenen Paradies ist. Sie ist die Unbestimmtheit selbst, die Mobilität vielfältiger Besetzungen, eine bestürzende Ungebundenheit der Sinne, Spiel mit merkwürdigen Metamorphosen und gefährlichen Erfahrungen, Indifferenz wie Suche nach größtmöglicher Differenziertheit. Diese Lust ist, sobald sie in eine bestimmte Phase der Weißglut und Erregung eintritt, kein Medium mehr, kein Orgasmusvehikel (kein Instrument zielgerichteter und folglich antizipierbarer Lusterlebnisse), sondern Kreislauf, Körper, der sich selbst beiwohnt, sich zerreißt, sich in unglaublichen Verrenkungen von seiner organischen Einheit befreit. Diese Lust befindet sich in viel rascherem Umlauf als der Rest, läßt sich in nichts mit dem Rest vergleichen und zieht durch ihre Bewegung alle anderen Bereiche der Liebe nach sich. Dank ihrer gibt es keine Instanz mehr, auf die man sich noch berufen könnte, unter deren Rechtsprechung die Akteure des galanten Spiels zu festgesetztem Wert tauschen könnten, was sie zu bieten haben. Alle Kategorien der Lust, des Gefühls, der Aufwallung werden fließend, sobald der Orgasmus, das Gegenstück zur Goldwährung im Bereich der Lust, sich (durch Verschwendung, durch Übermaß) spurlos verflüchtigt hat. Erst mit der Frau wird der Unterschied wirklich zum Irrweg, zum Nomadentum der Haut, der Körper, der Zungen. Nur die Frau ist in der Lage, der männlichen Erotik den genetischen Panzer abzureißen, nur sie vermag die uralten sexuellen Spielregeln außer Kraft zu setzen, da paradoxerweise ihre besondere »Fähigkeit darin liegt, sich ohne Berechnung zu enteignen – ein Körper ohne Ziel, ohne Ende, ohne Hauptteile; wenn er ein Ganzes ist, so ist er eines, das sich aus Teilen zusammensetzt, die ihrerseits Ganzheiten sind, nicht einfach Teilobjekte, sondern bewegliche und veränderliche Gesamtheiten, grenzenloser Kosmos, den Eros ohne Rast durcheilt, unermeßlicher Sternenraum . . .«[1]

Was bleibt da dem Manne anderes zu tun, als auf seine eigene Lust zu verzichten, für sie seine Triebökonomie zu modifizieren und nach etwas zu streben, was ihm niemals zugänglich sein wird, als sei es ein unendlich viel schönerer Zauber als die simple Befriedigung? Mit der zugleich bilderreichen und unerschöpflichen Semantik der Weiblichkeit zeigt sich am Horizont unserer Liebesgegenwart eine andere Körperlichkeit, für die unsere Augen noch nicht scharf genug oder gar noch verschlossen sind . . .

Dies vielleicht die neuen Ausschweifungen, die uns erwarten: die unsagbare Verbindung einer sterbenden Phallokratie mit einer an Bedeutung gewinnenden Weiblichkeit, darauf dann, dank des Verschwimmens der Kodes und Rollen im Kielwasser der Frauenbewegung, eine Transsexualität, die keineswegs Undifferenziertheit des Verlangens bedeutet, sondern vielmehr dessen unendliche Auffächerung sowie eine ganz besondere Weise, diesen Partikularismus zu verbreitern, festzuschreiben und zu vermehren, das Ausufern aller sexuellen Ströme zu fördern.

Der Unterschied der Geschlechter steht im Begriff, jene doppelte Sackgasse zu verlassen, die ihn gefangenhält: einerseits die Sackgasse als extremes Gegensatzpaar, das einen seiner Teile vernichten muß (so die Überhöhung der Frau als Mutter, Gebärmutter und Hüterin der Toten in der faschistischen Ideologie; oder auch die absolute Trennung von Männern und Frauen wie bei den Shakern), andererseits die »demokratische« Sackgasse als extreme Affinität, die ebenfalls die Beziehung aufhebt, diesmal durch verstohlene Neutralisierung einer ihrer Teile (jenes Teils nämlich, der von seinesgleichen in Besitz genommen wird: das Einheitsgeschlecht als das moderne Gesicht der Unterdrükkung). Beide Haltungen laufen auf Unbeweglichkeit hinaus, auf die Fortschreibung einer Ordnung, die auf Verdrängung beruht. Gegenwärtig treten wir in eine Zeit kriegerischer Auseinandersetzungen ein, in die Suche nach einem Gleichgewicht der Kräfte zwischen den Geschlechtern, in eine Phase polemischer Inkon-

[1] Hélène Cixous, *La jeune Née,* a.a.O., S. 162.

gruenz voller Konflikte, ohne Hoffnung auf Friede. Und diese Unordnung kann nicht gewinnen, ohne ihrerseits jene andere, nicht weniger grundlegende Barriere zum Einsturz zu bringen, die den Menschen vom Tier, von der Pflanze, vom Baum, von den Bewohnern des Wassers trennt. Noch einmal sei auf die Möglichkeit hingewiesen, daß man Liebesverbindungen zu allen Gattungen anknüpfen, das man sich an der ganzen Schöpfung entzünden kann, an Insekten und Flußpferden, an Affenbrotbäumen und am Rasen, an Kap Horn und dem fliegenden Holländer, am Aussterben der Wölfe und an der Naschhaftigkeit der Bären. Stets kann ich in einem Mädchen, einem Kind, einem Greis bestimmte mineralische Anklänge unbekannter Form entdecken und lieben, eine Geographie der Leidenschaft ohnegleichen, kann ich bei einem Tier kindliche Äußerungsformen entdecken, weibliche Blicke, komödiantische Übertreibungen, kann ich in einem Wald eine durch und durch anthropomorphe Gestik, ein ganzes Theater von erstarrten Verhaltensweisen wahrnehmen. In jedem Geschlecht liebe ich seine Interaktion mit den anderen, seine Art und Weise, in sich mehrere Welten, Monde und Planeten zu kompromittieren und miteinander zu verbinden. Mit anderen Worten, all unsere Liebeserlebnisse sind Verirrungen (ob wir nun ein Kaninchen, eine weiße Maus oder eine Lotosblume lieben), eine Leidenschaft stirbt, wenn sie ihre Einbahnstraße gefunden hat, wenn sie aufhört, zwischen dem Ja und dem Nein zu schwanken, wenn sich der Taumel gelegt hat, der ihr die Sinne raubte. Keine Liebe, die nicht ihre Blindheit liebt, das unbestimmte Zittern der Welten, die sie zerreißen. Unter dem Namen der Heterosexualität haben wir bislang nur eine zwanghafte und geschwätzige Eingeschlechtlichkeit erlebt, die jede Abweichung in die Verdrängung oder in die Wüste schickt. Jetzt bricht die Zeit des Doppelsinns, libidinöser Quidproquos an, des Erwachens der erotisch Unmündigen, der Begegnung des menschlichen Geschlechts mit nichtmenschlichen Geschlechtern. Wo die Männer sich nie als Männer, die Frauen sich nie als Frauen, die Kinder sich nie als Kinder, die Tiere sich nie als Tiere, die Blumen sich nie als Blumen herausstellen, sondern die einen stets als die anderen – auf äußerst verwirrende Weise, als Abwandlungen quer zum gesellschaftlichen Gefüge, in wechselnden Kombinationen, in den geringsten Details. Schon das Wort

Sexualität wird fortan Heterodoxie bedeuten, Vielfalt der Sitten und Bindungen, Ende aller Markierungen und Sicherheiten, Wandel der Triebe. Der Andere ist noch nicht in mir, weil eben die Begegnung mit ihm mich aufscheuchen, mir Verwirrung bedeuten würde, Störung ephemerer Welten, tausend Körper, tausend Häute, nie im eigentlichen Sinne männlich oder weiblich, sondern stets mehr oder weniger weiblich, weibtierhaft, weibozeanisch, Vogelmensch, Blumenmensch, angenital.

Der eine, wenn er eine Frau anspricht, hat nichts Eiligeres zu tun, als über die Phallokratie herzuziehen, seinem Abscheu vor dem männlichen Geschlecht in seiner Gesamtheit Ausdruck zu verleihen und die Unterdrückung zu beklagen, der es sich schuldig gemacht hat. Er persönlich findet Verführung natürlich schrecklich, er hat gar nicht genug Worte, um seinen Widerwillen gegen diesen unwürdigen Kuhhandel angemessen auszudrücken, er preist die Frauenkommandos, die dagegen zu Felde ziehen, usw. Kann sich die Frau dann nicht so recht für ihn erwärmen, hält er ihr indigniert vor, sie sei wohl noch den Denkweisen der Männergesellschaft verhaftet, und erklärt sich großmütig bereit, sie in den Zauber des radikalen Feminismus einzuweihen. Wendet sie sich dann ab, so hält er ihr vor, sie sei noch nicht richtig emanzipiert, ob sie etwa gewollt habe, daß er ihr den Hof mache, das arme bürgerliche Puttchen ...

Für den anderen ist alles möglich, solange sie sich geneigt zeigt: sie ist bezaubernd, berauschend, hinreißend, sinnverwirrend usw. Sobald sie aber sein Angebot ausschlägt, ist sie plötzlich bekloppt, eine fette Wachtel mit O-Beinen und einer bescheuerten Visage, dazu noch sicher vom anderen Ufer.

# V. Die Politik der Verführung

**Trio infernal**

Über mir wohnt eine Frau von etwa sechzig, die es mit ihrem Hund treibt. Ganz bestimmt, ihr Lustgestöhn beginnt nämlich immer in dem Augenblick, wo der Köter so komisch zu kläffen anfängt. Ich bin ganz allein und scharf wie eine Rasierklinge. Und ich trau mich nicht, ihnen vorzuschlagen, es mit mir gemeinsam zu treiben. Ich habe ihr ein Briefchen geschrieben, sie hat nicht geantwortet. Aber wenn ich ihr die Zeitung mit meiner eingerahmten Annonce zustecke, wird sie sicher reagieren. Hiermit bitte ich also Madame G. S., mir (dem Bärtigen mit dem Mofa) zu antworten und zum Kaffee mit Floppi runterzukommen (Tür 28). Ich mach alles mit.

(Kleinanzeige aus der Zeitung *Libération*)

## Don Juan oder Playboy?

Heutzutage ist Don Juan kein Skandal mehr, er gehört zum gewöhnlichen Wortschatz. Die Legende vom einzigartigen und einsamen Wüstling ist zur Gattungsbezeichnung zusammengeschnurrt, mit der sich jeder Playboy stolz schmückt. Dabei hat diese sprachliche Weihe unnachsichtigere Zensur ausgeübt als jede Exkommunikation und von Don Juan nur den Verführer übriggelassen – vergessen ist seine Leidenschaft für die reine Zahl. Der Don Juan unserer Tage ist der erfolgsverwöhnte Playboy, der, weil er den Frauen gefällt, gern den Schwierigen spielt. Der Held des Mythos hingegen gefiel allen Frauen nur deshalb, weil ihm alle Frauen gefielen. Die Anzahl seiner Eroberungen kompensierte die leidenschaftliche Gleichgültigkeit, die sein Verlangen kennzeichnete. Seine Verführungsgewalt war keine magische Eigenschaft, kein ungreifbares Fluidum, kein Mana. Wenn er nie eine Abfuhr erhielt, so vor allem deshalb, weil sein eigenes Begehren frei von jeder Diskriminierung war. Der Vielfalt seiner Leidenschaft haftete nichts Exklusives an, der Zufall wählte für ihn den jeweiligen Gegenstand, auf dem sich seine Liebe kristallisierte.

> Hier ein schmuckes Kammerkätzchen,
> Dort ein nettes Bürgerschätzchen,
> Kammerzofen, Baronessen,
> Hochgeborene Prinzessen,
> Mädchen sind's von jedem Stande,
> Jeder Gattung und Gestalt,
> Schön und häßlich, jung und alt.
> In Italien sechshundertundvierzig (. . .)
> Bei Blondinen preist er als Kenner
> Holde Anmut und sanftes Wesen,
> Bei Brünetten feste Treue,
> Bei den Blassen süßes Schmachten.
> Volle liebt er für den Winter,
> Für den Sommer schlanke Kinder.
> Große liebt er gravitätisch,
> Ernst und vornehm, majestätisch.
> Doch die Kleine, ja, die Kleine, die sei possierlich.

Die sei manierlich, sei fein und zierlich.
Daß dies Büchlein Stoff erhalte,
Schwärmt er manchmal selbst für Alte.
Doch wofür er immer glühte,
Ist der Jugend erste Blüte.
Da's ihm gleich ist, ob sie bleich ist,
Ob sie bettelt oder reich ist,
Nimmt er Weiber jeder Sorte.
Nun, ihr wißt ja, wie's da geht ...[1]

Die Schürzenjäger unserer Tage hingegen sind wählerisch. Umfangreich ist nur die Liste derer, die ihnen *nicht* gefallen. Gewiß müssen auch sie viele Frauen haben, doch der Katalog der Eroberungen ist vor allem ein Ordensgehänge – die schönen Geschöpfe machen den Playboy. Dieser wird sich daher selbst um so höher achten, je besser es ihm gelingt, sein Verlangen ausschließlich jenen Objekten vorzubehalten, die es wert sind, und es den »Schreckschrauben« vorzuenthalten, die es abwerten würden. Die Schürzenjagd ist ein pedantisches Geschäft. Je berühmter ein Playboy, desto enger die Grenzen seines libidinösen Jagdreviers. Was liegt ihm auch schon an der Trunkenheit, wenn er nur die (richtige) Flasche hat!

Souverän verschmähte Don Juan das Prinzip, das heute den Donjuanismus beflügelt: das Verlangen als Selektion beziehungsweise die Auswahl des Begehrenswerten anhand eines vorgegebenen Modells. Leporello hat uns in das Geheimnis jenes unersättlichen Wiederholungszwangs eingeweiht: zwischen der Alten und der Jungen, der Adligen und der Bürgerin, der Schönen und der Häßlichen macht seine »lista numerosa« keinerlei Unterschied, weil sein Herr sich nicht darum scherte. Fügen wir diese Kleinigkeit hinzu: daß Don Juan sich nicht um den Unterschied scherte, macht seinen Fall so skandalös. Der heutige Playboy schert sich sehr wohl darum, das Auge ist das Instrument seines Raubzuges und gestattet ihm besser, als Tastsinn, Ohr oder Nase es könnten, den Genuß durch das genüßliche Urteil zu verdoppeln. Denn mit einem Blick erfaßt der moderne Schürzenjäger zugleich den Kode und die Wirklichkeit, das Geschöpf, das in sein Gesichtsfeld tritt, und den Prototyp, den es verkörpert

[1] Mozart/DaPonte, *Don Giovanni.*

oder karikiert. Mit anderen Worten, sehen heißt für ihn immer *doppelt sehen*, heißt in Doppelbelichtung zugleich die Eintönigkeit der Straße und den Prunk der Plakate betrachten, heißt die Menschen den Mythen unterordnen, heißt die blassen, schweren, gewöhnlichen, verarbeiteten, runzligen und immer ein bißchen mangelhaften Körper der Realität für die perfekten Formen aufgeben, die uns die Bilderindustrie in immer neuen Spielarten präsentiert. Die visuelle Wahrnehmung verdankt ihre Vorherrschaft nur der Tatsache, daß sie zugleich Werkzeug der sensorischen Registrierung und Eichmaß ist.

So steht der moderne Schürzenjäger, wenn er seiner Begierde folgt, ganz und gar nicht unter dem Diktat seiner Triebe. Dieser pedantische Spezialist des Begehrenswerten mustert die Passantin, betrachtet ihre Silhouette, schätzt ihren Gang ab, zerlegt ihren Körper in annehmbare und nichtakzeptable Teile, überlegt, wie leidenschaftlich sie wohl sein dürfte, wägt das Für (große schöne Brust) und das Wider (kleiner Mund, zuviel Make-up) gegeneinander ab – kurzum, sein Auge schickt sich an, den Anderen wie eine Examensarbeit zu lesen. Und für diesen Prüfer ist wie für den Priester die Vollkommenheit nicht von dieser Welt. Die Wirklichkeit bietet ihm nur ein schlechtes Abbild der Vorbilder, die ihn heimsuchen. Jedes Gesicht verweist auf den Kode, dessen besondere Spielart es ist; dank des Unstandes aber, daß es eben nicht genau dieser Kode ist, bezeichnet es auch den Abstand, der es von ihm trennt, die Unähnlichkeit, den Mangel, der als Abweichung in Erscheinung tritt. Ein Körper steht immer für einen anderen, er ist immer weniger, als er ahnen läßt. Die Sanktion schlägt unmittelbar und heftig zu. Was in die Augen springt, ist die Abweichung, die lange Nase, die kurzen Beine oder eine picklige Haut . . . Die Epiphanie der Schönheit ereignet sich stets nur in diesem Kontext von Häßlichkeit, den der gestrenge, wachsame und unbestechliche Blick des Playboys in der Welt konstatiert. Und so kann es uns auch nicht mehr überraschen, daß dieser unschuldig selektive Blick schließlich in der schulmeisterlichen Manie kulminiert, jedem Körper eine Note zu geben. Denn ob der einzelne Playboy nun diese widerliche Angewohnheit angenommen hat oder nicht, er verfährt wie alle anderen, er dechiffriert alle Gesichter nur, um zu ermessen, welcher Abstand sie von dem einzigen Gesicht trennt, das seine

Leidenschaft zu erregen vermag, nämlich von dem des Kodes. Der Playboy rechtfertigt Ablehnung und sexuelle Wahl durch das Gesetz »jener allgemeinen Stereotypie, die die Modelle der Schönheit kennzeichnet« (Baudrillard).

Da indessen das Auge ein Haustier ist und Beobachtung nicht nur Observierung, sondern auch Observanz heißt, brachte der mythische Don Juan die herrschende Liebesordnung durcheinander, wenn er sich an eine seiner Zentralthesen hielt: daß nämlich die Liebe blind sei. Daher seine – wie Maurice Blanchot schreibt – »herrliche Frechheit«, die auf die Forderung nach Treue mit einem Hunger nach Quantität und mit einer Lust an der Aufzählung antwortete. Heute ist die einsame *Frechheit* dieser Leidenschaft für die Zahl (Liebe zur Geometrie) durch eine universelle *Unverschämtheit* ersetzt worden, die man als Umschlag der Quantität in Qualität bezeichnen könnte. Der Playboy ist von einem Verlangen nach Qualität besessen, das ihn ängstlich die Augen aufreißen läßt und ihn zwingt, jeden Gegenstand seines Begehrens einer besorgten Prüfung zu unterziehen – einer Prüfung, die gleichermaßen bestimmt wird von der Angst, verschaukelt zu werden, vom Rausch des Perfektionismus, von Kode- und Normhörigkeit und von der Angst vor der Meinung der anderen.

## Die Tyrannei des Blicks

»Ich liebe die Frauen«: törichtes und eitles Geschwätz des professionellen Verführers. In Wirklichkeit müßte es heißen: »Darf ich mich vorstellen, Lehrbeauftragter in Sachen Schönes Geschlecht, Doktor des Ewig Weiblichen. Was ich wirklich liebe? Die souveräne *Beherrschung,* die mir diesen Titel verschafft, die unfehlbaren Rezepte, die ich aus ihr gewinne, um die Unnahbarsten zu *erobern,* das dumme Gesicht der Freunde, wenn ich eine Neue *aufgable,* das Prestige, das mir aus ihrer Zahl erwächst.« Zugegeben, nicht alle reden so, und die Rede wie die Praxis, die sie meint, sind nicht die Regel. Doch selbst die, die sich distanzieren, die der Schürzenjagd als brave Ehemänner entsagen, die sie durch das Abenteuer bekämpfen oder sie von der Höhe einer leidenschaftlichen Liebe herab verachten, behalten wie der verabscheute Sammler dieses *wachsame Bewußtsein.* Der zärtliche

Gatte voller Empfindsamkeit und Schüchternheit, der die stabile Zweierbeziehung den flüchtigen Sexkontakten vorzieht, der hemmungslose Wüstling, den eher die Zahl der Stellungen als die Zahl der Körper interessiert, der romantische Träumer, der sich, den Schal im Wind und die Haare in Locken, auf die Begegnung mit der *Einzigen* vorbereitet – sie alle teilen mit dem Playboy die Manie, auszuschließen, was nicht dazugehört, und den leidenschaftlichen Wunsch, dazuzugehören, den inquisitorischen Blick und die Besessenheit, dem Blick des anderen zu gefallen. Mit den gleichen bösen Augen sehen sie die Welt und arbeiten unablässig am eigenen Image, um die Welt ungeachtet aller Konkurrenz zu zwingen, von ihnen Kenntnis zu nehmen.

Dies ist das erste Paradoxon der Verführung. Rar als reales Geschäft, ist sie omnipräsent als Blick. Die Transaktionen sind selten, die Besessenheit universell. Die Straße ist der sonderbare und grausame Ort, wo man sich unentwegt einschätzt und mustert und praktisch nie begegnet. Die ständige Prüfung, der jeder jeden unterzieht, endet nur ausnahmsweise mit einem tatsächlichen Tauschgeschäft. Dies das erste Kennzeichen der Verführungsordnung: ein unglaubliches Mißverhältnis zwischen realem Aufwand an Begierde und aufgewandter Energie dafür, selber begehrenswert zu sein. In diesem erstarrten Basar ist jedermann Käufer, ist jedermann Ware, und niemand macht Geschäfte. Kein Umsatz oder kaum einer, kein Wort, aber welch ein Fieber in dieser Unbeweglichkeit, welche Brutalität in der Schweigsamkeit dieser abschätzenden Blicke! Man mustert die anderen, um im Geist ihren Preis festzusetzen, man beobachtet ihren Blick, um eine Vorstellung von der eigenen Notierung zu bekommen. Kein Ereignis auf diesem Schauplatz der Verführung, kein sichtbares Drama, nur ungreifbare Reaktionen, Menschen, die es nach Bildern dürstet, Bilder, die es nach Anerkennung dürstet, ein ungeheurer versteinerter Markt der Prostitution. Gewiß geschieht es, daß sich Körper aus dieser Lähmung befreien, aber dazu muß der Zufall, ein Bluff oder ein Zauberstab zu Hilfe kommen, denn die Begegnung ist nie das Ergebnis der Musterung, sie bleibt stets deren Ausnahme.

„Dein Schwanz juckt wohl? Frühlingserwachen, was? Brauchst was zum Stoßen, he?« Diese Antwort, die den unternehmungslustigen Beau auflaufen läßt, trifft nur seine Anmaßung, nicht seine Norm. Der rachsüchtige Haß auf den Playboy (auf seine Arroganz, seinen Sexismus, seine Angeberei, auf die Selbstsicherheit des Mackers, dem man nichts vormacht und der sich auskennt, auf die Art, wie er sich als Jäger und Trophäensammler aufspielt) geht Hand in Hand mit einer peinlich genauen Orientierung an seinen Modellen. Alles sieht danach aus, als ob die Selbstdisziplin des weiblichen Körpers, das heißt die tägliche Askese, die sein Bild den Vorschriften der Mode unterwerfen soll, nichts so sehr scheut wie den Beweis ihres Erfolgs. Der Ausdruck des Verlangens ist störend, selbst wenn das Bedürfnis, dem Mann zu gefallen, gebieterisch wie ein Gesetz auftritt. Doch der abgewiesene Schürzenjäger hätte Unrecht, würde er sich beklagen, er sei hinters Licht geführt worden, wollte er sein verhindertes Opfer der Heuchelei oder der Provokation bezichtigen. Er hatte die Frau nur mißverstanden. Er hat als Einladung verstanden (oder verstehen wollen), was lediglich eine Frage war, die sich ihr Körper selbst gestellt hatte. Er hat geglaubt oder glauben wollen, daß der Wunsch zu gefallen den Wunsch nach einer Begegnung voraussetzt, daß der Wunsch, allgemein begehrenswert zu sein, Verfügbarkeit für jedwedes Begehren impliziert. Er fühlte sich aufgefordert von einer Aufmerksamkeit der Frau, die in Wahrheit nur ihrem eigenen Bilde galt. Das war es, was den Verführungsmechanismus zerstörte: einen austauschbaren Körper haben zu wollen heißt nicht, seinen Körper zum Tausch anzubieten. Im Gegenteil, verführerisch aufzutreten heißt, vom Abenteuer Abschied zu nehmen. Die Virtualität wird der realen Berührung vorgezogen und macht sie fakultativ. Man vergleiche nur, um sich davon zu überzeugen, das Schicksal der Frau, die auf dem Schauplatz des Blickes triumphiert – des Mannequinkörpers –, mit dem der »Schreckschraube«, die der Blick unbarmherzig durchfallen läßt, weil sie zu plump, fett, unförmig, unscheinbar ist. Jene zirkuliert um so weniger, je mehr ihr Gewißheit zuteil wird, daß sie gefällt; diese zirkuliert unentwegt, um sich darüber hinwegzutrösten, daß sie nicht austauschbar ist. Sie ist leicht zu haben, weil der Blick sie nicht haben will; sie geht von Hand zu Hand, weil sie nicht für die Lust der Augen geschaffen ist. Die Hierarchie ist unumstößlich: der Gesichtssinn bleibt aristokratisch, der Tastsinn wird zum Müllplatz für diejenigen, die vor dem Blick keine Gnade gefunden haben. Eine im Grunde sehr schickliche Disqualifizierung der Stofflichkeit durch das Bild. Die glanzlosen Körper, die gewöhnlichen oder schäbigen Körper lassen sich beschlafen, weil sie sich nicht herzeigen lassen. Mithin ist der Blick keineswegs das Vorspiel zur Verführung, er tendiert immer mehr dazu, ihr Endzweck zu werden. So streng sind die Zulassungsbedingungen zum Verführungsspektakel, daß die wenigen Auserwählten ihre Lust aus dem bloßen Dabeisein gewinnen, während die Durchgefallenen sich melancholisch um die Freuden des Fleisches raufen. Ach, das Fleisch ist traurig, begehrenswert ist die Versteigerung!

Zum abgedroschenen Thema der weiblichen Koketterie gibt es einen sehr geistreichen Beitrag von Sigmund Freud. In *Zur Einführung des Narzißmus* hat er den substantialistischen Auffassungen, die von der geheimnisvollen Anmut der Frau schwärmen oder vor ihrer Durchtriebenheit warnen, den Platz angewiesen, der ihnen gebührt (den Mülleimer). Freud hat vielleicht als erster den Narzißmus der Frau historisch begriffen, indem er zeigte, daß sie sich ihrer Schönheit verschrieben, um sich für ihre Unterdrükkung zu entschädigen. Auf ihre eigenen Körper richteten sie ein Verlangen, das nach außen zu wenden ihnen verboten war. Sie liebten sich, bis sie sich selbst genügten, um sich dafür zu rächen, daß sie in ihren Objektwahlen nicht mehr frei waren. Weder Göttinnen noch Teufelinnen waren sie also, und ihre Unnahbarkeit hatte guten Grund. Dieser Erklärung kam seinerzeit das ungeheure Verdienst zu, die Legenden zum Schweigen gebracht und das religiöse Geschwätz durch eine historische Sprache ersetzt zu haben. Doch inzwischen hat sich der soziale Kontext grundlegend gewandelt. Das Kapital, das die Frauen in die Arbeitswelt integriert, kann nicht alles zugleich haben: mit wachsender ökonomischer Selbständigkeit gelangen sie unweigerlich wieder zu affektiver Autonomie, ihr Verlangen kann wieder wählerisch werden und seine eigene Wahl treffen. Die Ursache für das narzißtische Symptom steht also im Begriff zu entfallen. Doch was geschieht? Statt zurückzugehen, weitet sich das Symptom aus, verallgemeinert sich, überwindet den Gegensatz männlich/weiblich und verliert jede Geschlechtsspezifität. Es wird zur Besessenheit, die auch uns Phallusträger ergreift – und so ist das einzige, was wir unmittelbar mit den Frauen gemeinsam haben, der Verführungswahn, die unablässige, ängstlich besorgte Arbeit an dem Bild, das unser Körper bietet. Einst war der Mann Blick und die Frau Objekt, heute vereinigt jeder beide Rollen auf sich. Wir alle sind Wächter und Überwachte, Inquisitoren und Opfer, weil wir das Heil vom Körper erwarten. Dieses Phänomen vermag die Freudsche Erklärung nicht mehr zu erfassen. Nicht mehr läßt sich sagen, daß wir uns selbst lieben, weil wir unser Verlangen nicht nach außen wenden können. Nein, wir legen unser organisches Vermögen nutzbringend an, waghalsig investieren wir unsere Körper, um das Recht zu haben, uns selbst zu lieben. Das Urteil, dem wir uns unterwerfen, hängt davon ab, wie begehrenswert wir sind, also haben wir diese Qualität ständig zu pflegen und herauszuputzen. Unser Narzißmus entspringt nicht der Faszination, sondern der Wachsamkeit, wir sind in unseren Körper nicht verliebt, wir machen uns Sorgen um sein Image, denn nach ihm bemißt sich unser Wert. Du sollst gefallen – dieses Gebot hat dem Puritanismus den Garaus gemacht, doch nur um seinen Platz einzunehmen, um genau dieselbe Position zu beziehen. Was verschlägt da schon die Verschiedenheit der Inhalte, die sich historisch an dem „Du sollst" festgemacht haben – du sollst arbeiten oder nach Kräften genießen, du sollst ein stattliches Bankkonto haben oder von tausend Reisen berichten, du sollst dich in den Wissenschaften behaupten oder in den Gewinnspannen . . . All diese Gegensätze rühren nicht an die Gültigkeit des Gebotes, das dem Menschen den Mangel einpflanzt und ihn auf ewig dazu verdammt, nach der unmöglichen Perfektion zu streben. Du sollst gefallen: das Streben nach dem Absoluten, die stets quälende Sorge (wir alle sind defizitär, die Kuppler unseres Körpers, wir haben uns beurteilt, abgeschätzt, vorgezogen, versteckt in der unablässigen Arbeit des Vergleichens und des Verwerfens; wir kennen unsere Stärken und Schwächen, unsere Schokoladenseite und die Farben, die uns nicht stehen; wir wissen auch aus intimster und schmerzlichster Erfahrung mit uns selbst, daß wir niemals schön genug sein werden, niemals hinreichend Juwel, Diamant, lebende Münze). Insinuation der Ethik im Narzißmus und des Über-Ich in der Libido: verführen ist nicht gut, aber in Ordnung; es öffnet uns nicht den Weg zur Lust, sondern bringt uns das erbauliche und stets prekäre Vergnügen, dem Gesetz Genüge zu tun.

Und warum soll man gefallen? Weil heute die Häßlichkeit

pornographisch ist, sie ist die neue Obszönität. Äußerste Unschicklichkeit: ein unschönes Äußeres zu haben. Und wer heutzutage seine Falten sehen läßt, verfällt dem Verdikt fast genauso wie einst derjenige, der seinen nackten Arsch zeigte. Die Bilderindustrie hat die Körper entblößt, nichts – so scheint es – ist mehr obszön, weil alles zu sehen ist, weil man heute alles zeigen kann: die Geschlechtsorgane der Frau, die Schwellung des Penis und alle Formen des Eindringens. Das kleine schmutzige Geheimnis ist tot. Es gibt nur noch die gigantische Entblößung, einen Überrealismus genitaler Lust. Das einzige, was nicht mehr zur Schau gestellt werden darf, sind körperliche Mängel. Und die Bilderindustrie verbirgt sie nicht nur, um dem ästhetischen Kode ihre Reverenz zu erweisen, sondern weil sie einen Kreuzzug gegen die Anomalien führt. Wenn die Werbung beispielsweise den unbekleideten Körper präsentiert, wendet sie sich damit nicht nur an die Lüsternheit des Passanten, sondern attackiert zugleich dessen Körper. Zum Kauf bewegt sie ihn manchmal, zum Vergleich immer: Sag mal, du da, was hast du bloß mit deiner Haut gemacht? Sie führt ihm die Nacktheit als ein Paradies vor Augen, das den Häßlichen verboten ist. Du kannst deinen Körper den Blicken erst preisgeben, sagt sie dem Vorbeigehenden, wenn du ihn von seiner Häßlichkeit befreit hast. Tu was gegen die Zellulitis, die um deine Schenkel wabbert, zieh dir einen anderen Slip an, dieser macht dich zum Gespött, sieh zu, daß deine scheußlich bleiche Haut ein bißchen Farbe aus der Cremetube bekommt, hier die Salbe, mit der du deine müden Brüste straffen kannst, sind sie zu vorwitzig, laß sie dir von einem Chirurgen stutzen, sieh zu, daß du dir die Spießerwampe vom Leibe schaffst – dann und nur dann bist du zur wahrhaften Nacktheit zugelassen. Nackt sein ist ein aristokratisches Privileg, ein heiliger Zustand. Wenn wir Häßlichen, wir armen Schlucker die Kleider ablegen, sieht man nicht unseren Körper, sondern unsere Häßlichkeit.

In den Mysterien des Konsums, in den Kirchen der Bilderindustrie spielt die Häßlichkeit die Rolle des Bösen. Wir legen von unserem Körper Rechenschaft ab, wie man einst im Beichtstuhl über seine Taten berichtete, nur daß man heute keines Beichtvaters mehr bedarf. Die Verfehlungen sind allen Blicken preisgegeben. Ihre Gestalt ist heute die Mißgestalt. Jeder von uns ist –

als Agent des gesellschaftlich vermittelten Blicks – Priester dieser neuen Frömmigkeit. Als Gegenstand des Blicks sind wir alle schuldig vor diesem Gesetz. Doch damit die Häßlichkeit vollends zum Bösen werde, damit uns die Verantwortung, die wir für unseren Körper übernehmen sollen, zur Überzeugung werde, muß auch noch die Natur entthront werden. Diese Gefräßigkeit des Kapitals ist schon wieder bewundernswert, dieser Imperialismus, der sogar die angeborenen Eigenschaften kolonisiert, diese Gewalt, die der Natur auch noch ihre unbestrittensten Privilegien raubt. Schönheit ist kein Geschenk mehr, das einem in den Schoß fällt, sondern ein Wert – im doppelten Sinne des Wortes, ein moralischer und ein monetärer Wert. Der einzelne empfängt sie nicht mehr als Himmelsgabe, sondern erwirbt sie durch Geld und Disziplin. Die Zeitschrift *Elle* nahm sich einmal einer Frau an, die wie tausend andere war. Eine ganze Armee von Schönheitsberaterinnen, Frisösen, Kosmetikerinnen, Schneiderinnen stellte ihr Können unter Beweis, und wir Leser durften dem Wunder beiwohnen. Der Körper wurde vor unseren Augen verzaubert, die profane Materie wandelte sich zum Heiligenbild, das unscheinbare Geschöpf stieg in den Rang eines Schauobjekts auf. Fraglos bleibt der märchenhafte Preis dieses Märchens für die meisten unerschwinglich. Doch die Moral der Geschichte verkündet etwas anderes, sie wispert uns ins Ohr, daß diese teuer erkaufte Schönheit nur durch ständige Wachsamkeit bewahrt werden kann. Nicht Geld allein macht den schönen Körper, es bedarf dazu auch permanenter Anstrengung. Unser Körper ist ein Wirtschaftsunternehmen. Von unserer klugen Führung hängt es ab, die richtigen Investitionen zu machen, die Defizite auszugleichen, den Bankrott zu verhindern oder zumindest hinauszuschieben. Denn die Kunst, Gefallen zu erwecken, ist auch die Kunst, die eigene Disqualifizierung hinauszuzögern. Im modernen Management des Körpers verbinden sich die konsumorientierte Verschwendung mit der puritanischen Sparsamkeit, der Kauftrieb mit rigorosestem Triebverzicht.

Wenn nun aber Schönheit die Vorbedingung des Verlangens ist, und wenn man gefallen muß, um ein gutes Sexualobjekt zu sein, warum soll man dann nicht diesem Ende aller Schicksalsfügungen, dieser Denaturalisierung der Häßlichkeit Beifall zollen? Mit der nötigen Selbstdisziplin und ernster Bußfertigkeit können (fast) alle Häßlichen gerettet werden. Der ästhetische Kode ist noch immer streng, aber – eine Neuheit – die Türen zu ihm sind nicht mehr hermetisch verschlossen. Die neue Strenge fördert fraglos mehr marktgerechte Körper zutage als die alte Schicksalsergebenheit in die Launen der Natur. Leider führt freilich die Tatsache, daß die Lager besser sortiert sind, nicht zu einer Belebung des Liebeshandels, weder beschleunigt noch vervielfältigt sie die Begegnungen. Im Gegenteil, kein besseres Mittel, den Markt der Verführung zu blockieren, als seine Subjekte im Wahn der eigenen Verführungsmacht einzufangen. Die Schönheit wurde der Natur nur abgerungen, um zum Selbstzweck überhöht zu werden. Dem Verlangen wird die Energie entzogen, um sie für die Schaustellung aufzuwenden. Die Libido wird nicht mehr offen unterdrückt, sondern stillschweigend kanalisiert, vom Subjekt ins eigene Image gesteckt. Nicht durch äußere Verbote sehen sich die Menschen gehindert, einander zu begegnen und Bande zu knüpfen, sondern durch ihre Gefallsucht, durch die Tatsache, daß sie ihren Selbstwert nach ihrem Verführungspotential bemessen. Zwar werden die Körper angeboten, aber dem Gott Blick und nicht den anderen. Nicht mehr hier die Verführung und dort die Moral, nur noch allenthalben eine Moral der Verführung, eine Pflicht zu verführen, eine Entfremdung der Körper in ihren Bildern, die sie fraglos viel wirksamer daran hindert, sich einander anzunähern, als die beste aller Repressionen.

## Folgt eurem Verlangen oder Der neue Rassismus der Haut

Wir leben in der Epoche einer doppelten Befreiung. Einerseits sprechen wir über die Sexualität – wir reden, wir schreiben, wir lassen uns auf Konferenzen aus, wir filmen, wir pädagogisieren, wir philosophieren, wir round-tabeln – kurz, wir können es selbst gar nicht fassen, daß wir das alte Tabu aufgebrochen haben, kraft dessen sie ein verbotenes Thema war. Andererseits spricht die Sexualität in uns: wir geben unserem Körper Gelegenheit, sich auszudrücken. Den repressiven Maßregeln unseres Bewußtseins mißtrauend, spitzen wir die Ohren und bemühen uns, die Botschaften, die uns die Libido schickt, zu dechiffrieren und in die

Tat umzusetzen, weil unsere Moral – wenn uns überhaupt noch eine verblieben ist – besagt, daß wir unter dem Diktat dieser Libido zu leben haben. Eine schwere Aufgabe, eine schier unlösbare Aufgabe angesichts der lustfeindlichen Instanzen, die immer noch innerhalb und außerhalb unserer Person ihre fürchterliche Macht entfalten und ständig unseren löblichen Entschlüssen im Wege stehen. Jedenfalls rechtfertigen wir uns immer häufiger durch unser Verlangen, statt es selbst zu rechtfertigen. Wir haben eine neue Legitimierung erfunden – die Haut. Der angeklagte Trieb wurde so zum Staatsanwalt in der besten aller möglichen Irrsinnswelten, wo der Andere, der Fremde, unerwünscht ist und der Unerwünschte ohne viel Federlesens zu dem wird, den man nicht begehren kann. Denn die Sprache, die dem Begehren am leichtesten von der Zunge geht, ist die der Ablehnung, der Diskriminierung. Der Körper verfügt, wer unerwünschter Ausländer ist, und die Vernunft fügt sich widerspruchslos. Unsere befreiten Triebe spielen das Orakel und verhängen die Ächtung. Wir hatten die Entfesselung eines Stroms von Wünschen erwartet, eine Sexualität, die über alle Ufer tritt, eine libidinöse Überschwemmung der ganzen Gesellschaft, und nun leben wir unter der Tyrannei eines geizigen Triebs, der sparsam mit seinen Besetzungen umgeht, eines visuellen Triebs, eines Okulartriebs, der als Ablehnung in Erscheinung tritt, eines überstrengen Triebs, der der Vereinzelung seiner Ekstase mit dem Übermaß seines Ekels begegnet, eines Triebes schließlich, der, kaum seinem Gefängnis entronnen, nichts Eiligeres zu tun gehabt hat, als selber Barrieren und unüberwindliche Mauern zu errichten.

Heute, wo nichts mehr *unter* die Haut geht, da sie zum Maß aller Dinge geworden ist, werden alle Diskriminierungen *im Namen des Körpers* ausgesprochen. In einem merkwürdigen Zusammentreffen bekennt der Trieb sich ausgerechnet in dem Augenblick mit aller Gelassenheit zu seinem rassistischen Ursprung, da der Rassismus sich mit einer libidinösen Rechtfertigung begnügt. Fortan gibt es keine Theorie der Segregation mehr, sondern nur noch *Reaktionen.* Dieselbe physische Intoleranz, derselbe diskriminierende Reflex, der die einen dazu bewegt, die Alten wegen ihres sichtbaren Alters zu verbannen, die Häßlichen wegen ihrer Häßlichkeit oder auch die strebsamen Aufsteiger wegen ihres Haarschnitts, bewegt die anderen dazu, die Schwarzen wegen ihres Geruchs abzulehnen oder die Hippies, weil sie sich nicht waschen. In dieser Somatisierung findet der Rassismus so etwas wie eine neue Unschuld. Doch warum sollte die Diskriminierung im Körper eine bessere Begründung finden als in irgendeiner Ideologie oder in einem erdachten Grundprinzip? Wenn heutzutage der Körper anfängt, sich seine Sündenböcke zu kreieren, soll man dann diese Sündenböcke schlachten oder die rassistische Funktion dieses Körpers hinterfragen?

Letzteres ist gewiß kein Vergnügen, bringt es doch unsere tiefsten Überzeugungen ins Wanken. Wenn die gesellschaftliche Segregation auf der Triebstruktur und nicht auf Vorurteilen beruht, erleidet der ganze aufklärerische Optimismus Schiffbruch. Denn dann entsteht Bosheit nicht aus einem Irrtum, und die Wahrheit wird dem Rassismus nie den Garaus machen können. Zäh hält sich bei uns noch immer die Vorstellung, man könne der Diskriminierung durch Referate und Konferenzen ein Ende bereiten. Und hatten wir nicht vor allem auf die sexuelle Subversion gesetzt? Es ist nie sehr angenehm – selbst wenn wir allmählich Übung darin bekommen – zu sehen, wie eine neue Ordnung sich breitmacht im Namen von Prinzipien, von denen wir eine Revolution erwartet hatten. Gewiß können wir auch bei diesem Debakel nach jenem Schema verfahren, das bereits andernorts dazu gedient hat, alte Hoffnungen neu zu beleben. Gewiß können wir sagen: Wie Stalin den Marxismus verhunzt und den wahren Lenin verraten hat, so hat die Bilderindustrie sich des Verlangens bemächtigt, das heißt es eingesperrt. An die Stelle der alten Kontrolle durch Repression tritt die neue Kontrolle durch Bilder. Die Sexualität ist nicht mehr tabu, doch die Sprache der Freiheit wird heute von den Diktatoren der Kodes gesprochen. Diese Neuverteilung der Karten, dieser New Deal des Sex verlangt eine neue Radikalität von den Wegbereitern einer besseren Zukunft: es gilt, der Zurschaustellung, der Verbildlichung des Verlangens ein Ende zu machen und die Kodes zu zerstören. Aus der Geschwätzigkeit des Verlangens hat sich das echte Verlangen längst davongemacht. Der Puritanismus hatte es mundtot gemacht, ihm das Wort entzogen; heute spricht ein Usurpator in seinem Namen. So wird uns inmitten unserer Ratlosigkeit ein Trost zuteil: es gibt das wahre Verlangen noch, wir leben mit einem eschatologischen Glücksversprechen. Unsere Sexualität ist entfremdet, krank also, aber wir werden sie heilen, indem wir uns aus dieser Entfremdung befreien . . .

Doch wenn nun das Gegenteil wahr wäre? Wenn wir nicht litten, weil wir entfremdet sind, sondern weil wir es *zuwenig* sind? Wenn wir nicht krank *genug* wären? Unser Verlangen braucht nicht Wahrheit und Entmythisierung, sondern *mehr* Mythen, so viele, daß es am Ende gar nicht mehr weiß, woran es sich halten soll. Wir fordern nicht das Ende der Zurschaustellung, sondern *noch viel mehr* Zurschaustellung. Denen, die sagen, daß wir unter dem Übermaß der Bilder ersticken, antworten wir, daß uns die Wiederholung der immergleichen Bilder erschlägt. Zum Beispiel lasse man sich nicht von der Unzahl an Pornofilmen täuschen: eine Pornographie, die sich das richtige Bumsen – das majoritäre – angelegen sein läßt, läßt den sexuellen und ästhetischen Abweichungen keine Chance. *Wir brauchen eine Vielfalt von Pornographien, damit nichts mehr pornographisch ist,* damit alle Häßlichkeit, alle Abweichungen, alle extravaganten Formen von Sexualität (die nicht sagen, bevor sie zur Sache kommen: »Dir zu Diensten, Genital!«), damit sämtliche Obszönitäten aus dem Fegefeuer entlassen werden und schließlich unsere Erotik, statt sich an immer wieder den gleichen Bildern zu kristallisieren, der Auflösung ihrer eigenen Archetypen beiwohnt. Wir werfen der einschlägigen Industrie die Sparsamkeit ihrer Bilder vor, die Gewaltsamkeit ihrer Diskriminierung, die Tatsache, daß sie Rassen, Verhaltensweisen und Menschen im Namen des Verlangens konfisziert, um sie von der Darstellung auszuschließen. Es gilt den Objektbereich des Verlangens auszuweiten, um es zu befreien, es gilt seine Formenvielfalt zu vergrößern, seine Kriterien zu verwirren, seine Kodes zu vervielfachen, seinen Spielraum zu vergrößern. Statt das Verlangen von der Verbildlichung zu befreien, wollen wir die Verbildlichung von ihrem Geiz befreien, sie endlich vielgestaltig haben. Sie soll unserer Liebe nicht immer die gleichen Dinge präsentieren, sie soll, nachdem sie die Grenzen, die dem Blick gesetzt waren, überschritten hat, ihre ganze Kühnheit nun darauf richten, den allzu engen Raum auszuweiten, der unseren Wünschen gesteckt ist. Wovon wollen wir genesen? Von einer Überbevölkerung unserer Phantasie oder von einem radikalen Malthusianismus? Von der Beschränkung auf das, was die Bilder zeigen, oder von dem Entzug dessen, was sie nicht zeigen? Von einer entfremdeten Sexualität oder von einer Kümmersexualität? Statt unsere libidinöse Flexibilität zu beklagen, sollten wir lieber von ihr profitieren, uns ihrer nach Kräften bedienen. Und da man Gleiches nur mit Gleichem kurieren kann, wollen wir auf den Rassismus der Bilder mit Bildern und nicht mit Argumenten antworten, wollen wir diese erstarrte Diskriminierungsordnung durch Schauspiel und Zurschaustellung pulverisieren, um zwar gewiß keine undifferenzierte, wahllose Sexualität zu betreiben, aber doch im Modus unbeständiger Diskriminierungen, unberechenbarer Entscheidungen, unvorhersehbarer Verführungen zu leben. Ein frommer Wunsch, dieses schöne Programm? Jedenfalls weniger fromm und weniger utopisch als die Rede von der Aufhebung der Entfremdung. Es ist weit realistischer, sich die Entfesselung der Bilder als ihre Abschaffung vorzunehmen. Im übrigen gibt es die Pornographie im Plural bereits, schüchtern, im Untergrund und mit Argwohn bedacht. Aber wer sagt uns, ob es nicht eines gar nicht so fernen Tages einen zärtlich versauten Film geben wird, der endlich die *Kreuzung* präsentiert, der von der Liebe eines Päderasten zu einer Lesbierin erzählt, der eine wundervolle Orgie zeigt, an der keinerlei Ausnahmeathleten beteiligt sind, wo Greise mit Kindern kopulieren, wo köstliche alte Schachteln die »Häschen« junger blonder Epheben sind oder wo sich Araber an der weißen Frau verlustieren? Alle unsere Vorbehalte und Hemmungen müssen wir abbauen, Stück für Stück. Listig müssen wir sein, opportunistisch, kompromittierend, uns in die Ordnung einschleichen und das schwere Geschütz der Bilder, auf denen die Macht der sexuellen Segregation beruht, gegen sie kehren.

## Gegen Don Juan

Eben noch haben wir ein Loblied auf Don Juan gesungen, haben wir sein Verlangen in den Himmel gehoben, weil es die unersättliche Gier und nicht die Exklusivität in den Vordergrund rückt. Nichts schien uns verächtlicher als der snobistische Geiz des Playboys, die Knausrigkeit seiner Begeisterung. Don Juan, so sagten wir, unterwirft die Sexualität wenigstens nicht der Schulmeisterei, bei ihm braucht die Frau nicht erst eine bestimmte Note zu erreichen, um ihn scharfzumachen. Aber er schlägt sich selbst mit Blindheit, um seine Lüsternheit grenzenlos auszuweiten, als könne nur Blicklosigkeit den Sieg über die schulmeisterliche Strenge des selektiven Blicks davontragen. Der Mythos von Don Juan bietet als Alternative zum Geiz nur die bewußte Blindheit – ein tristes Trauerspiel, in dem beide Parteien gleichermaßen im Unrecht sind.

Tausend und drei Frauen, sagt der große Verführer, und meint doch nur immer das gleiche, tausend und dreimal deklinierte Verlangen. Zwar klassifiziert er seine Eroberungen nicht, aber er zählt sie. Statt die Frauen einem einzigen Äquivalenzprinzip zu unterwerfen – der Schönheit –, summiert er sie im Namen eines Identitätsprinzips – des Geschlechts. Der Playboy malträtiert die Unterschiede, indem er sie in eine Hierarchie zwingt, aber Don Juan erscheint nur so aufgeschlossen, weil seine Gewalt viel weiter reicht: er merzt die Unterschiede aus und ersetzt sie durch die mörderische Tautologie *Frau bleibt Frau.* Da die Anatomie es nun einmal so eingerichtet hat, daß sie sich alle aufspießen lassen, zählt Don Juan, den alles übrige kalt läßt, nur diejenigen, die er hat aufspießen können. Ihm fehlt zwar die Heikelheit, die Idiosynkrasie des Ästheten, doch das numerische Vergnügen, das er an ihrer Stelle entwickelt, ist nur „uterophile“ Gastfreundschaft. Der armselige Blick des Playboys (der – das sahen wir – in vielerlei Hinsicht auch der unsere ist) sieht immer nur einen Kode – gelungene Abbilder und miserable Zerrbilder, Schönschrift und scheußliche Schmiererei. Das öde Verlangen des Don Juan läßt die Frauen zur immer gleichen Abstraktion ihrer Weiblichkeit verkommen. Der erste verfährt wie ein Lehrer, der zu viele Klassen hat, er benotet, läßt bestehen, läßt durchfallen, sortiert, trennt zwischen guten und schlechten Schülern, belohnt und tadelt. Der zweite ist auf seiner aberwitzigen Jagd immer nur hinter dem Gleichen her. Die Leidenschaft, die alles einzuschließen scheint, gründet sich auf einen grundsätzlichen, heimlichen Ausschluß. Sie akzeptiert alle Frauen erst, nachdem sie ihnen zuvor jede Besonderheit genommen hat.

Wozu aber auf das Wählen verzichten, wenn dieser Entschluß in die schreckliche Monotonie des Genitals führt, wo alles immer aufs selbe hinausläuft? Der Playboy hat einen starren Blick, Don

Juan gar keinen, beide aber befriedigen sie ein einziges und immergleiches Verlangen. Heute müssen wir uns um einen vielfältigen Blick bemühen, *der ratlos inmitten seiner Bezugssysteme bleibt,* um eine Verführung, die nicht mehr der Illusion objektiver, natürlicher, bestimmbarer Kriterien anhängt, um ein Verlangen, das nicht blind, sondern ungeschult ist, um die Koexistenz mehrerer widersprüchlicher Normen in einem Blick, um Wahlhandlungen, die instabil sind und aus unterschiedlichen Quellen herrühren, nicht aber um die absurde Preisgabe der Wahl überhaupt.

## Der alte und der neue Bluff

*»Autrefois pour faire sa cour, on parlait d'amour«* (Boris Vian).[1] Die Schicklichkeit schuf ätherische Freier, bestrebt, ihre sinnlichen Wünsche zu tarnen, die Rolle des Empfindsamen überzeugend zu spielen, die Herrschaft der Frau über ihre Seele in Worten zu feiern, die sich an einen althergebrachten Kostümzwang zu halten hatten. Die Liebessprache war wie ein Maskenball, auf dem man nur Triebe zuließ, die unter ihrem empfindsamen Kostüm nicht mehr zu erkennen waren. Man sagte Herz statt Sex und drückte als Empfindsamkeit aus, was genitale Besessenheit war. Es war eine konventionelle Metonymie, ein kodifiziertes Alibi, das Plädoyer eines Verlangens, das sein Vorhandensein entschuldigte und bemüht war, sich in Immaterialität aufzulösen, um materielle Befriedigung zu erhalten.

Heute lächelt man über diesen frommen Schachzug, wobei einem entgeht, wie bequem er war – so ließ sich das Unsagbare sagen, so verfügte vor allem die Verführung über eine umfangreiche, handliche Rethorik, über einen unerschöpflichen Schatz an Allgemeinplätzen, der ein wirksames Mittel gegen die Angst des »Was soll ich sagen?« darstellte. Damals erwarb die Literatur sich unschätzbare Verdienste: Sie sagte vor, sie leistete der Werbung Vorschub.

Wir Heutigen haben die Heuchelei dieser Liebestiraden entlarvt. Jeder Anfänger in Sachen Verführungsstrategie, jeder leidenschaftliche Verliebte weiß heutzutage, daß er nicht von Liebe

[1] »Wenn man früher den Hof machen wollte, sprach man von Liebe.«

sprechen darf, will er sich nicht seine Chancen vermasseln und sich lächerlich machen. Die Leidenschaft des Gefühls, einst eine notwendige Voraussetzung der Verführung, ist zu ihrem Haupthindernis geworden. Wir haben klar Schiff gemacht, reden nicht um den heißen Brei herum: das Herz ist ein Feigenblatt. Womit nicht gesagt sein soll, daß die Verführung sich fortan offen zum Sex bekennen kann. Auch wenn das Verlangen ein wesentlicher Bezugspunkt vieler Redensarten ist, auch wenn es das letzte Argument jeder Selektion ist, darf es kaum erwarten, daß es gefällt. Niemand beruft sich auf seine Begierde, um den Gegenstand seines Begehrens zu erhalten. In dieser Hinsicht sind wir noch immer nicht weiter als der Marquis de Sade: die Lusthäuser, die er sich ausdachte, um das Werk des Schreckens zu vollenden, sind geheime Verführungsträume geblieben.

»Verschiedene Einrichtungen, sauber, geräumig, ordentlich möbliert und in jeder Hinsicht sicher, werden in den Städten geschaffen. Dort stehen alle Geschlechter, alle Altersgruppen, alle Geschöpfe den Launen der Lüstlinge zur Verfügung, die dort ihr Vergnügen suchen, wobei alle sich darbietenden Individuen stets von äußerster Fügsamkeit sind . . .«[1] Auf die Lust bezogen ist die Revolution ökonomischer Natur, da sie dem Lüstling die Zeit erspart, die er sonst dafür verschwenden muß, sein Begehren begehrenswert zu machen. Wird der Triebanspruch mit Gesetzeskraft ausgestattet, so wird die Befriedigung zu einem Muß. Aus den gesellschaftlichen Beziehungen, wie Sade sie sich vorstellt, wird dann ein *Austausch schlechter Verfahren.* Unter dem Gebot dieser neuen Höflichkeit verpflichtet sich jeder, ohne Murren die Tyrannei der Phantasie all derer zu ertragen, deren Verlangen er erregt hat – unter der ausdrücklichen Voraussetzung, seinerseits einen uneingeschränkten Libidoanspruch gegenüber all denen erheben zu können, die sein Verlangen erregt haben. Der Sade'sche Republikanismus will folglich die Gleichheit auf gegenseitige Unterwürfigkeit gründen und die Pflicht des begehrenden Subjekts *zu gefallen* durch die Pflicht des begehrten Subjekts *zum Gehorsam* ersetzen. Wir hätten es hier also schlicht und einfach mit einer Umkehrung der Verführungsordnung zu tun, unter der wir gegenwärtig leben. Doch mag für das Verlangen der Weizen auch blühen, weder kann es nach

[1] Sade, *La Philosophie dans le Boudoir,* Sammlung »10/18«, S. 227.

Belieben schalten und walten, noch ist es ein Aktivposten im Geschäft der Verführung. Es gibt, so könnte man sogar sagen, überhaupt nur deshalb Verführung, weil der Geschlechtstrieb heute wie gestern nicht zu seiner eigenen Legitimierung herhalten kann. Ihm muß erst verziehen werden, bevor er sich Hoffnung machen kann, erhört zu werden. Als die Menschheit noch eine Seele und einen Körper hatte und unter der Ägide dieser Dualität lebte, war die Liebe Erlösung und das Verlangen Sünde. Die unreine Kopulation wurde in das Ideal verpackt, die schmutzige Befriedigung des Triebs hinter Schleiern aus Gefühl und Zärtlichkeit verborgen. Wir Heutigen haben Schluß gemacht mit diesem altmodisch metaphysischen Theater, das nur noch ein paar nostalgische Pfaffen unterhält, wir sind Monisten, wir halten den Körper nicht mehr für unrein, das Gesicht ist ebensowenig geistig und edel wie das Geschlecht materiell oder niedrig – und doch bleibt letzteres schuldig, schuldig nicht der Niedrigkeit, sondern der Unpersönlichkeit. Ist der Trieb auch nicht mehr verdorben, so bleibt ihm doch der Makel der Anonymität. Da er nichts über die Person aussagt, in der er sich einrichtet, kann er ihr auch keine Pluspunkte beim Adressaten verschaffen. Denn auf dem Markt der Verführung zählt nur, was geeignet ist, den Unterschied zu unterstreichen. Wer sich Hoffnungen machen will, einen Libidovertrag zu schließen, muß in seiner Individualität kenntlich sein. Das ist das ganze Geheimnis der Verführung. Was man die Kunst nennt, Gefallen zu erregen, ist lediglich der gelungene Versuch, seine Besonderheit unter Beweis zu stellen. Aus dem Trieb läßt sich in dem Augenblick Kapital schlagen, da er seiner ursprünglichen Unbestimmtheit ledig wird. *Es läuft,* wenn es einem gelungen ist, Gestalt anzunehmen, die Austauschbarkeit der eigenen Libido zu einer bestimmten Person kristallisieren zu lassen. Hat hingegen der schüchterne oder anachronistisch Werbende nichts anderes zu bieten als verliebte Gemeinplätze oder ein *Verlangen ohne bestimmte Merkmale,* so kann er sicher sein, daß er unbarmherzig abgewiesen wird. Nichts ist stereotyper als die sentimentalen Redensarten, nichts auf trivialere Weise natürlich als die Sinnesansprüche. Die Geringschätzung, die wir für den Allgemeinplatz hegen, verlangt also von uns, nach anderem Ausschau zu halten. In der Verführungspraxis früherer Zeiten wurde der Trieb im Namen der Liebe tabuisiert, in den Annäherungstechniken unserer Zeit sind Liebe wie Trieb tabu, weil sie keinerlei Besonderheit aufzuweisen haben.

Von Liebe zu sprechen ist lächerlich, von Libido sprechen nicht dienlich. Wovon spricht also dann der Verführer? Um ihren traditionellen Kode gebracht, hat die Verführungspraxis unserer Zeit noch keine Ersatzrede gefunden, oder besser, sie hat sich alle Redeweisen angeeignet. Weil sie keinen festen Wohnsitz mehr hat, mußte sie sich auf die Walz begeben und staubt nun ab, wo sie kann. Da dem Geschäft des Schürzenjägers die Sprache genommen worden ist, gibt es keine Sprache, die nicht bei passender Gelegenheit sein Geschäft besorgen könnte. Um so mehr, als die Inhalte der Verführungsbotschaft sich verändert haben. Wenn die Liebeserklärung überhaupt noch erfolgt, so *hinterher*, wenn es nicht mehr darum geht, die Gunst des Anderen zu erlangen, sondern dafür zu sorgen, daß er bleibt. In der Verführungspraxis heißt es fortan: »Ich bin anders . . . Ich bin die Mühe wert . . . Konsumier meine Besonderheit!« Und in diesem Wettlauf nach Originalität, in diesem verzweifelten Bemühen, sich ins rechte Licht zu setzen, kann jede Redeweise von Nutzen sein, ausgeschlossen sind nur verlegenes Schweigen und peinliche Stereotypen. Heute, wo man den anderen nicht mehr mit der Liebe herumzukriegen versucht, kann man es mit allem versuchen, mit der Revolution, mit der Ökologie, mit der Popmusik, mit Stoff, mit Ölmalerei, mit Reisen nach Afghanistan, mit Geld, mit dem Sportwagen, mit dem holländischen Fahrrad, mit moderner Pädagogik, mit einem After Shave von Givenchy, mit Basteln, mit exotischen Kochkünsten oder mit Aquarelltechnik, mit allem, was den Adressaten zu der Einsicht bewegen kann: »Toll, dieser Typ (diese Frau), überhaupt nicht wie die anderen!« Das Gegenteil von: »Na und, was hat der (die) schon zu bieten?« Das Gegenteil der Kardinalsünde: der Unschärfe.

Einst war der Verführer ein zynischer Schauspieler, der das Toben der Triebe unter der Glut der Gefühle verbarg. Seine perverse Lust, sein Gesetz war die Kontrafaktur. Heute verlangt das Liebesgeschäft ganz andere Qualitäten. Nicht mehr doppelt hat man zu sein, sondern Tauschwert muß man haben. Die Verführungsmaskerade hat ausgedient, wir leben im Zeitalter transparenter und objektiver Prüfungen. Der Andere wird an dem gemessen, was er ist, und nicht an der Leidenschaft, die er zur Schau stellt. Man verwirft ihn, wenn er nichts ist, wenn er sich kein Image zuzulegen weiß. Die Verführung war die Kunst der Verstellung, die Kunst des Playboys besteht darin, sich kenntlich zu machen. Heuchlerisch erwies der Verführer den herrschenden Werten der Gesellschaft seine Reverenz, der Ehre, der Tugend, der Liebe. Der Trick des Playboys ist das Bestreben, eine bestimmte Gestalt zu gewinnen, nicht das Bemühen, sich unkenntlich zu machen. Der Verführer tarnte seine Persönlichkeit, während persönliches Image das einzige Bestreben des Playboys darstellt.

Verführen hieß also lügen, weshalb alle aufrichtigen Menschen, alle Parteigänger der Liebe und all jene, die an die Tugend glaubten, von vornherein außerhalb der Verführung standen. Gott hatte keine Schwierigkeiten, die seinen zu erkennen. Aber wie ist das heute? Wer lügt? Wer betrügt? Wer spielt mit offenen Karten? Wer kann behaupten: »Rumkriegen? Kenn ich nicht, ich kenn nur die echte Begegnung«? Die alte Klarheit verschwimmt, Gott kratzt sich nachdenklich den Kopf. Es gibt keinen Verfahrensunterschied mehr zwischen den professionellen Charmeuren, den zart Empfindsamen und den Menschen mit Grundsätzen. Das Ansprechen, das Rumkriegen ist obligatorischer Durchgangspunkt jeder Tauschhandlung, unumgängliche Notwendigkeit für jede Form amouröser Intersubjektivität.

Wer sind die besten Schüler? Diejenigen, die auf den beiden Hochzeiten der Norm und der Abweichung tanzen können. Sie haben sich die Kenntnisse und Methoden des Lehrers angeeignet, sie sind beim Thema geblieben, aber sie haben es *brillant* behandelt. Bei ihnen kommt also jenes undefinierbare Etwas hinzu, das sie zu etwas Besonderem macht und sie deutlich vom kleinen Streber unterscheidet, der immer nur in der Lage ist, genau das zu machen, was man von ihm verlangt, und stets nur das abfällige Lob »brav« ernten wird. Die Schule normiert, schätzt aber diejenigen nicht, bei denen ihr dies zu gut gelingt. Erst vernichtet sie die Menschen mit ihrer Macht, und dann wirft sie ihnen vor, daß sie es mit sich haben geschehen lassen.

Gleiches gilt für die Liebesprüfung. Nicht unbedingt die Gewissenhaftesten schneiden am besten ab. Man muß es verstehen, einen Kode zu befolgen und ihn gleichzeitig zu unterminieren, auf subtile Weise aus den Angeln zu heben. Man muß fähig sein, das doppelte Empfinden des Wiedererkennens (»Der gehört zu der ausgeflippten Sorte, die ich mag...«) und des Staunens (»Er hat noch irgendwas anderes an sich, das ist kein Nullachtfuffzehn-Hippie«) hervorzurufen. Die unbeständige Ehe des Gleichen mit dem Anderen, die akrobatische Haltung dessen, der zugleich drinnen und draußen ist, der kunstvolle Balanceakt, der bei der geringsten Störung zum Sturz führen kann. Kein Kennzeichen ist so gefährlich wie ein übertriebenes Kennzeichen.

Wer sich zu eng an die Masche hält, wirkt schwerfällig wie ein Schulaufsatz, wer überhaupt keine Masche hat, fällt durch, weil für zu leicht befunden.

**Wie fange ich an?**

Sobald ich eine Begegnung herbeiführen möchte, schiebt sich diese Frage zwischen mich und den Anderen. Und damit die Angst, sie könnte mich so befangen machen, daß ich nicht sofort eine zufriedenstellende Antwort finde und meine amourösen Pläne sich zerschlagen, noch bevor ich den Grundstein gelegt habe. Wie fange ich an? Vielleicht ist diese Frage im gleichen Maße wie die Notwendigkeit der Selbstdarstellung und wie die Tyrannei des Blicks daran schuld, daß die Menschen Abstand voneinander halten und daß die Straße zu diesem verzweifelten Schauplatz wird, wo wie Chaos aussieht, was in Wirklichkeit unumstößliche Ordnung ist, wo alles geschehen könnte, ohne daß irgend etwas geschieht, und wo das Ereignis nur im Modus des Konditionals vorkommt.

Und warum ist der Anfang ein Problem? Warum diese Ängstlichkeit vor dem Beginn? Weil den Anfang zu machen nicht heißt, bei Null zu beginnen. Er ist weniger ein Anfang als ein Bruch. Wenn ich den Anderen anspreche, stelle ich mich außerhalb des Gesetzes. Ich stelle mich dem Urteil, ohne vorgestellt worden zu sein. Ich gehe die Gefahr einer Begegnung ein, ohne dazu durch irgendeine Vermittlung berechtigt zu sein. Ich verschmähe den Umweg über einen Dritten (eine Person oder Institution), ich lasse mir eine Art Skandal zuschulden kommen. Ich bringe die Ordnung durcheinander. Nach der strengen

Lebensart, die – auch und gerade bei den spontansten Leuten – die Beziehungen zwischen den Menschen regelt, ordnet und einschränkt, bleibt der Anfang eine Beleidigung. Wer den Anfang macht, ist ein Störenfried, denn er stört die Einsamkeit. Und bekanntlich haben wir aus der Isolation das erste und heiligste aller Rechte gemacht. Wie fange ich also an? Mit einer Entschuldigung. Es gilt den Rechtsbruch zu rechtfertigen und – wenn möglich – ungeschehen zu machen. Ich bin mein eigener Handelsvertreter, und wie dieser muß ich verhindern, daß man mir die Tür vor der Nase zuschlägt, bevor ich noch die Zeit gehabt habe, meine Ware anzubieten, ich muß die Reichtümer meines Witzes ausbreiten, um auf der Stelle die abfällige Grimasse des Anderen in ein Lächeln zu verwandeln, seine Ablehnung in Neugier. Dies die erdrückende Verantwortung der ersten Worte: eine Bresche in die Festung der Selbstgenügsamkeit zu schlagen, sich durch das Anfangen die Absolution für den Skandal des Anfangs zu holen.

Wohl aus diesem Grunde ersparen sich die meisten Menschen die Angst und die Verantwortung. Zwar verführen sie, doch sie fangen nicht an. Sie schätzen die Institutionen, diese strukturierten Räume, in denen die Verbindungen den Menschen vorgeordnet sind, während auf der Straße immer die Menschen vor den Verbindungen da sind. Ob an Orten, wo ich meinem Beruf nachgehen oder meinem Vergnügen, kulturellen oder politischen Betätigungen, stets geht meine Beziehung zu anderen den Kontakten, die ich mit ihnen habe, voraus, immer ist es also (sehr bequem) die Beziehung, die die Begegnung schafft. Zwei Bewegungen kennzeichnen jene List der »Schwachen«, mit der sie trotz ihrer Schüchternheit das Geschäft der Verführung in Angriff nehmen: sie machen einen *Bogen* um das Hindernis des Anfangs, und sie *biegen* sich die offizielle Beziehung zu ihren Zwecken zurecht. Diese Jünger der indirekten Schürzenjagd sind also genaugenommen Perverse, da sie die seriöse Zweckbestimmung der Institutionen unterlaufen und da sie für diese Zweckentfremdung einer bestimmten Beziehung all das Geschick aufbringen, an dem es ihnen mangelt, wenn es darum geht, ein bahnbrechendes Wort zu finden.

Die Frontalverführung wird auch deshalb so selten (oder so schlecht) praktiziert, weil es für den Anfang kein Rezept gibt.

Gewiß gibt es eine Norm der Schürzenjagd, doch statt als akzeptierte und respektierte Empfehlung zu wirken, gilt sie als Maßstab für das, was zum Anstoß wird. Die Allgemeinplätze sind nicht mehr die von der Tradition in der Sprache eingerichteten Herbergen, die die zögernde Rede des Novizen mit offenen Armen empfangen. Sie sind nicht mehr die unentbehrlichen Stereotypen des Verführungsprotokolls, sie sind vielmehr die Klippen, die jeder, der sich als Playboy versucht, umschiffen können muß. Es gilt die Verführungsnorm zu verletzen, um als Verführer eine Chance zu bekommen. Es gilt andere Worte zu finden als die, die einem auf die Zunge treten. Es gilt, sich vom Kode der Schürzenjagd freizumachen. »Sie wohnen bei Ihren Eltern?«; »Was liest du da?«; »Kaufst du dir immer *Konkret*?«; »Sind wir uns nicht im Kasino von Sankt Moritz begegnet, oder war es in der Bahnhofsgaststätte von Garmisch-Partenkirchen?«; »Kommst du öfter ins Schwimmbad?«; »Hat man Ihnen schon gesagt, daß sie sehr hübsch sind?« ... Je seltener man die Redensarten des Schürzenjägers verwendet, um so deutlicher unterscheidet man sich von seinem konventionellen Bild und um so mehr Chancen hat man zu gefallen. Zu einem Erfolg wird die Schürzenjagd nur, wenn sie nicht als Schürzenjagd in Erscheinung tritt. Die einzig guten Anfänge sind die, denen es gelingt, an den Stereotypen des Anfangs vorbeizukommen. Wie fange ich an? Mit der Flucht. Lauf, Schürzenjäger, das Abziehbild der Schürzenjagd ist hinter dir her! Also zwei Forderungen in einer: für die Beziehung einen Anfang finden und zugleich eine neue, originelle Eröffnung. Im ersten Wort muß die Initiative durch die Phantasie verdoppelt werden.

Zweifellos hat sich die Stellung der Frauen auf dem Markt der Verführung geändert. Waren sie einst die Musen, die Inspiration und das Ziel der männlichen Ansprache, so ergreifen sie heute das Wort. Waren sie einst Idole der Anbetung, so verlassen sie nun den Tempel und beginnen zu leben. Solange sie noch nicht das Recht hatten, einen Anfang zu machen, bestand ihre einzige Freiheit darin, einzuwilligen oder den Antrag zurückzuweisen. Heute steht ihnen die Initiative offen.

Ein Symptom dieser Veränderung: die gewiß hoffnungslose Überholtheit des *Kompliments*. Der »Topos« der Verführung zwängte die Frau in einen Rahmen ein, verdammte sie in ihrer

Eigenschaft als Kunstwerk wie in ihrer Realität als Ware zu völliger Untätigkeit. Das Werben der Freier ähnelte einer Auktion, deren Lebhaftigkeit von dem Gemälde abhängt, das zur Versteigerung ansteht. Jeder überbot den anderen in der Hoffnung, die Frau werde – benommen von ihrem eigenen Wert – den erhören, der sich als der beharrlichste, der überschwenglichste und an Liebesworten unerschöpflichste erwies. *Nun ist aber der Superlativ eine Währung, die nicht mehr gilt* in einer Welt, wo auch die Frauen kaufen und sich nicht mehr damit zufriedengeben, sich dem Meistbietenden hinzugeben, sondern nach eigenen Kriterien denjenigen erwählen, den sie begehren. Die Emanzipation der Frauen hat der Liebesliturgie des Lobliedes den Garaus gemacht. Gewiß haben wir andere Zeremonien an ihre Stelle gesetzt, die ebensoviel Zwang bedeuten, wenn sie auch mit dem Anschein der Ungezwungenheit und Spontaneität daherkommen, doch beweist der Verzicht auf das protokollarische Kompliment zumindest, daß der Markt der Verführung ins Gleichgewicht kommt und daß die beiden Geschlechter sich dort mehr und mehr auf derselben Ebene begegnen.

Trotz dieses unaufhaltsamen Trends zur Gleichstellung der Konkurrenten kann man jedoch nicht von Fortschritt sprechen. Denn die Frauen erleben das Verlangen der Männer heute in zwei widersprüchlichen Formen: als Gegenseitigkeit auf dem Markt der Verführung und außerhalb seiner Grenzen als ständige Aggressionsgefahr. Als ein Verlangen, das gefallen will, und als ein anderes, das nehmen will. Hier diejenigen, die sich der Prüfung unterziehen und mitspielen, dort diejenigen, die das Verhältnis gegenseitiger Einschätzung in ein Gewaltverhältnis umwandeln. Hier die Handelsbeziehung, dort die Vergewaltigung. Denn unsere Zeit schafft nichts ersatzlos ab, sie hebt die archaischen Strukturen nicht auf, sie richtet sich mit ihnen ein. Die Rollenvorschriften verlieren ihre Eindeutigkeit, und man beginnt (schüchtern) sie zu tauschen, die Schlacht wird fortan mit gleichen Waffen ausgetragen – und dennoch bleibt die Frau das Geschöpf, das vor der Außenwelt Angst hat, weil diese speziell für sie zu einem Ort tausendfältiger Gefahr werden kann. Da gibt es die Typen, die hinter ihr herpfeifen, da gibt es die, die sich zusammenballen und ihr den Durchgang versperren, da gibt es die Hartnäckigen, die ihr im Abstand von fünf Metern folgen, oder die Schmierigen, die sich die Stoßzeit in der U-Bahn zunutze machen, um sich durch flüchtige Berührungen für die Unnahbarkeit der Körper schadlos zu halten, die Spezialisten für Titten und Hintern, dann gibt es die, die plötzlich in dunklen Straßen auftauchen oder die ihr ein paar schmutzige Worte zuflüstern oder die nach ihrem Arm greifen oder die sich zu später Stunde im Fahrstuhl verstecken – kurz, die Aggression ist allgegenwärtig und vielförmig.[1]

Und diese alltägliche Gewalt steht jeder Spontaneität der Begegnung im Wege. Um den Kontakt zu einer Frau aufzunehmen, muß ich sie ansprechen. Ich muß also den Moment, den Ort und die Worte erwischen, die jede Zweideutigkeit ausschließen und verhindern, daß meine Absicht als Angriff mißverstanden wird. Nicht vor meiner eigenen Gewalt habe ich mich in acht zu nehmen, sondern vor der, die mir wahrscheinlich unterstellt wird. So ist der Anfang nicht nur eine Frage des Erfindungsreichtums oder der Initiative, sondern auch eine der günstigen Gelegenheit. Den Anfang machen heißt für den Mann, den Augenblick abzupassen, wo er keine Angst macht.

Die Befangenheit der ersten Worte: in diesem entscheidenden Moment der Prüfung wird kein falscher Schritt geduldet. Nun ist aber Befangenheit jener Zustand, in dem die Zunge mir den Dienst versagt, mir durchgeht oder einfriert und dem Anderen das Gegenteil dessen mitteilt, was ich ihm zu verstehen geben möchte. In meiner Panik spielen mir meine eigenen Worte übel mit, *berichten Übles von mir.* Ich möchte mich anbieten, mein Image ins rechte Licht setzen, und bringe unter dem Einfluß einer unwiderstehlichen Kraft nur ein Zerrbild zustande, eine plumpe Übertreibung, die mich kompromittiert. Die Person, die sich da präsentiert, bin nicht ich, ist ein Trottel, und ich bin wie gelähmt. Meine Ungeschicklichkeit bringt Schande über mich, es verschlägt mir die Sprache, weil der Andere mich beurteilt, mir

[1] Weit davon entfernt, unter dem Einfluß eines unaufhaltsamen Fortschritts abzunehmen, wird diese Gewalt heute, da sich die Frauen befreien, noch weit alltäglicher, verbissener und hemmungsloser. Die Emanzipation der Frau macht der Aggression kein Ende, sondern erweitert sie um die gehässige Dimension des Ressentiments. Eine Frau angreifen – das ist längst nicht mehr die triebhaft wilde Regung des Primaten, sondern die Reaktion des Besitzers, wenn es heißt, die Sklaverei soll abgeschafft werden. Zuflucht bei der Gewalt sucht, wen es nach der entschwundenen Macht verlangt. Jeder Mann, der heute eine Frau schlägt, sie ohrfeigt, sie beleidigt oder hart anpackt, beweist damit, daß er zum Ku-Klux-Klan der abgesetzten Männlichkeit gehört.

fällt nichts ein, wenn ich *zu sehr* darauf angewiesen bin, wie in einem Taumel verfalle ich dem Stereotyp, und in dem verzweifelten Verlangen, der Dummheit zu entgehen, werfe ich mich ihr blindlings in die Arme. Kurz, ich habe keinen boshafteren Feind als meinen Mund. Da träume ich gewiß von einem Verführungszeremoniell mit verschlossenem Mund, einem stummen Protokoll, ritualisiert wie die Brunft der Tiere, ohne Verzicht auf die Wahl, aber mit anderen Kriterien, derart, daß ich nicht mehr zur Einsamkeit verurteilt bin, wenn ich im Augenblick der Prüfung in törichter Wortlosigkeit verharre. Von der Notwendigkeit zu sprechen entbunden, würde ich der Beurteilung nicht entgehen, ich wäre nur gegen meine Schwäche gefeit. Ich träume also von einer Geschichte ohne Worte, wie sie sich etwa in der ländliche Sitte der *Maraîchinage* darbot:

»Die jungen Mädchen sind zusammengekommen und gehen auf den Plätzen und Straßen umher. Die jungen Männer haben die Wirtshäuser und Kartenspiele verlassen ... Ihr Blick sucht unter den Vorbeikommenden die Maraîchine, die ihnen gefällt. In ungeduldiger Erwartung des Angriffs, der sie zum Ziel haben wird, setzen die Mädchen plaudernd ihren Spaziergang fort ... Die Maraîchins folgen ihnen oder stürzen manchmal aus irgendeiner Straße auf sie zu.

Das ist der Augenblick, da der Angriff beginnt. Wenn einer von ihnen seine Wahl getroffen hat, macht er sich rasch an das Mädchen heran und packt sie von hinten fest an ihrem Frieskopf; der erste Angriff kann auch darin bestehen, daß er ihr die Hand auf die linke Schulter legt und den Arm um ihren Hals schlingt. Dann versucht er, ihren Regenschirm zu greifen.

Wenn das junge Mädchen einverstanden ist, läßt es ihn oben am Griff fassen, während es den Schirm weiterhin festhält.«[1]

Nicht die winzigste Geste bleibt dem Zufall überlassen, und nichts bleibt der Sprache zu tun, als ob mit den Worten zwangsläufig Unordnung und Risiko in die Begegnung kämen. Man trifft seine Wahl, ohne dabei zu reden, Körper oder Namen fungieren als Verführungsvehikel. Der Ritus schützt die Menschen vor ihrer Schüchternheit, das Schweigen bewahrt sie vor Dummheit.

Die Stadt hat uns diese Liturgie genommen, doch interessan-

[1] Jean-Louis Flandrin, *Les Amours paysannes*, Sammlung »Archives«, Gallimard-Julliard, 1975, S. 195.

terweise haben sich Teile der ländlichen Liebesgestik in der homosexuellen Partnersuche erhalten: das gleiche räuberische Tempo, die gleiche Sprachlosigkeit im Annäherungsmanöver und in der Attacke, schließlich der gleiche Formalismus. Schuld daran ist die schändliche heterosexuelle Polizei, die diese Minderheit unter dem Namen der Perversion für krankhaft erklärt und in ein erotisches Ghetto sperrt, womit sie die homosexuellen Begegnungen ins Zwielicht verschwiegener Örtlichkeiten abgedrängt hat. Da aber diese Unterdrückung bewirkt, daß die Kontakte viel rascher hergestellt werden, beneiden nicht wenige aus der »normalen« Mehrheit die Schwulen um ihre Schlupfwinkel. »Die wissen, wo sie ihren Spaß finden können.« Denn an diesen trüben Orten ist die Verführung klar und einfach. Wenn man seine Schliche vor den anderen Leuten verbergen muß, macht man miteinander nicht mehr viel Umstände. Wenn man zu verstohlenen Liebesabenteuern verurteilt ist, schränkt man die verbalen Präliminarien auf ein Minimum ein. In der Dunkelheit, zu der die Repression zwingt, berühren sich die Körper, bevor die Personen miteinander sprechen. Die Solidarität der Minderheit knüpft ein Band, das stark genug ist, um auf Worte verzichten zu können.

Aber kann man gleichzeitig zwei Welten angehören, die triumphierende Normalität mit den Verfolgern teilen und die stillschweigende Kollusion mit den Verfolgten? Gewiß nicht, die Riten der homosexuellen Partnersuche verbieten sich für die Heterosexualität, da diese sich der *Natur* verschrieben hat. Dies ist nun ihre Legitimität und ihr Martyrium. Da sie überall bei sich selbst ist, kann sie sich an keinem bestimmten Ort einrichten und behaupten. Da ihr alle Formen offenstehen, kann sie kein Recht auf die Sicherheit eines Formalismus geltend machen. Als herrschende Sprache kann sie sich nur im Traum der Sprache entziehen. Das Wort ist ihr Schicksal.

Kann man also dem Wort nicht entkommen, so kann man heute doch die kaschierte Gewalt des sprachlichen Austauschs dadurch umgehen, daß man per Korrespondenz verführt. Ein neuer Raum hat sich aufgetan, wo man seine Besonderheit zum Ausdruck bringen, Anschluß an die Außenwelt suchen, sich zu Paaren finden kann: die Kleinanzeige. Auf diesem Nebenmarkt wird das gesprochene Wort nicht durchs Schweigen entthront, um etwa diesem das Problem des Anfangs anzuvertrauen, sondern das geschriebene Wort nimmt das Heft in die Hand. Um den Preis – so werden die Nostalgiker sagen – der Ungewißheit, des Staunens, des Jamais vu, um den Preis der spontanen Begegnung also. Im Leben erwecke der Andere die Leidenschaft, in der Anzeige sei das Verlangen zwangsläufig vor dem Kontakt da. Ein Verlangen mit Attaché-Koffer, dem es um Rationalität, um Objektivität, um das richtige Maß gehe. Eine kybernetisierte Begierde, die den Partner programmiere. Auf den Zufall, der die Menschen bisher zusammengeführt habe, folge nun offenbar die geplante Verbindung komplementärer Körper. Die Partnerkombination per Suchanzeige mache dem Schock des Staunens ein Ende. Der Andere dürfe hier nicht mehr anders sein, da die Annonce ihn nach bestimmten Kriterien aussuche wie ein Personalbüro. Andersartigkeit erwünscht. Ende aller Romantik. Auf dem Liebesmarkt würden die Methoden des Arbeitsmarktes eingeführt.

Eine hübsche, ergreifende Anklagerede, die nur den Nachteil hat, sich auf einen Mythos zu berufen. Denn die spontane Begegnung gibt es nicht. Im visuellen und verbalen Austausch steckt ebensoviel Kalkül, vorsichtige Planung und besorgtes Mißtrauen wie in irgendeiner auf Details versessenen Annonce. Wir müssen mit dem uralten Vorurteil Schluß machen, demzufolge das gesprochene Wort der Ort des Unvorhersehbaren sei. Wenn wir Zuflucht beim geschriebenen Wort suchen, so vollziehen wir damit nicht den Übergang von der Spontaneität zur bedachten Planung, sondern den Versuch, die Verführung der ihr eigenen Ordnung zu entreißen. Diese hatte die Schüchternen zur Einsamkeit verurteilt, hier nun lehnen sie sich gegen das Urteil auf und weigern sich, ihre Strafe anzutreten. Sie werden Kleinanzeigler aus demselben Grund, aus dem Rousseau ein großer Schriftsteller wurde, nämlich um ihre Rechte geltend zu machen, um sich ein gerechteres, schmeichelhafteres, positiveres Image zuzulegen:

»Mein Entschluß, zu schreiben und mich zu verbergen, entsprach genau meinem Wesen. Hätte ich mich einfach hingestellt, man hätte nie meinen Wert erkannt.«[1]

Desgleichen ist das Motiv der Kleinanzeigen nicht Allergie gegenüber dem Anderen, sondern Mangel an Selbstvertrauen.

[1] Jean-Jacques Rousseau, *Bekenntnisse*, a.a.O.

Nicht der Wunsch, die Begegnung rationeller zu gestalten, sondern das verzweifelte Verlangen, sie trotz und ungeachtet des gesprochenen Wortes möglich zu machen. Die Strategie der Attacke wird durch die der Abwesenheit ersetzt. Die Schürzenjagd vervielfältigt ihre Methoden. Man verbirgt sich nicht mehr, weil man ausgeschlossen ist, man kann nun im verborgenen Gefallen erwecken.

Denn trotz des winzigen Raumes, den man ihnen einräumt, sind diese Anzeigen verführerisch. Jedenfalls die in *Libération* und ähnlichen Blättern, die nur dann auffallen, wenn sie sich nicht auf die gleichmacherische Praxis der Abkürzung einlassen, sondern einen Text präsentieren, in dem die Autoren sich frei entfalten. Die klassische Verführung benutzte einen militärischen Wortschatz: Belagerung, Sturmangriff, Eroberung. Der wöchentlichen Seite »*Chéri je t'aime*« in *Libération* wird nur ein literarischer Wortschatz gerecht – die Kunst des Stils anstelle der Kriegskunst. Auf diesem Triebtreff, diesem Rendezvous aller Wünsche, diesem Markt der Manien, diesem Festival der verschiedensten Überzeugungen und Ideologien herrscht ein gemeinsames Bestreben: mit wenigen Worten zu verführen. Revolutionslyrik in Erwartung der »großen Leidenschaften, die den Körper erschüttern und die Gesellschaft ins Wanken bringen«; Selbstironie des Phallokraten, der »junge Frau sucht, die beim Orgasmus melodische Schreie ausstößt«; Humor des pornographischen Schwulen, der »in (Gefühls-)Notlage Herren von 40 oder mehr sucht zwecks lebensnotwendiger Liebesdosis. Unbedingt erforderliche Quantität: drei Injektionen pro Nacht. Sehr lange und sehr dicke Nadel bevorzugt. Jeder Sanitäter willkommen«; fröhliche Blasphemie des ehemaligen Katecheten: »Barmherzige Schwester gesucht, nicht zu mystisch veranlagt, um alte sexuelle Gespenster zu erlösen.«

Diese (in ihrer Auswahl durchaus repräsentativen) Anzeigen sind keine kodifizierten Botschaften, sondern Liebesbriefe an Unbekannte, jeder eine Flaschenpost, die weniger einen bestimmten Inhalt übermitteln soll als irgend jemanden finden, der sie aufgreift, jeder eine Bitte in Sonntagskleidern. Selbst hier noch muß das auf freimütigste Weise zum Ausdruck gebrachte Verlangen Gefallen erwecken (und nicht nur gelegen kommen), um akzeptiert zu werden. Auch hier noch müssen die ersten

Worte überraschen. Zwischen den nebeneinandergereihten Kleinanzeigen herrscht die gleiche Konkurrenz wie in der großen Welt, wie auf dem Schauplatz des gesprochenen Wortes und des Blicks. Also nichts Neues unter der Sonne der Verführung? Aber ja doch – die Anfänge sind hier einerseits leichter und andererseits viel wirkungsvoller. Anfangen heißt nicht nur seinen Erfindungsreichtum spielen lassen, die Initiative ergreifen, sondern auch schöpferisch sein. Die Botschaft ist beseelt von einer virtuellen Zeugungskraft. Statt einfach disponibel zu sein, kann man sich seine eigenen Überraschungen schaffen, man provoziert das Ereignis, ohne zu wissen, welche Gestalt es annehmen wird, man verschafft sich den unerhörten Luxus, ein Rendezvous mit einem Partner ohne Gesicht zu verabreden.

Man muß in der Tat dieses Paradox hervorheben: nicht nur Not drückt sich in diesen Botschaften aus, sondern auch Luxus. Selbst wenn die Kleinanzeigen trist klingen, selbst wenn sie manchmal das letzte Mittel gegen Depression und Tod sind, sind sie doch auch der Ort einer neuen Kraft. Einerseits das Armenhaus der einsamen Herzen, die Heilsarmee der Schürzenjagd, die Vermutung, daß diese Anzeigen ein Tummelplatz derer sind, die auf dem Königsweg der Verführung keine Chance haben. Andererseits ein Raum, wo der Aufstand geprobt wird gegen die Tyrannei des Blicks und die Lähmung der ersten Worte, wo die Weigerung laut wird, sich mit der erzwungenen Untätigkeit abzufinden. Im Anruf der Verzweiflung vernehmen wir auch das positive Bemühen, Verblüffung zu erzielen, das Verlangen, den Unbekannten rumzukriegen, und eine fröhliche Behauptung: Es gibt kein schicksalhaftes Ausgeschlossensein, kein unabwendbares Scheitern, keine angeborene Dummheit. Selbst wenn mir die Stimme den Dienst versagt und der Andere weitergeht, muß das nicht unbedingt heißen, daß die Begegnung niemals zustande kommt, es bleibt mir noch immer die leise Hoffnung des geschriebenen Wortes. Alles, was der Blick zum Schweigen gebracht hat, wird nun in die Anzeige investiert. So wirbt man dann mit dem Treppenwitz: „Suche zwecks näherer Verbindung, Liebe und anderer Vorhaben junge Dame von ungefähr zwanzig, die ich eines Mittwochnachmittags in Versailles nach dem Weg gefragt habe.«

## Die beiden Träume der Liebe

Pausenlos wird die Schürzenjagd von der Vorstellung heimgesucht, sie könne den Bogen überspannen. Weil sie der Sexualität die Angst vor sich selbst einjagt, weil sie das Verlangen darüber im unklaren läßt, welches Geschick ihm beschieden sein wird, weil sie den einzelnen um sein Image fürchten läßt, träumt die Verführung von einem Raum, wo der Andere stets greifbar wäre, wo er sich seiner Macht, nein zu sagen, entschlagen hätte, wo die Befriedigung nicht mehr erkämpft werden müßte, wo das Genital nicht mehr Verhandlungsgegenstand wäre, wo man schließlich keine Prüfung mehr zu bestehen hätte, um der Lust teilhaftig zu werden.

Andererseits setzen die Liebesschliche eine minuziöse Planung voraus, ein strenges Zeremoniell, aus dem alle Improvisation ausgeschlossen sein muß. Deshalb erzeugen sie den entgegengesetzten Raum einer sofortigen Transparenz, einer Auslösevorrichtung, die unmittelbare Nähe herstellt, einer wahrhaften Begegnung, die alle Kodes außer Kraft setzt, einer Beziehung, deren Entwicklung alle Programme überholt. Kurzum, zwei Motive inspirieren die Liebe zu ihren beiden widersprüchlichen Träumen: einerseits ein *Verlangen nach Institution,* um den Zufall auszuschalten, um die Gefahr der Disqualifizierung und des Ausschlusses zu bannen, andererseits ein *Verlangen nach Abenteuer,* um dem Ritual im Blitzschlag der Begegnung zu entgehen.

Leicht wird man die Spuren dieser doppelten Sehnsucht in unserem Text wiederfinden. Romantischer Eskapismus und republikanische Lusttheorie mögen durchaus uneingestandene Bezugspunkte unserer Kritik gewesen sein. Doch wäre es lächerlich, diese beiden Träume von Abenteuer und Institution in den Rang von *Lösungen* für die Liebe heben zu wollen. Wir werden uns vor der Versuchung hüten, eine Therapie anzubieten. Die Verführung ist nicht das Grundübel, von dem die affektive Beziehung genesen müßte, um zu ihrer Wahrheit zu finden. Weder die Utopien vom Gemeinbesitz – Lusthäuser, Gruppenliebe, kostenlose und reziproke Prostitution – noch die unausrottbare Romantik vom Blitzschlag werden dem Liebesfeilschen ein Ende setzen. Der Imperialismus der einzelnen wird dem freien Tauschhandel immer Grenzen auferlegen. Man kann die Liebe nicht von ihrer disqualifizierenden Praxis lösen, nicht von den Kompromissen, die sie mit der Welt schließt, nicht von den Verwundungen, mit denen sie droht, und der Unsicherheit, in die sie getaucht ist. Was natürlich nicht heißen soll, daß keinerlei Besserung möglich wäre, daß sich auf dem Schau- und Kampfplatz der Triebe und Emotionen nichts verändern könnte. Doch die heute wahrnehmbaren Veränderungen (die Zunahme der Kriterien, das Auftauchen des weiblichen Verlangens[1], das Verschwinden des alten Zeremoniells, die Vervielfältigung der Manöver, um das eine große Verführungsmanöver zu umgehen) sind keine Symptome der Agonie. Was wir da vor uns haben, sind nicht die letzten Zuckungen der alten Welt, die Liebe ist nicht im Begriff, sich aus den üblen Märkten des schmutzigen Schachers zurückzuziehen, um sich endlich an einem Ort der Unschuld niederzulassen, wir haben hier keinerlei gute Nachricht zu überbringen, es gibt kein »Jenseits der Verführung«.

[1] Sobald sich die Frauen in Massen Gleichberechtigung auf dem Verführungsmarkt zu verschaffen wissen, werfen sie alle Verhaltensweisen ab, die im Kontext von Aggression und Vergewaltigung mit ihrer Unterjochung zusammenhingen. Nicht daß man sie von der Anklage des Liebeshandels freisprechen könnte. Heutzutage ist niemand unschuldig, entzieht sich niemand der Pflicht zu gefallen, zu wählen und gewählt zu werden. Es gibt keine Authentizität der Begegnung (es sei denn, man wollte als Komplimente die Blicke derer bezeichnen, die euch gefallen, und als Vergewaltigung das Angebot derer, die euch zu häßlich sind oder deren Tauschwert zu niedrig ist, um euch in Wallung zu bringen). Wenn die Frauen auf diesem Markt etwas bewirken, so manifestiert es sich nicht in der Abschaffung des Verführungsverhältnisses, sondern in einer radikalen Veränderung der einschlägigen Manöver, in einer Verfeinerung, einer zunehmenden Subtilität und Gegenseitigkeit der Annäherungen. Das ist zwar nur eine unterschwellige, kaum merkliche Veränderung, aber sie hat für uns weit größere Bedeutung als die lärmenden Träume von der unmotivierten, rein zufallsbestimmten Partnerwahl, aus der alle Ungleichheit angeblich ausgemerzt wäre.

## Gesichtskontrolle

Vor einigen Jahren verordneten die Behörden, daß alle häßlichen Leute Masken zu tragen haben, wenn sie sich auf die Straße und in die Öffentlichkeit begeben. Da niemand zugeben wollte, häßlich zu sein, gingen fast alle weiterhin unbedeckten Gesichtes, und der Staat mußte Inspektoren einsetzen, die Jagd auf die Straftäter machten und sie mit hohen Geldstrafen belegten. Sofort fanden die kapuzenähnlichen Hüllen (die man käuflich erwerben mußte) reißenden Absatz, und die Hälfte der Bevölkerung ging tagsüber maskiert. Kurz darauf wurde das Gesetz durch ein zweites verschärft: die Häßlichen hatten sich nicht nur zu bedecken, wenn sie auf die Straße gingen, sondern mußten ihre Masken nun auch am Arbeitsplatz aufbehalten, um ihren Kollegen den Anblick ihrer Häßlichkeit zu ersparen. Daraufhin erfuhr die Kapuzenproduktion eine große Ausweitung, man brachte die Hüllen in jeder Form, in jeder Qualität und in jeder Preislage auf den Markt. Manche gingen aus Eitelkeit sogar so weit, sie mehrmals am Tage zu wechseln. In diesem Sommer ist nun ein drittes Gesetz hinzugekommen: Ab sofort müssen alle jene Personen Masken tragen, deren Physiognomie durch Krankheit, Müdigkeit oder Ärger beeinträchtigt oder entstellt worden ist. In einem Punkt allerdings drückt sich das Gesetz nicht ganz klar aus: Es sagt nicht, bei welchem Grad an Hautveränderung man sein Gesicht zu bedecken hat. In dieser Hinsicht überläßt es dem einzelnen die Entscheidung. Jeder von uns muß sich nun allmorgendlich vor dem Spiegel fragen, ob er noch schön und ansprechend genug ist, um das Haus unbedeckten Gesichts verlassen zu dürfen. Und wehe ihm, wenn er sich täuscht, denn wenn die Bürger die Qualität ihres Gesichts nicht genau einschätzen können, der Staat kann es mit unfehlbarer Sicherheit, und seine Beamten lassen sich ungerechtfertigte Zurschaustellungen teuer bezahlen. Zuerst drohen Bußgelder, dann Gefängnisstrafen, bei Gewohnheitstätern schließlich Schnitte mit der Rasierklinge in Wangen, Lippen, Nase und Augen. So leben wir jetzt fast alle maskiert. Ein Heer von gleichfalls maskierten Spitzeln und Denunzianten ist unter uns.

Neuerdings hat es den Anschein, daß noch weitere Erlasse in Vorbereitung sind. Danach soll die Maskenpflicht bald auf vierundzwanzig Stunden pro Tag ausgeweitet werden, sollen zu jeder Tages- und Nachtstunde unerwartete Kontrollen stattfinden, es heißt sogar, der Staat trage sich mit dem Gedanken, das gesamte Erscheinungsbild seiner Bürger zu modifizieren, es würden Kutten entwickelt, die den Körper verhüllen.

# Ausblick auf das, was die lockere Unordnung mit sich bringt

Neckermann macht's nicht möglich.
Mao Tse-tung

Was ist vom 19. Jahrhundert heute noch übrig? Was haben wir von jenem asketischen Ideal bewahrt, das dem expandierenden Kapitalismus einst als Daseinsberechtigung diente? Was ist, mit einem Wort, von der gestrengen, sparsamen, familienorientierten Gestalt des Bourgeois geblieben? Auf den ersten Blick nichts, zeichnet sich doch die moderne Moral dadurch aus, daß sie erbarmungslos Jagd auf die letzten Reste eines etwa noch überlebenden Puritanismus macht, daß sie die Bedürfnisse und Konsumgelüste anheizt und zu jener medizinischen Hygienepolizei, die einst die Onanierer dem Wahnsinn, die Junggesellen der Neurose und die Homosexuellen der Verderbnis überantwortete, eine Beziehung faszinierten Entsetzens unterhält. Die viktorianische Eiszeit der Moral erscheint neben den permissiven sexologischen Auffassungen unserer Zeit wie tiefstes Mittelalter. Doch so einfach liegen die Dinge nicht.

Mitte des vorigen Jahrhunderts feierte man die Hochzeit der medizinischen mit der repressiven Ordnung. Triumphierend vermeldete der Positivismus die beglückende Neuigkeit: »Gott ist tot«, nicht ohne sie sofort mit dem beruhigenden Zusatz zu versehen: »aber für die Moral ist gesorgt«. Bei näherem Hinsehen stellte sich dann heraus, daß die Moral den Zusammenbruch der Religion nicht nur heil überstanden hatte, sondern gestärkt aus ihm hervorgegangen war. Die Medizin schickte sich an, die sexuelle Repression mit einer Rücksichtslosigkeit zu verschärfen, die um so erbarmungsloser ausfiel, als sie sich wissenschaftlich gab. Angesichts der detektivischen Pedanterie, mit der sie die Abweichungen auflistete, erscheint die pauschale Verurteilung seitens der Kirche geradezu sündhaft mild und nachsichtig. Dostojewski hat sich also gründlich getäuscht. Wenn Gott nicht existiert, dann ist *nichts* erlaubt, und die Entfremdung vom Christentum bedeutet nicht Unmoral oder Anarchie, sondern das Gegenteil: Terror.[1]

[1] John Stuart Mill: »Auch der Voreingenommenste muß zugeben, daß man dieser Religion ohne Theologie [dem Positivismus] keine Lockerung der moralischen Bindungen vorwerfen kann. Im Gegenteil, sie strafft sie bis zum äußersten« (zitiert bei Thomas Szasz, *Die Fabrikation des Wahnsinns,* Frankfurt a. M. 1976).

Im 19. Jahrhundert regierte die Medizin. weil sie auch denen noch Angst zu machen verstand, die über die Priester nur noch lachten. In puncto Verbreitung von Schuldgefühlen und Schrekken mußte der Klerus sich geschlagen geben: Seine sexualfeindlichen Hetztiraden waren Kindereien verglichen mit den leidenschaftslosen Deskriptionen der Kliniker. Nach dem gründlichen Großreinemachen der Aufklärung glaubte niemand mehr an die Kochtöpfe Beelzebubs, an den Feuerrost und die geschwänzten Teufel, aber wer wird nicht an die schrecklichen Folgen sexueller Zügellosigkeit glauben, wenn der Obskurantismus durch Objektivität ersetzt worden ist? Die Warnungen der Medizin hoben auf die organischen Auswirkungen des Lasters ab und waren damit weit schrecklicher als die religiösen Drohungen: Der Wüstling sah sich nicht mehr von den ewigen Qualen im Jenseits bedroht, sondern von der recht diesseitigen Hölle in seinem Bauch. Und eine somatisierte Justiz tritt unverzüglich in Kraft – bei Masturbation beispielsweise, die nun schlimmer erschien als die Todsünde, da sie – wie die guten Ärzte versicherten – dem Organismus abträglich sei und den Ärmsten, der von diesem Übel befallen ist, in den Schwachsinn treibe, in Tuberkulose, Impotenz, Blindheit und schließlich in den Tod. Die therapeutische Ordnung stellte sich dar als ein Wohlfahrtsunternehmen, das die Unterdrückung der Triebe nur betreibt, weil es ihm um das körperliche Wohl der Menschen geht.

Heute sprechen die Ärzte nicht mehr die Sprache der Repression. Die Medizin und die Humanwissenschaften liefern dem Zwang keine Grundlage mehr. Im Gegenteil, heute befleißigt sich die repressive Gewalt einer therapeutischen Sprache. Die alte Verzichtethik ist tot, doch selbst sterbend geistern ihre Werte noch durch die medizinische Ordnung als deren Rechtfertigung und Alibi. Die viktorianischen Ärzte hatten sich den Ruhmestitel eines revolutionären Auftrags zugelegt: die Menschheit aus der Unmündigkeit zu erretten, in der die Priester sie hielten. Heute wollen uns die Mediziner vom Puritanismus mit seiner tristen Gefolgschaft aus Verdrängungen, Hemmungen, Blockaden und Unwissenheit erretten. Heilung und Fortschritt stehen immer noch auf der Tagesordnung, doch es geht nicht mehr darum, den Menschen von seiner Tiernatur zu heilen, indem man ihm beibringt, seinen Trieb zu beherrschen und ihm so selten wie möglich Ausdruck zu verleihen. Nicht der einzelne krankt am Geschlecht, das Geschlecht krankt eher an der Zensur. Dem Ideal der Askese ist das der Triebentfaltung gefolgt.[1] Das thermodynamische Modell, das die Triebabfuhr mit Energieverlust gleichsetzte, ist verworfen worden. Im Klartext heißt das: Die Libido ist nicht schädlich. Daher zersetzt die moderne Moral die traditionelle Familienordnung, die einst die Menschen vor Ausschweifung und Triebverschwendung schützen sollte. An ihre Stelle wird eine Genitalordnung gesetzt, deren hedonistischer Auftrag darin besteht, die Menschen vor den Gefahren zu schützen, mit denen Enthaltsamkeit, Unreife, frühkindliche Erfahrungen, perverse Fixierungen usw. ihr sexuelles Glück bedrohen. Die Ordnung befleißigt sich nicht mehr der imperativen Sprache des Gesetzgebers noch der objektiven des Klinikers. Mit geradezu mütterlicher Fürsorge führt sie uns zur Erfüllung.

Dieser Wandel ist Teil einer weit umfassenderen Kontroll- und Integrationsstrategie, einer Neuorientierung, die gleichermaßen alle Gebiete erfaßt, die der Frühkapitalismus einst ausgrenzte. Roosevelts New Deal war der entscheidende Augenblick, da das Kapital seine Strukturen so modifizierte, daß es sich die Arbeiterbewegung einverleiben konnte, statt sie wie bisher zu bekämpfen. Damit funktionierte es den Klassengegensatz zum Motor

[1] Auf den ersten Blick scheint diese Wendung zur Permissivität der Gnadenstoß für die Beichtväter zu sein und dem religiösen Obskurantismus endgültig den Garaus zu machen. Die Ärzte geben sich nicht mehr als die neuen Priester, die ausschließlich damit beschäftigt sind, in dem verschwommenen Bereich der Sünde, den sie von ihren Vorgängern geerbt haben, eine klare Ordnung zu schaffen, die Unterschiede und Besonderheiten herauszuarbeiten und zu klassifizieren. Doch vielleicht ist diese Wandlung im tiefsten Grunde nur ein Wechsel der Kirche: Die rechte protestantische Nutzung des Körpers ersetzt die katholische Sünde des Fleiches. Das Urteil in Sachen Erotik, das sich an den Kategorien von Verbot und Übertretung orientierte und der Reproduktion das offizielle Primat einräumte, wird zugunsten einer profitorientierten Lustethik fallengelassen. Die calvinistische Moral wird auf dem Gebiet des Eros heimisch gemacht. Ein neuer Positivismus wird in den Begriffen von Verdrängung und freier Entfaltung definiert, es macht sich das Bestreben breit, hedonistischen Profit aus den Körpern zu schlagen, eine neue funktionale Libido, die den Organismus verplant und befriedigt und von den Geschlechtsteilen jenes goldene Zeitalter erwartet, das die alten revolutionären Ideale verkündeten. Doch diese aberwitzige Hoffnung, die man in die Kopulation setzt, dieser Triebskandinavismus, der durch den Trick der rechten Sexualität alle Gewalt und alle Brutalität kanalisieren zu können glaubt, wird bald entmutigt werden, ist bereits entmutigt worden. Weder die Nazis noch die Stalinisten waren sexuelle Verdränger. Ein normales Sexualleben verträgt sich durchaus mit den scheußlichsten Formen der Gewalt. Und die Idee der Verdrängung ist nicht nur töricht, sondern auch repressiv, weil sie, konsequent zu Ende gedacht, auch die totalitäre Vorstellung einer *ordnungsgemäßen Lust* voraussetzt.

seiner Expansion um. Dem Begriff einer Arbeiterklasse ganz und gar außerhalb des Systems und im geschlossenen Kampf *dagegen* folgte die Institution einer Arbeiterklasse *in* und *für* die Entwicklung. In gleicher Weise will nun auch der libidinöse New Deal die Unverträglichkeit zwischen System und Trieben beenden. Er kümmert sich um das sexuelle Verlangen, statt es in Randzonen abzudrängen (mit all den Risiken einer unkontrollierbaren *Rückkehr,* die solche Ausschlußpraxis mit sich bringt). Er nimmt es auf und desinfiziert es, weist ihm seinen Platz an, seine Norm, zeigt ihm, wie es seinen Energiehaushalt zu führen hat, bringt es dazu, seine Besetzung all dessen aufzugeben, was sich dem Imperialismus seiner eigenen Kodes entzieht. Dies ist der Auftrag der Genitalordnung.

Die Ordnung ist also zu einer nachsichtigen Instanz geworden, die jede Autorität ablehnt und sich statt dessen für die Sprache der Fürsorglichkeit entscheidet. Doch halte man diese Großzügigkeit nicht für Befreiung. Das Genitalsystem produziert einen Typus barmherzigen Zwangs, der das Elend und die Schuldgefühle erst schafft, von denen die Menschen zu befreien es sich dann anheischig macht. Die Statistiken, die es verbreitet, die Einschüchterung, die es mit der großen Zahl betreibt, lassen eine neue Generation von Schuldigen erstehen: nicht mehr die Rechtsbrecher, sondern die Minderheiten. Nicht mehr Gott oder auch die Wissenschaft macht das Gesetz, sondern das sexuelle Verhalten der Mehrheit. Und gar das Modell des Orgasmus, das mit unerhörtem Nachdruck und erbarmungsloser Gewalt verhängt wird: es schafft seinerseits neues Elend, das Elend all derer, die in ihrer Sexualität nicht die heiligen Zeichen der höchsten Entzückung zu erkennen vermögen und die dieser Mangel unbarmherzig zu libidinöser Mittelmäßigkeit verurteilt. Die Orgasmusnorm fabriziert selbst jenen wertlosen Teil der Menschheit, den ihre Erfinder dann in ihren Wartezimmern begrüßen.[1] Die Hölle ist nicht mehr die Übertretung (es gibt kein

[1] Bezeichnend hierfür ist ein Artikel, der unter der Überschrift »Wann kann man sicher sein, den Orgasmus erreicht zu haben?« im offiziellen Organ einer großen amerikanischen Universität erschienen ist (*The Daily Californian,* 19. Januar 1977). Berichtet wird von einer Frau, die nicht weiß, ob die von ihr verspürte Lust die großartige Bezeichnung Orgasmus verdient, ob sie das Recht hat, ihren Genuß in dieser Weise zu preisen. Diese Ungewißheit quält sie – sie und ihren Liebhaber – derart, daß sie ihre Verwirrung und ihre Angst einem Sexualberater anvertraut. Was tun? Der sexologische Terrorismus kulminiert

transzendentes Gesetz mehr); sie ist auch nicht mehr der Exzeß (es gibt keine immanente Strafjustiz mehr, keine Krankheit bedroht die Lüsternheit). Die Hölle ist, *anders zu sein*. Denn die Ordnung der Norm läßt uns nur noch zwei Möglichkeiten, die Differenz zu erleben: das schlechte Gewissen und das Gefühl des Mangels. Meine Besonderheit ist all das, was mich von den anderen trennt, all das, was mich hindert, auch die wahre Entfaltung zu erleben. Der Puritanismus wollte die Menschen vor ihrem Trieb beschützen, an seine Stelle ist das Ideal der freien Sinnesentfaltung getreten, das nun den Trieb vor seiner eigenen Vielfalt schützt.

In einer Hinsicht hat also die moderne Moral das 19. Jahrhundert gewiß begraben. Der Kapitalismus unserer Tage hat sich von der bürgerlichen Ideologie befreit, die seine Anfänge legitimierte und seinen Triumph vorbereitete. Doch um diese Liquidation zu rechtfertigen, segelt er unter der gleichen Flagge wie der Puritanismus: Wie die moralisierende Ordnung spricht auch die normalisierende Ordnung von Fortschritt und Medizin. Diese Kontinuität des Sprachgebrauchs ist weit aufschlußreicher als die

in dieser Frage. Bald wird es nach jedem Verkehr erforderlich sein, den Arzt anzurufen oder, noch besser, den Beischlaf auf Tonband zu nehmen und ihm das Band vorzuführen, damit er einem sagen kann, ob man den Orgasmus *gehabt* hat oder nicht. Wann gibt es endlich Orgasmusdiplome, die ausschließlich von Gynäko-Sexologen ausgestellt werden dürfen, die mindestens sechs Jahre Studium und vier Jahre fachärztliche Ausbildung nachweisen können?

Zurück zu dem Artikel: Er ist bestrebt, der »Patientin« ihre Angst zu nehmen. Jeder Orgasmus – so liest man dort – unterscheide sich vom vorhergehenden, außerdem könne jede Frau die Lust auf ihre Weise erleben. Was nütze es schließlich, sich auf die abschließende Akme zu versteifen? Dies sei der sicherste Weg, sie nicht zu erreichen. Man dürfe sich nicht um sie bemühen, um sie dann vielleicht zu erleben. Zu diesem Übermaß an Liberalität, zu dieser Medizin, die sich so cool, so um den Abbau aller Schuldgefühle bemüht, so verständnisinnig zeigt, eine einzige Anmerkung: Eben weil der Orgasmus jeder Definition entzogen bleibt, übt er einen solchen Terror aus. Wenn man vorgibt, ihn der Erlebnisvielfalt des Fleisches zu öffnen, aber ihn gleichwohl als einzige Kategorie für die Vielgestalt der Lusterlebnisse beibehält, dann mißt man diese nach wie vor an einem einzigen Maßstab, dem man zugleich jeden Wirklichkeitsbezug nimmt. Ergebnis: Der Orgasmus schüchtert doppelt ein. Er verbindet die hierarchische Macht der Norm mit der unberechenbaren Macht der Gnade. Die Ekstase ist obligatorisch und zugleich niemals gewiß. Damit wird sie zu einer Bezugsgröße, die, eben weil sie so unklar ist, grausamen Terror ausübt, zu einer Obsession, die sich nie befriedigen läßt, weil man nie sicher sein kann, ob man ihren Ansprüchen gerecht geworden ist. Der sich so aufgeschlossen gebende Liberalismus der Sexologie verschärft die Gewalt der Medizin, weil er uns auf ein Ideal festlegt und uns zugleich keine Chance läßt, es zu erreichen, weil er uns zu blindem Gehorsam zwingt, zum Befolgen eines Befehls, dem er zuvor jeden Inhalt genommen hat: dem des Orgasmus.

Metamorphose der Inhalte. Das Bedürfnis nach Sanierung und Hygiene, das der Liebe aufgepfropft wird, der historische Optimismus der Erneuerung und des unaufhaltsamen Fortschritts zu einem besseren Leben vollenden den semantischen Triumph des 19. Jahrhunderts. Wir sind alle Kinder von Auguste Comte und Königin Victoria. Das Gefühl ist endgültig unter die Rechtsprechung der Medizin gefallen, und seine Geschichte ist die seines Fortschritts.[1]

Woran ist der therapeutische Totalitarismus zu erkennen? Daran, daß er alles Leiden auf ein Krankheitssymptom zurückführt. Daran, daß er die pathologische Wahrnehmung des Schmerzes auf Evidenz gründet. Daran, daß er uns mit der Gewißheit zu trösten versucht, in jedem Leiden komme die Beziehung zu einem Gesundheitsmodell zum Ausdruck, unsere Not bedeute immer den Abstand zu diesem Gesundheitsmodell und die nie nachlassende Sehnsucht nach ihm. Diese Vereinnahmung des Leidens durch die Medizin bedeutet für das Triebleben zwangsläufig die Pflicht zu gesunder Befriedigung, das heißt zu eindeutiger und reproduzierbarer Befriedigung. So sieht die Wirklichkeit jener Sehnsucht nach Heilung aus, die uns die therapeutische Ordnung einimpft. Es ist die Sehnsucht nach einem Kode für unser Verlangen, der es von seinen Irrwegen abbringen und ihm klar erkennbare Freuden garantieren soll, vertraute und realisierbare Gefühlserlebnisse.

Vielleicht entspricht es aber gar nicht der Natur der Triebe, einen bestimmten Zweck zu verfolgen. Wenn die Libidoenergie sich so leidenschaftlich auf diesen Endzweck wirft, wenn sie sich so bereitwillig einem Lustmaßstab unterwirft, so tut sie dies nur, um sich aufs neue zu entziehen – einen Libidokode gibt es nur, damit dem Trieb nichts zustößt, damit alles absehbar, konform, verständlich bleibt. Denn in ebendem Maße, in dem das Ereignis die Kategorien durcheinanderbringt, in denen es untergebracht werden soll, in dem es die Modelle sprengt, die es vereinnahmen und dem Kind einen Namen geben sollen, bewirkt sein Einbruch auf unbestimmbare Weise Lust und Leiden zugleich. Und eben-

[1] »Die Gesundheitspolizei steht im 19. Jahrhundert fast immer auf der Seite, die man gemeinhin die Linke nennt. Sie ist beseelt vom progressiven Ideal der Wissenschaft, befindet sich in unmittelbarer Nachfolge der Aufklärung und des Jakobinismus.« (Jean Borie, *Le Célibataire Français,* Paris, Sagittaire 1976, S. 104.)

diese Ambivalenz kann der medizinische Hedonismus nicht ertragen. Intensität des Gefühls kann nicht Leiden sein, sagt er. Wenn man leidet, ist man krank. Das Unerträgliche ist ein Pflegefall. Der therapeutische Nihilismus sieht in den schmerzhaften Erfahrungen, denen sich die Libido aussetzt, nur Treibsand, in dem sie versinkt. Das von der Medizin vereinnahmte Verlangen fürchtet also das Neue, verweigert das Ereignis, haßt alle Passivität.

Sogar die erotische Avantgarde erweist der Medizin ihre Reverenz. Wenn die heterosexuelle und genitale Orthodoxie in Frage gestellt wird, geschieht dies meist in therapeutischen Begriffen, im Namen einer neuen guten Natur – in dem der Polymorphie der Lust. Progressives Laster und fortschrittlichste Sexologie liefern ein neues Hygieneideal, an dem sich die Lustaktivisten orientieren, damit sie die anderen dann als verklemmt bezeichnen können, als Kleinbürger des Eros, als Pimmelbürokraten. Wir tragen in uns alle Manien, alle nur denkbaren Perversionen, so versichern sie uns, also gilt es sie *auszuleben* – ein bißchen so wie der Tourist die exotischsten Länder erlebt, damit er dann zu Hause mit der Fülle seiner Erfahrungen angeben kann. Neben einer Gewalt, die den Kompetenzanspruch der Menschen auf sie selbst zurückfallen läßt, gibt es in den Büchern von Sylvia Bourdon und Xaviera Hollander eine überaus ärgerliche Selbstzufriedenheit, die sich mit allen Verdienstorden des Sex schmückt. Man könnte glauben, daß wir fortan 24 Stunden am Tag wie Schüler büffeln müssen und daß der Notenzwang selbst das Sexualleben nicht mehr aussparen wird. Die zur Schau getragene Verachtung der Schule hindert diese Avantgardisten nicht, das Modell der Schule immer breiter und allgemeiner anzuwenden. Ziel eines aktiv geführten Sexuallebens ist es dann, sagen zu können: »Ich bin der Beste«, und Klassenprimus wird man nicht mehr bloß dadurch, daß man die meisten Eroberungen macht (wie zu Zeiten des klassischen Donjuanismus), sondern man muß auch über eine möglichst breite Vielfalt von Sexualpraktiken verfügen. Erstes Anzeichen dieser neuen Leistungsmoral: das Aufkommen einer Libido-Benotung, die – nach dem Vorbild der Gastronomie – den Partner je nach den Spezialitäten, derer er sich rühmen kann, mit zwei oder drei Sternen versieht.

All diese Freigeister, diese Vorkämpfer der Lust, diese vorurteilsfreien Avantgardisten des Kama-Sutra, all diese Zehnkämpfer des Gruppensex, diese Libidoathleten, Verächter der kleinen Freuden, all diese letzten Idealisten der Liebe behaupten von sich, frei zu sein, progressiv zu sein, eine Sexualität zu betreiben, die keine Grenzen kennt, und doch unterscheiden sie sich nicht von den Pfaffen und Betschwestern, die sie verurteilen: Sie glauben noch an die Wahrhaftigkeit des Verlangens, *ihres* Verlangens. Sie haben noch einen tyrannischen Gott, vor dem sie sich niederwerfen. Sie beten noch einen zentralen Wert an, heiße er Körper, Lustmaximierung, Exzeß oder Fest ... Wodurch diese *Happy Few* dann dazu prädestiniert sind, uns Ignoranten Nachhilfeunterricht zu erteilen, der kranken Menschheit die Medizin zu verschreiben, die sie von ihrem Leiden heilen wird.

Dies nämlich ist das wahre Wesen der Ordnung: nicht ein bestimmter Inhalt, sondern die Pflicht, uns selbst entweder als Ärzte oder als Kranke zu verstehen, die Tatsache, daß wir der therapeutischen Alternative nicht entgehen können. Die verschiedenen Gesundheiten machen sich zwar auf dem Medizinmarkt Konkurrenz, Einigkeit herrscht aber hinsichtlich der Frage, daß Hilfe und Heilung not tut. Die Ordnung erläßt keine polizeilichen Vorschriften mehr, sondern ärztliche.

Da die Macht vielschichtig geworden ist, da sie nicht mehr ganz überschaubar, nicht mehr eindeutig lokalisierbar ist, nennt man sie heute *das System*. In dieser Beschwörungsformel liegt der ganze Zauber einer umgekehrten Vorsehung. Die Ordnung System nennen heißt, ihr Allwissenheit und unfehlbare Logik zubilligen, ihr unterstellen, sie habe alle Ereignisse im Griff, die in ihrem Umkreis stattfinden. Es heißt aber auch, den uralten Gegensatz zwischen Machthabern und Unterworfenen in eine neue Realität hinüberzuretten. Wer »sie« sind, die Statthalter oder Erfüllungsgehilfen des Systems, wird dabei nicht recht deutlich, ebensowenig, wo sich die Büros befinden, in denen sie sitzen, in jedem Falle aber vermutet man hinter dieser Anonymität, daß es keine Gemeinsamkeit zwischen »ihnen« und »uns« geben könne.

Doch daß die Macht sich nicht mehr konkretisieren läßt, liegt nicht etwa daran, daß sie Versteck spielen würde, sich in die Kulissen zurückgezogen hätte (in die Unzugänglichkeit der Büros) oder ins Jenseits (in eine unsichtbare Transzendenz), sondern eben genau daran, daß es niemandem mehr möglich ist, sich von der Mitschuld an der Ordnung freizusprechen, die Verantwortung auf eine äußere Instanz abzuschieben. Was ich vom System weiß, ist genau das, was mir meine eigene Paranoia diktiert. Die Liebesordnung ist nichts anderes als das Verhältnis gegenseitiger Einschüchterung, das die Unterschiede beherrscht. Die den Terror erleiden, lassen es sich zugleich angelegen sein, ihn zu verbreiten. Kein anderes Mittel wissen sie, ihre Haut zu retten, als die anderen in ihren Mängeln und Unzulänglichkeiten bloßzustellen. In merkwürdiger Umkehrung wird die Lust nicht etwa – wie man meinen sollte – zum Erlebnis des Sich-Gehen-Lassens, sondern zum Einsatz in einem erbitterten Wettlauf um die Herrschaft.

Und insofern sind die Minoritäten ein Skandal. Statt mitzuspielen, verleihen sie dem Kampf eine ganz andere Bedeutung. Denn die Ordnung läßt nur ernsthafte Kritik gelten, Kritik, die zu ihrer eigenen Rechtfertigung den Beweis dafür antritt, daß sie in der Lage ist, die herrschende Autorität oder Norm zu ersetzen. Die minoritären Ansprüche aber sind frivol, da sie das System angreifen, ohne sich anheischig zu machen, seine Nachfolge anzutreten, da sie zum Verfall der Norm beitragen, aber keinerlei Anstalten machen, irgend etwas an ihre Stelle zu setzen – schon gar nicht die (erotische, kulturelle, soziale) Besonderheit, zu deren Verteidigung sie angetreten sind. Abweichende Meinungen, Dissidenten – welcher Art sie auch seien – drücken sich im Modus der Minorität aus, wenn sie ihr Ziel nicht mehr darin sehen, das Zentrum zu besetzen, sondern es *abzusetzen* und nichts mehr als Zentrum anzuerkennen (auch nicht sich selbst). Daher muß man die minoritäre Position (die eine Ordnung anficht, ohne ihren Platz einnehmen zu wollen) von der Häresie unterscheiden (die sich immer weit orthodoxer gibt als die Orthodoxie, die sie ablehnt).

Eine minoritäre Ordnung kann es mithin nicht geben, sie wäre ein Widerspruch in sich selbst. Die Minoritäten sind der konkret sich äußernde Wunsch nach einer *generellen Heterodoxie.* Die »Randgruppen« auf dem Gebiet der Liebe (die Homosexuellen, Lesbierinnen, Transvestiten, Sadomasochisten, Päderasten usw.) verzichten heute auf die Kritk, unter deren Stern sie sich vor einigen Jahren formiert hatten, um gegen ihre Verfolgung und

Vernichtung zu protestieren oder auch nur gegen das der Toleranzbeziehung innewohnende Mißverhältnis (die Abweichung *erleidet* die Norm, die Norm *toleriert* die Abweichung). Es geht diesen Gruppen heute nicht mehr um den Sturz der Mehrheitssexualität. Man kann sich behaupten, ohne gleich eine neue Medizin begründen zu müssen. Man kann eine Gesundheit verkünden, die nicht automatisch voraussetzt, daß alle anderen krank seien. Die Ordnung hat es gern, wenn man sie herausfordert – die Minoritäten kümmern sich nicht um sie. Der Vater hat uns so gemacht, daß wir seinen Tod wünschen, um ihn besser ersetzen zu können – die Minoritäten sind Waisenkinder.

In den Raum jener freien Koexistenz, den die nicht der Norm gehorchenden Sexualitäten abstecken, darf auch die herrschende Erotik wieder einziehen, allerdings ohne ihren Hegemonieanspruch, ohne ihren Allmachtswahn und ihre Überheblichkeit. Die Perversionen zerstören nicht, sie setzen ab, sie entthronen den Souverän, *sie proklamieren den Minderheitsstatus der Heterosexualität.* Sobald diese also ihren Anspruch aufgibt, für die Allgemeinheit zu stehen, darf sie getrost rein numerisch Mehrheit bleiben: sie ist dann ja nicht mehr bestrebt, die Norm vorzuleben, sondern artikuliert sich im Modus der Minorität, als eine Besonderheit unter anderen.

So wird ein Kollektivraum abgesteckt gegen die Ordnung, die ihn ausmerzen wollte. Das dadurch gewonnene Gebiet ist aber keineswegs Sammelplatz der Avantgarden. Die Gruppen, die sich dort zusammenfinden, planen kein Rendezvous mit der Geschichte. Weder erwarten sie den historischen Augenblick, da sie zur Mehrheit werden, noch bereiten sie ihn vor. Die Betonung der eigenen Besonderheit ist nicht abhängig von einer künftigen Eroberung der Norm; die Gegenwart emanzipiert sich von ihrer Kolonisierung durch die Zukunft. Kurzum, die Minderheiten entthronen den religiösen Wert Hoffnung – und je mehr sie zu hoffen aufhören, desto unternehmungslustiger werden sie.

Für die Ordnung gibt es keine Minderheit, sie kennt nur Ungleichheiten oder Individuen. Anders gesagt, die Ordnung behandelt das Abweichende entweder, indem sie es in eine Hierarchie einordnet, oder indem sie es an seinen einzelnen Trägern festmacht, also auf einen bloßen Charakterzug reduziert. In dieser Hinsicht sind die Frauen eine exemplarische Minderheit, da sie beide Formen dieser schleichenden Diskriminierung erleiden. Einerseits wird ihnen Identität nur unter dem Zeichen des Mangels gestattet: sie sind weniger als der Mann, und diese Abwertung erfaßt jeden Aspekt ihres Daseins; nichts, was weiblich ist, entgeht der männlichen Diskreditierung. Andererseits werden sie als Gruppe atomisiert, in lauter Einzelgeschöpfe zerlegt, so daß sie unter dem unausweichlichen Zwang stehen, ihre Probleme zu individualisieren, ihre Schwierigkeiten oder eventuellen Nöte als privates Unglück zu erleben. So sind sie gleichzeitig Opfer der Unterdrückung und der Fürsorge. Opfer der (phallozentrischen) Macht und ihrer (psychologisierenden) Interpretation. Und genau dies kann die Ordnung den Frauen nicht verzeihen: daß sie ihre Ratlosigkeit und ihr Verlangen entprivatisiert, aus dem engen Zirkel der Privatheit herausgebracht haben, daß sie Gruppen und Gemeinschaften gebildet haben, wo wir nur Einzelwesen sehen wollten. In wessen Namen sie auftreten, all diese Gruppen, all diese Kollektive, all diese minoritären Umtriebe? Zu welchem Zweck? Im Namen der Weigerung, sich dem individuellen Schicksal zu fügen, das die herrschende Ordnung ihren Untertanen auferlegt (Minderheiten sind zuallererst Menschen im Streik gegen ihre Vereinzelung). Alsdann zu dem Zweck, sich als eine Besonderheit zu behaupten, die sich weder als eine Abweichung von einer Norm versteht noch als eine Norm, die zu Unrecht aus dem Zentrum verdrängt worden wäre von einer usurpatorischen Macht, sondern als eine ursprüngliche Differenz, eine von Anfang an sich unterscheidende Eigenart, die mit anderen Eigenarten koexistieren will, ohne sie zu vereinnahmen, zu klassifizieren oder gar abzuschaffen.

Wo man Edles und Unedles dekretiert, macht sie keinen Unterschied, was man als lächerlich abtun will, enthüllt sie als Aufruhr, das Detail erklärt sie für wesentlich, das Streben nach Wahrheit für Terror: *die neue Liebesunordnung*. Ihr erstes Gesicht ist die katalogartige Aufzählung, die brutale Nivellierung aller Werte, das Nebeneinander von lauter Fragmenten, die sich zueinander nur wie verschiedene Teile verhalten ohne Bezug auf ein verlorenes ursprüngliches Ganzes, ja nicht einmal in der Perspektive einer künftig zu bildenden Totalität. Der Katalog ist die moderne

Gestalt der Liebe, die absolute Gleichstellung aller ihrer Formen. Solche Koexistenz ist nicht einfach, sie ist sogar unerträglich, wenn man sie auf dem Hintergrund unserer säkularen Gewohnheit sieht, alles zu hierarchisieren. Sie bedeutet zunächst, daß man fortan die schmierigsten Vertraulichkeiten mit dem gleichen Recht wie die alleråtherischsten Verbindungen in den Rang der Liebesbeziehung heben kann und als erotisch die einfältigste Idylle ebenso wie die intensivste Paarung bezeichnen darf. Sie sorgt ferner dafür, daß es fortan keine Dummheiten und keine schäbigen Hintergedanken mehr gibt, über die wir erröten müßten, denn wir sind alle zugleich Kleinbürger der Liebe und große Herren des Lasters, wir sind alle gleichzeitig äußerst taktvoll und völlig von unseren Problemen in Anspruch genommen. Wenn es in der Liebe keine Zeiteinheit, keinen Fortschritt und keine sexuellen Avantgarden mehr gibt, wenn niemand mehr beispielhaft die empfindsame Menschheit repräsentiert, so deshalb, weil die Liebe selbst zur Fiktion wird wie die Masken, in denen sie nacheinander auftritt, wobei aber jede ihrer Masken gleich wahr und gleich fiktiv ist in den Augen einer Zukunft, die keine bevorzugt und alle benutzt. Wir treten heute in das Zeitalter der exklusiven Sexualitäten ein, die einander nicht mehr ausschließen. Jede Liebeshaltung (Treue *versus* Unbeständigkeit, Aktivität *versus* Passivität) wird jeweils für ihr Gegenteil zur »Abwechslung«, man wechselt von der Zweierbeziehung zum Partnertausch, von der Schüchternheit zur Initiative über und umgekehrt, aber nicht wie von etwas Gutem zu etwas Besserem, sondern wie von einer Ausnahme zur anderen, nichts hat Vorrang, keine Form des Leidens oder des Glücks herrscht vor (so ist es denkbar, daß sich Lasterhaftigkeit bald nicht mehr von Keuschheit unterscheiden läßt). Denn in dieser neuen Triebgleichheit gibt es ebensowenig Blockaden wie »Abweichungen vom normalen Weg«, ebensowenig Perversion wie Verdrängung, Zentrum und Ziel sind gleichermaßen aufgehoben, Triebverzicht ist ebenso viel wert wie Triebabfuhr, Lebenskunst wird zur Kunst, möglichst viele Lebensregeln zu praktizieren, sich eine Vielfalt von Haltungen zuzulegen. Die Liebesunordnung macht Schluß mit dem tyrannischen Monotheismus des Eros und befreit das lustige Völkchen der Faune, Satyre, Zwerge und Hexen, die dieser monarchische Gott in seinen Kerkern gefangenhielt. Ein durch und durch heidnischer Akt, der nicht mehr den kodifizierten Atheismus des »*Ni Dieu, ni Maître,* weder Gott noch Herr« im Munde führt, sondern fröhlich erklärt: »Tausend Götter, tausend Herrinnen, tausend Mätressen, tausend Leidenschaften«, damit niemand und nichts mehr die Vorherrschaft antreten kann.

Unter sexueller Befreiung hat man lange die Entwicklung neuer Liebesformen verstanden, die aus den Banden der Perversion, des Geldes, der Erniedrigung gelöst werden sollten, ein Streben nach Klarheit und Transparenz des Verlangens und seiner Befriedigung. Heute kann man sie weniger spekulativ als ein Nebeneinander aller Gefühlsakkorde, als Anerkennung der ganzen Affektvielfalt, als das Streben nach einer Kompatibilität aller sexuellen Entfaltungsweisen begreifen. Indem die neue Liebesunordnung die Bestimmungen der alten Ordnung aus ihrer vertikalen Hierarchie löst und im Raum einer horizontalen Nomenklatur verteilt, zerschlägt sie die letzten revolutionären Hoffnungen, die sich noch an die Liebe heften mochten, verbietet, daß man sie mit einer Botschaft beauftragt oder daß man den Veranstaltungen der Lust einen anderen Sinn unterlegt als den einer Manifestation ausgelassener Lebensfreude. Gegen die schöne Kohärenz der Genitalutopien setzt sie die wilde Zufälligkeit der Manien, den Antikalender der Triebe, die süße Unvernunft der Launen.

Dabei ist diese Unordnung leicht und locker im vollen Sinne des Wortes, nämlich frivol, unbeschwert, nur andeutend: Sie verkündet nicht die Morgenröte einer neuen Welt, sondern den Anbruch einer kaum merklichen Veränderung unserer Welt; sie ist nicht die Anarchie, die einem neuen Gesetz vorausgeht, und schon gar nicht die tröstliche Krise, die gähnend ein neues Universum gebiert. Sie hat kein Ziel, sie sagt nicht »Du sollst«, sie begnügt sich damit, die lange Folge der Herrschaftsprozesse zu unterbrechen, die den heutigen Zwangszustand hergestellt haben, und so erscheint sie fragil, begrenzt und inhaltslos. Sie zerschlägt nicht die Ordnung, sie nimmt lediglich ihren Ultimaten die Überzeugungskraft und schmälert ihren Einfluß; sie zersetzt weniger ihre Inhalte (eine bestimmte Art von Sexualität und von Lust) als die hierarchischen Beziehungen zwischen ihnen, also die Wirkung des Liebeskodes – wodurch sie verhindert, daß die

Besonderheiten als Abweichungen erlebt werden oder, noch schlimmer, als Ideale. Denn wenn es heute einen Kampf auf dem Feld der Liebe zu kämpfen gilt, dann einen Kampf um Koexistenz. Man hüte sich davor, zum Vorkämpfer für irgendeine besondere Form des Verlangens zu werden, sondern kämpfe dafür, daß alle Gestalten des Eros sich frei von jeder Diskriminierung nebeneinander entfalten können. Nicht meine Lüsternheit, meine Vorlieben, meine Phantasien sollen regieren, sondern ich will mich mit anderen zusammentun können, die sie mit mir teilen, ich will also, daß diese anderen ihren Platz haben in der Gesellschaft, in der ich lebe, wie ich neben mir andere Sexualitäten akzeptieren werde, die von der meinen abweichen. Schluß mit den Apologien der rechten Genitalität, Schluß mit den Verurteilungen der Devianz im Namen des Phallus und des Orgasmus, seien wir gemeinsam verschieden, schmeißen wir unsere Besonderheiten zusammen, auf daß die Unvereinbarkeiten sich verbrüdern! Kampfparolen ja, doch nur solche, die sich in jeder Hinsicht widersprechen, keine exemplarischen Kämpfe von pädagogischem Wert mehr, sondern Unmengen von freien und kostenlosen Sexualitäten, für die die Sozialversicherung aufzukommen hat!

Leicht und locker ist die Unordnung auch insofern, als sie die Ordnung nicht herausfordert, sondern »besetzt«, das heißt unterwandert, ihr die Ernsthaftigkeit in Sachen Libido nimmt, ihre Institutionen zersetzt. Locker und lose, insofern sie nicht triumphierend auftritt, sondern zynisch, indem sie sich als Parasit im »System« einnistet und die spärlichen Lustformen, die es gestattet, schamlos ausnutzt, ohne an ihren Mißhelligkeiten zu leiden; indem sie Bequemlichkeiten genießt, die sie nichts kosten, und die Fahnenflucht des Verlangens zu einem komplexen Vorgang macht, der ebensosehr Kompromiß wie Verweigerung ist. Aus der Unterwelt tauchen kleine Dämonen auf, die von der Norm verdrängt worden waren, indes vom Himmel die großen Liebesgottheiten und Archetypen hart auf den Boden fallen. Gezeter der abgesetzten Könige, Freudengeheul der Untergrundkämpfer, die endlich ans Licht dürfen, wahrhaft horizontweite Innovation, deren Folgen noch gar nicht abzusehen sind. Und nicht zu vergessen dies: Der neue Bruch mit der Libidotradition, der sich heute schüchtern abzuzeichnen beginnt, ist nicht revolutionär, er widersetzt sich, ohne sich selbst durchzusetzen (ohne eine andere Ordnung, eine andere Positivität anzubieten oder zu präfigurieren), er will nicht an die Macht, da er alle Macht neutralisiert. Die Unordnung ist stets nur die Bewegung der Ordnung, die im Begriff ist, sich aufzulösen (und neu zu formieren), der genießerische Wille, nichts zu verlieren, die Möglichkeit, daß alles zum Ereignis werden kann, auch das Unbedeutendste und Banalste. »Wo nichts wahr ist, ist alles erlaubt« (Nietzsche). Das Zerbröckeln der herrschenden Strukturen ermöglicht eine Vielzahl kleiner Alternativen und verhindert zugleich, daß eine davon die letzte sein und den anderen ihr Gesetz vorschreiben könnte.

Und doch bleibt ein letztes Götzenbild, vor dem wir uns immer noch zu Boden werfen: die berühmt-berüchtigte Polymorphie des Perversen, die Vorstellung, wir hätten den Katalog aller Spielarten der Erotik in uns und seien beauftragt, sie eine um die andere zu entwickeln. Als trüge man sämtliche jemals erfahrbaren Sinnesereignisse in sich, als sei die Liste der »Perversitäten« geschlossen und stünde von vornherein fest! Ich will nicht polymorph sein, ich will nur formbar sein, offen für die Besonderheiten der anderen, ohne gleich den Anspruch zu erheben, sie zu übernehmen. Die Beziehungen zwischen den Sexualitäten sind nicht solche der Imitation, sondern der Interferenz, der wechselseitigen Ansteckung durch Übertragung. Es gibt keine angeborene erotische Programmation für alle. Der Andere mit seinen kleinen Macken und Eigenarten ist für mich ebenso abstoßend wie anziehend, seine Einfälle sind Überraschungen, die Offenbarung und Verwirrung für mich bedeuten. Wir müssen uns ein Nebeneinander von zahllosen Teilerotiken vorstellen, ein erotisches Feld, das von ununterscheidbar miteinander verflochtenen Ablehnungs- und Anziehungskräften durchzogen ist.

Deswegen darf man die Provinzen der Liebe nicht verachten: Sie sind der erste Schritt zur Abschaffung des Genitalreiches auf der Basis von winzigen und unbezwinglichen Affinitäten. Andererseits aber ist die minoritäre Leidenschaft stets darauf aus, sich in der Befriedigung zu erfüllen, und sie erreicht ihr Ziel, sobald sie sich konstituiert. Es wäre recht fade und chauvinistisch, wenn hinter jeder Minorität und wie ihr zum Trotz die große Unordnung lauerte, um sie gleichsam als der neue Souverän zu kontrollieren und ihr zu verbieten, sich abzuschließen und mit sich selbst zu begnügen. Was will jede Minorität in ihrem Programm? Das Ende ihrer Marginalität, das Recht auf freie Entfaltung ihrer Besonderheit. Woraus gewinnt sie ihre Stoßkraft? Aus ihrer Unfähigkeit, sich dem herrschenden Gesetz zu fügen, aus ihrem Willen, einen Platz zu haben, das Recht auf eigene Existenz. Aber jede andere Minderheit will diesen Platz auch für sich haben, und so kommt es zu exemplarischen Gesten und Stellvertreterkämpfen, die sich zu einem kakophonischen Getümmel steigern, in dem die verschiedenen Sexualitäten hart aufeinanderprallen, sich gegenseitig den Platz streitig machen und einander verhören in einer grenzenlosen Vermischung. Die Diaspora der Libido stellt so maßlose Ansprüche, daß sie nicht nur die ganze Liebeslandschaft zwingt, sich zu verändern, sondern auch jede einzelne Provinz, sich nach den Bedürfnissen aller anderen neu zu organisieren. Das katalogartige Nebeneinander der verschiedenen Sexualitäten erzeugt gleichzeitig den Wunsch nach Sicherheit und den nach Unausgewogenheit, nach Unterscheidung der Kategorien und nach Vermischung der Gattungen. Die Ordnung trennt und klassifiziert unter dem Zentralismus des Kodes; die Unordnung beginnt, wenn sich diejenigen versammeln, die von der Gesellschaft auseinanderdividiert worden sind.

Doch diese Kohabitation ist nur der erste Schritt zu einer späteren Kontamination. Die Vermischung ist das dritte Gesicht der Liebesunordnung, wenn das Genitalreich und seine Grenzen ersetzt werden durch das Mosaik und seine Risse, so daß die Zersetzung der Regeln nur wirksam wird durch die Unbedenklichkeit und die Fehler beim Zusammenfügen der Mosaiksteine. Drei Bewegungen also, die unentwirrbar verflochten sind in einem Kampf, für dessen baldiges Ende wir keinerlei Anzeichen sehen: die hetero-genitale Einheit der Ordnung, die regellose Vielfalt der Minoritäten, die Zirkulation und Zersplitterung der Unordnung. Vorherrschaft eines Zentrums, Reinheit der Unterschiede, Chaos der allgemeinen Vermengung: Unsere moderne Zeit kombiniert diese drei Postulate in immer neuen Variationen und Dosierungen.

Erotische Kurzschlüsse treten auf und werfen die alten Kategorien von innen her über den Haufen, bedrohen die Konservatismen, demontieren die regionalen Zünfte, nähern die Regionen einander an, fördern Kontakte und Verbindungen, machen die Grenzen durchlässiger.[1] Die eintönige Ebene der normierten Aufwallungen legt sich in Falten, bildet Täler und Berge, reißt auf, überzieht sich mit Flüssen, die Liebesenergien entgleiten ihrem Besitzer, entziehen sich der Bewachung durch seine Armeen. Die Liebe selbst breitet sich mehr und mehr aus, wird ungreifbar und verbirgt sich in Formen, die ihr zu widersprechen scheinen. Und je unterschiedlicher ihre Verkörperungen ausfallen, desto mehr verliert der Begriff einer idealen Liebe an Glaubwürdigkeit. An die Stelle der alten Modelle tritt tendenziell das Nebeneinander sämtlicher Formen des Verlangens.

Immer mehr Handlanger der Unordnung treten auf und zerstören den großen Traum unserer Zeit von Heilung und Heil. Zwischen ihrer Ausgelassenheit und der Ordnungsleidenschaft der Medizin ist ein heftiger Kampf entbrannt. In Wahrheit haben wir davon noch gar nichts gesehen.

[1] Zum Beispiel hege ich keine besondere Leidenschaft für Exkremente. Ich kann mich damit zufriedengeben, gelegentlich den Urin meiner Freundin zu trinken oder ihre Furze mit meinem Mund aufzufangen, ohne darüber hinauszugehen. Es gibt keine Identität der Perversionen, keine starren Grenzen zwischen den einzelnen Liebeslaunen. Ich kann mit der Koprophagie liebäugeln, ohne deshalb gleich ein Scheißefresser zu sein. Die Lustmanien sind offen zugängliche Territorien, die niemandem gehören und die jeder nach Belieben besetzen oder durchqueren kann. Wer von den Leuten verlangt, daß sie »den Weg ihres Verlangens bis zu Ende gehen«, der will nur, daß sie unter dem Vorzeichen der »Abreaktion« jenen stereotypen Inhalt der Perversion bestätigen, den zwanzig Jahrhunderte Christentum und fünfzig Jahre Psychoanalyse definiert haben.

# Inhalt

# Liebe, Lust und Leidenschaft

Lonnie Barbach
**Mehr Lust**
Gemeinsame Freude an der Liebe
rororo sachbuch 8378

Nathaniel Branden
**Liebe für ein ganzes Leben**
Psychologie der Zärtlichkeit
rororo sachbuch 7867

Carol Cassell
**Die Sehnsucht nach dem siebten Himmel**
Frauen zwischen Liebe und Sexualität
rororo sachbuch 7997

Elisabeth Flitner/Renate Valtin (Herausgeber)
**Dritte im Bund: die Geliebte**
Über das Leben im Beziehungsdreieck
rororo sachbuch 8432

Peter Lauster
**Die Liebe**
Psychologie eines Phänomens
rororo sachbuch 7677

John Selby
**Einander finden**
Übungen zur Psychologie der Begegnung in Freundschaft, Beruf und Liebe
rororo sachbuch 7991

## Peter Lauster

**Lassen Sie der Seele Flügel wachsen**
Wege aus der Lebensangst
(7361)

**Die Liebe**
Psychologie eines Phänomens
(7677)

**Lebenskunst**
Wege zur inneren Freiheit
(7860)

**Wege zur Gelassenheit**
Souveränität durch innere Unabhängigkeit
und Kraft (7961)

**Liebesgefühle**
Texte und Bilder (8365)

# Lernprogramme

Eine Auswahl

Georg R. Bach/Laura Torbet
**Ich liebe mich – ich hasse mich**
Fairness und Offenheit im Umgang mit sich selbst (7891)

Maren Engelbrecht-Greve/Dietmar Juli
**Streßverhalten ändern lernen**
Programm zum Abbau psychosomatischer Krankheitsrisiken (7193)

Wayne W. Dyer
**Der wunde Punkt**
Die Kunst, nicht unglücklich zu sein. Zwölf Schritte zur Überwindung der seelischen Problemzonen (7384)

G. Hennenhofer/K. D. Heil
**Angst überwinden**
Selbstbefreiung durch Verhaltenstraining (6939)

Rainer E. Kirsten/Joachim Müller-Schwarz
**Gruppentraining**
Ein Übungsbuch mit 59 Psycho-Spielen, Trainingsaufgaben und Tests (6943)

Gerhard Krause
**Positives Denken – der Weg zum Erfolg**
13 Bausteine für ein erfülltes Leben (7952)

Walter F. Kugemann
**Lerntechniken für Erwachsene**
(7123)

Michael P. Nichols
**40 werden**
Die zweite Lebenshälfte als Chance zur Veränderung (8425)

# Lernprogramme

Eine Auswahl

Kurt Werner Peukert
**Sprachspiele für Kinder**
Programm für Sprachförderung in Vorschule, Kindergarten, Grundschule und Elternhaus (6919)

Friedemann Schulz v. Thun
**Miteinander reden**
Störungen und Klärungen. Psychologie der zwischenmenschlichen Kommunikation (7489)

L. Schwäbisch/M. Siems
**Anleitung zum sozialen Lernen für Paare, Gruppen und Erzieher**
Kommunikations- und Verhaltenstraining (6846)

Martin Siems
**Dein Körper weiß die Antwort**
Focusing als Methode der Selbsterfahrung. Eine praktische Anleitung (7968)

F. Teegen/A. Grundmann/A. Röhrs
**Sich ändern lernen**
Anleitung zu Selbsterfahrung und Verhaltensmodifikation (6931)

Allan Watts
**OM**
Kreative Meditation (7882)

Brigitta Wistrand
**Dies ist mein Leben**
Persönliche Selbstentfaltung und beruflicher Erfolg (8337)